Unserem verehrten

Hartmut Schüpin

zur Vollendung
des 50. Lebensjahres

mit herzlichen
Glück- und Segenswünschen

Dr. med. Werner Schleyisen
und Frau
und Tochter Roswitha

24. April 1981

Kurt Herberts

Die Selbstentfremdung des Abendlandes

Kurt Herberts

Die Selbstentfremdung des Abendlandes

In Sorge und Zuversicht um das Schicksal Europas

Verlag
Johann Wilhelm Naumann
Würzburg

1. Auflage 1977
2. vermehrte Auflage 1978
3. Auflage 1979
ISBN 3-921155-10-X

Gesamtherstellung: Fränkische Gesellschaftsdruckerei Würzburg

Es ist höchste Zeit, daß wir uns um das Selbstbewußtsein des Westens kümmern.
Vor einem halben Jahrhundert prophezeite uns Spengler den Untergang des Abendlandes. Trotz zweier Selbstmordversuche ist es am Leben geblieben. Jetzt ist es modisch, dieses Überleben als peinlich und entschuldigungsbedürftig zu betrachten, sich mit spätmarxistischen und anarchistischen Zerfallsdiagnosen darüber zu trösten und seine Zerschlagung als Voraussetzung der Schaffung der endgültigen Idealgesellschaft zu proklamieren. Da ist es wohl nötig, zu sagen, daß die Zukunft der Menschheit vom Westen und seinen Leistungen abhängt – jetzt mehr denn je. Denn nirgends hat sich bisher eine bessere Alternative gefunden.

Richard F. Behrendt in seinem letzten Buch »Lob des Westens«.

Inhaltsverzeichnis

Vorwort von Lothar Bossle 11

Einführung 15

Kapitel 1
Zur philosophischen Besinnung
Was ist der Mensch? 27

Kapitel 2
Die Grundsituation unserer Zeit
Emanzipation, Intellekt, Diktatur 38

Kapitel 3
Initiative und Risiko
Faust als Unternehmer 46

Kapitel 4
Verstaatlichung
Sinn und Unsinn der Verbeamtung 57

Kapitel 5
Weltgeschichtliche Perspektiven
Nicht ohne Tiefenpsychologie 65

Kapitel 6
Soziologie und Anti-Soziologie
Eine Kurs-Korrektur 77

Kapitel 7
Lebensqualität
Vom Geben und Empfangen 84

Kapitel 8

Warner aus dem Osten
Wo liegt die Zukunft des Abendlandes? 92

Kapitel 9

Vom »Marsch durch die Begriffe«
Konservativ und Revolutionär 102

Kapitel 10

Angriff auf alles Elitäre
Vergessene Werte 114

Kapitel 11

Gerechtigkeit und Gleichheit
Nivellierung kontra Privilegierung 125

Kapitel 12

Freiheit, Privatsphäre, Dienstbarkeit
Massenmensch und Institutionen 139

Kapitel 13

Umsturz und Terror
Aspekte der Psychopathologie 148

Kapitel 14

Demokratie, Bürgertum, Parteien
Vom Unfug des »Regierens« 154

Kapitel 15

Wohlstandsdiktatur und totale Verwaltung
Die Ausschaltung des Menschen 165

Kapitel 16

Interessengegensätze statt Kooperation?
Der vergessene Partner 174

Kapitel 17
Unternehmer, Staat, Gesellschaft
Vom allgemeinen Reichtum 178

Kapitel 18
Probleme der Macht
Staat und Gewerkschaften 189

Kapitel 19
Anspruchs-, Genuß- und Wachstumsinflation
Vom Sinn der Arbeit 202

Kapitel 20
Sprache und Menschsein
Probleme der Vermenschlichung 214

Kapitel 21
Zur Schulreform und Schulmisere 221

Kapitel 22
Ist Herrschaft böse und Dienen unwürdig?
Vom Sinn geistiger Führung 230

Kapitel 23
Zukunft und Selbstverwirklichung
Aeschylos: »Durch Leiden lernen« 238

Kapitel 24
Frei wovon? Frei wozu?
Von den Grenzen der Vererbung und des Milieus . . . 250

Kapitel 25
Wer bin ich?
Von den Hintergründen unseres Schicksals 256

Kapitel 26

Woher kommen wir?
Die Verwurzelung in Jahrtausenden 264

Kapitel 27

Arbeits-, Bildungs-, Erlösungs-Wissen
Die Grundstimmungen von Angst und Sinnleere 278

Kapitel 28

Von den letzten Dingen
Sinnerfüllung des Lebens 285

Kapitel 29

Vom europäischen Erbe
Rußland und der Westen 297

Kapitel 30

Wert und Gewissen
Selbstvergessen und Selbsterinnern 307

Kapitel 31

Wahrheit und Denken
Von der Menschwerdung des Logos 317

Kapitel 32

Krank an sich selbst
Ist »sein« unzumutbar? 323

Kapitel 33

Geborenwerden und Sterben
Erlebnisse an der »Schwelle« 337

Kapitel 34

Rückschau und Einkehr 350

Literaturverzeichnis 371
Zur Person des Autors 378

Vorwort

Memoiren zu schreiben, die Aufschluß über eine erfolgreiche und vielleicht doch in manchen Handlungen unverständliche Karriere geben, ist die wohl geläufigste Absicht, am Abend des Lebens dem eigenen Tun noch einen disziplinierenden und krafterhaltenden Sinn zu verleihen. Wie viele Menschen, ob Politiker oder Wirtschaftler haben eine solche Neigung, einen Gesamteinblick in ihr bisheriges Leben im Prisma einer Memoirenecke einzufangen. Andere möchten nach Erlangung des Ruhestandsalters ihren lebenslang unterdrückten Vorlieben für ein Fach nachgehen, dem sie nunmehr ein systematisches Spätwerk schenken wollen.

Anders Kurt Herberts. Nach einer erfolgreichen Industriellenkarriere – er gilt weltweit als der Farben-Herberts – hat der 75jährige zum Jahreswechsel 1976/77 seinen Freunden mitgeteilt, daß er nun in eine neue Lebensform eingetreten sei: in die des Schriftstellers. Allerdings waren schriftstellerische Neigungen bei Kurt Herberts keine unvermutbare Neuentdeckung: man wußte ja um sein häufiges Geständnis, daß er schon als junger Mann zwischen dem Ergreifen einer wissenschaftlichen oder wirtschaftlichen Karriere hin- und herschwankte.

Die bei ihm nicht unterdrückbare Neigung zur auch »literarischen Produktionsleistung« schlug sich bereits in einer Reihe beachtlicher Veröffentlichungen nieder; 1936 sein erstes Buch: 10 000 Jahre Malerei und ihre Werkstoffe; 1940 die Dokumente zur Malstoffgeschichte; im gleichen Jahr: Lackierkunst im technischen Zeitalter; 1941 folgen Untersuchungen über die Anwendbarkeit historischer Malverfahren und die »Anfänge der Malerei«; 1942: Aus der Maltechnik geboren; 1943: »Wände und Wandbild«; 1957 setzt er den Reigen seiner Bücher fort mit dem Werk: »Die Maltechniken, Mittler zwischen Idee und Gestaltung«, das auch Übersetzungen ins Englische, Italienische und Französische erfährt; 1956 folgt das als Standardwerk geltende: »Das Buch der ostasiatischen Lackkunst« nach und schließlich erscheint 1966 sein monumentalistisches Werk: »Offenbarungen in der Malerei des 20. Jahrhunderts«.

Waren diese Veröffentlichungen allesamt geistige Produkte, die in einer Beziehung zur Art seines industriellen Unternehmens und seiner

Kunstauffassung standen, trat 1971 ein anderer Kurt Herberts hervor. Sein Buch »Verantwortung in der industriellen Gesellschaft« gewährt Einblick in sein Denken, das um die soziale und geistige Verantwortung des Unternehmers kreist.

Und jetzt, in seinem 76. Lebensjahr, legt Kurt Herberts ein Werk vor, das aus tiefer Sorge verfaßt ist, daß Europa sich nicht mehr fängt, da es in einem schleichenden und offenen Prozeß der Substanzreduktion und der Werterosion dahinschlummert.

Dabei ist es kein pessimistisches Buch, das Herberts hier vorlegt, mehr eine »Glaubensrechenschaft«, wie sie vor einigen Jahren der elsässische Kanoniker Karl Pfleger so tiefgründig ablegte. Er weist auf, daß sich seit wenigen Jahrzehnten das Abendland auf dem Abwege der Selbstentfremdung befindet; diese Irrwege in der Wissenschaft, der Wirtschaft und der Politik bezeichnet er sehr konkret.

Nach Oswald Spenglers »Der Untergang des Abendlandes« und Herbert Lüthys »Nach dem Untergang des Abendlandes« nun ein Buch, das nicht von der Grundstimmung des kulturkritischen Pessimismus getragen ist, daß Europa gar keine Lebenschance mehr besitzt; aber es ist eine Klage, weil sich das Abendland von den Ursprüngen und den Regeln vernünftigen Zusammenlebens entfremdet. Herberts hat dabei den Mut zu Einsichten, wie sie nur ein Mensch haben kann, der in diesem Leben nichts mehr erzwingen will. Dadurch vermittelt er viele Tiefen und Bildstörungen. Er zerstört nämlich das Verzerrungsbild vom nur materiell versessenen Unternehmer und er ruft als Mann der älteren Generation seiner Zeit einige Lebenserfahrungen und Erkenntnisse zu, die von der jungen und mittleren Generation aufgegriffen werden sollten, wenn man die Selbstentfremdung des Abendlandes überwinden will.

Kurt Herberts verschweigt nicht, daß Rudolf Steiner der große Anreger seines Lebens ist. Das geht wohl vielen Menschen so, daß sie bei aller eigenen Originalität eine leitbildhafte Orientierung besitzen. Die immerwährende Begegnung mit Steiner hat bei Kurt Herberts unverkennbar zu einer Vertiefung der religiösen Dimensionen geführt. So gelingt ihm die Ablegung eines Zeugnisses, das dem Religiösen im Menschen die Kraft der Ewigkeit zukommt. Kurt Herberts fasziniert in seinem Buch fortwährend durch hellwache Einsichten, die allerdings einen unübersehbaren Vorteil haben; sie sprengen einen konformistischen Erkenntnisrahmen, der doch stets in der nivellierenden Oberflächlichkeit des Zeitgeistes begrenzt bleibt.

Er kann auch sagen, was er denkt. Und wie gut wäre unser Zeitalter beraten, auf Menschen zu hören, die durch die Risiken des Lebens nicht mehr belastet werden können.

Mainz, 1. Mai 1977 LOTHAR BOSSLE

Vorwort zur 3. Auflage

Erfreulich ist für einen Autor, wenn sein Buch, in dem die Summe eines zugleich denkenden und handelnden Lebens zusammengeflossen ist, innerhalb von zwei Jahren drei Auflagen erfährt; bitter ist für ihn allerdings die Erkenntnis, daß die Sorgen um die vergrößerte Selbstentfremdung des Abendlandes in diesen zwei Jahren eine zusätzliche Bestätigung erhielten.

Die erhebliche Nachfrage, die das Buch erfuhr, hängt sicherlich mit einer Renaissance des Begriffs vom Abendland zusammen. Aber immer noch nicht hat sich Europa gefunden; der Alltagsmensch lebt dabei noch mehr in der Substanz des Abendlandes als der emanzipationslüsternde Intellektuelle, der die Infragestellung aller Werte zum Beweis für seine sonst minimal entwickelte geistige Potenz allzugern auszugeben geneigt ist.

Was mich in meinem Alter deshalb in quälender Weise bewegt, ist die Frage: wie kann die junge Generation Europas an die Quellen des Abendlandes herangeführt werden? Da hilft nicht mehr die Flucht Hölderlins, im »Hyperion«, den Weg zu den antik-klassischen Grundlagen Europas zu suchen. Schon nicht mehr die Kontinuität der europäischen Geschichte ist für das Gegenwertbewußtsein von Bedeutung. Andere Konfrontationen haben sich in den Vordergrund gedrängt.

So ist es heute üblich, Rußland als den Gegenspieler West-Europas zu betrachten. Dennoch verbindet uns beide eine gemeinsame Not, eine Seelen-Not, eine tiefgehende gemeinsame Selbstentfremdung. Der *Osten* leidet am Alptraum des Marxismus/Leninismus und seiner fehlenden Freiheit, der *Westen* krankt an seinem Konsum- und Wohlstandsdenken und leidet an einer Freiheit, die er nicht mit Sinn zu erfüllen vermag.

Wenn man Berichten glauben darf, führt der heutige Russe ein Doppelleben. Seit der Tatarenzeit gewohnt zu dulden und zu dienen, also nach außen hin »Knecht« zu sein, paßt er sich den herrschenden Verhältnissen einerseits nahtlos an, behält sich aber andererseits den Innenraum seiner Seele frei für eine tiefverwurzelte Gottes- und Christussehnsucht. »Unsere Seelen haben sie nicht bekommen« meint Solschenizyn völlig zutreffend. Und noch deutlicher erweckt diese Hoffnung, daß die Seele des Abendlandes unverlierbar ist, Papst Johannes Paul II., eine Gestalt, die – weit über die religiösen Zusammenhänge hinaus – eine Inkarnation der seelischen und geistigen Energien Ost- und Westeuropas darstellt.

Unsere Situation im *Westen* ist wesentlich schwieriger und – genauer betrachtet – hoffnungsärmer. Uns steht die Welt offen; wir können alles lesen, sehen und hören. Wir haben es nicht nötig, heilige Schriften oder bedeutsame Literaturwerke im geheimen von Hand zu Hand wandern zu lassen oder uns mit gleichgesinnten Freunden »bei Nacht und Nebel« zu treffen. Wir sind erschreckend frei, von Notdurft und Zwang entlastet! Als »Übersatte« fühlen wir uns zwar nicht ganz wohl, von einem radikalen Seelen-Erwachen scheinen wir jedoch weit entfernt. Ist der Westen geistig kulturell schon abzuschreiben? Ist das angloamerikanische Zeitalter seinem Ende nahe? Liegt die Zukunft schon in den Händen des russischen Menschen, wenn er, aus dem Alptraum des Marxismus/Leninismus erwachend, mit seinem ausgeprägten Gottes- und Christusbewußtsein hervortritt? Allerdings wird er seine Emotionalität dämpfen und stärker sein »Ich« ergreifen müssen.

Wie auch immer: Wenn ein Geist-Erwachen zum Durchbruch gelangt sein wird, können wir getrost dem Erden- und Menschheitsende, also demjenigen entgegensehen, was man einst »Jüngstes Gericht« nannte: dem Rechenschaftsbericht über das Tun und Lassen der ganzen Menschheit sowie jedes einzelnen Menschen.

Solche Gedanken finde ich in einer Übereinstimmung zu meinem Freund Lothar Bossle, dessen neues Buch »Vorwärts in die Rückgangsgesellschaft – Zur Soziologie der Fortschrittsermüdung« mir als eine sozialwissenschaftliche Beglaubigung zu meinen Besorgnissen um die Grundlagen des Abendlandes erscheint. Ihm zum 50. Geburtstag widme ich nicht zuletzt diese dritte Auflage.

Wuppertal, im Juni 1979 KURT HERBERTS

Einführung

Von den Voraussetzungen einer langen Lebenserfahrung ausgehend, die in der geistig-kulturellen Substanz des Abendlandes wurzeln, versucht dieses Buch, einen Beitrag zur Überwindung des weltanschaulichen Materialismus und damit zur Wiedergewinnung eines wirklichkeitsgemäßen Menschenbildes zu leisten. Das Erbe vornehmlich der zweiten Hälfte des 19. Jahrhunderts lastet auch heute noch schwer auf unserem Denken. Denn damals hatte, erstmals in der Menschheitsgeschichte, materialistisches – Geist und Gott leugnendes – Denken in allen Wissensbereichen um sich gegriffen. Dabei erwiesen sich die Gedanken von Karl Marx infolge ihrer starken emotionalen Geladenheit von besonderer Durchschlagskraft und Dauerhaftigkeit. Noch heute stehen weite Bereiche der Soziologie, Pädagogik und Psychologie unter dem Einfluß dieser Form materialistischer Welt- und Geschichtsauffassung, die Marx in Anlehnung an die Denkweisen von Feuerbach, Büchner, Moleschott, Darwin und Haeckel dem abendländischen Bewußtsein eingepflanzt hatte. Mit Marx und seinen Nachfolgern wird sich jeder auseinanderzusetzen haben, dem es um die Zukunft des Abendlandes geht.

Die Probleme, die uns der weltanschauliche Materialismus stellt, sind komplex. Mit einem bloßen »Dagegensein« ist es dabei nicht getan, denn »Materie« (im weitesten Sinne) bildet eine der beiden Grundlagen unseres Weltalls, die andere der ordnende und planende Geist. Im Bereich der vom Menschen gestalteten Technik ist diese Zweisamkeit evident. Aber auch die Formen und Verhaltensweisen pflanzlichen und tierischen Lebens sind nur als ein Zusammenwirken dieser beiden Weltprinzipien wirklich verständlich. So fand sich seit Norbert Wieners Studien auch die exakte Naturwissenschaft bereit, neben »Materie« und »Energie« die »Information« (also ein Geistprinzip) in die Fundamente unseres Weltalls einzubeziehen.

Zwar mußte sich schon der vorgeschichtliche Mensch von der Weltengeistigkeit ab- und dem Irdisch-Materiellen zuwenden, wenn er steinerne Faustkeile herstellen wollte. Ein weiterer und besonders radikaler Akt der Erdzuwendung geschah aber erst am Beginn der Neuzeit mit der Begründung physikalischer Naturerkenntnis und technisch-industrieller Naturbeherrschung. Dieser Prozeß ist heute keineswegs schon abgeschlossen. Er scheint uns immer noch tiefer ins Irdisch-Materielle hinab- und immer weiter vom Geistig-Übermateriellen – dem wir doch entstammen und mit unserem Wesen angehören – hinwegzuführen.

Aber auch Abwege der Geschichte sind niemals Irrwege. Also muß hinter dieser enormen Verstärkung der Macht des Irdisch-Materiellen in unserem Denken und Tun ein Sinn verborgen sein. Ist er darin zu finden, daß es die Bestimmung jeder einzelnen Menschenseele ist, die geistigen Welten – wenn wir uns dieses Ausdrucks bedienen wollen – zu verlassen und durch das Tor einer befruchteten Eizelle durch die »Empfängnis« in das irdische Dasein einzutreten?

In dieser Weise von Seele zu sprechen gilt heute – ich weiß es – als antiquiert. Die Molekularbiologie glaubt einen »Menschen« als das Produkt der elterlichen Vererbungsgene (Nukleotidfolgen der DNA) ausreichend erklärt zu haben. Doch könnten von diesen »Doppelwendeln« wohl Bruckners Sinfonien komponiert, Goethes Faust gedichtet, Einsteins Relativitätstheorie entwickelt und Marx' »Kapital« niedergeschrieben worden sein? Wer vor solchen Absurditäten zurückschreckt, wird nach wie vor von der menschlichen Seele sprechen dürfen.

Die Frage, warum sich eine Seele mit dem Irdisch-Materiellen verbindet (»inkarniert«), hat zu allen Zeiten Philosophen und Theologen beschäftigt. Bald hat man das Eintreten ins Irdisch-Materielle, also die »Inkarnation« (Verkörperung), als Mißverständnis und Irrtum (Buddha), bald als Strafe (Altes Testament) betrachtet. Aber vielleicht sind erst wir, die wir wie niemals zuvor das Erdenleben ernstnehmen, fähig, den wahren, positiven Sinn dieses Daseins zu begreifen. So, wie man einst in der Feudalzeit sagte, »Stadtluft macht frei«, und heute die Emanzipation der Frauen durch ihre Berufsausübung in der Industriegesellschaft gefördert wird, so hat die entschlossene Zuwendung des modernen Menschen zum Irdisch-Materiellen viel zur Erweckung des Ich-, Freiheits- und Persönlichkeitsbewußtseins beigetragen. Die Freude, selbst etwas erdenken, erfinden, machen zu können, also Selbstgestalter seines irdischen Schicksals zu sein, hat das Bewußtsein einer göttlichen Vorsehung und Begnadung nahezu total verdrängt. In diesem Sinne scheint der theoretische und praktische Materialismus zur vollen, emanzipierten Menschwerdung unvermeidlich – aber eben nur als Durchgangspunkt einer heute allmählich notwendig werdenden Rückbesinnung und Rück-Anknüpfung (re-ligio) auf neuer Ebene.

Eine solche Erkenntnis liegt insbesondere einem Mann der Wirtschaft am Herzen, der sich nicht nur als Chemiker mit den Eigenschaften der Materie und deren Beherrschung durch den technischen Intellekt zu befassen hatte. Durch die Zusammenarbeit mit vielen Menschen an gemeinsamen Aufgaben wurden Erfahrungen und Reifeprozesse möglich, die als eigentliche Substanz des Lebens über das Diesseitige hinausgehen und diejenigen Werte in sich schließen, die für den Fortschritt der Menschheit eine Zukunftsbedeutung haben.

Die physikalisch-biologischen Gesetzmäßigkeiten vollziehen sich, ohne daß wir darin eine Antwort auf die Fragen »Woher komme ich?«, »Wohin gehe ich?«, »Wer bin ich?« finden. Sich selbst als »Ensemble der gesellschaftlichen Verhältnisse« – wie es Karl Marx in seinen Thesen über Feuerbach meint – oder als Produkt zufälliger Mutationen plus Selektion – wie es Charles Darwin versteht – oder als Bündel miteinander konkurrierender Triebe und Gehirnprozesse – was die Meinung von Sigmund Freud ist – zu wissen, – das stürzt uns in einen Abgrund der Zweifel und Sinnleere. Alkohol, Reisen, viel essen, Rauschgifte, Sex müssen dann als Ersatzbefriedigungen herhalten, um uns über die Realität des Todes hinwegzutäuschen, der doch eine unausweichliche Frage an unser »Ich« stellt.

Erschöpft das Welt- und Menschenbild, das uns die moderne Physik, Biologie, Psychologie und Soziologie zeichnen, das Wesen unseres Seins, dann können wir es unterlassen, weiterhin »Sorge um den Bestand der menschlichen Gattung« zu heucheln. Denn diese wird ganz sicher einst mit dem Verglühen der Erde in der Sonne oder schon vorher ebenso untergehen wie alle anderen Tier- und Pflanzenarten. Was soll's? »Es ist so gut, als wäre es nicht gewesen« meint Mephisto in Goethes »Faust«. Nur wenn »Unsterbliches« den Untergang alles »Vergänglichen« überdauert, jeder Einzelmensch ein solches Unsterbliches in sich trägt, also die einzig-wahre Aufgabe unseres Erdendaseins in der Veredlung, Erhöhung und Erweckung dieses Persönlich-Unsterblichen besteht, – nur dann ist es »wert ein Mensch zu sein« und sich um die »gesellschaftlichen Belange« insoweit zu bemühen, als sie der Entwicklung dieses Persönlich-Unsterblichen dienen. Mit solchen Einsichten drehen sich die Bezugskoordinaten unseres Denkens und Tuns gegenüber Avantgardisten und Spät-Marxisten um 180 Grad. Nur solche Einsichten berechtigen uns aber auch weiterhin, von der »Kultur Europas« zu sprechen und es der Mühe wert zu erachten, diese Kultur zu verteidigen. Denn letztlich geht es gar nicht um diese oder jene einzelwissenschaftliche Theorie über Mensch und Welt, es geht um die Daseinsgrundlagen Europas oder – wenn man lieber will – des christlichen Abendlandes. Die Existenzberechtigung eines Kulturbereiches wird nämlich keineswegs durch wirtschaftliche und militärische Stärke, sondern durch den Geist, durch die ethisch-kulturelle Haltung seiner Menschen gewährleistet. In dieser Hinsicht aber durchleben wir Europäer eben eine schwere existenzielle Krise. Der Stolz, das Selbstvertrauen, das Überlegenheitsgefühl Europas ist heute erschüttert, – Europa ist ein instinktunsicherer Kontinent geworden, wie Thomas Mann es aussprach.

Einst war dieses Europa noch erfüllt vom Überlegenheitsgefühl des Christentums, das die großen Errungenschaften der Antike – die griechische Philosophie und das römische Recht – in sich aufgenommen hatte. Weiterhin war es erfüllt von den Idealen der Humanität, die ihm die Möglichkeit gaben, auf andere Länder und Völker stolz herabzusehen. Schließlich gaben ihm die moderne Naturwissenschaft und Kriegstechnik die materielle Macht, um sich überseeische Kontinente und Völker als »Kolonien« zu unterwerfen. Hinter allen diesen »Überlegenheiten« stand freilich ein neues, starkes, waches Ich- und Persönlichkeitsbewußtsein, das sich den mehr oder weniger traumhaften Bewußtseinszuständen der überseeischen Völker – auch wenn sie, wie die Chinesen oder Inder, alte Hochkulturvölker waren – überlegen fühlte. Den Gipfel europäischer Überlegenheit repräsentierte wohl das englische Imperium im 19. Jahrhundert. Daß die Europäer die einzigen wahren Menschen und alle anderen Völker nur Menschen zweiter und dritter Ordnung seien, wurde besonders den Engländern zur Gewißheit. Im Gegensatz zu den Portugiesen, Spaniern, Franzosen haben sie allein eine Vermischung mit den Kolonialvölkern zu vermeiden gewußt.

All das war »europäischer Stolz« und »gutes Gewissen« bis zum Beginn dieses Jahrhunderts! Dann kam eine dreifache Wende:

1. Das »schlechte Gewissen«, die »Selbstbezweiflung« Europas hinsichtlich seiner kolonialen Vormachtstellung.
2. Die Selbstpreisgabe der christlich-humanen Substanz.
3. Das Erwachen der Kolonialvölker bis hin zur Disqualifizierung der Weißen durch die Schwarzen: Der Siegeszug afrikanischer Musik und Rhythmen ist nur ein Symptom dieser »Kapitulation« des »Weißen Mannes«.

Aber freilich: Lange bevor die äußere politische und wirtschaftliche Kapitulation des Abendlandes erfolgte, hatte sich dieses Abendland selbst seiner besten geistigen Werte, Besitzstände und Reichtümer begeben. Das geschah unmittelbar nach jener Geschichtsepoche, in welcher das Abendland zu seiner letzten geistig-kulturellen Blüte sich erhoben hatte: die Zeit zwischen 1750 und 1850, die Epoche der europäischen Klassik.

Ebenso plötzlich und ebenso geheimnisvoll, wie die Auflösung des britischen Imperiums in unserer Zeit geschieht, gab es bereits um die Mitte des 19. Jahrhunderts einen geistig-kulturellen »Erdrutsch« in derselben europäischen Mitte, in welcher sich zuvor die letzte geistige Erhebung des christlichen Abendlandes ereignet hatte: in Deutschland. Die Geist-, Seelen- und Gottesleugnung der Materialisten und Atheisten in der zweiten Hälfte des 19. Jahrhunderts (Beispiele bei Feuerbach, Büchner, Marx), die Verherrlichung reiner militärischer Macht im zweiten Kaiserreich fand dann ihre dämonische Steigerung im »Dritten Reich«. Nur wer sich von der Realität finsterer, übermenschlicher, kosmischer Mächte überzeugt hält, kann Ereignisse verstehen, die alles Menschliche weit hinter sich ließen. Ohne den Begriff der »Besessenheit« wird man diese, wie auch manche andere Ereignisse der Menschheitsgeschichte nicht sachgemäß deuten können.

Ist das nun das Ende des christlichen Abendlandes? Oder ist dessen Substanz doch noch stark genug, um auch diese Orgien des Materialismus und Dämonismus zu überdauern. Aber man bedenke: Ehe Satanisches sich der Menschen bemächtigen kann, müssen diese Menschen sich selbst durch Materialismus und Atheismus diesem Angriff geöffnet haben. Die letzte Verantwortung für das Geschehene liegt also bei unseren Wissenschaftlern, Gelehrten und Philosophen. Wenn man erst einmal die Realität einer unsterblichen, gotteskindschaftlichen Seele leugnet und im Menschen nur das Produkt von Gehirnprozessen erblickt, dann ist auch gegen Experimente mit Menschen oder gegen Massenvernichtungsanlagen eigentlich nichts mehr einzuwenden; denn wir experimentieren doch auch mit Tieren und versuchen Schadinsekten massenweise zu vernichten.

Es gibt nämlich ein Grundgesetz. Es lautet: Das Tun folgt dem Denken. Wie wir über uns selbst und das Weltall denken, demgemäß werden wir schließlich handeln. Handeln wir daher heute zumeist noch humaner als wir denken, dann leiden wir eigentlich an einer Bewußtseinsspaltung. Wenn das, was die Spätmarxisten uns als ihr Weltbild präsentieren und unter Berufung auf Feuerbach, Marx, Darwin dem Unterricht in unseren Schulen zugrundelegen, auf Menschen weiterhin wirkt, dann wird trotz aller humanitären Phrasen schließlich doch die »Bestialität sich gar herrlich offenbaren« – wie es in Goethes »Faust«, in Auerbachs Keller, heißt –. Arme Kinder! – die wir zur Unmenschlichkeit verurteilen, weil wir ihnen ein unmenschliches Weltbild vermitteln.

Der unverbildete Mensch verfügt aber auch heute noch über die allerbesten Anlagen. Bei der jüngeren Generation ist neuerdings ein hohes Maß an Engagement für das Humane, für zwischenmenschliches Helfen und Verstehen bemerkbar. Es fehlt aber das Welt- und Menschenbild, das diesen Anlagen entgegenkommt und sie philosophisch rechtfertigen und metaphysisch unterbauen könnte. Dadurch wird unsere physische Wohlstandsgesellschaft zur seelischen Notstandsgesellschaft.

Das geistig-seelische Vakuum Europas wirkt sich auch im Verkehr mit den Ländern der Dritten Welt negativ aus. Viele dieser Völker hatten, trotz ihrer technisch-wirtschaftlichen Unterentwicklung, ein durchaus hohes geistig-kulturelles Niveau. Sie wußten um das den ganzen Kosmos durchwaltende Geistige und pflegten mit den Elementarwesenheiten in der Natur durch Priester, Medizinmänner und Magier hellsichtigen Kontakt[1]. Indem die christlichen Missionare im Namen eines falschverstandenen Christentums diesen »heidnischen Aberglauben« verteufelten, schufen sie weit über die Erde hinweg ein geistig-moralisches Vakuum. Die kulturelle Entwurzelung der Kolonialvölker wog weitaus schwerer als ihre politische Abhängigkeit. Diese ist heute beseitigt, die kulturelle Entwurzelung wirkt weiter. Denn ein geistig-seelisch verarmtes Europa vermag wohl Wirtschafts-, aber keine wahre Kulturhilfe zu leisten. Statt dessen bieten sich aus dem Pseudo-Europa des 19. Jahrhunderts marxistische Parolen als weltanschauliche Hilfen dar. – Arme Entwicklungsländer!

Weltanschaulicher Materialismus, Seelen-, Geist- und Gottesleugnung sind den alten Kultur- und Naturvölkern unbekannt. Sie sind eine »Erfindung« des »Christlichen Abendlandes«. Um die Deutung dieses Paradoxes hat sich der Physiker und Philosoph Werner Heisenberg bemüht[2]. Er meint, christliche Dogmatik habe Gott so hoch über die Erde in den Himmel entrückt, daß es sinnvoll wurde, die Erde auch unabhängig von Gott, also mechanistisch-materialistisch zu betrachten. Die Selbstbezweiflung und Selbstzerstörung des Menschen durch sich selbst war die notwendige Folge.

Das Abendland, einst führend im Geiste und wenigstens theoretisch in Menschlichkeit, wurde schließlich führend in Geist-Verleugnung und Un-Menschlichkeit. Denn wenn sich heute Menschenversklavung in den faschistisch-kommunistischen Diktaturen überall auf Erden ausbreitet und sich auf Marx und Lenin beruft, so keimt hier überall die Saat des europäischen Nihilismus

1 Vgl. das Standardwerk von E. Bozzano, Übersinnliche Erscheinungen bei den Naturvölkern, Bern 1948.

2 Vgl. Werner Heisenberg, Das Naturbild der heutigen Physik, rde 8.

an unseren Universitäten; und der Marxismus-Leninismus ist der legitime Erbe des Nihilismus. Das geistige Gift, das wir dadurch über die Erde ausstreuen, wiegt weitaus schwerer als die physische Ausbeutung während der Kolonialzeit. Würde den verführten Völkern dies bewußt – ihr Haß müßte sich gegen Europa wenden, das den Geist als Grundlage alles Wahrhaft-Menschlichen verraten hat. Von außen wird uns niemand helfen. Wir müssen vielmehr unser fehlgeleitetes Denken selbst korrigieren. Wie dies geschehen könnte, soll das folgende Kapitel zu zeigen versuchen. Es führt uns an die Grundlagen der Philosophie und Metaphysik heran.

Der Plan des Buches besteht indessen aus einzelnen, für sich lesbaren Kapiteln. Nur so war es möglich, der Vielgestaltigkeit der Probleme einigermaßen gerecht zu werden, ohne der Gefahr vorschneller Systematisierung zu verfallen. Dennoch sind alle Einzelkapitel und Einzeluntersuchungen auf einen Mittelpunkt, auf die Frage nach dem wahren Menschen-Wesen hingeordnet. Nicht Tagesproblematik, sondern Grundsatzfragen möchte dieses Buch vermitteln und dadurch einem tieferen Bedürfnis unserer Zeit entgegenkommen.

Einführung in die zweite, wesentlich erweiterte Auflage

In kurzer Zeit die erste Auflage (10 000) dieses Buches verkauft und so viele ermutigende Zurufe! – Das scheint die Hoffnung des Verfassers zu bestätigen, daß wir einer Bewußtseinwandlung entgegensehen können, die überlebte ideologische Denkgehäuse aufsprengt und unser Dasein wesentlich tiefer zu begründen sucht. Was läßt sich als eine Ausdrucksform der Tendenzwende erfassen: uralte Überlieferungen erscheinen plötzlich in neuer, zukunftweisender Gestalt, und so besteht die Hoffnung, daß unsere gegenwärtige materielle Wohlstandsgesellschaft nicht weiterhin eine seelische Notstandsgesellschaft mit allen ihren Folgen für die heranwachsenden Menschen bleiben wird.

Die durchaus wohlwollende Aufnahme, die viele ungewöhnliche, ja zuweilen sogar schockierende Gedanken des Verfassers fanden, gibt ihm den Mut, die vorliegende zweite Auflage noch wesentlich weiter nach der spirituell-metaphysisch-religiösen Seite auszubauen und damit noch mehr an die tragenden Fundamente des menschlichen Daseins heranzukommen; denn die Gesichtspunkte, die gegenwärtig unser privates und politisches Leben bestimmen, vermögen unserem Dasein keinen solchen Sinn mehr zu vermitteln, der auch noch in Krisen- und Katastrophenzeiten tragfähig sein könnte.

Wer sich von der Unvernichtbarkeit der seelisch-geistigen Qualität der Menschen, aber auch davon überzeugt hält, daß der Menschheitsgeschichte im Ganzen sowie der Entwicklung jeder einzelnen Menschenseele ein weisheitsvoller Plan zugrunde liegt, den werden auch gegenwärtige und kommende Katastrophen nicht verunsichern können. Da wir ersichtlicherweise weder das Weltall noch uns selbst geschaffen haben, werden wir wohl auch, trotz aller unserer Torheiten, nicht die Macht haben, das Entwicklungsziel der Menschheit und jedes einzelnen Menschen zu verhindern. Wohl aber stehen schmerzvolle Umwege in unserer »Macht«, gemäß dem Spruch: »Volentem ducunt, nolentem trahunt«, »den Bereitwilligen leiten, den Unwilligen ziehen die Schicksalsmächte«.

In diesem Sinne liegen Gedeihen oder Erkranken sowohl des einzelnen wie der Gesellschaft in unserer »Freiheit«; denn wir sind, zum Unterschied von Pflanzen und Tieren, »Freigelassene der Schöpfung« – eine ungeheure Herausforderung an Vernunft, Ethos und Gewissen.

Unsere gegenwärtige Situation – das ist eine Leitidee dieses Buches – kann nur in geschichtsbewußter Weise mit genügender Distanz verstanden werden. In dieser Hinsicht ist besonders der nahezu totale Geistes- und Kulturumbruch um die Mitte des vorigen Jahrhunderts bemerkenswert. Goethe, den man als Repräsentanten des vorindustriellen Zeitalters betrachten kann, scheute noch zurück vor Mikroskopen und Fernrohren, weil diese ihm den »reinen Sinn« der Naturbetrachtung zu trüben schienen. Voller Sorge sah er daher auch das Heraufkommen des Industriellen Zeitalters, weil es die überlieferten kulturellen Ordnungen auflösen mußte. »Natur« und »Kultur« schienen ihm gleicherweise gefährdet, wenn das menschliche Bewußtsein den Schritt in die gestalt- und sinnauflösende »Unternatur« der Elementarteilchen und Elementarquanten der Physik, beziehungsweise in das »Untermenschliche« maschineller Produktions-, Verkehrs- und Nachrichtenanlagen wagen würde. Dann stand nämlich zu befürchten, daß gerade durch die Erfolge moderner Physik und Technik das menschliche Denken und Tun gänzlich dem Sog des Irdisch-Materiellen, also der Geistvergessenheit und Gottesleugnung verfallen würde. Das geschah dann allerdings in einem Grade, den man zur Zeit Goethes nicht erahnen konnte, und es ist heute der Grund dafür, daß Romantiker in allen Nostalgiefarben die Technik verteufeln und »zurück zur Natur« rufen. Man hat inzwischen Angst vor den Todeskräften der unbelebten Materie, die in unserer Industriegesellschaft wirken, und fühlt sich vielfach in der Lage des »Zauberlehrlings« in Goethes bekannter Dichtung. Selbstverständlich stiegen wir weitaus mehr als die Jäger und Sammler, die Handwerker und Ackerbauern vergangener Kulturperioden in die Bereiche der irdisch-materiellen Welt, also ins Reich des Todes hinab und wurden, je mehr wir die Kräfte und Gesetze dieses Reiches zu beherrschen vermochten, zugleich dessen Sklaven.

Unsere Situation ist gefährlich, ja sie ist aussichtslos, wenn es uns nicht gelingt, gerade in der Begegnung mit dem »Tode der Materie« eine neue geistige Gewißheit in uns selbst, also gleichsam eine »Auferstehung von den Toten« zu erringen. Aber der Gedanke an den Tod, ans Sterben ist heute »tabu«, weil man im Tode nur die Vernichtung, nicht aber das Tor zur Transzendenz und zur tiefen Sinnhaftigkeit immer wiederkehrender menschlicher Existenz sehen kann. Und doch waren zu allen Zeiten »Todesbegegnungen« die Erwecker und die Inspiratoren großer geistig-kultureller Schöpfungen. Denn nach wie vor gilt das Wort von Novalis, das als Grundton alle folgenden Erwägungen begleitet: »Das Sterbliche erdröhnt in den Grundfesten, aber das Unsterbliche fängt heller zu leuchten an und erkennt sich selbst.« In diesem Sinne mögen gerade auch die Negativitäten der gegenwärtigen Industriegesellschaft zu Erweckern unseres Ewigkeitsbewußtseins werden. Wir müssen hindurch und nicht zurück.

Zu allen Zeiten haben Kriege, äußere Spannungen und Bedrohungen die inneren Gegensätze und sozialen Spannungen beseitigt, also das Staats-, Volks- und Nationalbewußtsein gestärkt.

In diesem Sinne mögen, wie uns die Geschichte lehrt, Kriege eine gewisse Bedeutung für die Staats-, Volks- und Nationalwerdung gehabt haben. Auch bei uns in Europa haben die Nöte der Nachkriegszeit die Menschen gezwungen, näher zusammenzustehen, also die sozialen und ideologischen Gegensätze im Hinblick auf den gemeinsamen Wiederaufbau zu vergessen. In allen Kulturbereichen, insbesondere in der sozialen Marktwirtschaft, konnten sich Initiative, Einfallsreichtum, kurz Genialität der einzelnen Persönlichkeiten (ohne Kommando und Bevormundung) frei und zum Wohle aller betätigen.

Heute werden Kriege mit Recht geächtet. In weiten Teilen Europas herrschen Friede und nie gekannter Wohlstand. Aber nun erheben sich wiederum (einem allgemeinen Gesetz menschlicher Charaktere gemäß) die inneren Gegensätze. Das Allgemein-Menschliche tritt zurück. Die Sonderinteressen und Egoismen werden im Sinne eines neuen Klassenkampfes künstlich angeheizt, auch wenn dadurch unser Wohlstand bedroht und ein neuer, selbsterzeugter Notstand heraufgeführt wird. Radikale Ideologen kümmert das allerdings nicht. Sie meinen, für das von ihnen geplante »Paradies« müßten eben Wohlstandsopfer gebracht werden, weil in diesem »Paradiese« leben zu dürfen allein schon das volle Glück sei.

Muß das so sein? Bleibt uns Menschen infolge unserer Charakterschwächen keine andere Möglichkeit, als nach Beilegen äußerer Kriege und Nöte, gleichsam zum sozialen »Kampf aller gegen alle« überzuwechseln? Was hilft uns der mühsam errungene äußere Friede, wenn in unseren Seelen Unfriede, Egoismus, Macht- und Geltungswillen und, nicht zuletzt, Mißgunst und Neid (bis hinein in Familie, Schule, Betrieb, Amt) weiterhin wachsen und gedeihen? Man sieht jedenfalls, wie weit wir (sogar in Europa) von derjenigen Kultur- und Entwicklungsstufe entfernt sind, welche die Evangelien den »Frieden des Herzens« nennen und den Jesus Christus den »Seinen« bringen wollte.

Dieser »Friede« ist jedoch keineswegs gefühlshafte Sentimentalität! Er ist vielmehr, wie alles Wahrhaft-Sittliche, zugleich ein Eminent-Praktisches: soziale und wirtschaftliche Vernunft zum Wohle aller!

Demokratie-Verdrossenheit? – Begreiflich! Denn zunächst freute man sich wohl über die Beseitigung der Herrschaft von Adel und Klerus. Darüber hinaus sind heute Kräfte am Werke, die auch noch die letzten sozialen Führungsstrukturen von Unternehmerschaft, Elternschaft, Lehrerschaft, Professoren- und Ärzteschaft durch »Demokratisierung« beseitigen wollen. Bald beginnt man jedoch zu bemerken, daß mit der Beseitigung dieser doch noch im *Persönlich-Menschlichen* begründeten sozialen Führungsstrukturen sogleich eine weitaus radikalere, weil unpersönliche Bevormundung und Ent-Eignung durch einen immer perfekter werdenden Beamten- und Funktionärsstaat heraufkommt.

Sind wir als total verwaltete Menschen heute wirklich freier als zu Zeiten der aufgeklärten Fürsten des 17. und 18. Jahrhunderts? Gewiß: wir sind hinsichtlich unserer physisch-leiblichen Bedürfnisse versorgt. Aber je lückenloser der »Große Bruder« um uns besorgt ist, desto mehr verzichten wir auf Eigenverantwortung und Eigeninitiative, wodurch die Fremdverwaltung unseres Tuns und Denkens nur noch weiter perfektioniert wird. Der gelegentliche Gang mit dem Stimmzettel läßt uns diese Situation vergessen – eine Situation, in der unser »Ich« immer weniger gefordert wird –, wofür wiederum viele Menschen (aus Bequemlichkeit) dankbar scheinen.

Das alles wäre nicht so schwerwiegend, wenn dadurch nicht die Entwicklung des »Ewigen im Menschen« behindert, er also um den Sinn dieses kostbaren Erdenlebens betrogen würde. Diktaturen ist dies freilich gleichgültig, weil sie in den Menschen ohnehin nur »blaue Ameisen« sehen. Auch diese Probleme werden, gleich einem »Roten Faden«, die kommenden Kapitel durchziehen.

Schließlich – gestehen wir es uns nur ein – überschattet alle unsere Tagesgeschäftigkeit ein einziger Gedanke – der Gedanke an den Tod. Heute zwar durchaus unpopulär und verdrängt, durchwaltet er doch gleich einem Grund-Ton unsere Lebensmelodie und wird um so mächtiger, je älter wir werden. Dennoch ist die Art, wie wir zu unserem Sterben stehen, entscheidend für die Art, wie wir leben. Daher muß dieser Grund-Ton ein Buch durchziehen, das dem Schicksal des Abendlandes zugewandt ist, weil an diesem Grund-Ton all unser Denken, Planen und Tun zu messen ist.

Kapitel 1

Zur philosophischen Besinnung

Was ist der Mensch?

Diese philosophisch-anthropologische Betrachtung muß allerdings zuerst mit Grundsatzfragen der Naturwissenschaft, insbesondere der Biologie, beginnen. Gelingt nämlich in diesen exaktesten Bereichen ein Umdenken, wodurch planende Weisheit als Grundelement unseres Weltalls sichtbar wird, so ist es wesentlich leichter, das wahre Wesen des Menschen und die eigentlichen Triebkräfte der Geschichte, im Gegensatz zur Marxschen Auffassung, zu erhellen.

Seit dem Erscheinen von Darwins Hauptwerk (1859) hat der Entwicklungsbegriff den Schöpfungsbegriff aus unserem Weltbild zu verdrängen begonnen. Man glaubt seitdem, beide Begriffe würden sich hinsichtlich der Naturerkenntnis ausschließen; wer sich nämlich von der Wirklichkeit der »Entwicklung« (Evolution) überzeugt habe, könne im Schöpfungsgedanken, also in einer Geist- und Gotteswirksamkeit, nur mehr einen rückständigen Aberglauben erblicken.

Aber schon die Wortbedeutung »Entwicklung« hätte uns hier vor vorschnellen Entscheidungen warnen können. Was sich nämlich ent-wickelt, muß im geistig-ideellen Sinne bereits vorhanden sein, um sich stufenweise auf der irdisch-materiellen Seinsebene verkörpern zu können. So ist es doch wohl in dem uns überschaubaren Gebiet der Werkzeuge, der Geräte und Maschinen. Damit sich diese in den Konstruktionsbüros sowie in den Fertigungs- und Montagehallen unserer Fabriken zu immer größerer Perfektion ent-wickeln konnten, war ja zuallererst einmal die Idee zu solchen Gebilden nötig.

Denn jede technische Idee ist selbst nichts »Materielles«, sondern wenn dieser Begriff überhaupt einen Sinn haben soll – etwas eminent Geistiges. Dieses Geistige »fällt ein« zunächst als ein Ideenkeim. Dieser muß sich dann im menschlichen Denken evolvieren, bis er schließlich in Materie übertragen, also »inkarniert« werden kann. Wir sagen dann wohl: Wir Menschen hätten diese Werkzeuge und Maschinen erfunden. Sachgemäßer aber wäre es wohl, statt von erfinden von »finden« oder »entdecken« zu sprechen. Es scheint doch bei technischen Gebilden ähnlich wie bei geometrischen Formen zu sein: Hier würde man sich bestimmt scheuen zu behaupten, wir Menschen hätten Kreise, Ellipsen, Quadrate »erfunden«, statt vom Finden von Urideen des Raumes zu sprechen, die man wohl ent-decken, aber nicht »machen« kann. In diesem Sinne treten dem Menschen auch die Urformen der Mechanik – Hebel, schiefe Ebene, Rolle –, weiterhin die Urformen der Werkzeuge – Bohrer, Sägen, Hämmer, Zangen – und schließlich die Grundelemente der Energie- und Informationsmaschinen als Weltgegebenheiten entgegen.

Solche Betrachtungsweisen erscheinen zunächst befremdlich. Sie werden es aber in noch höherem Grade, wenn wir den Bereich der Lebewesen daraufhin betrachten. Da treffen wir auf die »Ideen« von Flügel und Flossen, von Herzen, Lungen, Nieren, von Augen und Ohren, die als Erfindungen des Lebens nur deshalb gefunden und zu immer höheren Perfektionsstufen evolviert werden konnten, weil sie irgendwie in den Fundamenten des Weltalls veranlagt waren. Aber weiter: Es läßt sich leicht zeigen, daß die grundlegenden Baupläne des Tier- und Pflanzenreichs nichts mit zweckmäßigen Anpassungen zu tun haben, die im Sinne Darwins durch zufällige Mutationen entstanden und hernach durch »Selektion« gefördert worden wären. Hier handelt es sich vielmehr, ähnlich wie bei den geometrischen Grundgebilden oder bei technisch-maschinellen Konstruktionselementen um nicht weiter ableitbare Urformen oder Urideen[3].

Also erhebt sich die Frage: Leben wir wirklich primär in einer materiellen Welt? Ist nicht vielmehr alles, was den modernen Großstädter umgibt – Straßen, Häuser, Verkehrsmittel, Maschinen, Fernsprech- und Fernsehanlagen –, primär Planung, Ge-

3 Vgl. Adolf Portmann, Die Tiergestalt, 1960; ders. Biologie und Geist, Zürich 1956; ders. An den Grenzen des Wissens, Düsseldorf 1974; dazu J. Illies, Das Geheimnis des Lebendigen, München 1976.

danke, Geist? Ist nicht auch alles, was uns an Pflanzen und Tieren in der freien Natur begegnet, weisheitsvolle Gestaltung, seelische Ausdruckskraft, Geist?

Freilich, Weisheit und Geist vermag nur ein Mensch überall zu erkennen, der zu denken vermag, weil der Gedanke eben nur zu einem Denker spricht. Nur wer denkt, kann doch auch Wesen und Leistung einer Taschenuhr verstehen.

Man meint heute, erst Charles Darwin habe den Entwicklungsgedanken unserem Weltbild eingefügt. Dieser Geschichtsaspekt war aber schon etwa hundert Jahre vorher von Johann Gottfried Herder (1744–1803) in seinen »Ideen zur Philosophie der Geschichte der Menschheit« nicht nur mit aller Klarheit, sondern auch mit wesentlich tiefergehenden Überlegungen ausgesprochen worden. Für Herder war ebenso wie bei anderen führenden Männern der europäischen Neuzeit – zum Beispiel Descartes, Leibniz, Kant, Lessing, Voltaire – die Wirklichkeit und Wirksamkeit des Geistes in Natur und Geschichte eine unbezweifelbare Tatsache. Zu deutlich war ihnen die in den Bauplänen und Verhaltensweisen der Tiere und Pflanzen »verkörperte« Weisheit. Waren sie sich doch bewußt, daß auch die menschliche Technik die Weisheit voraussetzt, die der in der Natur waltenden Weisheit durchaus verwandt ist. Daß überall in den Lebewesen »Mechanismen« am Werke sind, konnte diese Denker nicht zu materialistischen Kurzschlüssen verführen, weil sie eben in allen »Mechanismen« Verkörperungen weisheitsvoller Gedanken und keineswegs nur elementare Physik und Chemie zu sehen vermochten.

Denn – was auch noch heute zumeist vergessen wird – in der leblosen, nur-materiellen Natur gibt es eben keine »Mechanismen«. Optische und akustische Apparate schaffen sich erst die Lebewesen und – auf höherer Ebene – wir Menschen, indem wir die Gesetze der Physik in den Dienst von Ideen stellen. – Darin beruht letztlich doch auch die schöpferische Leistung des echten Unternehmers!

Für Herder und die Goetheanisten war »Entwicklung« das Fortschreiten auf einer geistigen Leiter – von einfacheren zu komplizierteren Organisationsformen. Hierbei trat das Anonym-Gattungshafte der niederen Organismen allmählich zurück, um dem Individuell-Personhaften zum schließlichen Durchbruch zu verhelfen. Dieses kündigt sich zwar bei den höchsten Säugetieren – Pferden, Hunden, Affen – schon an, ist aber erst in der Individualität des Menschen mit dem Vermögen zu Eigenerkenntnis und Eigenverantwortung klar vorhanden. In diesem Sinne war »Entwicklung« noch in der Zeit Goethes zugleich »Offenbarung« des im Weltall verborgenen, wirkenden Geistes.

Der ungeheure Erfolg von Darwins Hauptwerk gründete sich daher nicht im schon bekannten Entwicklungsgedanken, sondern darin, daß er versuchte, für diese Entwicklung eine angeblich »natürliche« Erklärung zu liefern. In einer für uns heute schwer verständlichen Weise fühlten sich die damaligen Menschen durch die Theorie Darwins vom Druck aller geistig-metaphysischen Vorstellungen, die noch aus der Goethe-Zeit herüberwirkten, entlastet. Mit Begeisterung ergriff man die Gelegenheit, hinfort nichts mehr im Weltall verehren oder anbeten zu müssen. Obgleich im Zeitalter Darwins das menschliche Denken und Planen, also der Geist, eine gewaltige Erstarkung erfuhr – man denke hier nur an die sprunghaften Fortschritte in der Physik, Chemie, Technik! –, glaubte man, alles Geistig-Gedankenhafte in Natur und Weltall als überwundenen Aberglauben bezeichnen zu dürfen. Das Paradoxe hierbei war, daß man mit einem ungeheuren Aufwand an intellektuellem Scharfsinn, also an »Geist«, die Nicht-Wirklichkeit alles Geistigen – auch im Menschen selbst – zu beweisen versuchte. – Der Mensch hat sich gleichsam zum erstenmal auf den Gedanken gestellt und versuchte danach, die Wirklichkeit zu gestalten[4].

Das gilt auch für Karl Marx, der durchaus ein Sprößling des bourgeoisen und materialistischen Denkens im 19. Jahrhundert war. Er vermochte nur in der groben physischen Muskelarbeit des »Proletariers« den Produktionsfaktor zu sehen. Er übersah, daß dieser Faktor in erster Linie im Geist, im Forschen der Physiker und Chemiker, im Konstruieren der Techniker, also in den Leistungen einer sich elitär begreifenden Schicht gelegen war. Daher konnte er auch nicht ahnen, daß mit den Fortschritten der Technik die Armen nicht ärmer, sondern im Gegenteil immer reicher

4 G. W. F. Hegel, Vorlesungen über die Philosophie der Geschichte. Sämtliche Werke XI, Stuttgart 1949, S. 557.

wurden und sich so das Proletariat des 19. Jahrhunderts zur selbstbewußten, wohlbezahlten, anspruchsvollen Arbeiter- und Mitarbeiterschaft des 20. Jahrhunderts wandelte[5].

Zu gewissen Zeiten scheinen wir Menschen von einem geheimnisvoll-irrationalen Drang zur gedanklichen Selbstbezweiflung, ja zur ideologischen Selbstvernichtung ergriffen zu werden. – Wir werden zu zeigen haben, wie sich dieser Drang zur Selbstvernichtung, der in der Philosophie des 19. Jahrhunderts begann, in unserer Zeit im Gewand spätmarxistischer Ideologien fortsetzt, weil sie das Geistig-Personhafte durch das »Kollektiv« ersetzen wollen.

Nun ist aber in unseren Tagen ein entscheidender Schlag gegen jeglichen dogmatischen Materialismus geschehen. Wir meinen die Einführung des Informationsprinzips durch Norbert Wiener und seinen Kreis. »Information« – z. B. Inhalt von Telegrammen, Lochkarten, Magnetbändern, Konstruktionsplänen, Operationsbefehlen für EDV-Anlagen oder für Interkontinentalraketen – ist offensichtlich weder Masse (Materie) noch Energie (Kraft). Vom Gesichtspunkt einer materialistischen Naturwissenschaft ist »Information« ein »Nichts«, zugleich aber nahezu allmächtig. Erst Information – die Planung, der Gedanke – erschafft aus den elementaren Grundkomponenten des Weltalls – Protonen, Neutronen, Elektronen plus Energie – den Reichtum der Wirklichkeit. Denn Planung, Gedanke, Geist beginnen nicht erst in den Lebewesen und – auf höherer Ebene – in menschlichen Erfindern und Unternehmern zu wirken. Bereits den Bauplänen der chemischen Elemente sowie den Kristallgittern liegt »Geist« zugrunde – wenn wir diesen Begriff nur weit genug fassen. Freilich äußert sich Geist auf diesen niederen Ebenen nur wie im mehr oder weniger »toten« Abbild. Unmittelbar als Widerspiegelung tritt er nach alter Überzeugung erst im gedankenschöpferischen Menschen hervor. Ihn nannte man einst »Gottes-Kind« oder gar »Gottes-Freund«, weil er die in der Natur verkörperten Gottes-Gedanken nachzudenken und selbst eigene Gedanken in der Technik zu verkörpern vermochte.

5 Eugen Löbl, Geistige Arbeit – die wahre Quelle des Reichtums, Düsseldorf 1968.

Für den modernen Naturwissenschaftler ist der Mensch ein Lebewesen unter anderen. Der jüngst verstorbene führende Molekularbiologe Jacques Monod, der Nobelpreisträger für Medizin des Jahres 1965, betonte ausdrücklich, welchen ungesteuerten Zufällen das Erscheinen des Menschen zu verdanken ist. Das Menschsein und eine Menschheit konnte also, meint man, durchaus fehlen, ohne daß dem Weltall irgend etwas mangelt. – Nichts scheint vielen gewisser als dies, obgleich nichts falscher ist. Daß man auch anders urteilen kann, zeigt ein Spruch im frühen Christentum: »Deshalb sind alle Dinge entstanden durch Gottes Wundertat, damit sie von Engeln und Menschen angeschaut werden.« – Offenbar genügt das bloße Sein der Naturgebilde und des Weltalls noch nicht. Es möchte auch gesehen, bedacht, gewußt werden. Fehlt ihm dieses »Licht«, so ist das Weltall, trotz allen physischen Lichtes, doch noch finster. Das Wissen entreißt das Sein der Finsternis. Wer zu wissen vermag, kann »Licht der Welt« genannt werden.

Das scheint nur zunächst paradox – nicht mehr jedoch, wenn wir bedenken: Tiere treiben keine Zoologie, Pflanzen keine Botanik, Elektronen keine Physik, sogar der Raum benötigt den Geometer, damit dieser die im Raum herrschenden Gesetzmäßigkeiten ins Wissen emporhebt. Daher mögen wir von noch so fernen Galaxien oder erdgeschichtlichen Epochen sprechen –, wir sind als Wissende immer mit dabei. Wovon immer wir reden, wir haben uns selbst mit vorausgesetzt. Wir können uns selbst aus dem Weltall nicht wegdenken. Als »Licht der Welt« sind wir die allernotwendigsten Wesen. Alles Seiende verweist auf uns. In diesem Sinne sprach wohl auch Paulus vom »ängstlichen Harren der Kreatur auf die Kinder Gottes«; denn in unserem liebedurchdrungenen Wissen geschieht gewissermaßen eine Erlösung der Naturreiche und auch ihr Eintritt in das Reich der Freiheit.

Bedarf also das Sein des Wissens, dann begreifen wir den Sinn der Erdgeschichte, die vom Mineralreich über das Pflanzen- und Tierreich zum Menschen hinstrebt. Denn der Mensch ist dasjenige merkwürdige Wesen, das Wissenschaft treiben, also zum Sein das Wissen hinzufügen kann. In diesem Sinne ist die Erdgeschichte und besonders die Geschichte der Lebewesen: Bewußtseinsgeschichte, Wissensgeschichte, Selbstbewußtseinsgeschichte. Die zunehmende Komplikation der Körper von Lebewesen, besonders ihrer Nervensysteme, Sinnesorgane, Gehirne dient einem Prozeß des stufenweisen Erwachens, der vom Mineralreich über das Pflanzen- und Tierreich zum Menschen hinführt. Aber dieser Mensch selbst war anfänglich noch ein Schlafender oder Träumender. Er gelangte erst sehr allmählich, unter höherer Führung, zur weltweiten Erkenntnis, wobei zunächst die Griechen und dann wieder das Zeitalter der Renaissance die entscheidenden Schritte in dieser Richtung getan haben.

Wir werden also in aller Demut, aber im Hinblick auf unsere Stellung als »Wissende im Weltall«, uns doch wichtiger zu nehmen haben, als die heute übliche Naturwissenschaft uns glauben machen will. Erst unter solchen Voraussetzungen ist es ja auch sinnvoll, um den zukünftigen Bestand der »Menschheit« zu bangen. Zunächst ist freilich diese Sorge nichts anderes als eine Ersatzbefriedigung. In gar nicht so weit zurückliegenden Zeiten bildete der Gedanke an die eigene Seele, ihre Beziehung zur Ewigkeit, zum nachtodlichen Dasein, zur Rechtfertigung vor dem göttlichen Gericht, das Zentrum der menschlichen Sorge. Jeder einzelne stand »vor Gott«, und die Art seiner sittlichen Lebensführung entschied über den Sinn seines Daseins – gleichgültig ob vorher oder nachher noch andere Menschen die Prüfung des Erdenlebens zu bestehen hatten oder nicht. Heute jedoch, da das Leben des Einzelmenschen metaphysisch sinnentleert ist, muß als Wertträger der physische Fortbestand der »Menschheit« – wozu eigentlich – herhalten, damit wir nicht ganz ins »Nichts« starren.

Warum muß es überhaupt weiterhin auf Erden Menschen geben? Vom biologischen Gesichtspunkt ist es doch sinnlos, ja grausam, auf dem Wege befruchteter Eizellen immer neue Menschen ins Dasein zu zwingen und diese dadurch einem mehr oder weniger leidvollen Erdendasein mit der Sicherheit eines mehr oder weniger schmerzvollen Sterbens zu überantworten! Wenn wirklich ein »Mensch« mit der befruchteten Eizelle aus dem Nichts ins Sein gehoben wird, um schließlich wieder ins Nichts zu versinken, dann sollten wir doch als »Homines sapientes« so vernünftig sein und solche »Menschen-Schöpfungen« künftig unterlassen.

Bedenken wir eines: Minerale, Pflanzen, Tiere mögen immerhin »sein«, und es mögen ihnen auch Namen zukommen. Aber sowohl das »Sein« als auch die »Namen« bleiben ihnen äußerlich, weil sie sich weder selbst benennen, noch um ihr Sein im existentiellen Selbstvollzuge des Ich-bin-Ich wissen können.

Die Bibel ist voll alter Weisheit, über die wir zumeist hinweglesen. Da heißt es zum Beispiel: Gott habe alle Tiere an Adam vorbeigeführt, damit er ihnen Namen gebe. – Tiere sind also von sich aus namen-los, anonym. Sie müssen auf den Menschen warten, damit er ihnen Namen verleihe und sie dadurch an seiner eigenen namenhaften Personalität teilnehmen lasse. Freilich sind diese zoologischen Namen der Tiere äußerlich und zufällig. Auch unsere Namen, die wir bei der Geburt erhalten, sind uns nur äußerlich angeheftet. Sie sind Menschenwerk. Nicht Menschenwerk ist jedoch der Name, den jeder nur sich selbst geben, weil jeder ihn nur für sich selbst in absoluter Einsamkeit vollziehen kann: »Ich«. Dennoch kann man mit Recht auch vom »Ich« eines anderen Menschen sprechen, wenn man dieses letzte existentielle Geheimnis der geistigen Individualität hervorheben will.

Das soll weiterhin in diesem Buche als notwendig angesehen werden; denn es sind heute Tendenzen im Gange, den Menschen dieses Ich abzuerkennen, um sie als bloße Glieder eines »Kollektivs« oder einer »Gattung« betrachten und behandeln zu können. Diesen Tendenzen nachzuspüren, ist ein Hauptanliegen dieses Buches, das sich tunlichst weit von der heute üblichen politischen Diskussionebene entfernen und gerade dadurch das Zentralanliegen einer menschenwürdigen »Politeia« vertreten möchte.

Um den »Fortbestand der Menschheit« zu bangen, hat also nur unter einer bestimmten Voraussetzung Berechtigung: Jeder Mensch ist Träger einer personhaften und geistigen Wesenheit, die wir selbst als »Ich« bezeichnen. Diese Geistwesenheit geht dem befruchteten Eikeim voran und überdauert auch den Leibestod. Sie benötigt jedoch ein mehr oder weniger mühevolles Erdendasein, um darin Welt- und Selbsterkenntnis zu gewinnen und an den Widerständen und Leiden des Erdenlebens zu reifen. Unter solchen Voraussetzungen ist es dann sinnvoll, einen weiteren Bestand der Menschheit wenigstens solange zu wünschen, als Menschenseelen bereit sind und es nötig haben, ein Erdendasein zu durchleben. Diese Fortentwicklung der Menschheit zu ermöglichen, dazu dienen schließlich unsere Eheschließungen und Familiengründungen[6].

In diesem Sinne »machen« Eltern nicht Kinder, sie »empfangen« diese vielmehr als Gabe einer höheren Welt. So wenigstens dachten die großen abendländischen Denker seit Heraklit, Platon und Thomas von Aquin.

Hinzu kommt freilich noch ein weiterer, das christliche Denken überschreitender Gedanke. Ihn versuchte in echter revolutionärer Weise einmal Gotthold Ephraim Lessing am Ende seines Lebens zu formulieren, indem er vom Gedanken einer Erziehung des Menschengeschlechts im Verlaufe der Geschichte ausging. Wenn nämlich die großen Kultur- und Geschichtsepochen ebenso viele Stufen der Erziehung des Menschen bedeuten, dann muß offenbar nicht eine abstrakte »Menschheit«, sondern jedes einzelne Menschen-Ich alle diese Stufen nacheinander durchlaufen haben: »Nicht anders!« meint Lessing. Eben die Bahn, auf welcher das Geschlecht zu seiner Vollkommenheit gelangt, muß jeder einzelne Mensch, der früher, der später, durchlaufen haben. In einem und demselben Leben durchlaufen haben? Das wohl nicht. – Aber warum könnte jeder einzelne Mensch auch nicht mehr als einmal auf dieser Welt vorhanden sein? Ist diese Hypothese darum so lächerlich, weil sie die älteste ist? Warum könnte auch ich nicht hier bereits einmal alle die Schritte zu meiner Vervollkommnung getan haben, welche bloß zeitliche Strafen und Belohnungen des Menschen bringen können? Warum sollte ich nicht so oft wiederkommen, als ich neue Kentnisse und Fertigkeiten zu erlangen geschickt bin? Bringe ich auf einmal so viel weg, daß es der Mühe, wiederzukommen, etwa nicht lohnte? Darum nicht? Oder weil ich es vergesse, daß ich schon dagewesen? Oder weil zuviel Zeit für mich verlorengehen würde? Verloren? Und was habe ich denn zu versäumen? Ist nicht die ganze Ewigkeit mein?[7]

6 Vgl. O. J. Hartmann, Vom Sinn der Weltentwicklung, Sein und Wissen, Frankf./M. 1971.

7 Gotthold E. Lessing, Die Erziehung des Menschengeschlechts, § 93–100; dazu O. J. Hartmann, Der Mensch als Selbstgestalter seines Schicksals, 9. Aufl., Frankfurt/M.; E. Bock, Wiederholte Erdenleben. Die Wiederverkörperungsidee in der deutschen Geschichte, Stuttg. 1952.

Welches Welt- und Menschenbild wir haben, ist letztlich entscheidend für unser soziales, wirtschaftliches und politisches Tun. Daher durchziehen die Gedanken, wie sie in den vorstehenden Darlegungen gedeutet wurden, gleich einem roten Faden alle folgenden Kapitel.

Die Art unseres Welt- und Menschenbildes könnte auch mit darüber entscheiden, ob die Existenz eines selbständigen Europas weiterhin berechtigt ist. Von den Machtblöcken Asiens, Amerikas und Afrikas umringt, könnte die Existenzberechtigung dieses winzigen Gebildes »Europa« nur in einem Geistesleben gegründet sein, das den tieferen Sinn von Weltall, Natur und Mensch sichtbar macht.

Ein solches Weltbild bedingt aber auch den Bildungscharakter unserer Schulen. Was heute die erwachenden Ich-Menschen »Bildung« ersehnen läßt, wird durch den Fachcharakter unserer Hochschulen nicht befriedigt, zumal die Fülle ausgebildeter Hochschulabsolventen bald nur die Zahl der Arbeitslosen vermehren dürfte. Was zumal junge Menschen als echte Bildung ersehnen, ist Aufschluß über ihr »Ewiges«. Aufschluß aber finden sie weder in den »Doppelwendeln der Vererbungsgene«, noch in den Klassengegensätzen« einer sozialistischen Geschichtsbetrachtung – freilich auch nicht in den Formen eines überlebten Religionsunterrichts.

»Freiheit oder/statt Sozialismus« – so lautet ein politischer Slogan. Aber aus dem egoistischen Mißbrauch der »Freiheit« ist ja eben der Sozialismus als Gegenschlag entstanden. Mit dem Ruf nach Freiheit kann man also den Sozialismus nicht bekämpfen, zumal auch noch heute überall Freiheit mißbraucht wird. Will man mit Erfolg dem Sozialismus Paroli bieten, also dem verwalteten, kollektivierten Menschen die menschliche Persönlichkeit, das wahre Ich-bin entgegenstellen, so muß man an die Stelle der liberalistisch-egoistisch verstandenen Freiheit eine Freiheit ganz anderer Ordnung setzen. Die wahre Freiheit ist nämlich die Entschlossenheit zur Selbstverpflichtung, zum Dienen, ja sogar zum Opfer innerhalb einer brüderlichen Gesellschaft. Eine so verstandene Freiheit läßt die mitmenschlichen Komponenten nicht außerhalb, sie nimmt diese vielmehr in sich selbst auf. Hieraus ergeben sich z. B. Vereine und Zweckverbände, die bald mehr im sachlichen, alsbald mehr im emotionalen Lebensbereich liegen.

Zu allen diesen noch im Menschlichen verbleibenden Gemeinschaften treten aber solche hinzu, die den Menschen ins Übermenschliche verweisen. Es sind dies die Religionsgemeinschaften, also Geist- oder Geistergemeinschaften, weil sich hier die Menschen als Bürger einer höheren Welt begreifen können.

Eine Religionsgemeinschaft besonderer Art bildeten und bilden diejenigen Menschen, die im Gottesopfer von Golgatha ein Vorbild für das menschliche Erdendasein zu sehen vermochten. Denn nicht Glücksverlangen, sondern Leidensbereitschaft wurde hier in der »Imitatio Christi« als Weg zur Charakterveredlung und Seelenerweckung vor die Menschen hingestellt. Dem entsprechen auch die Worte des großen Psychologen, des Meisters Eckhart: »Das schnellste Roß, das euch bringt zur Vollkommenheit, ist Leiden.«

Den Gegenpol dieser höchsten Form von Gemeinschaft, die man einst »Kirche« (Corpus Christi mysticum) nannte, bilden heute die diktatorisch-staatlichen Kollektive, zu denen man die Menschen zusammenballt, nachdem man sie entsprechend indoktrinierte, also ihres Eigendenkens und Eigenverantwortens beraubte. Hier wird der Mensch ebenso ins Untermenschliche herabgedrückt, wie er in den echten Religionsgemeinschaften ins Übermenschliche erhoben wird. – So weit gespannt sind also die Möglichkeiten des Menschseins, innerhalb deren wir versuchen müssen, den richtigen Weg zu finden.

Kapitel 2

Die Grundsituation unserer Zeit

Emanzipation – Intellekt – Diktatur

Die Emanzipation der einzelmenschlichen Persönlichkeit, des »Ich«, durchzieht wie ein roter Faden die gesamte abendländische Geschichte und nicht nur die neuere Zeit. Im Hinblick auf die im 1. Kapitel bereits ausgeführten Überlegungen kann man vom »Ich« nicht nur in Beziehung zu sich selbst, sondern in der objektiven Bedeutung des realen geistigen Wesenskerns jedes einzelnen Menschen sprechen. Statt »Ich« könnte man auch »Individuelle Seele« sagen, kommt aber damit nicht ganz an die starke Persönlichkeitsbetonung des modernen Menschen, der sich durchaus als »Ich-Mensch« empfindet, heran. Dieses »Ich« ist indessen keine fertige Gottesgabe. Nur derjenige Mensch wird sich nämlich seines »Ich« bewußt, der die Mühe eigener, nicht vorfabrizierter Gedanken und eigener, nicht parteigebundener Verantwortung auf sich nimmt. In diesem Sinne wird das wahre »Ich« immer nur kurzfristig offenbar, da zumeist das von Martin Heidegger so genannte »Man« vorherrscht.

Schon in den Religionskämpfen des frühen Mittelalters – man denke an die Katharer, Albigenser, Waldenser – und dann in verstärktem Grade im Zeitalter der Renaissance und Reformation beginnt dieses »Ich« gegen alle autoritären Bevormundungen zu revoltieren und den Anspruch auf Gedanken-, Gewissens- und Glaubensfreiheit zu erheben. Nur mit großer Mühe gelang es demgegenüber den Ordnungsmächten des Abendlandes, den Fürsten und der Kirche, sich zunächst durchzusetzen und den Gefahren des Chaos zu wehren, die überall dort zu drohen schienen, wo zwar die Emanzipation des »Ich« mit Recht erstrebt wurde, aber zugleich sittliche Reife und politische Verantwortung fehlten, um diese Emanzipation vor dem Chaos zu bewahren.

Trotz aller Emanzipationsbestrebungen des »Ich« hat sich jedoch zunächst die ehrfürchtige Scheu vor Fürsten und Priestern, aber auch gegenüber Eltern und Lehrern und, nicht zuletzt, gegenüber allen staatlichen – durch Beamte und Offiziere repräsentierten – Autoritäten bis zur Jahrhundertwende im wesentlichen erhalten. Man denke an die Opferbereitschaft, mit der man 1914 für »Gott, Kaiser und Vaterland« in den Krieg zog. Der Mensch ist nämlich eine sehr vieldeutige Wesenheit. So sehr er einerseits stolz und aufgeklärt sein »Ich-bin« betont, so sehr ersehnt er doch wieder ein Überpersönliches und Erhabenes, das er verehren und dem er dienen kann. Man denke nur an die Rolle, welche Idole wie Che Guevara, Fidel Castro, Mao, Lenin, Marx in der Gefühlswelt der modernen Jugend spielen können.

In der Erkenntnis der Situation in unserer Zeit muß gesehen werden, daß der Jahrhundertwende ein bedeutsamer Wendepunktcharakter zukommt: In der »Jugendbewegung« emanzipierte man sich von Elternhaus und Schule, die Einsteinsche »Relativitätstheorie« sowie das Plancksche »kleinste Wirkungsquantum« revolutionierten die Physik, die abstrakte, ungegenständliche Malerei lehrte uns eine neue Art des Sehens, die Fortschritte der Konsumgüterindustrie sowie der modernen Medizin förderten das Versorgungs- und Anspruchsdenken – kurzum: das Erwachen der selbstbewußten Egoität mündete zunächst in einen hemmungslosen Egoismus, der im »Versorgungs-Staat« die Garantie für eine umfassende Sicherung des Daseins erblickt.

Daraus ergibt sich ein bemerkenswertes Paradoxon: Während einerseits der Staat immer mehr zum Nähr-Vater aller wird und über das Steuersystem eine nie gekannte Macht erhält, wird er andererseits verachtet und auf alle nur mögliche Weise zu erpressen versucht. Mit gereifter Verantwortung hat dies alles ebensowenig zu tun, wie unser Verhalten gegenüber dem öffentlichen Gesundheitsdienst, von dem man einerseits unbegrenzte Hilfe fordert, ihn aber andererseits so mißbraucht, daß er durch Kostenexplosionen funktionsunfähig zu werden droht. In unserem angeblich »sozialen« Zeitalter gedeihen also auch sehr unsoziale Verhaltensweisen.

Bei allen emanzipatorisch-revolutionären Bewegungen spielt nun das Denken, genauer der Intellekt, eine zentrale Rolle. Nicht die breiten Volksmassen, sondern kleine intellektuelle Oberschichten haben die Französische und Russische Revolution in Gang gebracht. Auch Marx, Lasalle, Engels, Rosa Luxemburg sowie die heutigen Träger des Spätmarxismus und der Ultralinken gehören der »Intelligenzia« an und entstammen zumeist wohlhabenden bürgerlichen Kreisen. Das gilt in besonderem Grade für die revolutionären Bewegungen innerhalb der Studentenschaft und für die Aktivisten der Anarchisten- und Terrorgruppen[8].

Dabei weiß man doch: dem erwachenden intellektuellen Denken eignet zunächst ein destruktiver Charakter. Klugheit ist »gefährlich«. Sie wurde in früheren Zeiten vom einfachen Volk sogar als Teufelswerk angesehen. Warum? Im Denken eignet sich der Mensch ein Instrument an, mit welchem er alles begründen und alles zerstören kann. Das erfuhren schon die frühen Griechen, die ersten intellektuellen Denker. Es waren die »Sophisten«, gegen die Platon kämpfte und von denen er meinte, sie vermöchten schon allein mit ihren Worten das Krumme grad und das Gerade krumm zu machen. Offenbar gehört ein hohes Maß von Reife dazu, um sich eines so großartigen, aber auch gefährlichen Instrumentes, wie es das Denken ist, richtig zu bedienen.

Das ist um so wichtiger, als sich mit dem Denken ganz besonders der menschliche Egoismus und Herrschaftswille zu verbinden trachtet und dann dasjenige entsteht, was wir »Dogmatik« und »Ideologie« nennen mögen. Sogar das historische Christentum bietet hierfür erschreckende Beispiele. Diese Tendenz zur intellektuellen Rechthaberei setzt sich heute vor allem auf der politischen Ebene fort, und versetzt der Freiheitsbewegung in unserer Zeit immer wieder Rückschläge. Die intellektuellen Meinungshüter zerfallen dann in linientreue Funktionäre und Abweichler; »Chefideologen« sinnen über die »reine Lehre« und die »alleinrichtige Praxis« nach.

Je weiter sich schließlich die Ideologen von der Wirklichkeit des menschlichen Lebens entfernen, um so radikaler möchten sie die Menschen »umerziehen« oder gar einen neuen »Menschen«

8 Vgl. Ludwig Reichhold, Abschied von der proletarischen Illusion, Frankfurt/Main 1972.

schaffen. Sachgemäße Diskussionen sind hier unmöglich, weil es sich um Zwangsgedanken handelt, die fast schon in den Kompetenzbereich der Psychiater gehören[9]. Diesem mißbräuchlich eingesetzten Intellekt fällt es nun nicht schwer, die Wort- und Begriffsmuster so umzulügen, daß sie das Gegenteil dessen bezeichnen, was sie eigentlich meinen. Solch ein Begriffsmuster ist zum Beispiel Freiheit. Überall in der Welt wird heute »befreit« und überall wollen angeblich Menschen »befreit« werden. Aber unter diesem Namen vollzieht sich in der Realität unserer Tage die Aggression, der Machtwille, das Eroberungsstreben. In früheren Zeiten war man ehrlich genug, sich dazu zu bekennen. Heute sind Worte wie Aggression, Macht, Eroberung streng »tabu«, also muß man sie heute »Befreiungsaktion« oder zumindest »Entspannung« nennen, um nicht nur andere, sondern auch sich selbst zu täuschen.

Sogar der Begriff »Demokratisierung« dient vielfach nur zur Verschleierung der Tatsache, daß man gewachsene Lebensordnungen zerstören und hernach selbst eine neue, unerbittliche Diktatur über die Menschen errichten will.

Hierbei wird in vielen Fällen die subjektive Ehrlichkeit nicht zu bezweifeln sein. Selbst Terroristen, die Geiseln ermorden, Flugzeuge entführen, Gebäude sprengen, Züge zum Entgleisen bringen, sind, aufgrund ihrer Ideologie, fest davon überzeugt, für die Humanität zu kämpfen. Auch die nordamerikanischen Siedler waren einst von ihrem Recht überzeugt, die »Rothäute« ausrotten zu dürfen, weil diese eben doch nicht »volle Menschen« wären. Verwandte Gedanken standen hinter den Vernichtungslagern der Nationalsozialisten. Das ist erschreckend. Denn es zeigt, bis zu welchem Grade die Ideologien über Menschen eine Macht gewinnen können, so daß sie, wie unter einem hypnotischen Zwang, etwas tun, was sie, in Bewahrung ihres wahren Ich, niemals tun würden. Aber sie sind durchaus »Besessene«, zwar nicht von personhaften Teufeln, wohl aber von Ideen, die durchaus ein Teuflisches repräsentieren.

9 Vgl. Eric Hoffer, Der Fanatiker, rde 220; ders., Die Angst vor dem Neuen, Freiheit als Herausforderung und Aufgabe, rde 288.

Wer jedoch der Zeitsymptomatik einigermaßen gerecht werden will, hat noch das Folgende zu bedenken: Wohl hat sich die einzelmenschliche Individualität im Laufe der vergangenen Jahrhunderte aus früheren kollektiven Bindungen zum Recht auf Eigen-Denken, Eigen-Gewissen und, nicht zuletzt, auf Eigen-tum emanzipiert. Es sind jedoch gegenwärtig recht deutliche Tendenzen in der umgekehrten, der reaktionären Richtung, also in Richtung auf neue Kollektivitäten bemerkbar. In gemeinsamen Demonstrationen, Aufmärschen, Ideologien, besonders deutlich in »neuen« Wohn- und Lebensgemeinschaften kommt diese Sehnsucht nach »Gruppe« oder »Masse« zum Ausdruck. Es scheint eben doch heute eine erhebliche Anzahl, insbesondere junger Menschen zu geben, welche die Einsamkeit des auf sich selbst gestellten und nur sich selbst verantwortlichen »Ich« nicht ertragen und deshalb Deckung in einem »Wir«, – im Grenzfall sogar in einer »Bande« – suchen.

Vergangenen Existenzformen des Menschseins war das gemäß. Moderne Diktaturen wollen dagegen solche Kollektive erneuern, weil sie den anonymen Massen-Menschen zur Verwirklichung ihrer Ziele benötigen. Im wesentlichen haben wir es heute wohl mit zwei großen Gruppen von Menschen zu tun: Mit denen, die, in die Zukunft blickend, das abendländische Wagnis des innengesteuerten, selbständigen Ich – als wahre Voraussetzung jeder echten Gemeinschaft – erstreben, und mit den anderen, die, verschreckt durch die Schwierigkeiten des modernen Lebens, in reaktionärer Gruppenhaftigkeit Geborgenheit suchen und dies sogar »fortschrittlich« nennen.

Es wäre die Aufgabe echter Erziehung, dieser zweiten Kategorie das richtige Rüstzeug mitzugeben. Oft aber versagt schon das Elternhaus, wenn es den Kindern die »Nestwärme« vorenthält, die – wie wir heute mit Sicherheit wissen – zur Entwicklung eigenständiger freier Menschen unentbehrlich ist[10].

Die bislang gemachten Darlegungen betreffen zunächst das Abendland. Gänzlich andere Gesichtspunkte sind aber noch nötig, wenn wir die heutige weltpolitische Situation beurteilen wollen. China und Hinterindien standen bis tief in unser Jahr-

10 Vgl. René Spitz, in »Der Kranke in der modernen Gesellschaft«, herausgegeben von A. u. M. Mitscherlich, Köln-Berlin 1967.

hundert, ja sie stehen in einigen Teilen noch bis heute auf einer Bewußtseinsstufe, die das Abendland bereits vor mehr als 2000 Jahren überwand, als es den Schritt von den persisch-babylonisch-sumerisch-ägyptischen Priester- und Sakralhierarchien zum »Humanismus« Griechenlands und Roms vollzog. Hingegen haben sich in Ostasien die uralten priesterlich-sakralen Herrschaftsverhältnisse bis in unser Jahrhundert erhalten. Dann folgte plötzlich – allerdings ausgelöst durch die Berührung mit den Kolonialmächten – der »Erdrutsch« in die angeblich »herrschaftsfreie«, enttabuisierte, »demokratische« Gesellschaft »mündiger« Einzelmenschen, in die »Volksrepublik«.

Was im Abendland über 2000 Jahre benötigte, das konnte in Ost- und Südasien nicht in wenigen Jahren geschehen. Das heißt: die aus den alten Herrschafts- und Sozialordnungen herausgelösten, also »atomisierten« Menschen, mußten sogleich in neue Kollektive hineingepreßt werden. So trat an die Stelle der vielfältigen Kasten, Religions- und Götterformen nunmehr die »Marxistisch-Leninistisch-Maoistische Weltanschauung« bzw. eine straffe Organisation von Militär- und Arbeitsbataillonen. Sogar in Rußland – das doch durchaus zum Abendland, zu Europa, gehört – geschah ab 1917 eine ähnliche Entwicklung. Auch Rußland hatte den Erweckungs- und Personalisierungs-Prozeß des übrigen Abendlandes verschlafen. Es hatte keine Renaissance, keine Reformation, keinen Descartes, Kant und Fichte hervorgebracht, sondern war auf dem Stadium altorientalischer Despotien stehengeblieben. Daher die Furchtbarkeit der Russischen Revolution, die alte Ordnungen nur zerstörte, um noch härtere zu schaffen.

Aus dem kollektiven Denken erklärt sich die Gleichgültigkeit des Asiaten dem Sterben gegenüber, sowie seine unglaubliche Kampfkraft in Kleinkriegen. Jedenfalls gilt in Asien der Einzelmensch noch nichts, weshalb er sich mühelos in Kollektive einordnen und sich in der »Masse« wohlfühlen kann. Daher ist auch der asiatische »Kommunismus« gänzlich anders als der europäische zu beurteilen: Was für uns einer Annullierung unserer ganzen Geschichte und einer Vernichtung unseres wahren Wesens gleichkäme, das ist dem Asiaten – wenigstens heute noch, in Zukunft wird es anders sein – weitgehend wesensgemäß.

Das nicht begriffen zu haben, ist der Grund für das Versagen der USA in Asien. Will man den Asiaten in Wahrheit helfen, so muß man dies in ganz anderer Weise tun, als daß man versucht, ihre jetzt zeitgemäßen kollektiven Sozialformen militärisch zu bekämpfen. Damit stärkt man nur ihren Stolz und ihre Widerstandskraft. Und diese sind sehr groß! Das betont auch der Amerikaner Eric Hoffer: »Demokratien sind nicht in der Lage, in Asiens Millionen den Gedanken einer Wiedererweckung zu entzünden. Der Beitrag der westlichen Demokratien zum Erwachen des Ostens ist indirekt und unbeabsichtigt gewesen. Sie haben einen Geist der Ablehnung gegenüber dem Westen erzeugt, und diese antiwestliche Leidenschaft ist es, die jetzt den Orient aus seiner jahrhundertealten Stagnation wachrüttelt.«

Wo überall der Marxismus zur absoluten Macht gelangt, er es also nicht mehr nötig hat, sich und seine wahren Ziele zu tarnen, da muß er sich gegen die Religion wenden. Denn er tritt selbst mit dem Anspruch auf, »Religion«, das heißt Repräsentant des wahren Lebens-Sinnes und Menschheitszieles zu sein. Die Gottheit des Marxismus ist die »Gesellschaft bzw. die Partei«, der alle Menschen als Glieder eines Kollektivs zu dienen haben. Hingegen ist wahre Religiosität der absolute Feind aller Kollektive. Denn in der Beziehung zu Gott ist jeder Mensch eine einzelne, unverwechselbare Personalität, darf er also in keiner Weise als bloßes »Mittel« für außerhalb seiner selbst liegende Ziele betrachtet werden. Das aber eben will der Marxismus! Denn ihm ist jeder Mensch nur soviel wert, als er sich dem Kollektiv nützlich und brauchbar erweist.

Der Nationalsozialismus, in dieser Hinsicht durchaus eins mit dem Marxismus, verkündete: »Du selbst bist nichts! Dein Volk ist alles!« Der Marxismus sagt statt »Volk« »Gesellschaft«. Aber auch das ist nur Tarnung: Denn hinter den Begriffen Volk und Gesellschaft steht letztlich die Macht der Partei, die sich der Menschen bemächtigen und diese allein für sich beanspruchen will. Wenn nun wahre Religion gleichfalls den ganzen Menschen für sich beansprucht, dann müssen alle politischen Diktaturen die erbitterten Feinde der Religion sein, – sofern sie sich als das geben, was sie sind und nicht aus Zweckmäßigkeitsgründen sich zunächst tarnen.

Da heute vielfach behauptet wird, der Sozialismus sei keinesfalls religionsfeindlich, ja Marx, der »gute Mensch aus Trier«, vertrete sogar das wahre Christentum, ist es wichtig, exakt zu beweisen, daß der Marxismus seinem Wesen nach religionsfeindlich ist. Als unverdächtiger Zeuge dient hier Lenin[11]: »Die Religion ist das Opium des Volkes.« – Dieser Ausspruch von Marx bildet den Eckpfeiler der ganzen Weltanschauung des Marxismus. Der Marxismus betrachtet alle heutigen Religionen und Kirchen, alle religiösen Organisationen stets als Organe der bürgerlichen Reaktion, die die Ausbeutung verteidigen und die Arbeiterklasse verdummen und vernebeln wollen. – Marxismus ist Materialismus. Als solcher steht er der Religion ebenso schonungslos feindlich gegenüber, wie der Materialismus der Enzyklopädisten des 18. Jahrhunderts oder der Materialismus Feuerbachs. »... Wir müssen die Religion bekämpfen. Das ist das Abc des gesamten Materialismus und folglich auch des Marxismus.«

Daher muß uns der Marxismus als zutiefst antihumane Lebensauffassung vorkommen. In der Tat ergab die neuere Marx-Forschung, daß es Marx selbst keineswegs um das Gedeihen der Menschen, sondern einzig um die eigene selbstherrliche Macht ging. Unter dem Deckmantel einer Befreiung von Macht und Herrschaft wollte er selbst die Macht ergreifen. »Sowenig man Marx für die paranoiden Exzesse eines Stalin verantwortlich machen kann, sowenig darf übersehen werden, daß in der Marxschen Lehre ein Absolutismus mächtig ist, der zumindest die Möglichkeit stalinistischer Entartung in sich birgt.«[12] Freiheit und Kollektivismus – das sind, jenseits vielgefächerter Ideologien und Anschauungen, die Grundsituationen unserer Zeit. Diese Spannung ist weltglobal – aber im alten Europa hat sie die Innenkräfte seiner Tradition und seiner Kontinuität berührt. Siegt die Tendenz des Kollektivismus, ist der Abtrieb in die Selbstentfremdung des Abendlandes unaufhaltsam.

11 Vgl. W. I. Lenin, Über die Religion, Slg. ausgew. Aufsätze u. Reden, Berlin 1965.

12 Vgl. Arnold Künzli, Karl Marx – eine Psychographie, 1966; vgl. auch die Marxbiographie von F. J. Raddatz im Verlag Hoffmann und Campe, sowie Ernst Topitsch, Gottwerdung und Revolution, Uni-Taschenbücher 288, und den Aufsatz von Topitsch in »Deutsche Zeitung« 4. 7. 1975.

Kapitel 3

Initiative und Risiko

Faust als Unternehmer

Wenn die kollektivierende Selbstentfremdung des Abendlandes fortschreitet, werden ein paar Jahrhunderte europäischer Geschichte ausgelöscht; denn es ist unerläßlich, in Beschwörung der europäischen Tradition, auf ein zentrales Phänomen hinzuweisen, das sich im Zeitalter der Renaissance abzeichnete und seither ein Charakteristikum aller fortgeschrittenen Völker bildet: Initiative, Unternehmenslust, Freude am schöpferischen Risiko. In diesem Sinne waren initiativ-erfüllte »Unternehmer« nicht nur die Entdecker ferner Länder, die Umsegler der Erdkugel, die Erstbesteiger hoher Berge, sondern auch die Maler, Bildhauer und Baumeister der Renaissance und nicht zuletzt die modernen Astronomen, Physiker, Chemiker, Kaufleute und Ingenieure. Sie alle hatte Oswald Spengler im Auge, als er vom »Faustischen Menschen« sprach.

Zum Beispiel verdankt auch Rußland den Keim seines Imperiums der Initiative eines einzigen Mannes, dem Nowgoroder Kaufmann Anika Stroganoff († 1570), der sich zum Zaren Iwan IV., dem »Schrecklichen«, nach Moskau begab, um ihn auf die Reichtümer Sibiriens aufmerksam zu machen[13]. Offensichtlich war da um die Wende vom 15. und 16. Jahrhundert in Rußland ebenso wie in Europa und in den späteren USA ein neuer Menschenschlag entstanden, der sich tiefgreifend vom mittelalterlichen Menschen unterschied[14].

Man kann schon sagen: Die Wesenseigenart des mittelalterlichen Menschen war »vertikal«, in Gebets- und Opferhand-

13 Vgl. J. Semjonoff, Sibirien. 1937.

14 Vgl. James T. Adams, Der Aufstieg Amerikas vom Land der Indianer zum Weltreich, Wien 1931.

lungen »himmelwärts« gerichtet. Man denke dabei nur an die Klöster, Burgen, Dome der Gotik, sowie an das mittelalterliche, gänzlich mit Fragen der Religion und Erlösung beschäftigte Denken. Hingegen vollzog sich am Beginn der Neuzeit ein totaler Bewußtseins- und Richtungsumschlag von der »vertikalen« zur »horizontalen« Orientierung, also hinaus zu den Weiten und Möglichkeiten des irdisch-materiellen Daseins. Denn auch die Himmelskörper, früher Ausdruck eines Geistig-Jenseitigen, wurden nun in das Diesseitig-Materielle einbezogen. Man denke hier nur an die Unfaßlichkeit der Mondlandungen in früheren Jahrhunderten.

Der religiös-mittelalterliche Mensch fühlte sich durch die göttliche Vorsehung geführt und gebunden. Das einmalige Glücksgefühl, das die Renaissance-Menschen erfüllte, war das Freisein von allen bisherigen Bindungen und das Aufgerufensein zu persönlicher Initiative. Damals wurde der »Unternehmer« im weitesten Sinne dieses Wortes geboren. Freilich hat dieser »Unternehmer« als Physiker, Chemiker, Techniker, Industriekapitän die Bodenschätze auszubeuten und unseren Wohnplaneten zu verwüsten begonnen, er hat als Kolonisator fremde Völker und Erdteile unterjocht, er hat schließlich als Industriepionier die Menschen seines eigenen Volkes in den harten Dienst an der modernen Produktions-, Transport-, Nachrichten- und Verwaltungsapparatur hineingezwungen – aber er hat auch die neuzeitliche Konsum-, Wohlstands- und Versorgungsgesellschaft in Gang gebracht und den urteilsfähigen, den »mündigen« Menschen vorbereitet.

Zunächst waren es freilich nur wenige, die dieses »Unternehmerische« in sich erweckten. Die Mehrzahl der Menschen befand sich zunächst noch in einer Art von Schlafzustand. Sie mußten erst vom Neuen mitgerissen werden, wenn sie sich nicht gar diesem Neuen immer wieder entgegenzustellen versuchten. Denn zunächst kommt dem Menschen zu, wie allen Naturgebilden, eben die »Trägheit«. Nur von außen genötigt und angestoßen, setzt er sich in Bewegung, wird er aktiv, beginnt er zu denken, um alsbald wieder in die Trägheit zurückzufallen, das heißt, mit dem eben Erreichten zufrieden zu sein. Als beispielsweise die ersten Eisenbahnen und Fernsprechanlagen geplant wurden, hieß es:

»Wer wird denn damit fahren und wer wird damit sprechen?« Immer wieder erschien das neu Errungene, durch die Initiative von wenigen entstanden, vielen höchst überflüssig zu sein, wenn nicht gar gefährlich. Den Bauern in den Alpentälern z. B. galt die Großtat der Semmeringbahn, von einem einzigen genialen Ingenieur (Freiherr Karl von Ghega) erbaut, als Werk des Teufels, wie uns Peter Rosegger berichtet. Auf härteste Widerstände bei der russischen Regierung stieß zunächst Graf Murawjew, als er die zentrale Bedeutung des Amurgebietes für Rußland betonte und schließlich sein Ziel erreichte, was ihm den Ehrentitel Murawjew-Amurski einbrachte.

Trotz aller Widerstände hat sich nun aber das Neue doch schließlich durchgesetzt und gilt heute als selbstverständlich (wie z. B. Radioaktivität und Kernspaltung) oder unentbehrlich (wie z. B. Post, Telefon, Eisenbahn). Eher sind heute die Menschen bereit, sogar das Unmögliche zu erhoffen, ja zu fordern, zum Beispiel die Beseitigung aller Krankheiten, allen Unglücks, aller Seelenbelastungen. Fast überall ist man geneigt, die schöpferische Initiative des Menschen anzuerkennen und ihre Erfolge für alle Menschen zu beanspruchen – nur auf einem einzigen Gebiete ist dies, mangels entsprechender Sachkenntnis, nicht der Fall – gegenüber dem »Unternehmer« im engeren Sinne. Er gilt als bloßer Repräsentant des Kapitals, das, wie man meint, angeblich nur Gewinne fordert, aber nichts leistet, weil alle Leistungen auf seiten der Arbeiter- und Angestelltenschaft gelegen sind.

Niemals wären solche Fehlurteile gegenüber anderen Bereichen des schöpferischen Geisteslebens möglich, und sie sind auch nur deshalb gegenüber der Wirtschaft möglich, weil man in diesem Bereich nur das Materielle, die Arbeitskraft, das Kapital, den Ertrag, die Löhne und Preise, aber nicht die dahinterstehende geistige und initiative Anstrengung zu sehen gewohnt ist. Daran trug bereits die klassische Nationalökonomie des 19. Jahrhunderts, die dann auch kritiklos von Marx übernommen wurde, eine nicht geringe Schuld. Diese Betrachtungsweise kannte eben nur »Dinge« wie Löhne, Arbeit, Preise, Kapital, Rente, aber keine Denker und Planer. Sie sah nur die Materie-Komponente, nicht jedoch die Geist-Komponente der Wirtschaft. Darwinismus, Marxismus und leider auch die klassisch-bürgerliche Nationalökonomie haben den gemeinsamen Wesenszug, daß sie den denkenden und planenden Geist eigentlich ausklammern und dazu glauben, mit nur mechanischen Kausalitäten die Welt völlig ausdeuten zu können. Ihnen scheint ein schöpferischer Unternehmer für das Entstehen und Gedeihen eines Wirtschaftsbetriebes ebenso unnötig zu sein wie eine geistige Einwirkung für das Entstehen und Gedeihen der Menschheit im Vorgang einer geschichtlichen Entwicklung.

Wäre ein Wirtschaftsbetrieb lediglich ein Aggregat von Kapital und Arbeit, so könnte er ohne großen Schaden zunächst verstaatlicht oder in die Selbstverwaltung der Belegschaft übergeben werden. Denn eine gut funktionierende Maschine – und das wäre ein solcher Betrieb – kann leicht zunächst auch von denjenigen genützt werden, die unfähig gewesen wären, sie zu verwirklichen und weiterhin zu vervollkommnen. Denn »Kapital« und »Arbeit« sind für sich allein ebenso »tot« und »wertlos« wie Bodenschätze, die man nicht zu nutzen versteht, oder Arbeitskräfte, denen man keinen entsprechenden Leistungssinn geben kann. Das vermag allein der denkend-planende Geist, dem schließlich aus dem »Nichts« heraus eine neue Produktionsidee »einfällt«, wodurch die naturhaften Materialien, Energien und Arbeitskräfte erst innerhalb eines Industriebetriebes zur vollen Bedeutung gelangen. Die Freude am Schaffen, die geistig-willenhafte Leistung beansprucht zu Recht den ersten Rang – vor allen anderen produktionsbestimmenden Faktoren. In eben diesem Sinne meint schon Walther Rathenau: »Ich habe noch niemals einen wahrhaft großen Geschäftsmann und Unternehmer gesehen, dem das Verdienen die Hauptaufgabe seines Berufes war, und ich möchte behaupten, daß, wer am persönlichen Geldgewinn hängt, ein großer Geschäftsmann überhaupt nicht sein kann.«

Etwa ein halbes Jahrhundert später formuliert Hermann J. Abs das gewinnsekundäre Ethos des Unternehmens noch schärfer: »Man muß wohl davon ausgehen, daß die Institution Privatunternehmen auf die Dauer von der Gesellschaft nur gebilligt wird, wenn der Nachweis gelingt, daß die Gewinnerzielung im Unternehmen identisch ist mit der Nutzenstiftung für die Gesellschaft. Ich zweifle nicht daran, aber ich erkenne immer deutlicher, daß man diesen Nutzen aufzeigen muß . . . Jedenfalls ist die Gewinnerzielung keine ausreichende Legitimation der wirtschaftlichen Betätigung gegenüber der Gesellschaft. Diese liegt vielmehr primär in der Dienstleistung selbst, die für die Gesellschaft erbracht wird.«[15]

Darüber hinaus kann man leicht nachweisen, daß der Unternehmer zwei grundlegende Aufgaben zu erfüllen hat: erstens die Gestaltung der Arbeit zur Leistung im Hinblick auf die Steigerung der Produktivität der Arbeit im Innern der Unternehmung, zweitens die Führung der Unternehmung als eine Ganzheit und Einheit sowohl in der Innenwelt als auch vor allem aber in der Außenwelt, auf dem Markt, auf dem das Sozialprodukt der Unternehmung im Wettbewerb gegen einen Preis zu verkaufen ist. Diese beiden Aufgaben muß der Unternehmer so lösen, daß die Lebensfähigkeit (Ökonomität) der Unternehmung gesichert wird, die sich zeigt in der Zahlungs-, Investitions- und Finanzierungsfähigkeit, wodurch auch Erfolgstätigkeit sich einstellen kann, die notwendig ist. Die Lebensfähigkeit der Unternehmung ist die unabdingbare Voraussetzung für die Erhaltung, Vervollkommnung und Erweiterung der Arbeitsplätze. Letztlich dienen die Unternehmer der Sozietät, weil Kapital nur insofern zu verwerten und Gewinne nur solange zu erzielen sind, als Waren erzeugt oder Dienstleistungen erbracht werden, die den Bedürfnissen der Menschen entsprechen und von diesen honoriert werden. Insofern ist kapitalistische Marktwirtschaft seit jeher notwendigerweise auch sozial, obgleich diese Komponente erst heute voll bewußt wird. Vgl. zum Problem W. Thoms[16].

Wenn J. Fr. Revel[17] im Sozialismus jene Evolution oder Reform versteht, »deren Folge darin besteht, daß die Wirtschaft etwas mehr zugunsten des Menschen arbeitet und der Mensch etwas weniger zugunsten der Wirtschaft«, dann übersieht er, daß die »Wirtschaft« ja eben den Lebensstandard der Menschen bestimmt, jede Arbeit für die Wirtschaft also Arbeit für uns selbst ist – außer allerdings die Kriegsrüstung. Aber selbst diese ist lebensnotwendig, solange es Mächte mit dem Anspruch auf Welt-

15 Hermann J. Abs, in: »Die Industrie«, Wien, Nr. 48 und 49, 1976.

16 Walter Thoms, »Polarität als Weltgesetz und Lebensprinzip«, Mannheim; ders., Die Zukunft der Unternehmung. Stuttg. 1975.

17 J. Fr. Revel, Die totalitäre Versuchung, Berlin 1976.

beherrschung gibt. Im übrigen ist das Buch Revels eine vorzügliche Analyse der Gefahren des Kommunismus und der Blindheit der bürgerlichen Gesellschaft.

Begreift man, daß unternehmerische Gewinne auf dem Wege über vermehrte Arbeitsplätze und verbesserte Sozialleistungen den allgemeinen Wohlstand erhöhen, so fällt auch ein neues Licht auf den seit Marx viel mißbrauchten Begriff »Mehrwert«. Dieser Mehrwert ist Ausdruck schöpferischer geistiger Initiative, die zunächst von wenigen erbracht, letztlich allen zugute kommt. Denn nicht Materie, sondern Geist ist die wahre Quelle des Reichtums, weil nur berührt vom Zauberstabe planender Ordnung die Materie (z. B. in unseren Maschinen) Leistungen erbringt und unseren Lebensstandard erhöht[18].

So gelten die gemachten Hinweise und Unterscheidungen aber nicht nur für die schöpferischen Spitzenpositionen in der Wirtschaft, sie gewinnen heute auch eine zunehmende Geltung für alle in den Produktions- und Dienstleistungsbetrieben tätigen Menschen. Der seine Tätigkeit in fachkundiger Weise beherrschende und in verantwortlicher Weise ausübende Facharbeiter ist nicht weniger, nur auf anderer Ebene, Geist-Träger, und es kann von ihm nicht weniger als vom Betriebsinhaber oder Manager erwartet werden, daß er seine Arbeit nicht nur um des Gewinnes (Einkommens, Lohnes) halber, sondern auch aus echtem Interesse an seiner Tätigkeit und im Bewußtsein seiner Leistung für die Gesellschaft ausübt.

Ihn in dieser Haltung zu bestärken ist eine der wesentlichen Aufgaben, die sich in der Pflege der »human-relations« in der Betriebsführung ergeben. Es geht nämlich nicht an, daß auch weiterhin die Meinung bestehen kann, nur der sogenannte freischaffende Geistesarbeiter – z. B. der Künstler – könne aus seiner Arbeit unmittelbare Befriedigung gewinnen, während überall sonst lediglich das »Geld« und seine möglichst alljährliche Vermehrung in den sogenannten »Lohnrunden« den Werktätigen über die angebliche »Sinnlosigkeit« seiner Arbeit hinwegtäusche.

Es gibt nichts Bedrückenderes als ein arbeitloses Leben. Sinnvolle, zumal für die Allgemeinheit nötige Arbeit könnte also sehr

18 Vgl. H. Nahr, Mehrwert heute – Leistung und Verteilung in der Industriegesellschaft. Ffm. 1977.

wohl einen beträchtlichen Beitrag zur Sinnerfülltheit eines »lebenswerten Lebens« beitragen – wenn der Werktätige auf die Bedeutung seines Tuns entsprechend hingewiesen wird und ihm deutlich werden kann, daß er ein selbst-denkendes und selbstverantwortliches »Ich« repräsentiert.

In unseren Wirtschaftsbetrieben ist nicht weniger als in unseren Hochschulen, und zwar durch alle Tätigkeitsebenen, Geist investiert und Geist auch am Werk. Daher ist die Parallelität von Wirtschaftsbetrieben und schöpferischen Lebewesen weitgehend: Sonnenlicht, Kohlendioxyd, Wasser und Bodensalze wären wertlos, wenn nicht die schöpferische Kraft der grünen Pflanze hinzukäme, um diesen Naturgegebenheiten die Leistungen, wie zum Beispiel die Assimilation von Zucker und Stärke zu ermöglichen und ihnen dadurch einen Sinn zu verleihen. Im selben Sinne hat der moderne, unternehmerische Mensch seit Anbeginn der Neuzeit immer weitere Kreise der Natur-Materien und Naturkräfte, wozu ja auch die elementaren Gehirn- und Muskelkräfte der Menschen gehören, in einen Organisations-, Planungs- und Leistungs-Prozeß einbezogen.

Wir reden heute so leichthin vom »Geistesleben« und verstehen darunter zumeist nur die Leistungen von Philosophen, Dichtern, Malern, Musikern, bestenfalls auch noch von Physikern, Chemikern, Technikern. Aber wir vergessen die gewaltigen unternehmerischen Gedankengebäude in unseren Industrien, die nicht nur im Geiste wurzeln und aus kleinen Keimen sich entwickeln, sondern auch weiterhin stets vom Geist kontrolliert und weiter entwickelt werden wollen[18a].

Jede menschliche Initiative und unternehmerische Tat hat freilich auch ihre Kehrseite. Auf den Enthusiasmus, womit der »Faustische Mensch«, der »weiße Mann«, einst die Welt der »Farbigen« eroberte, Kolonien gründete, Materien und Energien – darunter auch die menschliche Arbeitskraft – industriell zu verwerten begann, ist heute ein deutlicher »Katzenjammer« gefolgt. So sehr wir früher alles »berechtigt« und »gut« fanden, so sehr erfaßt uns nunmehr Zweifel an allem, was bisher durch uns geschah. An die Stelle der »Faustischen Tat« ist nunmehr der

18a Vgl. Ernst H. Plesser, Was machen die Unternehmer?, und Christian Röglin, Unternehmer in Deutschland, Düsseldorf 1974.

Begriff »Ausbeutung« getreten. Während wir die Leistungen gegenwärtiger oder vergangener Unternehmer täglich und stündlich benützen und ohne sie kaum existieren könnten, wird der »Unternehmer« und schließlich das ganze »faustische« Zeitalter für alle negativen Erscheinungen unserer Zeit verantwortlich gemacht, vor denen wir bereits stehen oder die uns in Zukunft zu bedrohen scheinen. »Unternehmer« – so sagt man – sind schuld am Ersterben der Erde, am Versiegen der Bodenschätze, an der Zerstörung und Zersiedlung der Landschaft, vor allem aber sind sie daran schuld, daß aus einer vermeintlich glücklichen und nichtentfremdeten bäuerlich-handwerklichen Lebensweise die heutige Industriegesellschaft wurde. Man klagt an – aber benutzt die angeklagten Errungenschaften gerne weiterhin!

Alle diese Anschuldigungen treffen durchaus den »faustischen Menschen«, der als Verkörperung des naturwissenschaftlich-technischen Denkens bislang gegolten hat. Trotzdem wird man an der *geistigen* Größe, am Know-how, das in der modernen Industriegesellschaft bereits eine Gestaltung gefunden hat, nicht ohne Staunen vorübergehen können – in Staunen darüber, was der Mensch als Prometheus vermag, der den Göttern das »Feuer« stahl und dafür einer schmerzvollen Kreuzigung unterworfen wurde. Wenn wir es aber richtig überdenken, sind wir eben durch diese Schmerzen wacher, kritischer und besonnener geworden. Dadurch könnte es in Zukunft möglich sein, die »Industrie-Gesellschaft« durch eine »Kultur- und Geistes-Gesellschaft« zu ergänzen. Darin erblicke ich den großen Auftrag unserer Zeit, um der weiteren Selbstentfremdung des Abendlandes zu entrinnen.

Mit Recht hat man bemerkt, daß das »Kapitalistische Zeitalter« und seine Zentralfigur, der »Unternehmer«, von Anfang an unter dem Odium einer negativen Bewertung standen, obgleich man keineswegs gewillt war, auf die dadurch bewirkten Lebensvorteile einer Konsumgesellschaft zu verzichten.

Vielleicht kann man eine Antwort auf dieses Paradoxon in folgender Richtung versuchen: Was Menschen in früheren, ständisch geordneten Sozietäten z. B. als Bauern, Handwerker, Händler, Adelige, Kleriker und Fürsten leisteten, war durch ihre jeweiligen Standespflichten bestimmt. Diese Pflichten gut zu erfüllen, garantierte nicht nur Ehre, sondern auch den entsprechenden materiellen Unterhalt. Strenge Handwerksinnungen sorgten beispielsweise dafür, daß die jeweilig nötige Anzahl von Handwerkern vorhanden und ihre Existenz gesichert war. Ein eigentliches Geld- und Gewinndenken hingegen gab es nicht – war es doch den Christen nach dem Sittenkodex des Mittelalters sogar verboten, überhaupt Geldgeschäfte zu betreiben.

Mit dem Übergang zur technisch-industriellen Produktionsweise begann dann aber eine Neuheit in die menschliche Gemeinsamkeit einzubrechen, von der sie sich heute in ihrem Menschsein bedroht fühlt, ohne zunächst klar zu sehen, was geschah. Eine gänzlich neue Form des Produktions-, Fortschritts-, Geld- und Gewinndenkens begann nun das Eigentlich-Menschliche zu bedrohen.

Zu dieser ohnehin schon gegebenen wirtschaftlichen Bedrohung des Menschseins kam die Bedrohung durch die materialistische Weltanschauung hinzu, der Marx und seine Schüler in besonderem Grade verfallen waren. Das macht die kritische Distanz begreiflich, die dieses Jahrhundert sich selbst entgegenbringt und die wir heute durch eine neue Spiritualität auszugleichen versuchen müssen.

Der radikale Sozialismus versucht das industriegesellschaftliche Problem dadurch zu lösen, daß er, sogar unter dem Schlagwort der »Demokratisierung«, die Geburt der freischöpferischen Individualität zugunsten eines neuen Kollektivismus rückgängig zu machen bestrebt ist. Aber die Entwicklung in Rußland hat längst bewiesen, daß dies nur mit schweren wirtschaftlichen und kulturellen Einbußen möglich sein kann. Daher hat man dort schrittweise, und ohne den ideologischen Treuebruch sichtbar werden zu lassen, die schöpferischen Initiativen einzelner Individualitäten da und dort im Wirtschaftsleben, besonders aber in der Forschung, wieder zugelassen.

Die umgekehrte Entwicklung ist im freien Westen im Gange. Versucht man im Osten, aus nüchternen Erwägungen der Effizienz die staatliche Alleinplanung hie und da zu lockern, so versucht man vielfach im Westen, durch staatliche Maßnahmen die privaten Wirtschaftsinitiativen einzuschränken oder gar abzuwürgen, mit dem Hinweis: »Der Unternehmer ist ein egoistischer Volksschädling, der nur auf seinen persönlichen Gewinn bedacht ist.«

Einst noch, zu den Zeiten von Karl Marx und noch einige Zeit nachher, war es nötig, im Interesse der moralischen Gerechtigkeit und der wirtschaftlichen Vernunft *Gesetze zum Schutze der Arbeiter und Angestellten* zu schaffen, und die Gewerkschaften hatten die Aufgabe, für den wirtschaftlichen Aufstieg der Angestellten- und Arbeiterschaft zu kämpfen. Denn die Unternehmer saßen am längeren »Hebelarm«, obgleich für ein weiteres Gedeihen unternehmerischer Initiativen und Produktivitäten eine sozial gutgestellte und kaufkräftige Arbeiter- und Angestelltenschaft auf die Dauer unentbehrlich war, was zuerst Henry Ford entdeckte. Es waren also, um im Gleichnis zu bleiben, für das Gedeihen beider Sozial- und Wirtschaftspartner gleich lange Hebelarme unentbehrlich.

Heute haben sich die Verhältnisse grundsätzlich und nahezu ins Gegenteil gewandelt. Es erscheint immer mehr nötig, im Interesse der moralischen Gerechtigkeit und der wirtschaftlichen Vernunft Gesetze *zum Schutze der Unternehmerschaft* zu erlassen, um diese und damit unseren Wohlstand vor dem Ruin zu bewahren, dem sie durch den stets wachsenden Steuer- und Lohndruck, sowie durch die wachsenden Forderungen der Gewerkschaften ausgesetzt sind. Denn eine leistungsfähige, stets zu fortschrittlichen Innovationen und Investitionen bereite Unternehmerschaft ist auf die Dauer die unabdingbare Voraussetzung für die wirtschaftliche Sicherheit und den sozialen Aufstieg der Arbeiter und Angestellten.

Freie Unternehmer in Verbindung mit freien Forschern, Erfindern, Konstrukteuren schaffen auf dem Wege über leistungsfähigere Maschinen und Produktionsverfahren nicht nur besser bezahlte Arbeitsplätze, sie produzieren auch mehr Waren und erbringen bessere Dienstleistungen, die breiten Bevölkerungsschichten zu immer günstigeren Preisen zugänglich gemacht werden. Wiederum müssen wir also, nur im umgekehrten Sinne wie einst, die ungleichen Hebelarme im Sinne eines Gleichgewichtes zu korrigieren suchen. Denn beide Sozialpartner haben einander nötig. Die *Verelendung* des einen zieht alsbald auch die des anderen nach sich.

Die Ultralinken unserer Tage sind an solch leistungsfähigen Gleichgewichten freilich nicht interessiert. Sie scheuen sich nicht, über eine Katastrophe der freien Unternehmerschaft auch die Arbeitsplätze zu gefährden und eine allgemeine Verelendung herbeizuführen. Denn sie erstreben die Macht und mit der Macht ihr Ziel: den Sozialismus irgendwie. Anstelle einer »staatsmännischen Ordnung« der realen menschlichen Verhältnisse sollen bestimmte »politische Ziele« erreicht werden, auch wenn diese das wahre Menschsein negieren und eine »Umerziehung« oder gar »Neuschöpfung des Menschen« erforderlich machen[19].

Man glaubt in diesen Kreisen dem Ideal der Humanität dadurch nahezukommen, daß man die »Gleichheit« aller Menschen betont und, im Sinne der »Demokratisierung«, fordert, daß alle über alles nicht nur mitberaten, sondern mitbeschließen müssen. Man negiert die ungeheuren Begabungsverschiedenheiten der Menschen sowie die Tatsache, daß aller Menschheitsfortschritt immer nur einigen Wenigen verdankt wurde. Überall sonst, nur nicht bei den Unternehmern – die ja keineswegs mit den Besitzern immer identisch sind – berücksichtigt man die genial-schöpferische Komponente und will, daß in den Betrieben möglichst alle in alles hineinreden und hineinentscheiden. Die nicht ideologisch vorpräparierten Belegschaftsangehörigen wollen das gar nicht. Sie haben noch das gesunde Gespür für die Führungsqualität eines begabten Unternehmers, dessen verantwortliche Entscheidungen auch ihnen Arbeitsplätze und steigende Einkommen sichern.

Die vom Neidkomplex inspirierten Ideologen wollen es anders. Es könnte dann dazu kommen, was ein erfolgreicher Unternehmer so kennzeichnet: »Spätestens Anfang der achtziger Jahre sind wir in der Bundesrepublik soweit sozialisiert, daß wir Unternehmer in unseren eigenen Betrieben nichts mehr zu sagen haben. Dann wird der Auszug der Unternehmer aus Deutschland einsetzen, der dieses Land mehr kosten wird als alles bisher Dagewesene.«[20] Wir haben schon einmal, zwischen 1933 und 1945, einen erheblichen Teil unserer schöpferischen Intelligenz aus ideologischen Gründen zur Emigration gezwungen, wollen wir uns wirklich wieder einmal geistig verarmen?

19 Wilhelm Hennis, in »Deutsche Zeitung« vom 26. 9. 1975.
20 H. Kronseder, in »Industriemagazin«, München, 1. 12. 1975.

Kapitel 4

Verstaatlichung

Sinn und Unsinn der Verbeamtung

Das wichtigste Ergebnis einer vorurteilsfreien Geschichtsforschung ist wohl die Einsicht in die tiefgreifenden psychologischen Verschiedenheiten zwischen den Menschen alter und heutiger Zeiten und verschiedener Kulturen. Was heute als sittliche Richtlinien dem Gewissen jedes einzelnen Menschen entstammt, das mußte in altvergangenen Zeiten den Menschen in autoritären Formen angeboten werden. Die bekanntesten Beispiele hierfür liefert sicherlich das Alte Testament. Bei Ägyptern, Babyloniern, Peruanern und Mexikanern war es nicht anders.

Auch die gewaltigen Bauwerke jener Zeiten, deren künstlerische Aussagekraft wir bestaunen, entsprangen nicht dem Wollen und Können des einfachen Volkes, sondern einer kleinen elitären Oberschicht von Priestern und Königen. Diese selbst begründeten jedoch ihr autoritäres Verhalten nicht aus dem Motiv des persönlichen Machtwillens, sondern mit Gottesaufträgen, die sie durch Inspiration empfangen zu haben glaubten. Neben den Pyramiden- und Tempelbauten der ägyptischen Pharaonen ist der mächtige Tempel, den Salomo seinem Gott errichten ließ, das wohl bekannteste Beispiel.

Angesichts der Erhabenheit solcher gottesdienstlicher Aufträge wurden vom gewöhnlichen Volk mit gutem Gewissen die Sklavendienste gefordert. Uns, die wir Gottesaufträge und Sakralhandlungen meist belächeln, erscheint das Verhalten dieser Priester-Könige lediglich als eine unmenschliche Tyrannei. Warum – so fragt man heute – ließ man jene Menschen nicht ruhig ihre Äcker bebauen, statt sie darüber hinaus zu Anstrengungen zu zwingen, deren Ziele ja nur der elitären Oberschicht verständlich waren? Erblickt man allerdings in solchen Gottesaufträgen und Gottesdiensten reale Offenbarungen, dann wird man in den drückenden Arbeitsmühen des einfachen Volkes ein verborgenes Erziehungswerk erkennen können. Im ehrfürchtigen Bestaunen der gewaltigen Bauwerke, an denen sie selbst mitwirken durften, erlebten diese Menschen eine höhere Sinngebung ihres Daseins.

Ist es heute mit Kindern nicht ebenso? Beim Betreten der stillen Einfalt einer Dorfkirche oder angesichts der riesenhaften Wölbungen eines Domes oder vor goldschimmernden Altären kniend, könnten den Kindern Ahnungen des Übermenschlichen vermittelt werden, die sie erst als Erwachsene – fall sie dazu die Denkfähigkeit besitzen – in Worte kleiden können.

Ist man mit Lessing von der »Erziehung des Menschengeschlechtes« in den aufeinanderfolgenden Kultur- und Geschichtsepochen überzeugt und hält es für durchaus möglich, in vergangenen Geschichtsepochen selber auf Erden gelebt, also inkarniert gewesen zu sein, dann könnte wohl jeder von uns bekennen: »Die gegenwärtige Kraft meines sittlichen Gewissens, meines ichbewußten Denkens und verantwortlichen Handelns verdanke ich einer langen Erziehung innerhalb aufeinanderfolgender Kultur- und Geschichtsepochen. Was ich heute, im Zeitalter persönlicher Freiheit, weit von mir weisen müßte, das war mir in altvergangenen Zeiten durchaus wesensgemäß: autoritäre Führung durch kulturelle Eliten, die jedoch in höherem Auftrag dachten und handelten. In diesem Sinne kann ich aber auch mit Dankbarkeit auf meine jetzige Kindheit zurückblicken, falls ich das seltene Glück echter und nicht pseudo-autoritärer Geistesführung seitens der Eltern und Lehrer hatte. Denn sinnvolles Geführtwerden in der Kindheit bedeutet echte Mündigkeit im späteren Leben.«

Je nach dem Grade der Selbständigkeit, den der einzelne Mensch im Laufe der Menschheitsgeschichte erreichte, ist heute das Bedürfnis nach Sozialismus, d. h. hier nach gesellschaftlicher Betreuung und ideologischer Führung, verschieden groß. Zweifellos fühlen sich auch viele als »verwaltete Menschen« noch wohl, während andere die Gestaltung ihres Lebens und Denkens aus eigener Kraft erbringen möchten. Aus solchen Verschiedenheiten ergibt sich auch die differenzierte Einstellung dem Staat und den Institutionen gegenüber. Ein Beispiel hierfür bieten die Probleme des verstaatlichten Arzt- und Gesundheitswesens.

Auf einer Tagung der leitenden Krankenhausärzte, die kürzlich in Rom stattfand, berichtete der Vertreter Schwedens über die Zustände in seinem Lande. Der Bericht zeigt, wozu Verstaatlichung oder Vergesellschaftung trotz bester Absicht –aber gemäß der inneren Logik der Sache – schließlich führen muß: zu Wartezeiten zwischen Wochen und vielen Monaten, wodurch erfolgreiche Behandlungen erschwert werden. Die Zeitschrift »Der Österreichische Arzt« hat hierüber in ihrer Nummer vom Mai 1975 berichtet[21].

»Wir gehen einer neuen medizinischen Eiszeit entgegen« schrieb im vergangenen Jahr im schwedischen Ärzteblatt Prof. Gunnar Biörck, Chefarzt der Medizinischen Universitätsklinik und erster Leibarzt des Königs. Dem Gesundheitssystem Schwedens wirft er Inhumanität vor. Neben der Gleichgültigkeit nehme auch die Unfähigkeit zu, sich in die Situation anderer Menschen hineinzuversetzen. Vielleicht werde man – so Biörck – »die Krankenhäuser in Zukunft mit dem gleichen Schrecken betrachten wie in früheren Zeiten das Armenhaus«.

Nun kann man aus ideologischen Gründen endlos über das Für und Wider von Verstaatlichungen, Vergesellschaftungen, Vergewerkschaftungen usw. diskutieren. In die Problemtiefe führt aber doch wohl nur die psychologische Frage: »Warum rufen Menschen nach dem Staat und wogegen richtet sich dieser Ruf?« Einst trat der »Staat«, d. h. das Beamtentum, an die Stelle der »Fürsten«, wodurch persönliche Entscheidungen und Willkürakte durch einen unpersönlichen, sachgebundenen Gesetzes- und Verwaltungsapparat ersetzt, kontrolliert und in Schranken gehalten werden sollten. Die Fürsten sind heute verschwunden, der Beamten- und Funktionärsapparat des Staates aber ist geblieben und weitet sich ständig aus.

Was veranlaßt nun viele Menschen innerhalb einer freiheitlichen Ordnung, erneut nach dem »Staat« zu rufen, und wogegen richtet sich dieser Ruf? Wer hat angeblich nicht richtig funktioniert, so daß seine Beseitigung – sogar in einem so kritischen Land wie Schweden – als »fortschrittlich« gilt.

21 Vgl. zum inzwischen durch das schwedische Wahlergebnis hoffentlich gestoppten Sozialismustrend: Roland Huntford, Die Wohlfahrtsdiktatur, Das schwedische Modell, Berlin 1974.

Dieser Jemand ist offenbar das einzelmenschliche Ich. Diesem »Ich« mißtraut man, weil man es für egoistisch, asozial, nur auf seinen eigenen Vorteil bedacht und vielleicht sogar für inkompetent und dumm hält. Also müsse man dieses Ich seitens des Staates oder ähnlicher Gebilde zumindest kontrollieren oder womöglich beseitigen und durch staatliche Funktionäre ersetzen. Hier spielt die Neidkomponente eine wesentliche Rolle: Unter dem Druck der eigenen Minderwertigkeitskomplexe erregen die Erfolge anderer Menschen unser Mißbehagen. Überdies projizieren wir in sie auch alle die Motive hinein, die wir uneingestandenermaßen auch in uns selbst tragen: Egoismus, Herrschsucht, Dummheit. Schlußfolgerung: Wenn wir schon nicht selbst die beneideten Positionen innehaben können, so sollen sie jedenfalls unsere Mitmenschen auch nicht innehaben dürfen![22]

Analysiert man die psychologischen Hintergründe der Wünsche nach »Vergesellschaftung« oder »Verstaatlichung« freilich genauer, so findet man hier archaische Glaubenskräfte. Aus den Urzeiten orientalischer Priesterkönige haftet auch noch heute den Begriffen »Staat«, »Obrigkeit«, »Regierung« der Charakter höherer Weihe und Weisheit an. Einst glaubten nicht nur die Herrscher, sondern auch das Volk an den »beschränkten Untertanenverstand«. Obgleich man sich heute darüber erhaben vorkommt, scheint doch ein Rest dieser Untertanenhaltung auch noch heute in allen den Menschen nachzuwirken, die nicht nur nach staatlicher Kontrolle, sondern nach Verstaatlichung aller Lebensbereiche rufen. Giselher Wirsing schildert, wie sehr zum Beispiel die Entwicklung Irans heute unter einer enormen Bürokratisierung leidet[23].

Der Trend zum Staat und zur Verbeamtung, zum Funktionärs- und Verwaltungswesen wird aber heute auch noch durch einen anderen Umstand gefördert, wenn nicht gar erzwungen. Immer mehr Selbständige, seien es nun Ärzte oder Unternehmer, sehen sich heute außerstande, dem Steuerdruck und den sonstigen sozialen Anforderungen noch entsprechen zu können. Überdies verzehrt der Papierkrieg mit Krankenkassen und Ämtern fast ihre

22 Vgl. die Monographie von H. Schoeck, Der Neid. Eine Theorie der Gesellschaft, 2. Aufl., Freiburg 1968.

23 Giselher Wirsing, Der abwendbare Untergang, Düsseldorf 1975.

gesamte Freizeit. So erscheint, entweder schon ihnen selbst oder zumindest ihren Kindern, die »Flucht nach vorne« angemessen: Sie geben die ungeheuren Belastungen und Verantwortungen der »Selbständigkeit« auf und erstreben Beamten- und Angestellten-Verhältnisse. Nun haben sie bis zu einem gewissen Grade den Wind im Rücken, der ihnen früher ins Gesicht blies. Den Schaden davon haben ihre Mitmenschen.

Seinem Ursprungssinn gemäß ist der Staat lediglich »Wahrer der Gesetze«. Das Schöpferische selbst kann er nicht nur nicht ersetzen, er müßte es sogar soweit als möglich fördern und sich selbst beschränken. Das ist schon deshalb nötig, weil er nur dann »Wahrer des Rechtes« zu sein vermag, an den sich jedermann hilfesuchend wenden kann.

In dem Augenblick jedoch, in dem der Staat selbst in immer neuen Bereichen zum »Unternehmer« wird, also z. B. Industriebetriebe oder das Gesundheitswesen, so Ärzte, Apotheker, pharmazeutische Betriebe usw. verstaatlicht, ist niemand mehr da, an den sich der sein Recht suchende Staatsbürger wenden und den er um Schutz bitten könnte. Dasselbe gilt auch für die Gewerkschaften, wenn diese infolge ihrer betrieblichen Mitbestimmungs- und Mitbesitzerrechte selbst zu Arbeitgebern und Unternehmern werden. Man braucht nur in den Osten zu blicken, um zu sehen, wie rechtlos dort die Einzelmenschen und zumal die Arbeiter sind. Die Überheblichkeit des Funktionärsapparates übersteigt alle Grenzen! Sogar was man zu »denken« habe, bestimmt dann der Staat. Jede Kritik gilt als abwegig, weil man ja doch jetzt »endlich« im Besitz der absoluten Wahrheit und des alleinrichtigen Gesellschaftssystems sei, in welchem »glücklich« zu sein jedermann die Pflicht habe. Damit ist der Bürger mehr als jemals in früheren Zeiten zum Untertan geworden, Heuchelei und Lüge herrschen. Anläßlich eines Staatsfeiertages trugen z. B. die Kinder in der DDR eine Aufschrift: »Wir sind glücklich!« –

Gewiß, durch die Verstaatlichung des Gesundheitswesens werden die Spitzeneinkommen führender Ärzte beseitigt. Es wird das sozialistische Ideal möglichster Einkommensgleichheit bis zu einem gewissen Grad erreicht. Mag man der Auffassung sein, daß dagegen nichts spräche, so wird man in Kauf nehmen müssen, daß als Folge der Verstaatlichung die Beziehungen zwischen Arzt und

Patient eine grundlegende Veränderung erleiden. Sie werden nämlich ihres Persönlichkeits- und Vertrauenscharakters beraubt, sie werden verbeamtet. Verbeamtung, also Anonymität, läßt sich in vielen sozialen Verhältnissen nicht vermeiden. Vom Funktionär, der am Schalter einen Versicherungsbeitrag entgegennimmt oder eine Familienbeihilfe auszahlt, werden keine persönlichen Kontakte erwartet.

Auf dem Gesundheits- und Heilsektor, aber auch in vielen unternehmerischen Bereichen ist jedoch die persönlich-menschliche Beziehung unabdingbar. Sie wird freilich auch schon heute dadurch bedroht, wenn Kassenärzte pro Patient nur über wenig Zeit zu Gesprächen verfügen, obgleich doch hier, gemäß dem Prinzip der freien Arztwahl, ein Minimum persönlicher Beziehungen dadurch gewahrt bleibt, daß der Patient zu »seinem« Arzt kommt und ihn dieser als »seinen« Patienten begrüßt. Im »Staatlichen Gesundheitsdienst« wird auch dieses Minimum beseitigt, denn nunmehr wird der Patient während ein und derselben Erkrankung von wechselnden Ärzten – wer eben gerade »Dienst« hat – behandelt. Der Arzt wird zum Beamten, der am »Gesundheitsschalter« Ratschläge gibt und Rezepte austeilt, deren Qualität und Ausmaß überdies behördlich fixiert ist. Der Patient aber gerät in die absolute Vereinsamung. Trotz allem dürfte die zukünftige Entwicklung in dieser Richtung verlaufen: Der in allen seinen Lebensbeziehungen von unpersönlichen »Beamten« »verwaltete Mensch« scheint nicht zu vermeiden zu sein. Es fehlt nur noch, daß auch die Ehebeziehungen von Partei-Beamten geplant und selbstverständlich »zum Wohle« der Beteiligten oder des »Volkes« verordnet werden[24].

Als Überschrift für alle diese Tendenzen könnte gelten: Die Ausschaltung des Menschen und sein Ersatz durch die »Gesellschaft«. Man könnte auch von zwei »Bezugssystemen« sprechen, die gegenwärtig miteinander um die Alleinherrschaft ringen, obgleich sie ersichtlich in einem bestimmten Gleichgewicht zueinander stehen sollten. Im Zentrum des *einen* Koordinationssystems stünde – trotz möglicher Gefahren des Egoismus – die Initiative

24 Vgl. H. Schaefer, Die Medizin heute, Münch. 1963, und H. Schelsky, Der selbständige und der betreute Mensch, Stuttgart 1976.

des einzelnen entscheidungs- und verantwortungsfähigen Menschen in brüderlicher Kooperation mit seinen Mitmenschen, was ein edles, hochgestecktes, schwer erreichbares Ziel ist. Im Zentrum des *anderen* Koordinationssystems stünde die anonyme, von Funktionären verwaltete »Gesellschaft«, in der »Mechanismen« den Menschen und die zwischenmenschlichen Beziehungen zu ersetzen suchen: Scheinbar leicht erreichbar, aber um welchen Preis! Dennoch gilt die »Gesellschaft« als Ideal des »Sozialen«, obgleich sie in ihrem Wesen a-sozial und un-menschlich ist.

Schon in der Morgenröte der »Demokratie« hat John Stuart Mill (1806–1873) in seinem »Essay on Liberty« um das richtige Gleichgewicht zwischen Individuum und Gesellschaft gerungen und das zwielichtige Problem der »Verbeamtung« aufgezeigt. Neuerdings hat Lothar Bossle diese Fragen des Gleichgewichts einer gründlichen Analyse unterworfen[25].

Seltsam ist, wenn anläßlich von Neuwahlen die im Amt befindlichen Regierungen nachzuweisen versuchen, welch großes Wachstum das Sozialprodukt während ihrer Regierungszeit gemacht hätte. Man vergißt hierbei nur, daß Gesetze an sich nichts produzieren. Bestenfalls regulieren sie, wenn sie nicht gar hemmen und abwürgen. Der Wohlstand eines Landes ist aber doch wohl das Ergebnis des Fleißes der Arbeiter und Angestellten, sowie der schöpferischen Initiative der Forscher und Unternehmer. Eine Regierung, die sich für die nächsten Wahlen empfehlen möchte, sollte daher zunächst den arbeitenden Menschen danken und sich eher dafür entschuldigen, daß durch fehlerhafte oder übereifrige Gesetze das schöpferische Leben oftmals gehemmt wurde. Solche Gedanken würden auch allen Beamten ziemen, die statt zu schaffen lediglich verwalten und schließlich glauben, ein Mehr an Bürokratie werde das reale Gedeihen eines Volkes fördern.

Die möglichen Mißbräuche einer individualistisch-liberalen, von persönlicher Initiative geprägten pluralistischen Gesellschaft sind jedenfalls kleiner oder doch seitens des Rechtsstaates leichter unter Kontrolle zu halten als die grundsätzliche Bedrohung und Entmündigung alles Personalhaft-Menschlichen durch eine allmächtige Staats- oder Gesellschafts-Diktatur. Ist nämlich diese

25 Lothar Bossle, Sorge um das Gleichgewicht, Würzburg 1976.

einmal eingerichtet, so scheint die restlose Ver-Dinglichung der Menschen innerhalb einer totalen Verwaltung unausweichlich. Hierbei ist niemand Gewinner, weil sowohl die Verwalteten wie die Verwaltenden in gleicher Weise unfreie Elemente eines herzlosen Mechanismus sind. Kurz: Das Ideal des Sozialismus ist die Beseitigung der Personalität zugunsten der Anonymität. Schuldige sucht man in einem solchen System vergebens, da alle in gleicher Weise Befehlsempfänger eines »Systems« sind, das jenseits aller Verantworung steht und das man nicht »vor Gericht« ziehen kann: Die maximale Entfremdung des Menschen von sich selbst.

In einem solchen System könnte dann, wenn es glückt, sicherlich alles sehr »gleich«, sehr »gerecht«, von Nächstenliebe durchdrungen scheinen, – und würde sich doch, bei tieferer Analyse, als die totale Ausschaltung aller persönlichen Liebe und Mitmenschlichkeit erweisen. Denn »Menschlichkeit« und »Nächstenliebe« wären an ein »System« delegiert worden, aber in den Einzelmenschen selbst bliebe nur die ohnmächtige Erbitterung gegenüber dem »System« wirksam, mit dem Versuch, dieses wo nur immer möglich zu sabotieren, um sich einen, wenngleich noch so geringen, Persönlichkeits- und Freiheitsraum zu schaffen[26].

Man muß jedoch bedenken, daß es vermutlich zwei Typen von Menschen gibt, denen jeweils sehr Gegensätzliches »artgemäß« ist. Die einen ordnen sich aus Trägheit gern einem Kollektiv ein, an das sie ihre persönliche Erkenntnis-, Verantwortungs- und Entscheidungskraft delegieren, um ein Maximum von Gleichheit zu erringen. Die anderen hingegen schätzen das personhafte Erkennen, Leisten, Entscheiden und Verantworten über alles, selbst wenn es auf diese Weise schwieriger ist, das Soziale in Ordnung zu bringen. Das Elend unserer Situation ist nun, daß zwei so verschiedene Auffassungen von sozialer Gestaltung im selben Land und Volk aufeinanderstoßen und vor der Aufgabe stehen, sich dennoch zu »vertragen«, also Kompromisse zu schließen. Andrew Sacharow soll einmal gesagt haben: »Sozialismus sei leicht zu kosten, aber schwer auszuspucken.«

26 Vgl. zur Gefährlichkeit der Sozialismustendenz das prophetische Buch von F. A. von Hayek, Der Weg zur Knechtschaft, 3. Aufl., München 1971.

Kapitel 5

Weltgeschichtliche Perspektiven

nicht ohne Tiefenpsychologie

Die Anliegen dieses Buches möchten keineswegs als eines der vielen Signale für einen politischen Trend- und Modewechsel gelten. Hier handelt es sich weder um die Positionen des »Revolutionären« noch des »Konservativen«, weder um »schwarz« noch um »blau« oder »rot«. Das Zentralanliegen dieses Buches ist vielmehr: Das menschliche »Ich«, das seit Menschengedenken immer wieder bedrängte, also den Kern der menschlichen Persönlichkeit in seiner Essenz, in seinen Rechten und Aufgaben, besonders aber in seinen vielfachen Gefährdungen darzustellen. Weder die überlieferten religiösen Bekenntnisse noch die »progressiv-revolutionären« Parteiprogramme der Linken werden diesem »Ich« letztlich gerecht. Beide sind – freilich in sehr verschiedenem Sinne – Herrschaftsverhältnisse mit ganz bestimmten vorgegebenen Machtansprüchen, die sich der menschlichen Persönlichkeit bemächtigen und ihre Entfaltung zu behindern suchen.

Hingegen möchte ich eine »Tiefendimension« in Erinnerung bringen, die insbesondere dem heutigen Menschen zum erheblichen Teil abhanden gekommen ist. Weil der Mensch sein wahres Wesenszentrum und dessen Verwurzeltsein in den Sinnzusammenhängen nicht mehr zu finden vermag, haben die sogenannten »gesellschaftlichen Verhältnisse« eine derart überragende Bedeutung erlangt, daß viele Menschen von ihren Umgestaltungen das ganze Heil erwarten.

Alles von »Außen« zu erhoffen und die Unsicherheiten des eigenen Menschseins in umstürzlerischen Handlungen abzureagieren, ist eigentlich ein infantiles, ein vorkulturelles Phänomen. Für den psychologisch geschulten Blick handelt es sich ersichtlich um sogenannte »Ausweichhandlungen« oder »Ersatzbefriedigungen«, die auf mangelnde Selbsterziehung und Verführung zurückzuführen sind. Nun wird ja heute viel von Erziehung geredet. Aber in welcher Weise! Man will das »kritische Bewußtsein« der Kinder und Jugendlichen gegenüber der Um- und Außenwelt erwecken und hält gerade dadurch die heranwachsenden Menschen auf infantilen, das heißt zugleich »überintellektuellen« und »charakterschwachen« Stufen fest. Sie sind und bleiben »außengesteuerte Menschen«, jederzeit bereit, das zu glauben, was irgendeine Kommunikationszentrale will. Exemplarisch hierfür sind die »Rahmenrichtlinien für das Hessische Schulwesen«, aber auch das Verhalten gewisser Studentenkreise bei politischen Ereignissen. So protestierte man gegen den Vietnamkrieg, solange die USA darin verwickelt waren, schwieg aber zum Eroberungskrieg der Nordvietnamesen gegen Südvietnam. Das Verhalten der Militärjunta in Chile wird kritisiert, aber der Eiserne Vorhang in Osteuropa bleibt »tabu«.

Ich weise auf solche »Phänomene« nicht deshalb hin, um nach irgendeiner Richtung politische Positionen zu beziehen, sondern weil durch jene Urteils-Manipulierungen – gleichgültig ob von links oder rechts – die menschlichen Seelen korrumpiert und vor allem die Entwicklungen der Kinder und Jugendlichen schwerstens gefährdet werden. Statt die Menschen zu weltoffenen freien Geistern zu erziehen, verkrüppelt man sie durch ein System vorfabrizierter Ideologien, die schließlich den Charakter von paranoischen Zwangsgedanken annehmen.

»Hingegen entsteht für alle Jugenderziehung heute notwendiger denn je die Aufgabe, jungen Menschen Gelegenheit zu geben, sich selbst als Person in diesem anspruchsvollen Sinne zu finden und auf diese Weise sozusagen mit sich selbst ins reine zu kommen. Das Entscheidende erzieherischer Bemühungen hat sich immer auf den einzelnen Menschen zu richten, und zwar auch dann, wenn man das Insgesamt von Staat und Gesellschaft meint. Der Blick auf den einzelnen Menschen in seiner konkreten Wirklichkeit schließt nämlich jene Bereiche des Gesellschaftlichen, des Wirtschaftlichen und Politischen, richtig verstanden, nicht aus, sondern ein.«[27]

27 L. Kiehn, im Jahrbuch für Wissenschafts- und Sozialpädagogik, 1966.

Alle gesellschaftlichen, politischen und staatlichen Verhältnisse sind einzig danach zu beurteilen, inwiefern sie – ja oder nein –, diesem Menschheitsziel dienen. Denn irgendwann einmal, in näherer oder fernerer Zukunft wird, zugleich mit der Erde, auch alles das vergehen, was wir Volk, Staat, Gesellschaft nennen. Bleiben werden allein die unvernichtbaren Seelen der einzelnen Menschen, bereichert um die Früchte, die sie aus ihrem irdischen Leben gewinnen konnten. Ein solcher Standpunkt ist weder »konservativ« noch »revolutionär« – er scheint uns vielmehr schlicht »realistisch«, das heißt dem tatsächlichen Menschen-Wesen und seinen Entwicklungsaufgaben entsprechend zu sein.

Unser in den letzten Jahrzehnten und Jahrhunderten erstarktes Ich- und Freiheits-Bewußtsein steht jedoch nicht im leeren Raum des menschlichen Beliebens. Es ist unüberschreitbar durch unser Wesen umzirkelt und begrenzt. Gärtnern ist ja solche Einsicht vertraut: Sie sind sich dessen bewußt, daß alle ihre Bemühungen um eine Veredlung der Nutzpflanzen und um eine Steigerung des Ertrages sich am Wesen der betreffenden Pflanzenarten orientieren, also im nüchternen Sinn »sachgemäß« sein müssen. Unseren Sozial-, Kultur- und Erziehungsplanern fehlt diese Einsicht oft in erschreckendem Grade. Sie gehen zumeist von der Idee aus, »wie« der Mensch sein, leben, denken, funktionieren »sollte«. Fügt er sich diesen Ideen nicht, so müsse er – meint man – umerzogen, ja umerschaffen werden. Von Liebe oder auch nur Achtung vor dem Menschenwesen ist hierbei nichts mehr zu bemerken.

Das Wahrhaft-Konservative, das wir heute suchen, ist im Grunde dasselbe wie das Wahrhaft-Fortschrittliche: Es hat nichts mit der Oberfläche der Zeit, nichts mit Vergangenheit oder Zukunft zu tun. Es fordert vielmehr ein Heraustreten aus aller Zeit, also ein Eintreten in die Dimension des »Dauernden im Wechsel«, gleichsam in die »Ewigkeit«. Wer also heute das wahre Wesen des Menschseins sucht, könnte ebenso »fortschrittlich« wie »konservativ« genannt werden, weil er ein Ungenügen an der Äußerlichkeit und Selbstvergessenheit unserer Zeit empfindet und nach dem Wesen fragen möchte.

Es ist durchaus leicht verständlich, wenn sich gerade auch ein »Mann der Wirtschaft« mit diesen Problemen konfrontiert fühlt, wird doch eben gerade in der Wirtschaft, neben allem Apparativen und Organisatorischen, die Qualität des Menschseins heute zum Faktor Nr. 1, zum Prinzip jeglicher Erziehungsarbeit; denn der junge Mensch muß ausgebildet werden zur Fülle seiner ganzen Veranlagung, zur Betätigung in Weltoffenheit, nicht aber, daß er zugerüstet wird wie Material und nach dem Verfahren des Technikers, bei dem Gegenstände für engumrissene Zwecke geplant und zweckmäßig hergestellt werden. Es darf nicht so weit kommen, daß menschliche Eigenschaften und Bedürfnisse als störend für das Arbeitsleben empfunden und möglichst ausgeschieden werden – daß die Mitarbeiter mehr als Material, Funktionäre und Manipulanten denn als Menschen gedacht und gewollt sind.

Der Mensch der Zukunft soll durch Automatisierung und alle weiteren technischen Fortschritte nicht selbst zum Apparat werden und damit der Entpersönlichung verfallen; er ist vielmehr aufgerufen zur weiteren Entwicklung seiner Menschlichkeit. »Mehr denn je ist es notwendig, der Menschenbildung weiten Raum zu geben.«[28]

Die kritische Durchleuchtung der gegenwärtigen politischen Situation Europas stößt nun allzuleicht an Grenzen, wenn sie sich mit den logischen Inhalten begnügt, die von den einzelnen Parteien und Interessengruppen vorgebracht werden. *Was* die Menschen sagen, wird immer weniger bedeutsam gegenüber demjenigen, *wie* sie es sagen, *warum* sie es sagen und *wer* es sagt. Die wahren Gründe ihres Sagens brauchen weder dem einzelnen noch ganzen Menschengruppen bewußt zu sein. Gerade deshalb ist die tiefenpsychologische Durchleuchtung dieser Gründe wichtig. Denn zumeist sind es letzte, wenngleich unbewußte, das Wesen der Welt und des Menschen betreffende Einstellungen, die hinter allem Gedachten und Gesagten stehen. Daher stoßen auch alle Versuche zu »diskutieren« alsbald auf Grenzen. Denn oftmals handelt es sich, gerade bei den entscheidenden Punkten, um den Ausdruck höchst wesensverschiedener Formen des Menschseins. Gegenüber mathematischen, physikalischen oder technischen Problemen sind zwar diese Wesensverschiedenheiten zumeist irrele-

28 K. Herberts, im Jahrbuch für Wirtschafts- und Sozialpädagogik, 1968.

vant, nicht jedoch bei Problemen, die eben dieses Menschenwesen betreffen. In diesem Sinne sind auch die folgenden Ausführungen zu verstehen. Andersdenkende, besser »Anders-Seiende«, werden sie nicht überzeugen können. Wenn sie aber zur Klärung der Fronten, besser, der Verschiedenheit des Menschseins, beitragen, haben sie ihren Sinn erfüllt.

In diesem Sinne hätte eine kritische Durchleuchtung schon bei den politischen Parteien zu beginnen. Was hier zunächst auffällt, ist die ideologische Überlegenheit der »Linken«. Als Erben von Karl Marx verfügen sie über ein großes apokalyptisches Zielbild der allgemeinen Verbrüderung innerhalb eines irdischen Paradieses. Es gibt keinerlei Zwang. Jeder arbeitet gemäß seinen Fähigkeiten und konsumiert gemäß seinen »Bedürfnissen«. – Man weiß, daß Karl Marx[29] sehr im Gegensatz zu seinen sonstigen materialistischen Überzeugungen, dieses Sehnsuchtsbild der Esoterik der späten Antike entnahm. Diesen Komponenten verdankt die »Linke« heute wie einst den »Evangelien-Charakter« ihrer Verkündigung. Daher können auch noch so viele Fehlschläge in marxistisch-sozialistischen Diktaturen dem »Evangelium« selbst nicht schaden.

Die »bürgerlichen« Parteien besitzen keine solchen Vorteile. Obgleich sie letztlich aus dem abendländischen Christentum heranwuchsen, haben sie, in Konsequenz der »Aufklärung«, diese spirituellen Hintergründe preisgegeben und sich auf einen unverbindlichen »Liberalismus« zurückgezogen. Persönliche Freiheit, Wohlstand, gutes Leben, also sehr diesseitige Ideale sind es, die sie verkünden. Aber das genügt nicht! Wenn auch die Menschen in praxi nicht geneigt sind, den persönlichen Egoismus preiszugeben, so sehnen sie sich doch nach überpersönlichen, menschheitsumfassenden Idealen. Je höher diese Ideale greifen, je mehr sie den Charakter von »religiösen« Verkündigungen besitzen, desto mehr sind sie geeignet, den Menschen inmitten der Trübsale ihres Lebens »Hoffnung« zu geben[30].

Die Demokratien des Westens verfügen über keine solche »Frohe Botschaft«. Sie vermögen nur das persönliche Belieben,

29 Vgl. A. Künzli, Karl Marx – eine Psychographie, Zürich-Wien 1966.

30 Vgl. Ernst Bloch, Das Prinzip Hoffnung 1954–59. Wo der wahre Marxismus mit dem wahren Christentum identifiziert wird.

genannt »Freiheit«, in Verbindung mit steigendem Wohlstand und Konsum zu garantieren. Aber das sind keine Ideale, für die man sich erwärmen kann. Auch haftet ihnen nicht das Geheimnis des »Jenseitigen« an wie den marxistischen Verkündigungen, deren Unerfüllbarkeit gerade das Anziehende zu sein scheint[31].

In der politischen Praxis sowie in ihren Wahlversprechungen unterscheiden sich heute die großen Parteien Westeuropas – wenn wir von den radikalen Linken absehen – kaum voneinander. Wirtschaftliche Sachfragen scheinen die Ideologien in den Hintergrund zu drängen. Überdies sind die bürgerlichen Parteien – um auch dem Zeitgeist zu entsprechen – dazu gezwungen, das »Soziale« stärker zu betonen, während umgekehrt Sozialisten und sogar Kommunisten, im Hinblick auf die Wahlen, sich sehr zurückhaltend und bürgerlich geben[32]. Die Ununterscheidbarkeit der Parteiprogramme wird noch größer, wenn wir überall »Lebensqualität«, Fürsorge für die Schwachen, Alten, Kranken, Vollbeschäftigung, Umweltschutz, Bildung usw. als Ziele wiederfinden. Infolge dieser Angleichung wäre diejenige Partei sofort im klaren Vorteil, der es gelänge, ein neues attraktives Schlag- und Wunsch-Wort für sich allein zu entdecken.

Sind aber nun wirklich alle Parteien im Wesen einander gleich? Besteht tatsächlich, wie Ernst Bloch in »Marx und die Menschlichkeit« meint, zwischen Christentum und Marxismus keinerlei Unterschied? Stellen wirklich alle im selben Sinne den »Menschen« in den Mittelpunkt ihrer Bemühungen? Verstehen überhaupt alle unter »Menschsein« dasselbe? An der Oberfläche der Programme, der Deklamationen und Gesetzesvorlagen läßt sich das kaum ausmachen. Man wird demnach tiefenpsychologisch forschen müssen, um die dahinterstehenden wahren Triebkräfte zu entblößen – sofern sich diese nicht ganz offen da zeigen, wo sich der Marxismus ungehemmt entfaltet. Dafür ist das Schicksal eines überzeugten marxistischen Idealisten und Stalinverehrers, nämlich von Ernst Fischer, symptomatisch. In seinem letzten Buch »Das Ende einer Illusion« hat er den Mut gefunden, offen die Frage zu beantworten: »War denn wirklich alles falsch, wofür

31 Vgl. G. Rohrmoser, Revolution – unser Schicksal? Stuttgart 1974.
32 Vgl. K. Mehnert, Moskau und die neue Linke, Stuttgart 1973.

ich kämpfte? Wenn ich zögere, die Frage zu beantworten, so nicht nur aus dem Grunde, weil es unerfreulich ist, den Irrtum seines Lebens einzugestehen. Wer uns wohlgesinnt ist, rechtfertigt uns als naiv, die Mißgunst nennt uns Betrüger, allenfalls Scharlatane.« Angesichts seines Todes meinte er: »Es ist ein Glück für Österreich, daß es nicht kommunistisch wurde, die Tschechoslowakei und Ungarn beneiden uns darum.«[33]

Denn während seines langen Lebens war Fischer ein für das sowjetische Regime begeisterter kommunistischer Funktionär, der an der Nachkriegspolitik in Österreich maßgebend beteiligt war. Aber Fischer war eben auch ein echter Denker und wahrer Mensch – so konnte er wenigstens am Ende seines Lebens aufwachen und sein Leben anders beurteilen[34].

Angesichts solcher Schicksale müssen wir fragen: Wie waren solche Mißverständnisse möglich? Wie konnte der in seinen Verkündigungen scheinbar so »humane« Marxismus bei der Durchführung seiner Programme in absolute Diktatur sowie in die brutalste Verachtung aller Menschenrechte einmünden? Liegen die Wurzeln hierfür bei Marx selbst?

Wegen ihrer eminenten Grundsatzbedeutung in der Frage »Marxismus und Christentum« mögen hier nochmal die Worte Lenins stehen, um alle diesbezüglichen Zweifel auszuräumen: »Die Religion ist das Opium des Volkes – dieser Ausspruch von Marx bildet den Eckpfeiler der ganzen Weltanschauung des Marxismus. Marxismus ist Materialismus. Wir müssen die Religion bekämpfen. Das ist das ABC des gesamten Materialismus und folglich auch des Marxismus.«[35]

Das ist entscheidend: Die Seelen-, Geist- und Gottes-*Leugnung*, nein, mehr: der Seelen-, Geist- und Gottes-*Haß* bildet die eigentliche »Substanz« des Marxismus-Kommunismus. Daher kann man überall, wo dieser zur absoluten Herrschaft kommt, feststellen: Noch wichtiger als die allgemeine wirtschaftliche Enteignung ist ihm die Beseitigung auch noch der letzten Reste des Religiös-

33 Ernst Fischer, Das Ende einer Illusion. Erinnerungen 1945–1955. 1973.

34 Vgl. auch Max Horkheimer, Traditionelle und kritische Theorie, S. 7 ff, Fischer-Bücherei 6015.

35 Lenin, Über die Religion. Sammlung ausgewählter Aufsätze und Reden, Berlin 1965.

Metaphysischen. Denn eine absolute Herrschaft über das Sein, Denken und Tun des Menschen ist nur möglich, wenn man die Wurzeln abgräbt, welche die Menschen mit den Tiefen ihrer eigenen Seelen und dadurch mit der Gottheit verbinden.

Dann kann man auch noch so viel von Humanität und Gerechtigkeit reden – alles muß sich zwangsläufig in Richtung einer herzlosen Diktatur entwickeln, weil letztlich nicht Menschen-Liebe, sondern Menschen-Verachtung an der Wurzel wirksam ist. Ein gründlicher Kenner des Marxismus, der Grazer Soziologe Ernst Topitsch schreibt: »Neuere Forschungen haben die Legende vom Humanismus des jungen Marx prinzipiell in Frage gestellt, wenn nicht überhaupt widerlegt. Vielmehr zeigte der Advokatensohn aus Trier schon früh ein starkes messianisches Sendungsbewußtsein und cäsarische Machtansprüche, vermischt mit unbändigen destruktiven Gelüsten. Kaum ein Charakterzug wird von Beobachtern so übereinstimmend festgestellt wie dessen hemmungsloser Machtwille.«[36]

In seinen weiteren Ausführungen zitiert Topitsch den Bericht des russischen Offiziers Techow, der wegen Beteiligung an der Revolution von 1848 aus Rußland hatte emigrieren müssen und mit Marx in Verbindung getreten war. Techow betont die Größe von Marx' Persönlichkeit, aber zugleich den unbändigen Haß, der alle seine Worte durchzog. »Er lacht über die Narren, welche ihm seinen Proletarier-Katechismus nachbeten ... Trotz aller seiner Versicherungen vom Gegenteil habe ich den Eindruck gewonnen, daß Marxens persönliche Herrschaft der Zweck alles seines Treibens ist.« Der Aufstand des Proletariates sollte ihm nur dazu dienen, seine eigene schrankenlose Diktatur aufzurichten. In diesem Sinne haben offenbar Stalin und andere den Marxismus tiefer verstanden und besser verwirklicht als alle westlichen »Edelmarxisten«, die das Menschliche in den Mittelpunkt des Marxismus stellen wollten und sogar an die Menschlichkeit der UdSSR bis zum Einmarsch in die CSSR glaubten; man denke an das Schicksal von Ernst Fischer![37]

36 Ernst Topitsch, in: Plädoyer für die Vernunft, Herder-Bücherei, Initiative Nr. 1, Freiburg.

37 Helmut Schelsky, Systemüberwindung, Demokratisierung und Gewaltenteilung. München.

Mit der bloßen Ablehnung des Marxismus ist es freilich nicht getan. Es sollte vielmehr zur Selbstbesinnung der »bürgerlichen« Parteien eine mehrfache Einsicht gehören:

1. Schon im 19. Jahrhundert hat der Marxismus – zum Unterschied vom Bürgertum – sich sehr intensiv mit den neuen sozialen und wirtschaftlichen Problemen beschäftigt, die durch die Industriegesellschaft entstanden. Das bleibt ihm bis heute seitens der Arbeitnehmer unvergessen.
2. Er hat durch seine Gesellschafts- und Wirtschaftskritik – unabhängig von ihrer Wahrheit – viel zur Bereicherung unserer Begriffe und Gesichtspunkte beigetragen.
3. Er hat, nicht zuletzt, durch seine vielfach überspitzten, radikalen und nihilistischen Gesichtspunkte unser eigenes Denken erweckt.
4. Die Auseinandersetzung mit seinen extremsten Positionen, besonders aber mit seinen dem Materialismus dienenden Aufklärungsparolen bildet eine einzige große Herausforderung für die bürgerlichen Parteien, sich – unter Preisgabe des Dogmatisch-Erstarrten – auf das Wesentliche ihrer eigenen Positionen zu besinnen[38].

Alle politischen Planungen sind nämlich von ihren Fundamenten aus anders zu gestalten, je nachdem man im Menschen lediglich ein Produkt von Vererbung und Gesellschaft, also einen anonymen Kollektivbestandteil (»Ameise«) oder, darüber hinaus, eine personhafte geistige Wesenheit sieht.

Wie man diese tiefgreifenden Unterschiede in verständlichen Formen in die politischen Programme einbauen kann, ist freilich nicht leicht zu sagen. Entscheidend wäre wohl gegenüber dem heute üblichen Wohlfahrts- und Auswärts-Denken ein Hinweis auf die menschliche Innerlichkeit. Letztlich müßte wohl der Mensch als »Bürger zweier Welten« und demgemäß erfüllt von »zweifachen Bedürfnissen« in aller Deutlichkeit herausgestellt werden.

Wer die Wurzeln der gegenwärtigen Weltsituation bloßlegen und dadurch tragfähige Grundlagen für Diagnosen und Progno-

38 Vgl. dazu Paul Noack, Die Industriellen, München 1961; Fr. Bon / M. A. Burnier, Die neuen Intellektuellen, Wien; A. Lindbeck, Die politische Ökonomie der neuen Linken, Kl. Vandenhoeck-Reihe 1383. Göttingen.

sen gewinnen will, muß weit in die Vergangenheit zurückgehen. Er wird da zunächst die Begründer des modernen naturwissenschaftlichen Denkens zu erwähnen haben, also neben Galileo Galilei und Kopernikus vor allem Descartes, Newton und Leibniz. Obgleich die drei letztgenannten Berühmtheiten das materialistisch-mechanische Weltbild eigentlich inaugurierten, waren sie selbst weit entfernt, sich als »Materialisten« zu bezeichnen. Im Gegenteil: Newton schrieb eine Interpretation der »Apokalypse des Johannes«, Descartes betonte die absolute Gewißheit der Existenz Gottes sowie seines eigenen denkenden Geisteswesens (»cogito ergo sum«) und für Leibniz bestand, neben dem Weltall materieller Atome, das allein wahrhaft seiende Weltall geistiger Atome (»Monaden«), die sich um die Zentralmonade Gottes versammeln. Schließlich sah sich Immanuel Kant, um die Gefahr des Materialismus zu bannen, veranlaßt, das Weltbild der Physik zur bloßen »Erscheinung« zu degradieren, um die absolute Realität Gottes und der menschlichen Seele zu gewährleisten. Sogar Voltaire richtete seine zersetzende Kritik lediglich gegen die Entartungen von Kirche und Klerus, ließ aber die Existenz eines »höchsten Wesens« unbezweifelt.

Diese vielfältigen Spannungen zwischen christlicher Überlieferung und moderner Naturwissenschaft, zwischen den übernationalen Ordnungen des Abendlandes und den nationalstaatlichen Bestrebungen, bilden den Rahmen für die einzigartige künstlerische und philosophische Produktivität, die Mitteleuropa kennzeichnete zwischen 1750 und 1850, also von Lessing, Kant, Herder, über J. G. Fichte bis Hegel, Schelling, I. H. Fichte, C. G. Carus und Schopenhauer. Wir nennen es das »Zeitalter Goethes« oder auch das Zeitalter der »Philosophie des Deutschen Idealismus«.

Als dann um 1850 die Generation der »Goetheanisten« abtritt (Hegel stirbt 1831, Schelling 1854, Schopenhauer 1860) vollzieht sich ein »Weltuntergang«. Anstatt der gigantischen Bemühungen der Goethezeit: den Geist in der Natur aufzuzeigen, also Religion und Naturwissenschaft miteinander zu verbinden, erscheint nun eine Generation plattester Materialisten und Gottesleugner: Ludwig Feuerbach, Karl Büchner, Moleschott, schließlich Marx. Sie scheinen wie aus einer anderen Welt zu kommen. Denn alle die

Probleme, um welche sich dichtend und forschend das Zeitalter Goethes bemühte, werden nunmehr beiseite geschoben und nicht mehr verstanden. Statt des Prinzips ideenerfüllter Weisheit muß nun bei Darwin das Prinzip des »Nutzens« bzw. des »Konkurrenzkampfes« herhalten, um die Gestaltenfülle des Pflanzen- und Tierreiches und schließlich das Erscheinen des Menschen zu »erklären«.

Der Kunsthistoriker Wilhelm Pinder hat erstmals versucht, die verhältnismäßig plötzlichen Stilwandlungen in der abendländischen Baukunst – man denke an die Romanik, die Gotik, das Barock usw. – mit dem Wechsel der Generationen in Zusammenhang zu bringen[39]. Ein Generationswechsel besonderer Art scheint nun auch den Geistes-, Bewußtseins- und Kulturumbruch um die Mitte des 19. Jahrhunderts bewirkt zu haben. Denn die Interessen dieser neuen Generation und aller ihr seither folgenden sind in radikaler Weise allem Geistig-Spirituellen und Religiös-Sakralen ab- und dem Irdisch-Materiellen zugewandt.

Religion wird zum »Köhlerglauben«, zum »Opium fürs Volk«, um es von seinen »wahren Bedürfnissen« abzulenken und der Herrschaft der Oberschicht gefügig zu machen. Schließlich sei der Mensch, so meint man, letztlich ein »lustsuchendes Sexual- und Triebwesen«, daher »Kultur« nach Freud ein gigantisches Verdrängungsexperiment, das zwar für die Sozietät unentbehrlich, aber zugleich die Wurzel aller Neurosen und Krankheiten darstellt. Nimmt man nun noch Friedrich Nietzsches »Wille zur Macht« als »Umwertung aller Werte« hinzu, so kann man sich keine gründlichere Abkehr von allen Werten des christlichen Abendlandes und besonders auch der Goethezeit vorstellen.

Diese Abkehr hatte jedoch auch einen zumeist nicht genügend beachteten staatlichen Aspekt: man weiß, wie sehr maßgebende, besonders aus Süddeutschland stammende Politiker sich darum bemühten, trotz der 1806 erfolgten Niederlegung der Kaiserkrone doch noch die Idee des christlich-abendländischen Imperiums als einer übernationalen, im Geistig-Spirituellen verwurzelten Institution weiterhin aufrechtzuerhalten. Man weiß

39 Vgl. Wilhelm Pinder, Das Problem der Generation in der Kunstgeschichte Europas. 4. Aufl. Köln 1949.

auch, wie dies schließlich am Machtanspruch Preußens und seines »Eisernen Kanzlers« scheiterte. Weit über alle dynastischen Fragen hinaus geschah damit die Abkehr vom spirituell-sakralen Reichsdenken, zum rein irdisch-materiellen und nationalistischen Machtdenken.

In manchen Hinsichten scheinen uns freilich die äußersten Orgien eines materialistischen Weltbildes und diktatorischen Staatsdenkens erst noch bevorzustehen. Ultralinke Gruppen rüsten sich, die letzten Reste religiöser Ehrfurcht, persönlichen Denkens, sittlicher Autonomie und persönlicher Initiative auszurotten, also das menschliche Ich-bin endgültig in ein anonymes Kollektiv zu integrieren. Denn sie meinen: Man habe nun zwar über ein Jahrhundert von Marx *geredet*, mit seiner Weltanschauung aber noch nicht totalen *Ernst* gemacht.

Demgegenüber haben schon die Initiatoren der neuzeitlichen Philosophie, René Descartes und J. G. Fichte, das »Ich« als Zentrum des menschlichen Geisteswesens in den Mittelpunkt ihrer Untersuchungen gestellt. Sie haben dadurch zugleich das Ringen des abendländischen Christentums um die menschliche »Seele« fortgeführt. Ich glaube also unverzichtbare Grundlagen Europas zu verteidigen, wenn ich in diesem Buche überall dieses »Menschsein« im Gegensatz zu allen ent-ichenden Kollektiven ins Zentrum meiner Erwägungen stelle.

In diesem Sinne müßte man in der Europäischen Gemeinschaft in Brüssel nicht nur über Agrarfragen, sondern vor allem darüber sprechen, wie man jenseits aller partikular-nationalen Sonderinteressen das Bewußtsein der großen, in einer 2500jährigen Geschichte verankerten kulturellen Gemeinschaft stärken könnte. Die Summierung einzelstaatlicher, materieller Interessen ergibt kein Europa im Angesicht seiner bisherigen Tradition und Kontinuität. Die Seele Europas muß in die Einigung hereingenommen werden[40].

40 Vgl. Lothar Bossle, Auf der Suche nach der Seele Europas, Würzburg 1977.

Kapitel 6

Soziologie und Anti-Soziologie

Eine Kurs-Korrektur

Sobald der Mensch zum intellektuellen Denken erwacht, betätigt er sich als »Aufklärer«. Heute können überlieferte »Heiligtümer« von zwei Seiten durch »Aufklärung« der Verachtung preisgegeben werden: von seiten der Naturwissenschaft und von seiten der Soziologie.

Die Naturwissenschaft erklärt: Religion sei eine Erfindung der herrschenden Klasse zur Verdummung und Unterdrückung des einfachen Volkes. Der Beseitigung der Gottheit im Weltall entspricht dann die Beseitigung des einzelnen Ich-Menschen innerhalb der Sozietät. Da belehrt uns nämlich der Naturforscher: Der Mensch sei das Produkt der in den Chromosomen verschlüsselten Vererbungsfaktoren.

Der Soziologe versichert: Der Mensch sei das Produkt gesellschaftlicher Verhältnisse, also der in der Sozietät wirksamen Interessenkonflikte und Herrschaftsverhältnisse. Die Annahme einer personhaften, den Tod überdauernden Seele erweise sich demnach als bürgerliche Ideologie. Seit der Mitte des 19. Jahrhunderts stand Europa ganz unter dem Diktat der naturwissenschaftlichen Aufklärung, wozu sich nun in unserem Jahrhundert die sozialistische Aufklärung hinzugesellt. Die »Gesellschaft« ist an die Stelle der menschlichen Seele und der Gottheit getreten.

Um die »gesellschaftlichen Verhältnisse« habe man sich zu bemühen. Ihnen gegenüber habe man ein »kritisches Bewußtsein« zu entwickeln, um die vielfältigen Unterdrückungen aufzudekken, denen man ausgesetzt sei. Ja, heißt es weiter, die ganze Kultur-, Geistes- und Staatengeschichte der Menschheit sei überhaupt nur Ausdruck wechselnder Herrschaftsverhältnisse und Interessengegensätze. So wie die Physik das letzte Wort über

Natur und Kosmos, so habe die Soziologie das letzte Wort über das Menschsein und die Menschheitsgeschichte zu sprechen.

»Materialismus« und »Sozialismus« sind freilich nur dann und insoweit möglich, als den Menschen selbst die personhafte Tiefendimension ihres Wesens bereits verlorenging. Der von sich selbst weggerichtete, außengesteuerte Mensch kann gar nicht anders als materialistisch-sozialistisch denken, weil er alles von außen glaubt erwarten zu müssen.

In schweren Schicksalsschlägen, Liebesenttäuschungen, Krankheiten und schließlich im Sterben läßt ihn freilich die Außenwelt einschließlich aller »gesellschaftlichen Errungenschaften« im Stich. Da könnte ihm nur die Einkehr in sich selbst, die Rückbesinnung auf sein Ewiges helfen, soll er nicht verzweifeln. Oft aber kommt es auch dann nicht dazu. Bis zuletzt läßt ihn die »Gesellschaft« nicht los: auch noch den Todkranken versichert sie ihrer Hilfe in Gestalt »bestmöglicher Versorgung in modernsten Krankenhäusern«. Was einst als Seel-Sorge im Mittelpunkt aller Bewertungen stand, so daß man sich sogar um das Seelenheil des zum Tode Verurteilten noch bemühte – das fehlt heute gänzlich, weil es auch vielfach an wahren Seel-Sorgern mangelt.

Um so beachtenswerter ist daher das Unternehmen eines führenden Soziologen, sich als »Antisoziologe« in der Enttarnung weltanschaulicher Ansprüche der gegenwärtigen »linken« Soziologie zu betätigen: Helmut Schelsky, Die Arbeit tun die anderen[41]. Wir heben aus dem umfangreichen, mit überlegenem Humor geschriebenen Werke vor allem die folgenden Punkte hervor: »Wer sich dem soziologischen Führungswissen unterwirft, sieht sich selbst und die anderen bald nicht mehr als Person, sondern als Agenten sozialer Beziehungen, Funktionen, Strukturen. Es schwinden jene personalen Zurechnungen von Moral und Vernunft, die einmal die europäische und die christliche Philosophie als Grundlagen des Zusammenlebens geschaffen haben, zugunsten kollektiver Anonymisierungen.«[42] »Die Auflösung der Person und ihrer auf sich selbst gerichteten Verbindlichkeiten im Han-

41 Vgl. Helmut Schelsky, Die Arbeit tun die anderen. Klassenkampf und Priesterherrschaft der Intellektuellen, Opladen 1975.

42 Helmut Schelsky, a.a.O., S. 258.

deln ist die zeitbestimmende Wirkung aller Soziologie.«[43] Und diese Vernichtung des Wahrhaft-Menschlichen geschieht angeblich im Dienste von Humanität und Menschlichkeit.

Schelsky läßt aber darüber hinaus keinen Zweifel, daß diese Soziologen nicht nur der Meinung sind, im Besitz der alleinigen und absoluten Mehrheit zu sein, sondern darüber hinaus auch entschlossen sind, in der von ihnen geplanten »Gesellschaft« die absolute Herrschaft auszuüben. Denn das vielgepriesene »kritische« Bewußtsein, dem sie alle anderen Gedanken unterwerfen und die Verdammung aller von anderen ausgeübten »Herrschaftsverhältnisse« gelten selbstverständlich nicht für diese Soziologen selbst.

Besonders bedeutsam scheint uns aber der Nachweis Schelskys zu sein, daß heute »Ausbeutung« in anderer und entgegengesetzter Richtung als früher verlaufe. Im Frühkapitalismus waren es die Unternehmer, die ersichtlich die Muskelkraft ihrer Arbeiter ausbeuteten, weil damals arbeitssparende Maschinen noch kaum wirksam waren. Heute verlaufe jedoch – meint Schelsky – der Ausbeutungstrend in umgekehrter Richtung. Die eigentlichen Leistungen erbringen die »Selbständigen«, also die Naturforscher, Ingenieure, Konstrukteure, Industrie- und Wirtschaftsplaner. Sie arbeiten weit über das gewöhnliche Maß hinaus und ermöglichen dadurch jene maschinellen und organisatorischen Systeme, die dann von »Ausführenden«, den gewöhnlichen Arbeitern, bedient und wodurch die hohen Produktivitätsziffern erzielt werden, die dann eben unserer Versorgungs-Gesellschaft zugute kommen.

Weiterhin meint Schelsky: »Wenn nach der Funktions- und Sozialstruktur einer organisierten Gesellschaft ihre Produktion und ihr Wachstum auf der Leistung derjenigen beruhen, die grundsätzlich mehr als das sozial Verlangte leisten, während die ›normal‹ Tätigen eben ihren Zustand der ›Normalität‹, d. h. eines verhältnismäßig mühelosen, arbeitsentlastenden und sozial gesicherten Lebens, jenen verdanken, die mehr leisten, dann ist in der Tat an die Stelle der Ausbeutung des ›Mehrwertes‹ der Arbeit die Ausbeutung der ›Mehrleistung‹ getreten, und die unproduktive ausbeutende Klasse besteht aus denjenigen, deren

43 Helmut Schelsky, a.a.O., S. 267.

Wohlergehen auf der Mehrleistung derer beruht, die mehr tun als ihnen aus rechtlichen und sozialen Gründen angesonnen werden kann.«

Offenbar handelt es sich hier um dasselbe Faktum, das Eugen Löbl den »Geist« nennt und der physischen Arbeit gegenüber als den wahren Produktionsfaktor bezeichnet[44]. Diese geistige Arbeit werde, meint Schelsky, heute nicht nur diffamiert, sondern auch von denjenigen ausgebeutet, die die Produktivität ihrer Arbeit jener Geistesarbeit verdanken. Diese Geistesarbeiter, z. B. die Manager, unterliegen einer harten Auslese, denn sie vermögen ihre Position nur solange zu halten als sie »leisten«. Ein überdurchschnittliches Leisten, das heißt, sich eben etwas einfallen lassen, also geistig-schöpferisch sein. Von diesem Druck sind diejenigen, die Schelsky die »Ausführenden« nennt, weitgehend befreit. »Sie sind sowohl ihrer Arbeitslage nach, vor allem aber auch in der Vorsorge für Krankheit, Not, soziale Sicherung in Krisen usw. auf Vorsorge und das heißt Vormundschaft von planenden und herrschenden Gruppen angewiesen.«

Um so paradoxer sei es (Schelsky), wenn man heute seitens der »Linken« gegen das Leistungsprinzip ankämpfe, zugleich aber die Errungenschaften dieses Leistungsprinzips seitens der Versorgungs- und Wohlstandsgesellschaft beanspruche[45].

Aber diese Abwertung, als deren Vater Herbert Marcuse gelten kann, bezieht sich gar nicht auf die Leistung als solche. Die Systemverbesserer, die sich im alleinigen Besitz zu den Wegen ins kommende Paradies der »Arbeiter und Bauern« wähnen, erstreben die totalitäre Herrschaft über die Leistungsmenschen. Sie wollen, daß Leistung letztlich nicht aus innerer Freude am Schöpfertum erfolgt, sondern durch die totale Herrschaft der künftigen Parteifunktionäre erpreßt wird. Auch in dieser Hinsicht ist es also der Neid, und zwar nicht so sehr der Neid auf den materiellen Besitz als der Neid auf die geistige Vorherrschaft, der in den Ideologien des Spätmarxismus am Werke ist. Es liegt ein Angriff auf das freischöpferische »Ich« vor, das nicht

44 Eugen Löbl, Geistige Arbeit – die wahre Quelle des Reichtums, Düsseldorf 1978.

45 Vgl. Helmut Schoeck, Ist Leistung unanständig? Osnabr. 1971.

mehr aus Liebe zur Sache, sondern auf Befehl der Herrschenden weiterhin leisten soll.

Die hier über die Soziologie und den Sozialismus unterbreiteten Darlegungen bedeuten keineswegs eine Verkennung des wahren »sozialen« Elementes. Mit einer bloßen Namensänderung wären jedoch die hier bestehenden Differenzen zu bereinigen. Man sage nämlich statt »Gesellschaft« oder »gesellschaftliche Verhältnisse«: »zwischen- und mitmenschliche Beziehungen«, »brüderliche Nächstenliebe« – und sofort ist der Bann gebrochen, der vom Begriff »Gesellschaft« ausgeht. Dieser Bann besteht nämlich darin, daß »die« Gesellschaft zu einer metaphysischen Realität, besser zu einem »Moloch« wird, der das Menschlich-Persönliche nach Art aller Moloche oder Dämonen zu verschlingen strebt.

Alle »gesellschaftlichen Verhältnisse« sind nichts anderes als Beziehungen zwischen konkreten Menschen-Seelen, also Ich-Du-Beziehungen mit jeweils eigenen personhaften Schicksalen, die auszugestalten den Sinn unseres irdischen Daseins ausmacht.

Diese zwischenmenschlichen Beziehungen, die wesentlich Pflicht-, Vertrauens- und Treue-Verhältnisse sind und in denen jeweils ein Ich einem Du in die Augen schaut, beginnen gleich nach der Geburt zwischen Mutter und Kind. Sie wirken weiter, wenn sie nicht gestört werden, zwischen Schülern und Lehrern, Arbeitgebern und Arbeitnehmern, sowie in allen menschlichen Begegnungen, deren wesentliche wohl auch über den Tod des Leibes hinausreichen. In diesen Dimensionen ist letztlich alles verankert, was wir heute »Gesellschaft« nennen. Daher waren in früheren, wissenden Zeiten alle »gesellschaftlichen Beziehungen« letztlich in eine sakral-religiöse Sphäre eingebettet, deren Reste heute in den sogenannten »Sakramenten« – Taufe, Altarsakrament, Eheschließung, letzte Ölung – vorliegen.

Religiös-sakrale Weihen liegen freilich heute den meisten Menschen fern. Die persönlichen Beziehungen zwischen einem Ich und einem Du – wo hinein keine politischen Funktionäre zu reden haben – sollten deshalb um so stärker betont und erlebt werden. Dann würde erst so recht das Phrasenhaft-Oberflächliche der marxistischen Pseudosoziologie sichtbar werden.

Man spricht heute viel von einer »unheilen Welt«, in der sich viele, zumal die Jugendlichen, heimatlos, frustriert und entfremdet fühlen. Das Gegenteil von Ent-Fremdung wäre indessen die Beheimatung. Eine Welt – besser eine Sozietät – in der man sich heimatlich fühlen könnte, müßte zunächst einmal dem Kinde in den ersten Lebensjahren die nötige »Nestwärme« vermitteln. Sie sollte weiterhin dem Heranwachsenden und schließlich dem Erwachsenen das Gefühl eines geordneten sozialen »Status« geben, wodurch sein Selbstwertgefühl fundiert würde. »Geld« allein genügt hierzu nicht. Es genügt nicht, um die keineswegs nur bei der heutigen Jugend vorhandene »soziale Apathie« zu verhindern[46].

In früheren Zeiten genügte die Zugehörigkeit zu verschiedenen Zünften und Innungen, um die soziale Beheimatung eines Menschen zu gewährleisten. Letztlich bot die Religion eine Beheimatung, die jegliche Entfremdung zu heilen vermochte. Dringlicher als jemals früher braucht der moderne Mensch solche Beheimatung innerhalb einer »sozialistischen Versorgungsgesellschaft«, die gerade das Menschliche im Menschen ignoriert und die Seelen frieren läßt.

Keineswegs nur von Ultralinken, sondern auch von vielen anderen irregeleiteten Menschen wird heute gegen die »Familie« und die in ihr ausgeübten Erziehungs- und Ordnungsprinzipien Sturm gelaufen[47]. Man plädiert für eine anti-autoritäre Erziehung, die nicht nur die Kinder sich selbst überläßt, sondern sie auch zum Spott gegenüber den Eltern und Lehrern auffordert. Man meint: Wie prächtig würde sich ein Kind unter solchen Umständen in voller »Freiheit« entwickeln. Man übersieht hierbei jedoch, daß der Mensch nur als Menschen-Keim diese Erde betritt und zu seiner vollmenschlichen Entwicklung autoritative Vorbilder und Ordnungsstrukturen benötigt. Schon die Muttersprache ist eine solche. Aber auch die verschiedenen sittlichen und zwischenmenschlichen Verhaltensregeln bilden ein »Gerüst«, innerhalb dessen der Mensch nicht etwa seine Freiheit verliert, sondern die wahre Freiheit überhaupt erst gewinnt. Man

46 Vgl. A. Fischer, Die Entfremdung des Menschen in einer heilen Gesellschaft, München 1970, sowie H. Dietz: Schule und Subkultur, Stuttgart 1975.

47 Vgl. D. Haensch, Repressive Familienpolitik, rosex 8023, sowie H. Kentler: Sexualerziehung, rosex 8034/35.

weiß, wie »bildend« in früheren Zeiten das in den Familien wirkende Ethos des »Edelmannes«, des »Offiziers«, des »Staatsbeamten«, des »königlichen Kaufmannes«, des »Gelehrten« auf die heranwachsende Generation einwirkte.

Seit dem Untergang dieser einstigen Erziehungs- und Bildungsideale herrscht heute ein erschreckender Erziehungs- und Bildungs-Notstand, der durch bloße Wissensvermittlung nicht zu beheben ist. Die Eltern wagen nicht mehr bildende Autoritäten zu sein, weil sie schon selbst zumeist nicht mehr seitens ihrer Eltern »gebildet« wurden. Diesem Defizit entspringt heute die erschreckende Zunahme der Kinder- und Jugendkriminalität. Mit Recht sagt daher Aldous Huxley: »Allzu viele Freiheit und Verantwortung empfinden viele Kinder als eine qualvolle und sogar ihre Kräfte übersteigende Belastung. Von Ausnahmen abgesehen lieben die Kinder Sicherheit, lieben es, Halt im Rahmen unumstößlicher moralischer Gesetze und sogar Anstandsregeln zu finden.«[48] Aber nicht nur Kinder, alle Werdenden, und das sind doch zunächst wir alle, insofern wir zum Menschsein unterwegs sind, bedürfen solcher Ordnungsfaktoren, Denk- und Verhaltens-Regeln. Denn, so meint Ortega y Gasset: »Ohne Gebote, die uns zu einem gewissen Lebenssinn verpflichten, verharrt unser Leben in bloßer Bereitschaft. Das ist die furchtbare Lage, in der sich heute unsere beste Jugend befindet. Rein, weil sie sich frei, der Fesseln ledig fühlt, fühlt sie sich leer.«[49]

Das ist nicht erstaunlich! Denn überall in der Natur bei Pflanzen und Tieren, verläuft das Leben jeweils in den strengen Ordnungen der jeweiligen Baupläne, Instinkte, Verhaltensweisen und fühlt sich gerade deshalb »frei«, das heißt keinen fremden, sondern den ihm selbst wesenseigenen Ordnungsprinzipien verpflichtet. Im menschlichen Bereiche werden diese Ordnungsprinzipien durch dasjenige repräsentiert, was wir einen »gebildeten«, »wohlerzogenen«, »pflichtbewußten« Menschen nennen. Was Goethe hierüber in seinem »Wilhelm Meister« zu sagen weiß, ist wohl bis heute unübertroffen.

48 Aldous Huxley, Ziele, Wege, Ausgangspunkt, 1937.
49 Ortega y Gasset, Der Aufstand der Massen, rde 10.

KAPITEL 7

Lebensqualität

Vom Geben und Empfangen

Obgleich wir, äußerlich besehen, in einer Massengesellschaft leben und linke Ideologen die Menschen dennoch immer mehr kollektivieren möchten, geht doch der wahre Geschichtstrend durchaus in Richtung auf eine Stärkung der Position des »Einzel-Ich«. Die einzelmenschliche Persönlichkeit erwacht im Laufe unseres Jahrhunderts – trotz gegenläufiger Tendenzen – in steigendem Grade. Der Mensch möchte sich aufgrund seiner individuellen Intelligenz und Verantwortungsfähigkeit innerhalb der Gesellschaft betätigen, findet sich aber eben durch konforme und kollektive Gesellungsformen daran gehindert. Die Perfektion der Technik, verbunden mit den bis ins einzelne vorgeplanten Arbeitsabläufen, gestattet zwar die Gewährung maximaler Löhne, Freizeiten, Sozialleistungen, wird jedoch eben infolge ihrer Perfektion als unerträglich empfunden. Die Fälle mehren sich, wo die Menschen aus diesem System ausbrechen wollen, auf alle ihre Vorteile verzichten, um sich als Gelegenheitsarbeiter durch »interessante Tätigkeiten« einen unsicheren Verdienst zu verschaffen.

Nun würde zwar unsere Gesellschaft in ihren Gebildeformen zusammenbrechen, wenn alle sich so verhielten. Aber die Frage bleibt doch: Wie kann unser Wirtschaftssystem so aufgelockert werden, daß darin das menschliche Ich mit seinen vielen positiven, heute kaum noch genutzten Kräften der Kreativität, Verantwortungsbereitschaft und Initiative mehr zur Geltung kommt. Robert Jungk unternahm es, jahrelang in der Welt umherzureisen, um an Ort und Stelle alle die Persönlichkeiten, Schulen und Betriebe zu studieren, in denen der Versuch gewagt wurde, die Kräfte des »Ich« für sich selbst und die Mitmenschen fruchtbar zu machen[50].

Jungk meint, in der Industriegesellschaft – gleichgültig ob privat- oder staatskapitalistischer Prägung – vollziehe sich eine »Massenenteignung« der persönlichen Schöpferkraft und eine daraus resultierende innere Verarmung inmitten äußeren Wohlstandes, und selbst als »Mitbesitzer« eines Betriebes verfüge der einzelne Arbeiter noch lange nicht über den Besitz seines ureigensten Produktionsmittels: der persönlichen Schöpferkraft und deren freie Betätigungsmöglichkeiten. Der Ruf nach mehr Lebens-Qualität wird dadurch verständlich. Aber was bedeutet hier »Qualität«?

Die Fortschritte der Technik haben zwar in vielen Bereichen eine eminente Erleichterung der Lebensmühen, also eine Erhöhung der Lebensqualität erbracht. Man denke nur an Wasch- und Geschirrspülmaschinen für die Hausfrau! Spricht man dessen ungeachtet heute von der Notwendigkeit einer Vermehrung der Lebensqualität, so darf darunter offenbar nicht der weiter gesteigerte Einsatz von Maschinen, sondern es muß etwas total anderes verstanden werden. Dieses andere ist offenbar nicht in der Außenwelt, in einer weiteren Steigerung von Konsum, Wohlstand und der Fürsorge zu suchen, sondern in der Richtung nach innen, hin auf das Eigentliche im Menschen. In den Evangelien lesen wir: »Was hülfe es dem Menschen, wenn er die Welt gewänne, aber Schaden litte an seiner Seele.« Nun im Vergleich zu früheren Zeiten hat der moderne Mensch in den Industrieländern hinsichtlich des Konsums, des Wohlstandes und der Arbeitserleichterung wirklich die »Welt« gewonnen. Er hat jedoch zugleich eine Einschränkung seiner persönlichen Initiativen und Kreativitäten hinnehmen müssen. Das ist wohl der »Schaden an seiner Seele«, wie wir sicherlich heute das Evangelienwort interpretieren können.

Nun kann es sich allerdings nicht darum handeln, aus einem Extrem in ein anderes zu fallen, also an die Stelle der totalen Integration der Menschen in die Produktions-, Verkehrs- und Verwaltungsprozesse – wodurch sie in gewisser Hinsicht zu Maschinen-Elementen werden – die spielerische persönliche Willkür

50 Vgl. Robert Jungk, Der Jahrtausend-Mensch, Berichte aus den Werkstätten einer neuen Gesellschaft, Gütersloh 1973.

treten zu lassen. Der berechtigte Wunsch nach Entfaltung des eigenen Ich, nach »Kreativität«, muß vielmehr seine Erfüllung innerhalb der Dienstleistungen für die Mitmenschen finden. Nur solche Kreativität kann nämlich das Ich auf die Dauer wirklich befriedigen, während das Streben nach persönlicher Willkür und angeblicher Selbstentfaltung, z. B. in »künstlerischer Betätigung« doch nur Egoismus ist, der auf die Dauer nicht zum Lebens-Sinn, sondern zum Lebens-Ekel führt.

Man wird sich nun aber doch sehr viel Neues einfallen lassen müssen, damit innerhalb der Produktions-, Verkehrs- und Verwaltungsbetriebe die Kreativität des Einzel-Ich so zum Tragen kommt, daß die Leistungen für die Gemeinschaft nicht nur nicht gestört, sondern sogar gesteigert werden. Ein solches Ziel ist keineswegs utopisch. Denn mit gutem Recht wird darauf verwiesen, wieviele schöpferische Potenzen in Mitarbeitern heute noch dadurch brachliegen, daß man alle Verantwortungen und Entscheidungen an der Ämter- oder Unternehmensspitze fixiert, statt sie möglichst breitgestreut an die gesamte Mitarbeiterschaft zu delegieren. Natürlich kann ein Spezialist an seiner Werkzeugmaschine nicht über die Bonität großer Auslandslieferungen verantwortlich mitentscheiden. Er will das auch gar nicht. Was er aber will, ist: 1. Über die Totalität der Geschäftsgebarung sowie über die weltwirtschaftlichen Verhältnisse unterrichtet zu werden, um nicht zuletzt auch die Bedeutung seiner eigenen Spezialistentätigkeit richtig einordnen zu können. 2. An der Gestaltung seines eigenen Arbeitsplatzes sowie hinsichtlich der Zusammenarbeit mit seinen Kollegen unmittelbar mitberatend und mitentscheidend mitwirken zu können.

Kurzum, die Arbeiter und Angestellten, aber auch Beamte, möchten aus der Rolle bloßer Befehlsempfänger heraustreten und als selbständig denkende und verantwortliche Ich-Menschen gewürdigt werden. Es handelt sich also um ein moralisches Anliegen. Denn die bloße Befehlsempfängerschaft bedeutet – auch bei noch so hohen finanziellen Entlohnungen und zusätzlichen betrieblichen Sozialleistungen – doch noch eine Mißachtung des eigentlich Menschlichen im Menschen. In einem richtig geleiteten Betrieb müßten sich alle Mitarbeiter bis zum Generaldirektor hinauf doch als Kameradschaft erleben, gleichberechtigt und gleichrangig als mündige Ich-Menschen, wenngleich sehr verschieden in den Aufgaben und Kompetenzen des Betriebes. Dasselbe möchten, wenn sie sich recht verstehen, auch die Schüler an unseren Schulen, sowie die Beamten in unseren Ämtern und Ministerien, auf denen heute zumeist auch noch die bloße »Befehlsempfängerschaft« lastet. Gegen Zustände der »Untertänigkeit«, wie sie in vergangenen Zeiten berechtigt gewesen sein mögen, revoltiert heute der »Ich-Mensch«.

Mit der bloßen Revolte ist es freilich nicht getan. Wer mitberaten, mitbestimmen, mitverantworten will, benötigt ein hohes Maß von Wissen, Bildung, moralischer und intellektueller Substanz. Vor allem jedoch ist Einsatzbereitschaft, ja sogar Opferbereitschaft aus bloßer Freude an der Verpflichtung und Verantwortung – also ohne Schielen auf materielle Vergünstigungen – nötig. *Nur was uns um der Sache selbst willen freut, ist wirklich produktiv.* Das gilt auch von der »Fort- oder Weiterbildung«. Zeit hierfür wäre, auch ohne separate Bildungsurlaube, genügend an den Wochenenden vorhanden. Ob aber auch Bildungswilligkeit? Es heißt, daß etwa 40 Prozent der Mitteleuropäer kein Buch lesen! Der »Ich-Impuls« scheint also doch noch recht schwach. Dadurch wächst die Gefahr, daß Bildungs-Urlaube und -Unterstützungen ihrem Sinne entfremdet und in sehr egoistischer Weise verwendet werden. Aber nicht nur hier bedroht der Mißbrauch sozialer Einrichtungen durch »Kostenexplosion« die an sich guten Absichten.

»Mündig« sein ist eben anstrengend! Viele sind dazu noch zu träge. Sie sind mit der Abgabe eines Stimmzettels anläßlich gelegentlicher Wahlen schon zufrieden! Dadurch scheinen diejenigen Recht zu haben, die erklären, auf Autorität, Subordination, Befehlsempfängerschaft könne man heute weder in staatlichen Ämtern noch in privatwirtschaftlichen Produktions- und Verkehrsbetrieben verzichten. Auch für echte Bürgerinitiativen, die sich keineswegs in bloßem Nein-Sagen erschöpfen dürften, und man denke hier nur an die Proteste gegen die Errichtung neuer Kraftwerke, sei heute die Zeit noch nicht gekommen. Ich teile diese Auffassung keineswegs, wenngleich ich nicht verhehle, wie viele und große Anstrengungen noch unternommen werden müßten, um die Mehrheit der Menschen auf jene Wissens- und

Verantwortungshöhen emporzuheben, wodurch erst echtes, sozialgerechtfertigtes Mitbestimmen möglich wird.

Positiv sieht unsere Entwicklungschancen Peter Lindemann in seinem Buch: »Die Arbeitswelt von morgen«[51]. Er meint: »Die Tendenz geht eindeutig vom Arbeiten zum Denken, von den primitiven Tätigkeiten zu geistig-anspruchsvolleren, von der Last der Arbeit zur Freude der Arbeit. Die Menschen werden in immer stärkerem Maße das Gängelband der Ideologen verlassen und der Philosophie wieder den ersten Platz in ihrem Denken einräumen. Ein wichtiger Punkt der Bildungsplanung wird sein, der *Philosophie, dem ideologiefreien Denken in Schule und Universität wieder den gebührenden Platz einzuräumen.* Die Zukunft läßt sich nur mit freien Menschen positiv gestalten.« Freilich weiß Lindemann sehr wohl: »Je mehr Freiheiten es in einer Gesellschaft gibt, desto höher sind die Erwartungen, die an die einzelnen Teilnehmer gerichtet werden, um so höher ist aber auch die Gefahr eines Mißbrauchs der Freiheit.« Das ist wohl das Hauptproblem unserer westlichen Gesellschaftsordnungen.

Wie wenig »sozial«, das heißt »mitmenschlich«, diejenigen Menschen sind, die heute am meisten vom »Sozialismus« reden, macht Geoffrey Vickers deutlich: »Wer streikt, ringt den höheren Lohn nicht dem Arbeitgeber ab, der ihn zahlt, sondern allen seinen Mitbürgern – mit Ausnahme aller jener, die durch das gleiche oder ein ähnliches stabilitätsgefährdendes Verfahren für sich selbst denselben Erfolg erzielen.«[52] Unter dem Mantel der Phrasen von »Gleichheit« und »Gerechtigkeit« macht sich heute ein hemmungsloser Egoismus bemerkbar. Unser sogenanntes »soziales« Zeitalter ist in steigendem Grade den antisozialen Kräften ausgeliefert. Das ist begreiflich, wenn man bedenkt, daß die »Bedürfnisse« zu den obersten Prinzipien marxistischen Denkens, die »Lust« zur Grundlage Freudscher Psychologie gehören, »Lust« und »Bedürfnisse« jedoch nicht den Mitmenschen, sondern in erster Linie sich selbst berücksichtigen. In diesem Sinne meint Vickers: »So erweist sich, daß dieses einst als das Jahrhundert des gemeinen Mannes bejubelte Jahrhundert einer Art von Men-

51 Vgl. Peter Lindemann, »Die Arbeitswelt von morgen«, Stuttg. 1975.
52 Geoffrey Vickers, Der Preis der Institutionen, Frankfurt/Main 1975.

schen bedarf, die heute ungemein selten sind – selten hinsichtlich ihrer Intelligenz und noch seltener hinsichtlich ihrer Menschlichkeit.«

Hier fasse ich die bisherigen Darlegungen zusammen und formuliere zugleich einen Tatsachenzusammenhang, den auch alle weiteren Betrachtungen wie ein roter Faden durchziehen soll: Was ist »Lebens-Qualität«? Worin besteht der Lebens-Sinn, in dessen Erfüllung der Mensch allein auf die Dauer wahre Befriedigung finden kann? Sicher nicht in demjenigen, was wir von außen bekommen, was wir *empfangen*, sondern in demjenigen, was dem Schaffensgrund unserer Seele entspringt, was wir von uns aus der Welt und den Mitmenschen *geben*, also in der Leistung und dies sogar dann, wenn diese Leistung uns Mühen, Entbehrungen, Schmerzen abverlangt. Denn das wahre Zentrum unseres Wesens ist ganz und gar die Aktivität und die Tätigkeit, und dies selbst dann, wenn auf diesem Wege viele Leiden und Verzichte in Kauf genommen werden müssen.

Sogar ein scheinbar vom Glück so bevorzugter Mensch wie Goethe meinte: sein ganzes Leben sei das ewige Wälzen eines Steines gewesen, der immer neu gehoben werden wollte. Und Goethes »Faust« schließt mit der Verheißung: »Wer immer strebend sich bemüht, den können wir erlösen.« Solche Überzeugungen setzen freilich das Bewußtsein der Unvergänglichkeit des eigenen seelischen Wesenskernes voraus. Aber echte Lebens-Befriedigung und Lebens-Qualität sind auch nur durch das tätige Erleben dieses Wesenskernes möglich. Sie vom Konsum- und Wohlfahrtsstaat als Resultat »gesellschaftlicher Veränderungen« als äußeres Geschenk zu erhoffen, ist illusionär. Denn das Geschenk eines sinnerfüllten Daseins kann man sich nur selbst geben. Im Grunde seines Herzens weiß das auch jedermann, es ist nur immer wieder nötig, ihn in diesem Wissen zu bestärken.

Man weiß, daß sowohl der seelische wie der leibliche Zustand der Menschen zu Zeiten des Zweiten Weltkrieges besser als seither in der Wohlstandsgesellschaft war. Die Schäden der Überernährung, des Überkonsums an Alkoholika und Rauchwaren sind bekannt. Sie steigern sich von Jahr zu Jahr. Schon unsere Kinder leiden an drastischen Überernährungssymptomen. Leberschädigungen infolge des Genusses starker Alkoholika sind heute schon bei jungen Menschen zu bemerken. Im Seelenbereich ist es ebenso: Je mehr heute Kindern und Jugendlichen seitens ihrer Eltern alle Wünsche erfüllt werden, desto mehr steigen Unlust, Unrast, Unzufriedenheit, die nur wieder weitere Wunscherfüllungen züchten, ohne daß dadurch der Teufelskreis durchbrochen werden könnte. Es ist wie mit den Suchtgiften, deren Genuß nicht sättigt, sondern nur vermehrte Sucht erzeugt.

Vielleicht waren wir alle glücklicher, das heißt vom Lebens-Sinn erfüllter, als wir (1945) unsere zerstörten Wohnungen notdürftig wetterdicht machten und uns um wenige Kartoffeln oder Kohlen bemühen mußten, vor allem aber ein starkes gegenseitiges Zusammengehörigkeits- und Hilfsbestreben zeigten. Wie Ärzte versichern, waren wir damals nicht nur leiblich, sondern auch seelisch gesünder: Der Kampf mit der äußeren Not ließ uns die vielen kleinen Seelennöte vergessen, die heute, innerhalb des äußeren Wohlstandes mit vermehrter Gewalt über uns hereinbrechen. Nerven-, Seelen-, Geistes-Krankheiten nehmen in unserer Wohlstandsgesellschaft erschreckend zu. Frontsoldaten versichern, sie hätten unter dem Druck lebensbedrohender Verhältnisse, z. B. in der Einkesselung, sich leiblich-seelisch überraschend wohl befunden, erst nachher seien die verschiedenen Beschwerden und besonders die seelischen Schwierigkeiten mit vermehrter Kraft wieder erschienen[53].

Ein erfahrener Psychotherapeut formuliert diese Erfahrungen in folgender Weise: »Zur Verwirklichung der Entelechie, zum Individuationsweg, zur fruchtbaren Produktivität unseres Lebens gehören nun einmal auch die Entsagungen. Dem einen werden sie mehr auferlegt, dem anderen weniger. Dieser Weg ist der einzige, der zu dem inneren Frieden führt und damit auch zu den wahren Freuden.«[54] Ähnlich äußert sich der Wiener Psychotherapeut Viktor Frankl. Seine Logo-Therapie versucht nicht, wie Freud, von der Trieb-Befriedigung, sondern von der Sinn-Erfül-

53 Vgl. Hans Müller-Eckhard, Die Krankheit nicht krank sein zu können, Stuttgart 1964; H. Sopp, Was der Mensch braucht, tiefenpsychologischer Exkurs über Erfüllung und Versagen im Beruf, Düsseldorf 1958.

54 Erich Rotthaus, Der Prozeß der Wandlung in der Psychotherapie, Dortmund 1973.

lung her die unter Angstgefühlen leidenden Patienten zu heilen[55], unsere Zeit muß daher wissen: die Erhöhung der Lebens-Qualität ist nur teilweise ein materieller Anreicherungsvorgang; ohne geistige Sublimation ist keine Erhöhung menschlicher Sinnerfüllung möglich.

55 Vgl. V. E. Frankl, Der unbewußte Gott, München 1974; ders., Ärztliche Seelsorge. 9. Aufl. Wien 1974.

Kapitel 8

Warner aus dem Osten

Wo liegt die Zukunft des Abendlandes?

»Der Nationalismus ist eine Religion. Immer wieder bestätigt sich, daß Vernunftgründe gegen den Nationalismus nicht wirken, und daß man mit sozialen und wirtschaftlichen Reformen, mochten sie noch so fortschrittlich und segensreich sein, die Ressentiments und emotionalen Widerstände der nationalistisch infizierten Massen nicht überwinden kann.«[56] Dasselbe kann heute wohl vom Marxismus-Leninismus gesagt werden, nur gehört dieser einer späteren geschichtlichen Epoche an und zerstört heute auf seine Weise andere Werte als der Nationalismus einst auf seine Weise sie zerstört hatte. Der Nationalismus richtete sich gegen die übernationalen Ordnungsprinzipien des Abendlandes (z. B. die Reichsidee), die ihre Kraft und Weihe letztlich aus sakralen Bereichen empfangen hatten. Der mittelalterliche Mensch wurde dadurch nicht nur über sich hinausgehoben, sondern gelangte auch in einen schöpferischen Kontakt mit anderen, vom selben Reich umspannten Nationen, wodurch eine Erhöhung des geistig-kulturellen Niveaus möglich wurde. Man denke auch an die eminente Bedeutung der Weltreiche Alexanders des Großen und der Römer im Hinblick auf die übernationalen Kultur- und Geistessynthesen. Ähnliche übernationalen Umgreifungen bedeuteten später die Reiche Karls des Großen sowie der salischen, staufischen und schließlich der habsburgischen Kaiser.

Die österreichisch-ungarische Donaumonarchie wurde durch den heraufkommenden Nationalismus im 19. und 20. Jahrhundert allmählich untergraben und schließlich vernichtet, wobei das

56 Emil Franzel, Der Donauraum im Zeitalter des Nationalitätenprinzips, München 1958.

Jakobinertum der Französischen Revolution die Parolen lieferte. Dieser »Nationalismus« war ein Produkt des »aufgeklärten« Bürgertums, letztlich der heraufkommenden modernen Naturwissenschaft, die nur mehr ein biologisch-nationalistisches, aber kein sakrales Staatsdenken zuließ.

Kaum war jedoch der alte Reichsgedanke zerstört und der letzte Repräsentant dieser Idee, die österreichisch-ungarische Monarchie, in Nationalstaaten aufgelöst, als sich sogleich ein neuer Angriff auf das Menschsein vorbereitete: die Zerstörung, die durch den Marxismus-Leninismus drohte. Es war, geschickt getarnt durch die Ideen der »Humanität« und »Gleichheit«, ein Angriff auf die Eigenständigkeit der menschlichen Persönlichkeit zugunsten des unpersönlichen Kollektivismus. Hätte diese Kollektivierung nur die persönlichen Einkommens- und Besitzverhältnisse betroffen, so wäre sie verhältnismäßig harmlos gewesen. So aber sollte in erster Linie das Denken kollektiviert und dadurch das Ich an seiner zentralen Stelle getroffen werden. Die Herrschaft der Lüge und Phrase ist seither mit einzigartiger Vernebelungstaktik verbunden, wie sie z. B. die »Gipfeltreffen« über »Entspannung« und »Abrüstung« beherrscht.

Natürlich möchte jeder Mensch nach den Verängstigungen des Kalten Krieges »Entspannung«, »Verständigung« und schließlich »allgemeine Umarmung«. Die Ideale von Schillers »Hymnus an die Freude« ergreifen tief die menschlichen Seelen: »Seid umschlungen Millionen, ... Brüder!« Nicht leicht kann es ein Politiker wagen, solche Seelen-Sehnsüchte zu ignorieren und sich den Vorwurf zuzuziehen, die Entspannungsbemühungen zurückweisen und wieder den Kalten Krieg zu wollen. Um so furchtbarer ist das Spiel, das man in dieser Beziehung seitens des Ostens mit den menschlichen Sehnsüchten treibt[57].

Alexander Solschenizyn mußte die freie Welt darauf hinweisen: Der dritte Weltkrieg? Ihr fürchtet sein Kommen? Aber nein – er hat doch schon längst begonnen bzw. ist bereits mit einer Niederlage des Westens – Europas und der USA – zu Ende gegangen! Als nämlich gegen das Ende des zweiten Weltkrieges die siegreichen Politiker des Westens, zunächst in Teheran und Jalta, dem

57 Vgl. Giselher Wirsing, Der abwendbare Untergang, Düsseldorf 1975.

sowjetrussischen Imperialismus die Tore nach Europa öffneten und Polen, Ostdeutschland, Tschechoslowakei, Ungarn, Bulgarien auslieferten, da war der dritte Weltkrieg bereits verloren. Die bald danach von den USA gehegte Absicht, ihre Atommacht gegen Rußland einzusetzen, scheiterte alsbald an der Entdeckung, daß inzwischen auch Rußland eine Atommacht geworden war. Jetzt aber, so meint Solschenizyn, sei bereits der vierte Weltkrieg im vollen Gange und drohe, infolge der Leichtgläubigkeit des Westens, gleichfalls verlorenzugehen. Aber eigentlich sollten wir zu dieser Einsicht gar nicht die Warnungen des »gelernten Russen« benötigen. Seit Karl Marx bildet es die offen bekannte Taktik des Kommunismus, dort, wo man nicht direkte, brutale Macht einsetzen kann, unter dem Mantel von »Verständigung« und »Entspannung« um so intensiver die westlichen Positionen ideologisch zu unterlaufen und sie schließlich, auf dem Wege der überall im Westen vorhandenen »Kommunistischen Parteien«, sturmreif zu schießen.

Die feierlich verkündeten menschlichen, wirtschaftlichen und kulturellen Kontakte sind daher durchaus einseitig. Der Eiserne Vorhang bleibt nach wie vor undurchdringlich, und Moskau ergreift jede Gelegenheit zuzupacken. Die Warnungen, die Solschenizyn gegenüber dem Osten ausspricht, sind jedoch keineswegs neu. Paradoxerweise hatte bereits Karl Marx Europa vor Rußland gewarnt. Durch die lange Herrschaft der Tataren-Khans über Rußland (1240–1480) und die darauf folgende Zarenherrschaft sei im Russen, neben der Neigung zu dulden, die Neigung zur Täuschung und Lüge entstanden. Er meint: »Im blutigen Schlamme mongolischer Sklaverei steht die Wiege Rußlands«, daher die Neigung der russischen Politik, »durch Verwirrung und Angst zu siegen«. »Dem asiatischen System der betrügerischen Tricks getreu, spielt Rußland nun mit der Leichtgläubigkeit der westlichen Welt.« »Es gibt nur einen Weg, mit Rußland fertigzuwerden: Furchtlosigkeit!« Solche Urteile treffen freilich nur die politischen Methoden der sowjetischen Führung, nicht jedoch die grandiosen Leistungen vergangener russischer Dichtung und Philosophie. Vor allem die Religionsphilosophie verdankt russischen Denkern entscheidende Impulse, so durch Solowjew, Bulgakow und Berdjajew. An diese Denker wird der Osten anzuknüpfen haben, wenn sich einst der russische Mensch auf sein wahres, hochspirituelles Wesen rückbesonnen und die Phrasen des Marxismus abgestreift haben wird. Aber wird ihm hierbei ein gleichfalls marxistisch-materialistisch infiziertes Westeuropa helfen können? Ein Kenner seines Volkstums und wohl auch seines eigenen ambivalenten Wesens, der russische Philosoph N. Berdjajew[58], hat in seinem tiefgründigen Buch »Die Weltanschauung Dostojewskis« auf die dem Westen so schwer verständliche zwielichtige Wesenhaftigkeit des russischen Menschen hingewiesen. Dieser sei nicht so stark wie der Westländer in der Eindeutigkeit seines »Ich-bin« verwurzelt, er versuche vielmehr als echter Metaphysiker und Mystiker über sich hinauszugreifen und werde daher zwischen dem »Engel« und dem »Satan« hin- und hergeworfen. Das Satanische übe auf ihn eine ebenso geheimnisvolle Anziehungskraft aus wie das Göttliche. Kein anderes Volk, meint Berdjajew, strebe so sehr nach Gott, keines aber könne sich auch so sehr im Widergöttlichen verstocken. Vor allem aber erstrebe der russische Mensch die Gemeinschaft, und zwar sakrale Gemeinschaft, in gewissem Sinne »Kirche« – sei dies nun die Kirche Jesu Christi oder die »Kirche« des Antichrist. Das alles gilt es zu bedenken, wenn man die eigentümliche Rolle verstehen will, die Marx in Rußland zu spielen vermag.

Versteht man indessen den Begriff »Kommunismus« in seiner Ursprungsbedeutung als »Brüderlichkeit«, so ist er an sich eine der großartigsten sozial-religiösen Ideen der Menschheit. Die früheren Christen schlossen sich nicht nur zu sakralen Kommunen zusammen, sie »kommunizierten« auch ganz unmittelbar bei ihren Agapen, indem sie Brot und Wein zum Andenken an Jesus Christus miteinander genossen. Daß Menschen ihre Egozentrik dadurch überwinden, daß sie im Hinschauen auf ein Übermenschliches sich zu Lebensgemeinschaften zusammenschließen, in welchen jeder für alle und alle für jeden da sind, das bildet wohl den Gipfelpunkt echt sozialer Möglichkeiten – obgleich solche Liebeskommunen immer nur im kleinsten Kreis zu verwirklichen sind.

Verständlich ist es, daß dieses Ideal heute besonders die Menschen in der Industriegesellschaft anzieht, die, trotz bester phy-

58 Nikolai Berdjajew, Die Weltanschauung Dostojewskijs, München 1925.

sisch-leiblicher Existenzverhältnisse, an geistig-seelischer Isolierung und Vereinsamung leiden. Sie möchten »kommunizieren«, im Geben und Nehmen Kontakt mit einem Du gewinnen. Früher gab es solches »Kommunizieren« wohl noch innerhalb der Großfamilien und vielleicht auch in gewissem Sinne zwischen Lehrern und Schülern, Patienten und Ärzten. Heute jedoch sind diese Kommunikationen entweder zerstört oder doch, wie im modernen Versorgungsstaat, weitgehend bürokratisiert und kommerzialisiert.

1975 vollendete einer der großen modernen Utopisten, Ernst Bloch, sein 90. Lebensjahr. Wie Gerd-Klaus Kaltenbrunner in einer Würdigung des Jubilars in der Deutschen Zeitung vom 4. Juli 1975 ausführte, waren in ihm jüdisch-messianistische, gnostische und mystische Motive wirksam, wenn er den Schwierigkeiten unserer Zeit das »Prinzip Hoffnung« entgegenstellte. Er verfiel nur dem für ihn und seine treuen Schüler verhängnisvollen Irrtum, die mögliche Verwirklichung seines Prinzips mit den kommunistischen Regimes von Stalin und Ulbricht zu verwechseln. Bloch selbst, meint Kaltenbrunner, blieb die späte Einsicht nicht erspart, daß er eine Zeitlang hindurch sich und andere über die tatsächlichen Verhältnisse in großen Teilen der Welt getäuscht hatte. Er verwechselte, um Arnold Künzli zu zitieren, den Henker mit dem Messias. Schon in den Schriften des großen Lehrmeisters aller dieser Utopisten, nämlich von Marx, begegnet uns diese Ambivalenz von Henker und Messias. Es verbleibt die schwer zu beantwortende Frage: Wie konnte das Ideal christlicher Nächstenliebe und religiöser »Kommunen« zum Aushängeschild von Diktaturen werden, die nicht nur die Leiber, sondern auch die Seelen versklaven? Umnebelt der Begriff »Kommunismus« so sehr unser Denken, daß wir zwischen beiden nicht mehr unterscheiden und im Henker den Messias sehen?

Vielleicht ist bei uns im Westen infolge einer Übersättigung an der Wohlstandsgesellschaft ein Wille zur Selbstzerstörung wach geworden? Nur so wären gewisse Schulprogramme verständlich, die unserer heranwachsenden Jugend die eigene große abendländische Vergangenheit vermiesen und sie dadurch kulturell entwurzeln. Während die östlichen Diktaturen, insbesondere die DDR und die Sowjetunion, ihre Bevölkerung zu einem selbstbewußten, freilich pervertierten Staats- und Geschichtsbewußtsein zu erziehen suchen, werden solche Versuche bei uns als »reaktionär« bezeichnet. Daß man hierdurch in der Jugend jede Bereitschaft, diesen Staat zu verteidigen und notfalls für ihn zu sterben, untergräbt, ist die Folge – vielleicht sogar die Absicht.

Man sagt zuweilen, das heutige Schulwesen erziehe brave Staatsbürger, sorge also dafür, daß sich die heute bestehenden politischen, gesellschaftlichen und kulturellen Verhältnisse weiter in die Zukunft fortpflanzen. In früheren Zeiten wäre eine solche Annahme ein hohes Lob gewesen, heute gilt sie in avantgardistischen Kreisen als ein vernichtender Tadel. Aber wie geht es weiter? Ist es nicht durchaus menschengemäß, wenn ein Mensch das Land, das Reich, die kulturellen Verhältnisse, die Sprache, in die hinein er geboren wurde, ebenso achten und lieben lernt wie die beiden Menschen, die ihm als »Mutter« und »Vater« das Leben ermöglichten? Gewiß, es gibt höhere Werte als Vater und Mutter, als Vater- und Mutterland, die man in den Stufungen echten Mensch- oder Christseins erblicken kann. Aber das liegt zunächst fern. Ist man jedoch durch die Erziehung nicht bemüht, den heranwachsenden Menschen in die bestehenden Ordnungen einzugliedern, sondern untergräbt durch »avantgardistische Kritik« diese Zusammenhänge, so hebt man dadurch die Menschen nicht etwa in übernationale menschheitliche Höhe empor, sondern verurteilt sie zur Haltlosigkeit, wobei dann, wie offenbar beabsichtigt, statt der heimat- und staatseigenen Formungskräfte heimat- und staatsfremde oder gar feindliche Ideologien sich der Jugend bemächtigen.

Eben hierfür haben wir genügend Beispiele: die Staats- und Kulturgefüge Österreichs, Frankreichs, Deutschlands, Hollands usw. werden als Vorbilder zerstört, damit dann die zumeist mißverstandenen Ideologien Chinas unter Mao, Rußlands unter Lenin, Kubas unter Fidel Castro, Vietnams unter Ho Tschi Minh zu prägenden Vorbildern unserer Jugend werden. Die zwar vielfach reformbedürftigen, aber geschichtlich großartigen und durchaus erzieherisch positiven Kulturgefüge des christlichen Abendlandes werden zugunsten von »Vorbildern« zurückgedrängt, die vielleicht für unterentwickelte Länder zunächst geeignet sind, für uns, als Erben der griechisch-römischen Antike und des christlichen Abendlandes, jedoch nur einen kulturwidrigen Rückschritt bedeuten.

Wer, wie es heute vielfach erstrebt wird, den Geschichts-Unterricht in den Schulen durch Politik-Unterricht ersetzen will, macht sich einer Verarmung der menschlichen Seelen schuldig. Denn die von Karl Marx beigesteuerten Verleumdungsbegriffe wie »Unterdrückung«, »Entfremdung«, »Ausbeutung« reichen noch nicht einmal aus, um die Geschichte Europas im Zeitalter des Frühkapitalismus wirklich zu verstehen. Das 19. Jahrhundert ist in den geistig-kulturellen, staatlich-politischen und wirtschaftlichen Hinsichten eben wesentlich reicher, als daß es durch die polemische Polarisierung » Fabrikherr – Proletarier«, »Kapital – Arbeit« erschöpft werden könnte.

Noch weitaus weniger erweisen sich die Marxschen Deutungen zureichend, um das christliche Mittelalter zu begreifen. Wer hier die Begriffe »Unterdrückung«, »Ausbeutung«, »Entfremdung« z. B. in das Geschehen der Kreuzzüge, in die Lehns- und Feudalordnung, in die Mühen bei den riesenhaften Dombauten hineinträgt, geht am »Eigentlichen« gänzlich vorbei. Denn diese Zeit kann nur richtig gedeutet werden, wenn man die Sehnsüchte der Menschen nach realen, göttlich-geistigen Welten als die wahren Triebkräfte aller ihrer Gedanken und Handlungen einkalkuliert. Dadurch hatten damals Begriffe wie Staat, Wirtschaft, Politik und Arbeit usw., vor allem aber der Begriff »Mensch«, einen ganz anderen Sinn als etwa im Zeitalter der Aufklärung, die ahistorisch das Denken Marx' bestimmt. Eben aber in total andere Formen des Menschseins hineinzutauchen und dadurch die eigenen Denkformen der »Jetztzeit« auszuweiten, sollte das pädagogische Grundanliegen eines echten Geschichtsunterrichts sein. Statt jedoch Kinder und Jugendliche am »Ganz-Andern« geschichtlicher Vergangenheiten wachsen und seelisch reifen zu lassen, versucht man sie in vorfabrizierte »kritische« Begriffe einzuspannen, wodurch sie bestenfalls zu stupiden Ideologen werden.

Freilich sagt man: Die moderne Jugend wünsche »politische Engagements«, und diese Wünsche eines »kritischen Bewußtseins« müßten durch die Schule erfüllt werden. Aber diese angeblichen Wünsche sind bereits das Produkt agitativer Irreleitung, denn die menschlichen Seelen ersehnen sich ganz anderes als ein alles

Ehrfurchtgebietende und Heilige disqualifizierendes Bewußtsein. Vielleicht möchte diese Jugend »staunen«, »verehren«, »anbeten«? Wenn man ihr jedoch nicht durch einen echten Geschichtsunterricht Entsprechendes anbietet, dann richten sich diese Verehrungskräfte eben auf Lenin, Marx und Mao. Angebliches »politisches Engagement« wird zum Religionsersatz. Das alles versuchen »gelernte« Russen, heute Solschenizyn, einst Berdjajew, dem Westen klarzumachen, weil sie, eben als Russen, diese Probleme weitaus besser durchschauen. Sie sind ja doch auch selber, als Vertreter des wahren Russentums, das der Welt viel zu geben hatte und sicher noch geben wird, in bewußtem Kampf mit den Kräften, die das heutige Rußland wenigstens äußerlich beherrschen.

Aber auch bei uns beginnt sich glücklicherweise ein Erwachen abzuzeichnen: »Nicht das ökonomisch-materielle Elend, dem noch Marx als Triebkraft zur Revolution vertraute, sondern das Elend des Bewußtseins, des Geistes, und damit die Auslaugung der sittlichen Kräfte ist es, was den Ausbruch und Aufstand gegen die Gesellschaft motiviert. Es ist eine Verkehrung der von Marx angenommenen Situation.«[59] Sogar Ernst Bloch meinte, daß ein siegreicher Marxismus an der Banalität des Lebens zugrunde gehen werde, die er deshalb erzeugt habe, weil er ausschließlich die wirtschaftlichen Verhältnisse in Betracht gezogen habe. Daher brauche gerade der Marxismus zur Ergänzung die Theologie!

Eine Bestätigung dieser Auffassung könnte sehr wohl darin gelegen sein, daß bei uns im Westen das Christentum kaum mehr in unseren Schulen eine Rolle spielt, während, wie Rohrmoser bemerkt: »Die Chancen für eine Renaissance des Christentums heute in den Staaten des Sozialismus größer als bei uns sind.« Wir fragen: Sind die Wohlstandsgesellschaften des Westens schon so total den Banalgedanken unserer Spätmarxisten verfallen, daß wir die Rettung der tieferen Belange unseres Menschseins in Zukunft aus dem Osten – vielleicht besonders aus dem Russentum – erwarten müssen? Offenbar hat dieser Osten unter dem Druck des verwirklichten Marxismus die wahren Belange des

59 Vgl. Günter Rohrmoser, Die metaphysische Situation der Zeit, Stuttgart 1975.

Menschseins wiederentdeckt, während wir, nach wie vor, in spätmarxistischen Phrasen uns bewegen und eine antichristliche Erziehung fördern, die im Menschen lediglich ein kollektives Trieb- und Bedürfnis-Wesen sieht. Während bei uns im Westen durch die »kritischen Theorien« von Adorno, Horkheimer und Habermas die personhafte Individualität, die einzelmenschliche Seele zugunsten der »Gesellschaft« beseitigt wird, scheint im Osten, zumal in Rußland, unter dem realen Druck eben dieser »kollektiven Gesellschaft« das personhafte Ich im Protest erst recht zu erwachen und sich als der wahre Sinn der Geschichte zu begreifen.

Piatgorsky, ein Mann der russischen Opposition, berichtete jüngst über die metaphysische Situation in der UdSSR, daß es dort privat organisierte Seminare gebe, die über die Frage nach dem Verhältnis von Platon, Hegel und der Bedeutung des Christentums für die Existenz des Menschen in der modernen Welt nachdenken – während man bei uns die Begriffe »Geist« und »Unsterblichkeit« als längst überholten »Aberglauben im Dienste der herrschenden Klasse« entlarven zu müssen glaubt.

Aus Geschichte und Literatur ist uns die große Leidensfähigkeit, ja Leidenswilligkeit des russischen Menschen genügend bekannt. Dennoch erschrickt man zunächst über den russischen Radikalismus, wenn man bei Solschenizyn liest, nur wer ungebrochen in seiner Menschenwürde die Leiden und Demütigungen russischer Zwangsarbeitslager durchgemacht habe, sei auf dem Wege zur vollen Verwirklichung seines Menschseins. – Damit hat wohl die Idee des christlichen Kreuzes die stärkste Ausdeutung erfahren, es wird aber zugleich der Abgrund sichtbar, der eine solche Haltung von der bei uns im Westen üblichen Verherrlichung von »Lust« und »Genuß« trennt[60].

Wir fragen: Keimen also im heutigen russischen Untergrund die Ideen eines künftigen christlichen Abendlandes, während wir im Westen die letzten Reste dieses Abendlandes in frevelhaftem Leichtsinn verspielen?

60 Vgl. dazu A. Solschenizyn, Stimmen aus dem Untergrund, Darmstadt 1975.

Daß ich mit solchen Gedanken nicht vereinzelt dastehe, mögen die nachfolgenden Äußerungen eines Fachmannes bezeugen: »Die Renaissance des Marxismus im Westen, besonders in der Bundesrepublik, hat die Identitätskrise des Christentums in dramatischer Weise verschärft. Es gibt in diesem Lande keine christliche Substanz mehr. Während in der Sowjetunion das Christentum zu den unverlierbaren kulturellen Errungenschaften der Menschheit gezählt wird, werden in der Bundesrepublik Rahmenrichtlinien (für den Unterricht) verfaßt, als hätte es das Christentum nie gegeben. Während der Nationalsozialismus dem Christentum die Ehre antat, es zu seinem Todfeind zu erklären, scheint das Christentum einer permissiven Gesellschaft nichts mehr entgegensetzen zu können.« – Ich habe mit Günther Rohrmoser die Sorge, daß wir die Werte der christlichen Tradition und Kontinuität arglos verspielen und damit in einem Zustand abendländischer Selbstentfremdung dem modernen Machiavellismus des marxistisch-leninistischen Sozialismus die Tore öffnen.

Kapitel 9

Vom »Marsch durch die Begriffe«

Konservativ und Revolutionär

Den Umsturz der »gesellschaftlichen Verhältnisse«, also Revolutionen oder Systemsprengungen, kann man auf mehrfache Art durchführen: durch plötzliche, totale Machtergreifung – was jedoch nur in ganz bestimmten geschichtlichen Situationen erfolgreich ist. Oder als sowohl bestgetarnte wie auf die Dauer wirksamste Weise: durch einen »Marsch durch die Begriffe und Worte«. Mit instinktiver Sicherheit sind diesen Weg die kommunistischen Diktatoren gegangen. Noch während der Endphase des ersten Weltkrieges bemächtigte sich Lenin der Idee des »Friedens«, der »Freiheit« und der »demokratischen Selbstbestimmung«, um diese gegen die Kriegsgedanken der »kapitalistisch-imperalistischen Westmächte« auszuspielen. Das war ein grandioser Schachzug! Denn wo immer weiterhin der Kommunismus an Terrain gewann, Macht auszuüben versuchte oder gar Kriege führte: Immer tat er das unter der Flagge von »Frieden, Freiheit, Verständigung«.

Auch die Taktik der Spätmarxisten besteht in der »Umfunktionierung« von Begriffen und Worten, wodurch man die bestehende bürgerliche Gesellschaft verunsichert, in Minderwertigkeits- und Schuldgefühle hineintreibt, um sie zunächst zu schwächen und später zu vernichten. Wenn man also auch noch heute Kriege führt, Menschen unterdrückt und versklavt, so bedeutet es doch einen bedeutsamen Fortschritt, daß man sich zu diesem Vorgehen heute nicht mehr unmittelbar bekennen darf, sondern es sorgfältig tarnen muß. In früheren gar nicht so weit zurückliegenden Zeiten waren Kriegführen, Machtausübung, Unterwerfen der Besiegten durchaus hohe Werte, zu denen man sich gerne bekannte. Heute wollen die Menschen wenigstens die Worte: Friede, Menschlichkeit, Demokratie, Freiheit, Selbstbestimmung hören und das um so mehr, je weniger es den Realitäten entspricht. Insofern leben wir in einem Zeitalter der einzigartigen Verlogenheit[61].

Führende Sozialkritiker des Westens, wie Herbert Marcuse, bekämpfen das »ausbeuterische Leistungsprinzip des Kapitalismus« und sehen im Osten die Erfüllung ihrer Hoffnungen. Wenn man sich aber die Realität in sozialistischen Staaten nüchtern ansieht, dann wird man vielmehr zu dem Schluß kommen, daß in ihnen das Prinzip des Kapitalismus, die schrankenlose Entfesselung der Produktivkräfte, zum alles bestimmenden Gesetz erhoben und durch eine allgegenwärtige staatliche Kontrolle auch durchgesetzt wird. Auch spricht man stets vom »Frieden«, obgleich man ein riesenhaftes militärisches Angriffspotential aufbaut und einen erheblichen Teil des Sozialproduktes statt dem Wohlstand der Menschen dem Rüstungspotential zukommen läßt. Ein psychologisches Gesetz lautet ja auch: Man wiederhole nur stur dasselbe, und es wird schließlich die Lüge als Wahrheit erscheinen.

Dem »Marsch durch die Begriffe« ist besonders der Begriff »konservativ« zum Opfer gefallen. Aus Feigheit wagt man ihn nicht zu gebrauchen, weil man »fortschrittlich« sein und nicht diffamiert werden will. Die Angst, lächerlich zu werden, ist einer der Hauptgründe für den Rückzug des Bürgertums aus allen seinen Positionen, wodurch sie ohne Gründe kampflos den Ultralinken überlassen werden. – Sogar Theologen verzichten auf »Gott«, um nur ja nicht »unmodern« zu erscheinen.

Linke Soziologen und Politologen haben zumeist – ebenso wie ihr Lehrer Karl Marx – geringe Beziehungen zu den Naturwissenschaften. Besonders ihre biologisch-medizinische Bildung läßt sehr zu wünschen übrig. Sonst könnten sie nicht so sehr von der »Machbarkeit« alles Ideologisch-Wünschbaren durchdrungen sein, sondern würden die unübersteiglichen Grenzen beachten, die allem menschlichen Machen doch nur einen im Ganzen des Kosmos gemessenen minimalen Raum zuweisen. Unter Berücksichtigung naturwissenschaftlicher, zumal biologischer Gesichtspunkte ist es nun möglich, eine verhältnismäßig exakte, von ideologi-

61 Dazu H. Schoeck, Die Lust am schlechten Gewissen, Freiburg 1973, sowie G. K. Kaltenbrunner in »Sprache und Herrschaft«, Herder-Bücherei, Initiative 5, Freiburg.

schen Höhenflügen unabhängige Definition dessen zu geben, was man »konservativ«, »fortschrittlich«, »reaktionär« und »revolutionär« nennen könnte.

Konservativ ist, wer auf die Grundordnungen des Weltalls und auf die Grundeigenschaften des Menschseins, also auf dasjenige hinblickt, was man im weitesten Sinne »Natur« nennen könnte und bei allen Planungen ehrfurchtsvoll berücksichtigen müßte: Körpergestalt, Leibesorgane, Leibesfunktionen, Geschlechtlichkeit, Befruchtung, Embryonalentwicklung, Geburt, Gehen-, Sprechen-, Denken- und Verantworten-Lernen, Pubertät, Vollerwachsenheit, Reife und nicht zuletzt Krankheit, Altern und Sterben gehören zu diesem, letztlich im Willen eines Weltgeistes oder auf Gott gegründeten Sein des Menschen.

Urphänomene, welche die volle Entfaltung des Menschseins ermöglichen und garantieren, also keinesfalls willkürliche Produkte bestimmter Interessengruppen oder Klassen darstellen, sind aber auch die Grundformen des Sozialen: Mutter und Säugling, Mann und Frau, Eltern und Kinder, Lehrer und Schüler, Arzt und Patient, Vorgesetzter und Untergebener, Lehrherr und Lehrbub sowie auf höchster, freilich heute verschütteter Ebene die Beziehungen von Priestern, Weisen und Heiligen. Wer auf diese, nicht gemachten, sondern gewachsenen Formen hinblickt und in ihnen die Voraussetzungen unseres Menschseins verehrt, kann im positiven Sinne *»konservativ«* genannt werden.

Man kann es auch so ausdrücken: Der *Konservative* ist von der Notwendigkeit von Ordnungsgefügen, von Institutionen überzeugt, weil nur von ihnen geformt, erzogen und gebildet der Mensch das volle Menschsein als Voraussetzung wahrer Freiheit erlangt. Im Gegenteil dazu glauben die »Linken«, der Mensch sei von Natur aus »gut« und »schöpferisch« und werde erst durch die »herrschenden gesellschaftlichen Verhältnisse« entartet und verbogen.

Der Konservative hingegen ist »Realist«. Er ist eher geneigt, mit einem so erfahrenen Pädagogen und Menschenkenner wie Pestalozzi zu meinen: »Der Mensch ist von Natur, wenn er sich selbst überlassen wild aufwächst, träge, unwissend, unvorsichtig, leichtsinnig und leichtgläubig, furchtsam und ohne Grenzen gierig und wird dann verschlagen, heimtückisch, mißtrauisch, gewaltsam, rachgierig und grausam.« Also bedarf der Mensch, wie Gerd-Klaus Kaltenbrunner ausführt[62], »der ihn disziplinierenden Gegenkräfte, die man nach der subjektiven Seite Erziehung, nach der objektiven Institution nennen kann, im eigentlichen Sinne ein Institutionalist. Institutionen sind Bändigungen der Verfallsbereitschaft des Menschen. Wir bedürfen ihrer, um überhaupt erst für uns selbst erträgliche Wesen zu werden... Der Konservative bejaht die Institutionen nicht weil sie alt, sondern weil sie Ordnungen, ja geradezu Kunstwerke sind, an denen Jahrtausende gebaut haben«[63].

Natürlich weiß der Konservative, daß die Institutionen in zeitgemäßer Weise umgewandelt werden müssen. Aber er weiß auch, daß das Gegenteil von Ordnung nicht Freiheit, sondern das Chaos ist. Das beweisen alle revolutionären Umbrüche und die nachfolgenden, noch strengeren Ordnungsgefüge. Dennoch scheint es eine Grundeigenschaft des Menschen zu sein: immer wieder aus Ordnungen ausbrechen zu wollen, um alsbald wieder neue Ordnungen zu ersehnen, weil man ohne sie nicht leben kann und wahre Ordnungen nicht vergewaltigen, sondern persönliche Freiheit erst ermöglichen.

Konservativ und fortschrittlich sind demnach keine Gegensätze. *Fortschrittlich* ist, wer zwar die überlieferten Ordnungsgefüge ehrt, aber sich mit ihnen nicht begnügt. In diesem Sinne fügte der Mensch den Ordnungsgefügen seiner naturhaften Existenz seit jeher Ergänzendes hinzu: Hier ist an die »Technik« im weitesten Sinne zu denken, die schon mit der einfachsten Boden- und Werkstoff-Bearbeitung, also mit Bauern und Handwerkern, beginnt, aber heute sogar helfend ins Innere der menschlichen Leiblichkeit eingreift, wenn sie z. B. verwachsene Herzklappen sprengt oder sie durch künstliche Klappen ersetzt oder gar an den Einbau ganzer künstlicher Pumpensysteme denkt. Fortschrittlich ist aber auch, wer durch bessere Erziehung die Menschen veredeln, durch Gesetze den Egoismus beschränken und die sozialen Beziehungen regeln will. Hier überall *baut das Fortschrittliche auf dem*

62 Gerd-Klaus Kaltenbrunner, in: Herder-Bücherei, Initiative 9, Freiburg, sowie in »Die Industrie«, Wien, 20. 6. 1975.
63 Arnold Gehlen, Einblicke, Frankfurt 1975.

Konservativen auf und benötigt es zu seiner unabdingbaren Voraussetzung.

Die Idee des »Fortschritts« ist übrigens geschichtlich neu. Deutlich tritt sie erst am Beginn der Neuzeit im Zusammenhang mit der naturwissenschaftlich-technisch-industriellen Entwicklung in Erscheinung. Nun erst blickt man in die Zukunft, erhält die Zukunft gegenüber der Vergangenheit eine positive Bewertung, und nun erst wird auch von »Entwicklung« gesprochen. Hingegen war in früheren Geschichtsepochen die Zukunft negativ, die Vergangenheit positiv bewertet. Man glaubte in ein goldenes Zeitalter oder in einen paradiesischen Zustand zurückschauen und sich zurücksehnen, Gegenwart und Zukunft aber als Verfallserscheinungen bewerten zu müssen, weil man in der Vergangenheit die Herrschaft des Geistig-Kosmischen, in der Gegenwart und Zukunft die zunehmende Herrschaft des Irdisch-Materiellen zu sehen meinte. Erst als man sich am Beginn der Neuzeit im Irdisch-Materiellen gut einzurichten begann, erkannte man die ungeheuren Möglichkeiten, die sich aus einer Beherrschung dieses Irdisch-Materiellen ergeben konnten. Damit begann der Glaube an die Machbarkeit, die Entwicklung und den Fortschritt, der seither unser wissenschaftliches Denken, so im Darwinismus, und politisches Wollen, so im Wohlfahrtsstaat, kennzeichnet. Weil wir Menschen jedoch weder die Welt noch uns selbst geschaffen haben, muß alles menschliche *Fortschrittswollen* das schöpfungsgemäß vorgegebene Sein von Weltall und Mensch ehrfurchtsvoll beachten, also zugleich auch *konservativ* sein. Das lehrt uns heute nicht zuletzt der Naturschutzgedanke.

Der *Reaktionär* ist der Gegenpol zum *Fortschrittlichen.* Er will nicht nur, wie der Konservative, die Seinsgrundlagen von Weltall und Menschheit beachten, sondern auch geschichtlich gewordene, von Menschen erzeugte und insofern zufällige und relative Gegebenheiten in starrer Weise festhalten.

Wie der Reaktionär der Gegenpol zum Fortschrittler, so ist der *Revolutionär* der Gegenpol zum *Konservativen.* Er möchte – sofern er nur könnte – alles Bestehende beseitigen, um seiner ideologischen Dogmatik gemäß aus dem Chaos ein neues Weltall und eine neue Menschheit zu schaffen. Er ist vom Haß gegen alles Seiende erfüllt. Er leidet an sich selbst und am Leben, sieht aber den Grund für diese Unlustgefühle in der Umwelt. Daher möchte er die bestehenden »gesellschaftlichen Verhältnisse« beseitigen, weil er sich schon dadurch eine wesentliche Entlastung von seinen Unlustgefühlen verspricht. Über dasjenige, was aus dem Chaos als eine neue Ordnung entstehen soll, denkt er kaum nach, da ihn allein schon die Chaotisierung der gegenwärtigen Ordnung seelisch entlasten und seinen Zerstörungsdrang befriedigen würde. Sachgemäße politische Gespräche oder gar Versuche einer Widerlegung müssen ergebnislos verlaufen. Denn die wahren Wurzeln der revolutionären »Chaoten« liegen im Bereich der Psychoanalyse, wenn nicht gar der Psychiatrie. Statt zu diskutieren, müßte man zu heilen versuchen.

Geistesgeschichtlich betrachtet, ist der Spätmarxismus, der sich so sehr »avantgardistisch« gibt, lediglich eine Fortsetzung der bürgerlichen Aufklärung des 18. und 19. Jahrhunderts. Aber »Aufklärung«, auch wenn sie irrt, ist doch auch nützlich. Einmal mußten die Menschen aus dem christlichen, aristotelisch-thomistischen Weltbild herausgerissen werden, nicht weil dieses falsch war, sondern weil es zur Routine erstarrte. Offenbar mußte einmal der Schritt vom »Geist« zur »Materie« getan und dem Irdisch-Materiellen alle Aufmerksamkeit zugewandt werden. Der Schritt von Hegel zu Marx war wohl unvermeidlich. Was jedoch einst »avantgardistisch« war, ist heute »reaktionär«, denn längst ist es an der Zeit – demnach fortschrittlich –, auf neuer Ebene jetzt den Geist als das wahrhaft Wirkende in Natur, Geschichte, Weltall wiederzufinden. Die geistige Erneuerung war auch das Hauptanliegen des großen Soziologen und Philosophen Max Scheler, bis in der Frankfurter Schule und insbesondere durch Max Horkheimer in reaktionärer Weise der Marxismus als verhüllte Sozialphilosophie erneuert wurde.

Horkheimer, Adorno und alle Spätmarxisten, die einst die »Neue Wahrheit« zu verkünden glaubten und heute angesichts der Erfahrungen im Osten resignieren, bedenken freilich nicht, wie viele gutgläubige jugendliche Hörer ihrer Vorlesungen und Leser ihrer Bücher sie in die Irre führten. Es ist recht bequem, für sich einen Irrtum einzusehen, ohne das Unheil zu bedenken, das man angerichtet hat. Vor allem Lehrer sollten sich ihrer diesbezüglichen Verantwortung stets bewußt bleiben.

Dem »ideologischen Gerechtigkeitsfanatismus« unserer Zeit entspricht es, daß man Menschen oder Institutionen zuerst moralisch disqualifizieren muß, ehe man versuchen kann, sie zu vernichten. So ergeht es heute dem »Unternehmer« und dem »Privatbesitz an Produktionsmitteln«[64]. Daß Unternehmer böse sind, weil auf Gewinn bedacht, und Privatbesitz verwerflich ist, weil dem Egoismus dienend, gilt heute so sehr als feststehend, daß man sich alle weiteren Argumente ersparen zu dürfen glaubt. Hingegen sind »Verstaatlichung« oder »Vergesellschaftung« »gut«; zunächst wohl deshalb, weil sie unserem Neidkomplex entgegenkommen. Staat und Gesellschaft kann man nämlich nicht beneiden, wenn man auch keineswegs glauben darf, nun selbst ein »Mitbesitzer« verstaatlichter Unternehmungen zu sein. Es genügt unserem Neid- und Gleichheitskomplex, daß kein anderer der Besitzer ist.

Vom Neidkomplex abgesehen, ändert sich durch Verstaatlichung in der Realität nichts oder eher im negativen Sinne. In Österreich z. B. sind etwa 70 Prozent des Kapitals – Schwerindustrie, Banken, Post, Eisenbahnen, Wälder, Salz- und Tabakmonopole – in Staatsbesitz, also weitgehend verbeamtet. Das mindert den unternehmerischen Elan und bedarf meist zusätzlicher Subventionen aus Steuergeldern. Aber auch die Situation der Arbeiter und Angestellten ist in verstaatlichten Betrieben oder gar bei absolutem Staatskapitalismus, wie z. B. in Rußland, schwierig; denn der Staat, der sonst als »Wahrer der Rechte« die Arbeitnehmer vor Übergriffen der Arbeitgeber schützen kann, ist jetzt selbst Arbeitgeber. Es gibt also keine Rekursmöglichkeiten, zumal auch das Rechtswesen der Ideologie der Staatsdiktatur unterliegt. Nur in pluralistischen Demokratien können die Gewerkschaften sich der Sache der Arbeitnehmer gegenüber dem mächtigen Arbeitgeber »Staat« annehmen, sofern sie nicht auch selbst eigene Unternehmer-Interessen haben.

In dieser Hinsicht drohen nun aber gerade in den westlichen Demokratien seitens der Gewerkschaften bestimmte Gefahren, die sich einerseits für das Gedeihen des Betriebes, andererseits für

64 Vgl. H. Chr. Röglin, Unternehmer in Deutschland, Vivisektion einer Elite, Düsseldorf 1974.

die Rechte der Arbeitnehmer negativ auswirken. Wir meinen das Problem der Mitbestimmung und des Mitbesitzens. Daß eine mündig gewordene, verantwortungsbewußte, mit dem nötigen Sachverstand ausgerüstete, also wahrhaft gebildete Arbeitnehmerschaft in geeigneter Form im eigenen Betrieb mitbestimmen soll, ist unbestritten und wird in vielen Betrieben bereits praktiziert. Wogegen man sich jedoch zu Recht wehrt, ist eine Handhabung dieser Angelegenheiten durch betriebsfremde Gewerkschaftsfunktionäre, weil dies auf eine weitgehende Entmündigung der Arbeitnehmer und auf die Etablierung neuer Machtschichten hinausläuft. Hier ist also wieder eine Wort- und Begriffsklärung dringend nötig[65].

Die Verdienste der Gewerkschaften in der Vergangenheit sind dabei unbestritten. Heute jedoch leben wir in Situationen, die denen früherer Zeiten genau entgegengesetzt sind, wodurch auch die Gewerkschaften in neue, keineswegs gute Rollen gedrängt werden. Es ist die Kumulation der Macht, die sich über alle mitmenschlichen Gesichtspunkte hinwegsetzt. Peter Lindemann meint: »Die politischen Pressionen Klunkers sind allenthalben bekannt. Was sich die ÖTV, die Deutsche Postgewerkschaft, die Gewerkschaft der Eisenbahnen geleistet haben, kann schon als politische Erpressung bezeichnet werden. Sie haben es geschafft, in wenigen Jahren die Personalkosten des öffentlichen Dienstes und der Bundesunternehmen so hoch zu schrauben, daß die Investitionsetats einen immer kleineren Anteil ausmachen und trotzdem die Schulden wachsen... Gemäß den Untersuchungen des Allensbacher Instituts vertraten 65 Prozent der Befragten die Ansicht, daß die Gewerkschaften nach immer mehr Macht streben, 48 Prozent trauten den Gewerkschaften die Macht zu, die Wirtschaft lahmzulegen, wenn sie wollen. In bezug auf die Mitbestimmung sind 75 Prozent der Arbeitnehmer der Ansicht, daß nur Betriebsangehörige und keine Gewerkschaftsvertreter im Aufsichtsrat sein sollen.«[66]

65 Vgl. dazu O. Schatz, Auf dem Weg zur hörigen Gesellschaft, Graz. – Die Gewerkschaften als überstaatliche Machtfaktoren hat analysiert J. Eick, Wie man eine Volkswirtschaft ruinieren kann, Frankfurt 1974.

66 Vgl. Peter Lindemann, Die Arbeitswelt von morgen, Stuttgart 1975.

Trotzdem wird die überbetriebliche *Funktionärsherrschaft* mit dem Gedanken erstrebt, die Arbeiter sind zu dumm, um ihre Interessen selbst zu erkennen und zu vertreten, wir als selbsternannte Besserwisser müssen statt dessen die »Avantgardisten ihrer schlummernden Interessen« sein.

Aber möge man immerhin unter der Überschrift »Gerechtigkeit« und »Gleichheit« die Einkommens- und Besitzverhältnisse der Menschen weitgehend »sozialisieren«, um die also Entmachteten und Egalisierten dann um so mehr beherrschen zu können: Die »Sozialisierung« bzw. »Enteignung« des Innersten im Menschen, seiner Gedanken, Gefühle, Werte, sollte man unterlassen. Und doch wird, seltsamerweise, in den Diktaturen gerade die Enteignung des »Ich« am unerbittlichsten betrieben. Man scheint dort heute weitaus eher geneigt, auf dem Gebiet der persönlichen Besitz- und Einkommensverhältnisse eine Liberalisierung zu gestatten – nur das Denken soll weiterhin kontrolliert und kollektiviert bleiben. Die Keime zu dieser Haltung sind bereits bei Karl Marx deutlich zu bemerken. Jenseits seiner wirtschaftlichen Erwägungen ist überall die absolute Unduldsamkeit des Ideologen zu bemerken. Nur dadurch konnte er zum »Kirchenvater« der modernen Diktaturen werden[67].

Eine besondere Form der Egalisierung, Sozialisierung und Enteignung vollzieht sich heute still und unbemerkt durch die »Inflation«[68]. Wer sich durch Fleiß und Bescheidenheit etwas an Sparrücklagen schaffen konnte, die ihm eine gewisse Unabhängigkeit gegenüber Staat, Gesellschaft und Gewerkschaft – oder wie die »Großen Brüder«, die uns kontrollieren, heißen mögen – garantieren, wird durch die Inflation enteignet und in die Abhängigkeit zurückgestoßen. Obgleich lautstark bedauert, scheint die Inflation gerade jenen Mächten willkommen zu sein, die die Menschen direkt in ökonomischer, indirekt auch in geistig-kultureller Abhängigkeit erhalten, also letztlich zur Unmündigkeit verdammen wollen. Die Unterstützungs-, Lohn- und Gehaltsempfänger werden auf alle Fälle weiterhin auf dem Wege der Notenpresse versorgt. Auch ein plötzlicher Umtausch der alten

67 Vgl. R. Hauser, Verantwortung – Betrachtungen über das Wesen des Menschen, Wien.

68 Vgl. Jürgen Eick, Wie man eine Volkswirtschaft ruinieren kann, Ffm. 1974.

gegen die neue Währung (z. B. 1:10 oder 1:100 oder mehr) ist auf dieser Ebene keine Katastrophe. Wohl aber auf der Ebene der persönlichen Unabhängigkeit, indem dadurch schlagartig ein Großteil der Bevölkerung »proletarisiert« wird. Man wird also wohl nie erwarten dürfen, daß linke Kreise – und vielleicht auch Gewerkschaften –, denen der unabhängige Mensch ein Greuel ist, sich gegen die Inflation wehren werden[69].

Besondere Gefahren bilden die Perversionen der Begriffe »Eigennutz« und »Gewinn«. Ist man nicht sehr wachsam, so sind sie geeignet, unser gesamtes gesellschaftliches Leben zu mißdeuten und zu vergiften. Ist es wirklich wahr, daß unsere Lehrer, Richter, Rechtsanwälte, Ärzte lediglich des Gewinnes wegen ihren Beruf ausüben? Ist da nicht doch neben der zweifellos mitschwingenden Freude am »Einkommen« das Primäre die Freude am Beruf, an der Leistung, im besonderen, wenn es sich darum handelt, Menschen zu heilen, zu erziehen, ihnen zu ihrem Recht oder zu einem Arbeitsplatz zu verhelfen?

Auch für den wahren, und das ist der schöpferische Unternehmer, steht die Leistung, nicht jedoch der Gewinn im Vordergrund, obgleich selbstverständlich der Gewinn zur Ermöglichung von Investitionen durchaus nötig ist. Auch der Besitz oder Nicht-Besitz an den Produktionsmitteln, am Kapital, sollte nicht überbewertet werden. Allerdings zeigt die Erfahrung, daß die »Öffentliche Hand« oft recht sorglos mit den ihr anvertrauten Steuergeldern umgeht, wie die vielen sensationellen Fehlplanungen der letzten Zeit zu beweisen scheinen. Begreiflich: Der fehlplanende Unternehmer riskiert seine wirtschaftliche Existenz, der unkündbare Vertreter der »Öffentlichen Hand« nicht, zumal bei der Vielfalt der Kompetenzen der »Schuldige« gar nicht eindeutig festzustellen ist.

Als besonders verwerflich gilt auch ein Wort, das in früheren Zeiten bei Päpsten, Kaisern und Königen in höchstem Ansehen stand: »Macht«. Die Spätmarxisten sehen in der ganzen Menschheitsgeschichte und in allen sozialen Strukturen ausschließlich Machtverhältnisse widergespiegelt. Für materialistische Geistleugner ist das auch gar nicht anders zu erwarten; denn nur, wer

69 Vgl. Helmut Schoeck, Umverteilung als Klassenkampf, Osnabrück 1974.

in der Geschichte in erster Linie die Geist-, Führungs- und Sinn-Verhältnisse zu erblicken vermag, wird in Priestern und Fürsten früherer Zeiten, in Professoren und Lehrern und schließlich in Vätern und Müttern, Managern und der Belegschaft in der heutigen Zeit in erster Linie nicht Machtfaktoren, sondern Führungsfaktoren erblicken, die dem Nutzen der von ihnen Geführten, Betreuten, Regierten dienen. Wahrhaft erwachsene, beziehungsweise wahrhaft mündige Völker sollten heute solche Führung freilich nicht mehr benötigen, was nicht besagt, daß sie das zu ihrer Entwicklung nicht einst sehr benötigten.

»Sozial« ist das große Modewort unserer Epoche, und niemand möchte auch nur im entferntesten in den Verdacht kommen, vielleicht unsozial zu sein. In solchen Verdacht kommt aber schon, wer darauf aufmerksam macht, daß bloßes Wohlstands- und Versorgungsdenken dem Menschen weitgehend eigene Verantwortlichkeiten und Lebensrisiken abnimmt und ihn dadurch in seinem Menschsein schwächt, ja vielleicht sogar korrumpiert. Im Anschluß an die drei Ideale der Französischen Revolution könnte man »sozial« wohl am besten mit »brüderlich« übersetzen. Brüderlich verhalte ich mich, wenn ich um meines »Nächsten« Bestes bemüht bin. Um aber zu wissen, was das für das Menschsein wahrhaft »Beste« ist, müßte ich erst genau wissen, was eigentlich ein »Mensch« ist.

Ist nämlich, wie Marx im Sinne des Materialismus des 19. Jahrhunderts verkündigt, ein »Mensch« lediglich das biologische, um nicht zu sagen das zoologische Produkt der Vererbung, beziehungsweise des gesellschaftlichen Kollektivs, dann ist es wohl das beste, ihn im Sinne von Termiten- oder Ameisenstaaten zu verwalten und zu versorgen. Dann sind wir offenbar um so »sozialer«, je weniger wir uns voneinander unterscheiden, je automatenhafter wir denken und handeln, also je ich-loser wir sind.

Betont man jedoch, daß die Persönlichkeit eines Menschen sich meist nur in der Auseinandersetzung mit Mühen, Entbehrungen, Leiden, besonders aber im Betätigen von Eigenverantwortung und Eigeninitiative entfalten kann und daß vor allem Kinder und Jugendliche in diesem Sinne erzogen werden müßten, dann wird man sich nur allzu leicht den Vorwurf des »asozialen« zuziehen. Welch politische Partei könnte sich einen solchen Vorwurf im Hinblick auf die Wahlen leisten? So scheinen wir gezwungen, gegen besseres Wissen die wahrhaft brüderliche Haltung zu verleugnen, um nicht jeden Einfluß auf das öffentliche Leben einzubüßen.

Die Situation in den skandinavischen Ländern, die bisher für den Sozialismus als vorbildlich gelten, analysiert H. Chr. Hansen. Er schreibt: »Was kommt nach der Wohlfahrt? – Noch vor wenigen Jahren setzte die Steuerprogression dort ein, wo die Einkommen der privilegierten Minderheit begannen. Heute muß selbst ein Facharbeiter mit Durchschnittslohn Grenzsteuersätze von 50 bis 60 Prozent und mehr hinnehmen. Das System büßt an Klarheit ein. Der Staat nimmt nicht mehr nur von den Reichen, um an die Armen zu geben, sondern er nimmt von allen, um alle mit Dienstleistungen zu versorgen. Die Einschränkung der persönlichen Freiheit liegt nicht in einem direkten Eingriff, sondern in dem großen Anteil des Einkommens, der erst einmal an die Staatskasse fließt, bevor er für Zwecke gebraucht wird, die nicht der einzelne bestimmt, sondern das Kollektiv. Man wird mit Leistungen versorgt, die zwar an sich nützlich sind, um die man aber nicht gebeten hat und die man nicht unbedingt braucht. Die Vorstellung, daß der Zuwachs des öffentlichen Sektors für die Wähler mit dem sozialen Fortschritt nicht mehr identisch ist, bricht mit den ideologischen Selbstverständlichkeiten vieler Jahrzehnte.«[70]

Ja, die Frage ist heute ganz entscheidend: »Was kommt nach der Wohlfahrt« – oder besser: Was kommt nach einem System der totalen Entmündigung der Menschen innerhalb einer totalen Verwaltung, wobei überdies der Verwaltungsapparat einen erheblichen Teil des Sozialprodukts verzehrt und schließlich vor dem Bankrott steht? – Offenbar das Gegenteil des entmündigten, untertänigen und verwalteten Menschen, – der mündige Staats- und Wirtschaftsbürger, der möglichst viele Belange seines Lebens wieder in die Selbstverwaltung und Selbstverantwortung nehmen möchte. Denn nur dadurch unterscheidet sich der Mensch vom bestens versorgten »Stallvieh«. Wird das Abendland eine solche Wendung zu einer neuen Selbstfindung antikollektivistischer und unbürokratischer Individualität nehmen?

70 H. Chr. Hansen, in: Deutsche Zeitung, 31. 1. 1975.

Kapitel 10

Angriff auf alles Elitäre

Vergessene Werte

Auf die undifferenzierenden und daher ideologischen Gleichmacher unserer Epoche wirken die Ausdrücke »elitär« oder »Elite« wie ein rotes Tuch. Wollen sie doch alle Unterschiede zwischen den Menschen möglichst egalisieren (gleichmachen), um sich dann selbst ohne theoretische und praktische Legitimation als (elitäre) Führungsschicht zu gebärden.

Aber besteht überhaupt Grund, mit dem Ausdruck »Elite« so etwas wie »anmaßende Überlegenheitsgefühle« einer herrschsüchtigen Minderheit über eine unterdrückte Mehrheit« zu verbinden? Schauen wir in alte Zeiten zurück, so sind hier Eliten die Minderheiten ausgezeichnet-tapferer und todesmutiger Kämpfer, die aus dem übrigen Heere auserwählt und in die vordersten Schlachtreihen eingeordnet wurden, wenn sie nicht gar allein ausersehen waren, mit dem überlegenen Feind zu kämpfen. Im selben Sinne waren in früheren Zeiten nur die Freien oder gar nur der Adel kriegsdienstwürdig. In der vordersten Linie zu kämpfen und zu fallen, war die ausgezeichnete (elitäre) Ehre der germanischen Heerkönige. Diese mußten sogar bereit sein, sich der Gottheit zu opfern, um nach verlorener Schlacht das Glück für die Zukunft zu wenden.

Solche Gesichtspunkte sind freilich unserer Zeit weitgehend unverständlich. Man sieht im »Elitären« Vorrechte des Genusses und Wohllebens und kann nicht begreifen, daß die Bereitschaft, sich zu exponieren, Mühen auf sich zu nehmen, in vorderster Linie für das menschenwürdige Zusammenleben zu kämpfen, der Sinn alles »Elitären« war – und auch noch heute sein müßte.

Der Einsatz des eigenen Lebens muß aber freilich nicht nur die Bereitschaft zum physischen Tode sein, er kann sich auch auf anderen Ebenen vollziehen, gemäß den Einsichten Goethes, der die Lasten seiner elitären und damit auch staatsmännischen Position in Weimar folgendermaßen formulierte:

»Der kann sich jeden Wunsch gewähren,
der kalt sich selbst und seinem Willen lebt.
Allein, wer andere wohl zu leiten strebt,
muß fähig sein, viel zu entbehren«

und, können wir hinzufügen: Er wird auch von den übrigen Menschen in seiner elitären, das heißt führenden Position, nur solange anerkannt werden, als er eben diesen Prinzipien treu bleibt.

Versteht man das »Elitäre« in diesem Sinne, so werden sich wohl nicht sehr viele Menschen danach drängen, selbst einer »Elite« anzugehören, weil die Bequemlichkeit dem asketischen Anspruch der Elite entgegensteht. Sobald jedoch ein gesellschaftlicher Zustand eintritt, in welchem man sich danach drängt, einer Elite anzugehören, ist das wohl schon ein Zeichen der Korruption solcher Eliten. Immer aber wird gelten: Wer, ohne an seine eigene Bequemlichkeit oder an seinen Vorteil zu denken, seinen Mitmenschen helfen, das Niveau des Wissens und Könnens erhöhen will, der ist allein schon deshalb »elitär«, weil solches selbstlose Mühen keineswegs eine allgemeinmenschliche Eigenschaft bildet. Daher hat das wahre Elitäre heute nichts mehr mit den üblichen Rang-, Standes- und Besitzverhältnissen zu tun, es kann also jeder Arbeitende, der seine Aufgaben treu und sauber erfüllt, den Anspruch erheben, »Elite« zu sein.

Das »Elitäre« in diesem schöpferischen, ja sogar aufopfernden Sinne ist jedenfalls selten. Sollte man es also nicht überall, auch in der Wirtschaftsplanung, im Management sorgfältig pflegen, statt es zu disqualifizieren und durch anonyme Apparatschiks zu ersetzen?

Damit ist wohl der Begriff »elitär« vor Mißverständnissen genügend abgesichert, und ich kann mich dem konkreten geschichtlichen Umbruch zuwenden, der heute die bisher tragende elitäre Schicht zu bedrohen scheint.

Wenn eine Geschichtsepoche, die zugleich eine Bewußtseinsepoche ist und von einer bestimmten sozialen Schicht getragen wird, ihrem Ende entgegengeht, ergibt sich allerorts eine Merkwürdigkeit zu beobachten: Ihr Untergang wird nämlich gar nicht in erster Linie von den revolutionären Gegnern, die sich als Repräsentanten des Kommenden ausgeben, bewirkt. Es sind vielmehr die Repräsentanten, also die Eliten, der scheinbar oder wirklich zum Untergang bestimmten Epoche selber, die diesen Untergang dadurch beschleunigen, daß sie an sich selbst zweifeln und dadurch den revolutionären Kräften in die Hände arbeiten. In diesem Sinne hat der Adel zur Zeit Ludwigs XVI. die »Aufklärung« gefördert und in selbstzerstörerischer Weise durch eine zynische Denkweise seine soziale Stellung untergraben. Bevorrechtete Menschengruppen werden nämlich vom »Volk« meist nur solange als Führer anerkannt, als sie mit ihren Rechten hohe Pflichten verbinden und ein vorbildliches Leben führen. Sonst haben sie selbst ihre Existenzberechtigung annulliert, und ihre äußere Vernichtung ist nur der Ausdruck ihrer inneren Selbstpreisgabe[71].

Das scheint sich heute mit der tragenden Bevölkerungsschicht, die wir zum Unterschied von Adel und Geistlichkeit das »Bürgertum« nennen, nunmehr zu ereignen. Seit dem Beginn der Neuzeit, insbesondere seit der Mitte des 19. Jahrhunderts, gehören dem Bürgertum alle die Menschen an, die als Forscher, Konstrukteure, Biologen, Ärzte, Lehrer und Unternehmer unsere Epoche prägten und die Wohlstands-, Versicherungs- und Konsumgesellschaft aufbauten. Denn Muskelkraft und Fleiß der einfachen Arbeiter allein sind nur fähig, den Grad des heutigen Wohlstandes für sich und alle zu erzeugen, sofern diese Kräfte von einer intelligenten Leistungsschicht gesteuert werden; denn diese Leistungselite erdachte und konstruierte zuallererst die Maschinen und Organisationen, wodurch menschliche Arbeitskraft zu so hohen, niemals früher dagewesenen Graden der Effizienz gesteigert werden konnte.

Was beispielsweise ein Arbeiter von Hand pro Tag an Holz behobeln kann, liegt fest, alles darüber Hinausliegende und selbst heute immer noch weiter Steigerbare ermöglichen nur die

71 Vgl. Hans Habe, Begeht der Westen Selbstmord?, in »Die Welt« vom 9. 11. 1974; R. Affemann, Krank an der Gesellschaft, Stuttgart 1973; besonders J. Eick, Wie man eine Volkswirtschaft ruinieren kann, Frankfurt 1974.

Maschinen, die uns Intelligenz und Unternehmergeist einer Leistungselite zur Verfügung stellen.

Seit dem Ende des Zweiten Weltkrieges hat sich nun dieses Bürgertum in einzigartiger Weise verunsichern lassen und selbst verunsichert. Obgleich es der Träger allen Fortschritts war, ließ es sich doch als rückschrittlich beschimpfen. Obgleich in Wahrheit alles darauf ankommt, den Zusammenhang mit der Vergangenheit und den großen kulturellen Wurzeln des christlichen Abendlandes zu bewahren, ließ es dieses Bürgertum, gegen besseres Wissen, doch zu, daß der Ausdruck »konservativ« zu einem Schimpfwort wurde.

Zahllose Schriftsteller, die freilich nicht der Arbeiterschaft, die um den Aufstieg ins Bürgertum bemüht ist, sondern der bürgerlichen »Intelligenz« angehören, schreiben über Arbeiter, die Arbeiterbewegung, über Arbeiterunterdrückung und Arbeiterbefreiung – mit Recht, denn die Arbeiterschaft selbst konnte ihre Geschichte und ihr Wesen selbst nie artikulieren. Es mußte sich ihrer die bürgerliche Intelligenz annehmen. Aber dadurch entstand der fehlerhafte Eindruck, die Entwicklung der modernen Industrie-, Konsum- und Wohlstandsgesellschaft sei allein den einfachen Arbeitern zu verdanken. Sie selbst freilich glaubten das niemals, es wurde ihnen von der bürgerlichen Intelligenz suggeriert. Das war um so leichter, als wir in Büchern und Zeitschriften selten etwas über die Leistungen von Forschern und Ingenieuren und schon gar nicht von Unternehmern lesen.

So konnte es geschehen, daß der »Unternehmer«, ohne dies zunächst zu bemerken, zum »allerschwärzesten Schaf« der modernen Gesellschaft umfunktioniert wurde und es auch von breiten Bevölkerungsteilen wirklich geglaubt wird. Einzig und allein Herrsch- und Gewinnsucht bestimmen – meint man – das Bild. – Lassen wir die Vergangenheit, wo dies teilweise zutraf, wenngleich auch dadurch die rasche Kapitalisierung und Industrialisierung, deren Früchte wir heute genießen, gefördert wurde. Heute aber ist dieses Bild total abwegig. Der führenden Unternehmerschaft werden vielmehr heute durchaus ihre sozialen Aufgaben, z. B. in der Beschaffung neuer und besserer Arbeitsplätze, in der Heranbildung eines fähigen Nachwuchses, in der finanziellen Unterstützung gemeinnütziger Vorhaben bewußt. Man macht sich sehr ernsthaft Gedanken über die Verantwortung gegenüber der Gesellschaft. Leider bleibt dieses Bemühen im engen Kreise der Fachpresse. Nach außen dringt wenig, wohl weil es begabte Schriftsteller vermeiden, dieses »Heiße Eisen« anzufassen. Da kann man schon viel mehr Ehre einlegen mit Büchern über das »Proletariat«, obgleich es heute diese Schicht nicht mehr gibt und der einstige Proletarier selbst es durchaus erstrebt, Bürger, ja Wohlstandsbürger zu sein und auch in einer solchen sozialen Geltung zu stehen. Die Spätmarxisten freilich halten diesen proletarischen Anflug zur Bürgerlichkeit für ein »entfremdetes Bewußtsein«, weil es die revolutionäre Stoßkraft schwächt, von deren Wirkung man für sich selbst die Herrschaft erhofft.

Eine Verirrung und Verwirrung, die mit großen Gefahren verbunden ist, liegt vor, wenn die Unterschiede zwischen privat- und staatswirtschaftlichen Unternehmen in der Weise angenommen werden, daß in der Privatwirtschaft die Gewinnmaximierung an erster und die Bedürfnisbefriedigung an zweiter Stelle steht. In der Staats-, Länder- und Gemeindewirtschaft hingegen sei die Bedürfnisbefriedigung das Primäre gegenüber Rentabilität und Gewinnmaximierung. Das ist jedoch Schein, denn Staats-, Landes- und Gemeindebetriebe können nur deshalb gegen Gewinne scheinbar gleichgültig sein und das »selbstlose« soziale Element in den Vordergrund stellen, im Grenzfall sogar den »Nulltarif« und die »Gratisschulbücher«, weil sie auf Steuereingänge zurückgreifen können. Der scheinbare Unterschied ist also nur folgender: Für die Leistungen und Investitionen der Privatindustrie müssen die Konsumenten gleich unmittelbar die entsprechenden Zahlungen leisten, während bei den öffentlichen Betrieben diese Zahlungen mittelbar über die Steuern und oft noch in gesteigerter Form erfolgen, weil öffentliche Betriebe zumeist an einer Überbesetzung mit Angestellten und Beamten leiden[72].

Dennoch ist heute der Privatbetrieb die Zielscheibe sozialer Kritik, weil er dem Neidfaktor scheinbar offene Angriffsflächen bietet. Zugegeben: Der Privatunternehmer ist um seines Gewinns, aber auch um seines Überlebens willen, woran zugleich die Ar-

72 Walter Thoms, Die Zukunft der Unternehmung. Stuttg. 1975; ders., Die Überwindung des Kapitalismus in der industriellen Arbeitswelt, in »Polarität als Weltgesetz und Lebensprinzip«, Mannheim 1974.

beitsplätze hängen, daran interessiert, die Wünsche der Konsumenten zu erfüllen. Nicht so sicher ist dies hinsichtlich der Zeitarbeiten in öffentlichen Unternehmungen. Als unkündbare Gehalts- und Pensionsempfänger können ihnen die Bedürfnisse der Konsumenten weitgehend gleichgültig sein, wenn sie nicht gar der Meinung sind, sie selbst hätten darüber zu befinden, was der Konsument »bedürfe« oder »nicht bedürfe«. Die Mangelversorgung in den sozialistischen Staatshandelsländern bestätigt vollauf diese Auffassung.

Ein erfahrener Autor schreibt: »Die den Unternehmern angedichtete Wirtschaftsgesinnung ist boshaft verzeichnet. Nicht Profitstreben und kalte Ausnutzung egoistischer Möglichkeiten stehen im Vordergrund, sondern das Sich-der-Gemeinschaft-und den-Arbeitnehmern-verpflichtet-Fühlen. Wer das bezweifelt, möge durch die Lande ziehen und eine Bestandsaufnahme der Sorgen der Unternehmer machen. Ich habe das getan und dabei festgestellt, daß folgender Tenor vorherrscht: Wenn das so weitergeht, können wir unsere Leute nicht mehr halten. Was meinen Sie, wie wir von einem auf den anderen Tag hoffen, daß Kündigungen in größerem Umfang nicht notwendig sein werden. – Zur Zeit leben viele Unternehmer aus der Substanz.«[73]

Aber nicht nur die Unternehmer, auch die Universitäten leiden am Understatement ihrer Leistungsfähigkeit, wodurch sie heute gleichfalls zu »schwarzen Schafen« umfunktioniert werden. Die deutschen Universitäten und technischen Hochschulen, die maßgebend an der Entwicklung der modernen Physik, Chemie, Technik, Medizin beteiligt waren und um die Jahrhundertwende in der ganzen Welt als vorbildlich galten, werden heute als »autoritär« und »jugendfeindlich« disqualifiziert. Die Jugend freilich, die eine »Umgestaltung« erstrebte, konnte nicht ahnen, welchen Kräften sie damit diente und wer die wahren Drahtzieher waren. Denn was die geplanten »Ordensburgen« für die Weltherrschaft des Nationalsozialismus, das sollten nunmehr die europäischen Hochschulen für den Marxismus werden: Kaderschulen zur Ausbildung einer revolutionären, den Weltkommunismus vorbereitenden Elite.

73 Peter Lindemann, Die Arbeitswelt von morgen, Stuttgart 1975.

Um aber soweit zu kommen, mußte man erst das Selbstverständnis der Hochschullehrer verunsichern. Erst mußten sich die Träger altbewährter Einrichtungen selbst »schuldig« fühlen, um ihnen dann aufgrund ihres »schlechten Gewissens« die geplanten Neuordnungen abverlangen zu können. Eine geschickte Presse vermochte überdies dem ganzen Volke einzureden, seine Hochschulen seien überaltert, schlecht, autoritär, jugendfeindlich. Kaum jemand erhob sich dagegen, vor allem nicht die unmittelbar Betroffenen, nämlich die Hochschullehrer. Hatten sie jedes Gefühl ihrer kulturellen Bedeutung eingebüßt? Waren sie wirklich nur mehr »Fachidioten«, nicht mehr selbstbewußte geistige Führungseliten?

Kaum jemals ist gefragt worden: In welchem marxistischen Ministerium würde wohl ein Minister darüber – notfalls bis herab zur Putzfrau – abstimmen lassen, welche Verordnungen er erlassen solle? Aber der Ordinarius, etwa eines physikalischen Instituts, soll sich unter Einbeziehung der Studenten und des Hilfspersonals einer »demokratischen« Abstimmung darüber unterwerfen, welches Forschungsprogramm zu verwirklichen ist oder wen er als geeigneten Fachmann für seine Nachfolge hält. Jetzt, wo sich diese Hochschulreformen auszuwirken beginnen, wird auch klar, daß diese Reformen ganz andere Ziele hatten als vorgegeben wurde. Weltbekannte Forscher haben dessentwillen die deutschen Hochschulen bereits verlassen[74].

Nachdem die Hochschulen scheinbar in ihrer Funktionstüchtigkeit erledigt sind, kommen die Ärzte als eine der wenigen noch »freien« geistigen Eliten dran. Ehe man sie beseitigen und durch staatliche Beamte und Ambulatorien ersetzen kann, müssen sie moralisch disqualifiziert werden. Das Volk muß zur Meinung gelangen: »Die kümmern sich nur um ihre hohen Honorare. Die *behandeln* nur die Reichen und vernachlässigen die Armen. Die kollaborieren mit einer finanzkräftigen pharmazeutischen Industrie, die auch nur die Gewinne, nicht aber das Wohl der Patienten im Auge hat.« Folglich muß zum Wohle des »Volkes«, insbesondere der »Armen«, der gesamte Heilsektor verstaatlicht wer-

74 Vgl. dazu den ehemaligen Heidelberger, jetzt Grazer Ordinarius E. Topitsch, Wie links steht der Geist? Revolte der Halbgebildeten, Herder-Bücherei, »Initiative 3, Freiburg.

den. Dann hätte man wieder einmal einen wichtigen Sektor des menschlichen Lebens »in den Griff bekommen«, und es könnte überdies ein Heer neuer, gut bezahlter Beamten eingestellt werden – wobei sich die besten Plätze die radikalen Linken und funktionssüchtigen Technokraten sichern.

Weitere Beispiele feigen Zurückweichens des Bürgertums vor den Disqualifizierungen seiner Leistungen und Wertordnungen beziehen sich auf die Begriffe »Vater«, »Mutter«, »Familie«. Demgegenüber bedenke man, mit welcher Würde der »Vater« (pater familias) im römischen Recht ausgestattet war, oder daß ein »Rat der Alten« (Gerusia) als oberste Instanz die Geschicke Athens einst lenkte. Wohl war seit jeher die Jugend geneigt, das Alter zu verspotten, um die eigenen Minderwertigkeitsgefühle etwas zu kompensieren, und im selben Sinne machten sich seit jeher Schüler über ihre Lehrer lustig. Neu hingegen ist die Selbstpreisgabe, die sich heute der Väter, der Lehrer, der Alten selbst bemächtigt. Sie glauben selbst nicht mehr an ihre Würde und scheuen sich ängstlich, diese Würde irgendwie hervorzukehren. Vielleicht mit Recht – da sie sich heute zumeist wenig weisheits- und würdevoll benehmen.

Man will die Familie abschaffen, weil sie angeblich die Basis der kapitalistischen Gesellschaftsordnung und aller sonstigen Repressionen darstellt. Was darüber z. B. D. Haensch im Anschluß an Wilhelm Reich schreibt, könnte zum Lachen reizen, wenn es nicht so tragisch wäre[75].

Denn das sollte immer bedacht werden: Diese sozialen Positionen, Würden und Eliten sind – sofern sie sich recht verstehen – gar nicht um ihrer selbst willen da. Sie sollten vielmehr Vor- und Zielbilder für die heranwachsenden Menschen darstellen, also gleichsam »soziale Gerüste« bilden, welche der Entwicklung der kommenden Generation dienen. Eine Jugend nämlich, die, von verborgenen Drahtziehern aktiviert, die sozialen Strukturen und Ordnungsgefüge verspottet, schadet, ebenso wie der Patient, der nicht mehr die Autorität seines Arztes achtet, in erster Linie sich selbst; denn wie Goethe in seiner »Pädagogischen Provinz« ausführte: Ehrfurcht fördert am besten die Entwicklung eines Men-

75 Vgl. D. Haensch, Repressive Familienpolitik, rosex 8023.

schen. »Ehrfurcht vor dem, was über uns ist«, letztlich aber »Ehrfurcht vor uns selbst«, die uns zur wahren Selbstverwirklichung führen könnte.

»Ehrfurcht vor dem, was über uns ist« – damit berühren wir das wohl alarmierendste Beispiel der Selbstpreisgabe, das uns heute die sogenannten »Theologen« bieten. Die hier waltende Feigheit ist ebenso unübertrefflich wie unnötig. Es ist zunächst die Feigheit, die sich im Zurückweichen vor der modernen Naturwissenschaft bekundet und, im besonderen die Feigheit, die vor den Angriffen der radikalen Linken zurückweicht.

Dieser Prozeß reicht, wenigstens im Protestantismus, weit, bis ins 19. Jahrhundert, ja bis auf Luther zurück. Neuerdings kristallisiert er sich um den Namen Bultmann und um den Begriff »Entmythologisierung«. Die bedeutenden, tief ins Esoterisch-Spirituelle verweisenden Inhalte des Alten und Neuen Testaments seien, so sagt man, »uneigentlich« zu verstehen, weil sie andernfalls dem modernen Weltbild widersprächen.

Es ist dann nur verständlich, wenn Materialisten und Spätmarxisten die Theologen verspotten, weil diese einerseits die realen Inhalte der religiösen Dokumente als bloße »Mythen« beseitigen, andererseits aber an ihrer »Glaubensverkündigung« festhalten[76].

Dabei ist lediglich die naturwissenschaftliche und philosophische Unbildung der Theologen schuld, weshalb sie sich in die Angst, für unmodern und unwissenschaftlich zu gelten, hineintreiben und von den Aggressoren verunsichern lassen; denn nachdenkliche Physiker, z. B. Werner Heisenberg, wußten längst, daß ihr durch bestimmte Forschungsmethoden umgrenztes Weltbild nur einen kleinen Ausschnitt der Welt eröffnet und bereits gegenüber dem kleinsten Pflänzchen an seine Grenzen stößt. Denn schon hier ragen übermaterielle Welten – wenn auch noch in bescheidener Weise – in unsere Welt hinein. Es besteht demnach von seiten einer selbstkritischen Naturwissenschaft keinerlei Grund, irgendwelche in den überlieferten religiös-esoterischen Schriften – keineswegs nur des Christentums, sondern aller Völker – enthaltenen Berichte nicht ernst zu nehmen.

76 Vgl. Joachim Kahl, Das Elend des Christentums, rororo 1093, Reinbek.

Vielfach scheint dem Bürgertum auch der Mut zu fehlen, sich zu seiner eigenen großen Vergangenheit zu bekennen. Groß, das heißt, das Antlitz der Erde mitgestaltend, wenn auch keineswegs immer moralisch einwandfrei, war diese Vergangenheit auf alle Fälle. Hierher würde z. B. die kolonisatorische Erschließung der Erde durch Portugiesen, Spanier, Franzosen, Holländer und Engländer gehören. Dieses Zeitalter geht heute zu Ende, so wie es im 15. Jahrhundert begann. Man muß freilich die heutzutage unbequeme Frage stellen, ob nicht auch die Sowjetunion eine Kolonialmacht ist; denn sowohl Polen, Ungarn, Tschechoslowaken, wie Tataren, Usbeken, Kirgisen, Turkmenen, Jakuten, Esten, Litauer und Letten sind keine Russen. Aber dem Westen »Imperialismus« und »Kolonialismus« vorzuwerfen, für sich selbst aber die »Freie Demokratie« zu beanspruchen, gehört eben auch zu den Manövern der linken »Sprachregulierung«.

Gewiß, die Europäer haben die Kolonien merkantil ausgebeutet und dadurch die rasche wirtschaftliche Entwicklung Europas gefördert. Sie haben aber auch indirekt durch ihr Tun die auf primitivster Stufe lebenden Kolonialvölker erweckt und sie dadurch zur heutigen Selbständigkeit vorbereitet. Im Sprachengewirr Afrikas bilden noch heute Französisch und Englisch die einzig möglichen Bindeglieder. Überdies darf man wohl auch von einer »Pax Britannica« sprechen, obwohl nicht nur Engländer, sondern auch die übrigen Kolonisatoren für den Frieden zwischen den Stämmen und Völkern ihrer Imperien sorgten. Der Beweis hierfür wird heute erbracht: Kaum waren die Kolonialherren weg, als das Chaos zwischen feindlichen Familien und Stämmen losbrach. Den Afrikanern z. B. ist es bis heute noch nicht gelungen, Afrika wirtschaftlich und politisch so zu einigen, wie es unter den englischen, portugiesischen und französischen Imperien der Fall war.

Das wird noch deutlicher, wenn wir zu anderen »Imperien« übergehen. Gewiß, die Imperien Alexanders des Großen und der Römer waren Machtgebilde, die durch Eroberungen entstanden. Aber sie waren doch weitaus mehr: Indem viele Völker und Kulturen in einem Großreich vereinigt waren, wurden nicht nur neue wirtschaftliche, sondern auch neue geistige Möglichkeiten des Kulturaustausches eröffnet. Die antiken Kulturen des Hellenismus und des Romanismus sind hierfür Beispiele. Man darf also durchaus von einer Mission des Imperialismus sprechen, weil innerhalb eines Imperiums die egoistischen Strömungen der einzelnen Nationen und Völker abgebremst und einem Höheren dienstbar gemacht werden.

Hervorragende Beispiele des Imperialismus bietet auch das mittelalterliche Kaisertum und sein Ausläufer, die Habsburger Donaumonarchie. Beide waren echte Synthesen vielfacher Nationen und Völker im Dienste übernationaler, kultureller und wirtschaftlicher Entwicklungen. Als Bürger eines solchen Imperiums wurde jeder einzelne Mensch, aber auch jede Nation über sich selbst hinausgehoben und in ein größeres, bedeutungsvolleres Ganzes integriert. Erst die egozentrische Sturheit der Nationalismen hat diese eigentlich lebensfähigen Gebilde zerstört.

Ersatz hierfür soll in Zukunft – so hofft man im Kreml – das erdumspannende System des Marxismus-Leninismus mit seinem Schwerpunkt in Moskau sein. Aber dieses neue »Imperium« stände wohl solange im Zeichen des Antichrist im Sinne Dostojewskis, bis der russische Mensch seine tiefe Wesensneigung zum Esoterisch-Christlichen wiederentdeckt.

Kapitel 11

Gerechtigkeit und Gleichheit

Nivellierung kontra Privilegierung

Zu den zentralen Problemen unserer Zeit gehört die Durchsetzung von »Gerechtigkeit« und »Gleichheit«. Das tatsächliche oder angebliche Fehlen gerechter und gleicher Verhältnisse wird von sozialistischen und liberalistischen Strömungen zu einem Schwerpunkt des Angriffs auf unsere gegenwärtigen Gesellschaftsordnungen gemacht. Zumeist ist man sich jedoch hierbei nicht bewußt, daß Gerechtigkeit und Gleichheit in engster Verbindung mit der Idee der Menschlichkeit erstmals im Christentum – das man negiert – in Erscheinung getreten sind. Sittliche Verpflichtungen und Menschenrechte gab es nämlich in der vorchristlichen Zeit nur innerhalb der Familien, Sippen und Völker. Daher bedeutete es eine ungeheure Schockwirkung und in gewissem Sinne die Verneinung der ganzen alten Geschichte, als Jesus Christus im Gleichnis vom »Barmherzigen Samariter« uns in jedem Menschen, sogar im Angehörigen eines fremden, feindlichen Volkes, den »Nächsten«, den »Bruder«, eben schlechthin den »Menschen«, sehen lehrte.

Aber diese Gleichheit aller Menschen, eben als Menschen, bezog sich allein auf den Menschen als Träger einer unsterblichen und gotteskindschaftlichen Seele. Sobald man jedoch das Christentum beseitigt, ist es auch mit der Gleichheit aller Menschen zu Ende. Denn vom Gesichtspunkt der Vererbungslehre sind die Menschen, sowohl als einzelne wie als Völker und Rassen, eben ungeheuer verschieden. Gemäß diesen Verschiedenheiten ließen sich dann alle nur möglichen Formen der Unterdrückung und Ausbeutung rechtfertigen. Im biologischen Bereich geschieht das tatsächlich! Es wäre sogar gegen die Tötung Neugeborener beziehungsweise alter Menschen – wie sie bei vielen früheren Natur-

und Kulturvölkern üblich waren – vom Standpunkt der Biologie nichts einzuwenden.

Man kritisiert heutzutage die mangelnde Gleichheit vor allem hinsichtlich der Bildungschancen: Kinder aus gestörten Familien, denen es an der nötigen »Nestwärme« bzw. sprachlich-intellektuellen Anregung mangelt, seien später in Schule und Beruf schwer benachteiligt. Benachteiligt seien aber auch Landkinder gegenüber Stadtkindern sowie Kinder aus Arbeiterfamilien gegenüber solchen aus intellektuellen Berufen[77]. Zweifellos ist dies der Fall. Da es aber unmöglich sein dürfte, durch staatlichen Eingriff alle gestörten Familien zu sanieren und allen Kindern ein gehobenes sprachlich-kulturelles Elternhaus zu beschaffen, könnte man Chancengleichheit nur dadurch erreichen, daß man die Niveauschwelle nach unten senkt.

Da es aber auch dann noch gesunde und kranke, begabte und unbegabte, initiative und träge, interessierte und gleichgültige, fleißige und faule Menschen gäbe, wäre diesen angeblich »ungerechten« Ungleichheiten auch nur durch eine weitere Niveausenkung beizukommen. Freilich würden auch bei optimaler staatlich garantierter anfänglicher Start- und Chancengleichheit sich nach kurzer Zeit doch beträchtliche Niveauunterschiede der Menschen hinsichtlich der Bildung, der Berufe, des Besitzes, der Gesundheit und Leistungsfähigkeit wiederum ergeben, falls man nicht immer wieder aufs neue nach unten nivelliert, also nicht nur Besitz und Einkommen, sondern auch berufliche Stellung und Bildungsgrad »umverteilt«. – Tatsächlich scheint dies das Ziel der wiederholten »Kulturrevolutionen« in China zu sein, die das Entstehen einer elitären Führungsschicht verhindern wollen.

Aber die Menschen sind nicht nur höchst ungleich hinsichtlich ihrer biologischen Abstammung sowie hinsichtlich des menschlichen und kulturellen Niveaus ihrer Elternhäuser und Kinderstuben – sie sind vor allem ungleich durch den Grad dessen, was man früher das Gottesgeschenk genialer Begabung nannte. Diese Begabungen gehen quer durch alle sozialen Schichten und sie sind es auch allein, in denen der wahre Menschheitsfortschritt begründet liegt.

77 Vgl. Klassenkampf und Bildungsreform, Hrsg. G. K. Kaltenbrunner, Herder-Bücherei, Initiative Bd. 2, München 1967.

Beherrscht von einem Zwangsgedanken, daß »eigentlich« alle Menschen gleich geboren werden, also die so sehr verschiedenen späteren Lebensschicksale auf gesellschaftliche und finanzielle Verschiedenheiten ihrer Elternhäuser zurückzuführen sind, versucht man möglichst alle Kinder in die höheren Bildungswege und schließlich sogar in die Universitäten hinaufzukatapultieren. Vom Dogma der Chancengleichheit benommen, will man nicht sehen, daß man auf diesem Wege lediglich überfordert und schließlich unglückliche Menschen daraus werden läßt. Überdies liegt solchem Vorgehen eine beträchtliche Überschätzung desjenigen Bildungsweges zugrunde, der schließlich im Erlangen von Hochschuldiplomen gipfelt. Gewiß, die moderne Gesellschaft benötigt hochgezüchtete Intellektuelle – aber ist solcher Intellekt wirklich ein absoluter Bildungswert, so daß an ihm alle anderen, nicht-intellektuellen Lebens- und Berufsschicksale lediglich negativ bewertet werden müßten? Kann wirklich nur der Gelehrte, der Wissenschaftler, der Forscher ein erfülltes, glückliches Leben führen, so daß man tunlichst alle Menschen in diese intellektuellen Höhen (im Interesse »sozialer Gerechtigkeit«) hinaufziehen müßte? Sind hochqualifizierte Arbeiter in unseren Produktions-, Verkehrs- und Nachrichten-Systemen von der Chance zu einem erfüllten Leben ausgeschlossen? Müssen sie sich den »Akademikern« gegenüber als benachteiligt oder gar sozial disqualifiziert vorkommen? Ist nicht vielmehr umgekehrt ein guter Handwerker heute weitaus begehrter als ein Absolvent der Theater-, Zeitungs-, Sozial- und Politikwissenschaften?

Freilich sollte gerade auch den im späteren Beruf handwerklich tätigen Menschen eine volle Ausbildung in ihrem *Menschsein* während ihrer Kindheit und Jugend zuteil werden – aber sind unsere Hochschulen in ihrem gegenwärtigen Zustand der hierzu geeignete Weg? Erzeugen sie nicht meistens nur hochgezüchtete Intellektualität, die keineswegs mit wahrer Menschenbildung gleichgesetzt werden dürfte? Übertrifft nicht mancher Gebirgsbauer oder Dorfhandwerker im »Menschlichen« einen wissensstolzen Hochschulabsolventen beträchtlich?

Das geistige und menschliche Niveau des Elternhauses ist sicherlich für die Erweckung der kindlichen Begabung wichtig, obgleich große Begabungen sich auch unter ungünstigsten Startbedingungen durchsetzen. Es ist auch durchaus fraglich, ob nennenswerte Begabungen heute noch ungenutzt in den unteren Berufs-, Sozial- und Einkommensschichten verborgen ruhen. Sicher ist heute jedoch schon eines: Man schafft eine unglückliche Jugend, wenn man, gemäß dem Dogma der »Begabungsgleichheit«, hochgezüchtete intellektuelle Schulleistungen von Menschen erzwingt, deren Begabung auf ganz anderen Gebieten liegt.

Rußland, äußerlich dem marxistischen Gleichheitsdogma verpflichtet, beschreitet in der Realität wirklichkeitsnähere Wege: Über das ganze Riesenreich hinweg versucht man z. B. mathematische Begabungen möglichst frühzeitig herauszuspüren und maximal zu fördern, während man die Unbegabten eben andere Wege gehen läßt. Als eine der obersten Stufen für solche Begabungen kann dann die Forscher- und Gelehrtenstadt »Akademgorodok« gelten, in der eine ausgewählte Elite ihren letzten Schliff erhält. Scheinbar ist die Gleichheits- und Gerechtigkeits-Phrase gut für die politische Propaganda, für das fortschrittliche Gedeihen eines Riesenreiches benötigt man jedoch »Eliten«, die mit geeigneten Methoden aus der Masse herauszusieben sind[78].

Versteht man jedoch, wie es eigentlich nötig wäre, unter »elitär« nicht nur die hochgezüchtete Intelligenz, sondern die Fähigkeit, seine jeweiligen Aufgaben in sauberer, sachgemäßer, verantwortlicher Weise zu erfüllen, so sind auch alle manuelle Tätigkeiten potentiell Ausdrucksformen elitärer Schichtenzugehörigkeit, sofern sie diese Voraussetzungen erfüllen. Die geburtsbedingten Standesunterschiede sind heute nicht mehr zeitgemäß. Aber jedermann könnte heute ein »Aristokrat«, ein »Allerbester« sein, wenn er seine menschlichen, familiären und beruflichen Aufgaben bestmöglichst, pflichtbewußt, also »aristokratisch« erfüllt.

Eins ist freilich für alles menschliche Schöpfertum unabdinglich und bildet zugleich die Voraussetzung für die Erfolge eines breitgestreuten allgemeinen Unterrichts- und Bildungswesens, das sich bemüht, die »Klassenschranken« einzuebnen: Das »innere Feuer«, das sich in unermüdlichem Fleiß und nie erlahmendem Interesse bekundet. Das ist jedoch selten und läßt sich nicht »machen«. Daher die Enttäuschungen über die geringen Erfolge,

78 Vgl. dazu H. Portisch, So sah ich Sibirien, Wien 1967.

welche die Eröffnung der höheren Bildungswege für die Kinder aller sozialen Schichten erbrachten. Daher sind auch die sogenannten »Bildungsurlaube« wenig ergiebig. Gesellschaftliche Einebnungen und Umverteilungen finden eben ihre Grenzen im Wesen der Menschen selbst.

Auch die radikalsten Gleichmacher werden sich freilich vor einer »Umverteilung« der Gesundheitsverhältnisse scheuen, denn man wird wohl nicht gern die Gesunden, Enthaltsamen, Leistungsfähigen auf das Niveau derer herabdrücken wollen, die durch Nikotin- und Alkoholübergenuß oder durch Ausschweifungen und Rauschgift frühzeitiger selbstverschuldeter Invalidität verfallen. Da ist man schon eher bereit, die Verantwortungsbewußten für die Verantwortungslosen wenigstens arbeiten und zahlen zu lassen[79].

Nun soll immer richtig bleiben, daß wir dem Nächsten helfen, gemäß den Worten Gottes im Evangelium: »Was ihr dem Geringsten eurer Brüder habt getan, das habt ihr mir getan.« Aber diese Hilfetaten sind Taten der Liebe, die trotz aller Ungleichheiten getan werden. In diesem Sinne sollte sicherlich der Begabte dem Unbegabten, der Erfolgreiche dem Erfolglosen, der Gesunde dem Kranken helfen. Ja, wir sollten uns darüber hinaus auch noch derer annehmen, die aus Trägheit oder Lasterhaftigkeit sich selbst zugrunde richten. Aber wir sollten es vermeiden, in denjenigen, die an der Lichtseite des Lebens stehen, ein schlechtes Gewissen und Selbstvorwürfe gegenüber denjenigen zu züchten, die im Schatten der Erfolglosigkeit, der Minderbegabtheit und der Krankheit stehen. Denn nicht wir verwalten die Menschheitsschicksale, und so sind auch nicht wir daran schuld, daß, trotz aller Liebeshilfen, weiterhin viele schuldig oder schuldlos im Schatten stehen werden[80].

Achtet man freilich genauer auf den Unterton derjenigen, die im Namen der Humanität, der Gerechtigkeit und der Gleichheit die Fleißigen, Sparsamen, Unternehmensfreudigen enteignen und alle Eliten beseitigen wollen, so sind es primär Neid, Mißgunst,

79 Vgl. Christa Meves, Manipulierte Maßlosigkeit, Herder-Bücherei 401. Freiburg 1973.

80 Vgl. Herbert Schoeck, Ist Leistung unanständig? Osnabrück 1971.

Übelwollen, Haß der »Schlechtweggekommenen« (Nietzsche), die in erster Linie zerstören, berauben, einebnen wollen. Mögen am Beginn und als Ursache von Revolutionen wirklich zunächst echte Ungerechtigkeiten stehen, so bemächtigen sich doch alsbald ganz bestimmte destruktive Charaktere einer revolutionären Bewegung. Das klassische Beispiel hierfür ist der Verlauf der Französischen Revolution – bis zu den *Exzessen* Robespierres. Im sinnlosen Blutrausch, der das französische Volk aufs schwerste schädigte, weil er es seiner hochbegabten Oberschicht beraubte, versuchte dieser Mann seine persönlichen Minderwertigkeitsgefühle abzureagieren, indem er sich an der menschlichen Gesellschaft rächte.

Hierher gehört auch die Schreckensherrschaft, die der sektiererische Fanatiker Calvin in Genf errichtete. Weil er selbst am Leben litt, sich an nichts freuen konnte, vielmehr von düsteren Versündigungsideen geplagt war, sollte auch in seiner Stadt niemand das Leben genießen. Wer seinen theologischen Ideen widersprach, wurde der Folter und dem Feuer übergeben – alles im Namen Jesu Christi. Nietzsche nannte das »Rache am Leben, an allem Großen, Schönen, Reichen«. Geschult an Nietzsche, sollte man sich auch einmal die Schriften von Karl Marx vornehmen, um die wahren Charakter- und Seelenstimmungen zu erkunden, die – abgesehen vom sachlichen Inhalt – als Grundstimmung seine Schriften durchziehen[81].

Auf die Probleme der tief in ihrem Wesen verwurzelten Ungleichheit der Menschen stößt man immer dann, wenn im Zuge gesellschaftlicher Veränderungen die erhofften Erfolge ausbleiben, weil sich die unveräußerliche Anthropologie der Menschen der politischen Machbarkeit entzieht.

So erhoffte man sich auch von einer Vermehrung der Freizeit eine beträchtliche Zunahme des geistigen Strebens, um sich durch Selbststudium ein höheres Bewußtseinsniveau zu erringen. Aber die Ergebnisse waren zunächst enttäuschend. Die Aprilnummer 1972 der österreichischen Gewerkschaftszeitschrift »Arbeit und Wirtschaft« berichtet über die Ergebnisse einer Volksbefragung innerhalb einer österreichischen Großstadt: Ein Viertel der Be-

81 Vgl. E. Topitsch, in »Initiative« Nr. 1, 2, 3, Herder-Bücherei, Freiburg.

fragten gab zu, in der Freizeit einfach nichts zu tun, während bei den übrigen passive Beschäftigungen wie Fernsehen und Radiohören weit überwogen. Echte Weiterbildung wurde nur von etwa einem zehntel Prozent betrieben. In diesem Sinne ist schon lange bekannt, daß nur ein verhältnismäßig kleiner Teil der Mitteleuropäer jährlich einige anspruchsvolle Bücher liest.

Nun wäre es vielleicht doch möglich, durch ein verändertes, das Eigendenken stärker anregendes Schulsystem dieses Verhältnis zu ändern. Denn ein Mensch wird als Erwachsener die Bildungsmöglichkeiten seiner vermehrten Freizeit nur nutzen können, wenn er in der Jugend geistig zu arbeiten lernte. Hierzu genügt die bloße gedächtnismäßige Aneignung von »Wissen« nicht. Hunger, ja geistigen Hunger zu entwickeln, ist freilich schwer und stellt Eltern und Lehrer vor ungeheure Anforderungen, die sie nur werden leisten können, wenn sie selbst geistig-schöpferische Menschen sind.

Diesen Rückkoppelungsprozeß wird man nur sehr langsam aufbrechen können, wobei schließlich immer noch die ungeheuren Veranlagungsunterschiede der Menschen als Faktor erscheinen würden, die sich unserem »politischen Zugriff« entziehen. Warum ist es z. B. einem Knaben aus einer armen Bauernfamilie, Johann Gottlieb Fichte, gelungen, sich zu einem der größten europäischen Philosophen zu entwickeln, während trotz aller Bemühungen aus anderen, besser betreuten Kindern nichts wird? Ist das nur in der Vererbung begründet, oder spielen hier »göttliche Begnadung« bzw. »Schicksal« und »wiederholte Erdenleben« die Hauptrolle?

Nachdem es den fortschrittlichen Ländern gelungen ist, die Probleme der Armut, der Ausbeutung und der Unterprivilegiertheit ihrer eigenen Bevölkerung weitgehend zu lösen, beginnen sich heute diese Probleme mit verstärkter Brisanz zwischen ganzen Erdteilen zu stellen. Ich meine damit die rückständigen, unterentwickelten Länder und Völker, die sich selbst lieber als Entwicklungsländer bezeichnen. Statt aber die wirklichen Gründe für Armut und Zurückgebliebenheit der einen, sowie Reichtum und Fortschritt der anderen zu untersuchen, bedient man sich auch hier wieder des probaten Mittels: die Schuld nicht in sich selbst, sondern in den anderen zu suchen.

Zugleich gilt die Frage als »tabu«, wie denn die Reichen und Fortschrittlichen von heute zu Reichen und Fortschrittlichen eigentlich wurden? Europa war nach den Stürmen der Völkerwanderung und dem Untergang des Römischen Weltreiches arm und weitgehend entvölkert. Zumal Europas Mitte war noch von riesigen Wäldern und Sümpfen bedeckt und keineswegs klimatisch begünstigt. Offenbar besaß es aber eines und konnte dieses eine in zäher Arbeit immer wieder steigern: Initiative und Schöpferkraft. Daraus entsprangen zunächst Baukunst, Dichtung, Musik, Theologie, Philosophie, hernach Naturwissenschaft, Technik, Industrie. Und niemand half damals diesem Europa. Im Gegenteil, es mußte sich ständig gegenüber den Aggressionen räuberischer Völker aus dem Osten, den Hunnen, Avaren, Magyaren, Mongolen, Arabern, Türken zur Wehr setzen. Zumal nach dem Dreißigjährigen Krieg war Mitteleuropa nahezu entvölkert. Aber niemand sprach von »Entwicklungshilfe!« Woher hätte sie auch kommen sollen?

Oder denken wir an Nordamerika und Sibirien, beide zunächst riesenhafte, unkultivierte, wenig besiedelte Gebiete, aber zäher Pioniergeist hat daraus die beiden führenden industriellen Supermächte werden lassen. Niemand hat geholfen! Man mußte es selbst schaffen!

Schließlich: Warum haben die Europäer, aber nicht die Zentralafrikaner moderne Medizin, Physik, Chemie, Technik in mühevoller Kleinarbeit entwickelt, und warum haben wir, nicht aber die genannten Völker verantwortungsbewußte Familienplanung im Hinblick auf die Bedürfnisse der kommenden Generationen eingeübt? Können wir heute dafür verantwortlich gemacht werden, daß andere Völker eben keine fortschrittlichen Initiativen entfalten, sondern träge so weiterleben, wie sie es seit Jahrtausenden taten und gedankenlos Kinder zeugen, während nebenan Kinder am Hunger sterben und Ratten die wenigen Vorräte auffressen?

Dies ist freilich nur die eine Seite. Andererseits zeigt sich nämlich, daß an den Schwierigkeiten, in denen sich heute die unterentwickelten Länder befinden, gerade auch die fortschrittlichen Europäer mitschuldig sind. Zunächst während der Kolonialzeiten: Durch die Berührung mit den Europäern wurden diese Länder und Völker aus ihren alten, zwar primitiven, aber doch tragfähigen sozialen und wirtschaftlichen Ordnungen herausgerissen. Weiterhin aber geschahen Fehlhandlungen durch die zwar gutgemeinten, in ihren Folgen unbedachten Maßnahmen der modernen Medizin und Hygiene! Während nämlich in den früheren Zeiten eine hohe Sterblichkeit – besonders der Kinder – dazu führte, daß trotz hoher Geburtenraten die Bevölkerungsdichte etwa konstant blieb, ist dieses »Gleichgewicht« durch die Fürsorge der Europäer gestört worden. Statt der früheren Seuchen und vernichtenden Stammeskriege droht diesen Ländern heute der schleichende Hungertod. Denn es gelang den ehemaligen Kolonialherren nicht, die Menschen so weit zur Mündigkeit, Fleiß und Selbstverantwortung zu erziehen, daß sie durch bewußte Bevölkerungsplanung ihrer jetzigen Situation Herr zu werden vermochten. Hierbei können ihnen auch keine Entwicklungs-*Gelder,* sondern nur Entwicklungs-*Helfer* beistehen, die durch Erziehung das Lernen, Nachdenken und Verantworten fördern.

Während die Beamten des englichen Empire zwar die Kolonien im Interesse ihres Mutterlandes ausbeuteten, waren sie doch persönlich von hoher Rechtlichkeit. Kaum hatten jedoch die Kolonialherren ihre Gebiete in die Selbstverwaltung übergeben, als sich dort Willkürherrschaft und Korruption ausbreiteten. Dadurch waren die bisherigen Methoden der »Entwicklungshilfe« größtenteils zum Scheitern verurteilt. »Von dreizehn Wolldecken kommt eine an«, meint Erhard Haubold (Die Zeit, 19. Dez. 1975). »Je ärmer das Land, desto reicher sind oft seine Spitzenpolitiker«, behauptet Singapurs Ministerpräsident Lee Kuan Yew. »70 Prozent der Auslandshilfe verschwinden in den Taschen der Reichen«, stellt der indonesische Jurist Ernst Utrecht fest. In Bangladesch gelangt nur ein geringer Teil der Auslandshilfen an die Bedürftigen, etwa eine von sieben Dosen Babynahrung, wie UNO-Vertreter herausgefunden haben. Alles andere verschwindet in den Taschen der Oberschicht oder wird – aus Furcht vor dem Umsturz – auf Nummern-Konten in die Schweiz verlagert. Ein erheblicher Teil der Exportgewinne dient überdies dem Kauf von Rüstungsgütern und wird zum Aufbau einer schlagkräftigen Armee verwendet, deren Aufgabe es ist, das autoritäre System zu stützen. Dennoch reißt der Strom der Beschuldigungen gegenüber den »Reichen«, den USA und Westeuropa, nicht ab, wobei es unschwer sein dürfte, den geographischen Ort zu bestimmen, woher diese Anschuldigungen gesteuert werden.

Nun ist vor kurzem etwas in Erscheinung getreten, was die bisher übliche Einteilung in reiche und arme, entwickelte und unterentwickelte Länder und Völker total verändert. Unterentwickelte Völker, die vielfach kaum Völker genannt werden können, weil sie in ihren Lebensformen noch auf der Stufe der Sippen und Stämme leben und sich bis vor kurzem noch in Stammes- und Sippenfehden verstrickten, sind plötzlich reich, überreich geworden. Aber nicht durch Verdienst, durch eigene Arbeit und Intelligenz, sondern allein durch die Gunst ihrer geographischen Lage.

Man muß aber zusätzlich bedenken, daß alle diese Reichtümer bis vor kurzem wertlos waren. Arm waren daher und in primitivsten Wirtschaftsverhältnissen lebten daher auch bisher diese Sippen und Stämme. Denn Erdöl und Erdgas konnte man weder essen noch trinken, noch sonst irgendwie benutzen, ehe nicht Europa die Grundlagen einer Maschinentechnik und Chemie entwickelte und diese von den USA weiter perfektioniert wurde.

Eine solche Situation ist neu! In Wiederholung einstiger Worte von Karl Marx, aber in bezug auf ganze Völker und Erdgebiete sagte man bisher: »Die Reichen werden immer reicher, die Armen immer ärmer.« Nun aber wird unter unseren Augen gerade der steigende Reichtum der Industrieländer, d. h. ihr Energiebedarf, zur Quelle des Reichtums für die Armen, freilich nicht für alle, sondern nur für diejenigen, die über die Energiequellen verfügen, welche von den reichen Völkern dringend benötigt werden. Ein weiteres Paradoxon enthält die folgende Überlegung: Bei gleicher Industrialisierung und Wirtschaftsdichte ist zumeist die Höhe des Nationalproduktes der Größe der betreffenden Länder und Völker etwa proportional. Bei den Reichen unter den »Unterentwickelten«, also den »Ölscheichs« – denn unterentwickelt sind sie immer noch hinsichtlich Bildungsstand und Eigenleistung –, ist dies anders: Die Kleinheit und Bevölkerungsarmut mancher Ölscheichtümer steht in schreiendem Kontrast zur Höhe ihres Nationalproduktes, das überdies ein arbeitsloses Einkommen darstellt.

»Zufallsgeschenke im Boden«, die dem »zufälligen« Bodenbesitzer einen überdimensionalen, unverdienten und daher als »ungerecht« empfundenen Reichtum bringen würden, hatte man in Europa schon seit langem dadurch zu regeln unternommen, daß man sie »verstaatlichte«. Der Boden gehört zwar weiterhin dem ursprünglichen Besitzer, das Recht der Nutzung der in der Tiefe liegenden Schätze, z. B. Kohle, Erz, Erdöl, Erdgas, hingegen gehört der Allgemeinheit, wobei freilich der Bodenbesitzer einen Ertragsanteil erhält. Das hier zugrunde liegende Rechtsempfinden ist klar: Wenn schon Grund und Boden als Privatbesitz gelten und gekauft, verkauft und genutzt werden können, so stehen doch besonders seltene, für die Gemeinschaft wichtige Bodenschätze außerhalb dieser Ordnung. Sie wurden ja auch vom Grundbesitzer – weil sie unbekannt waren – nicht gekauft, sondern gelangten durch Zufall in seinen Besitz. Auch würden die Mittel zur Erschließung der betreffenden Bodenschätze die Kräfte der meisten Grundbesitzer weit übersteigen.

Genau dieselbe Situation ist heute angesichts der »Ölscheichs« gegeben, mit der Ausnahme freilich, daß wir noch keine erdumfassende Weltstaatlichkeit und auch noch kein entsprechendes Rechts- und Menschheitsbewußtsein haben, wodurch solche unverdienten und unerarbeiteten Glücksfälle so geregelt werden könnten, wie sie innerhalb der einzelnen fortschrittlichen Staaten und Völker geregelt wurden. Die sensationelle These würde also lauten: Für die industrielle Weiterentwicklung der Menschheit unentbehrliche, zugleich aber auf einige wenige geographische Orte beschränkte Bodenschätze können nicht »Privatbesitz« der betreffenden Länder, Staaten und Völker sein. Sie gehören in gewissem Sinne der ganzen Menschheit. Diese Mit-Besitz- und Mit-Nutzungs-Rechte für alle müßten freilich erst geregelt werden. Eine verhältnismäßig einfache Lösung würde sich freilich dann ergeben, wenn in weiteren Erdgebieten große Erdöl- und Erdgasvorkommen gefunden und dadurch das Monopol der »Ölscheichs« gebrochen würde. Ein Problem bleibt freilich unter allen Umständen offen: »Womit werden wir nach Verbrauch aller dieser Boden-Energie-Schätze den zukünftigen Bedarf einer globalen Industrie- und Wohlstandsgesellschaft decken? Bieten die an Zahl ständig zunehmenden Atomreaktoren und ihre Abfälle genügend Sicherheit? Müssen wir erst auf die Zähmung der Wasserstoff-Helium-Synthese warten?«

Das großartigste Beispiel für die Gleichheitsidee unserer Epoche ist schließlich die unter dem Patronat der USA beschlossene UNO-Charta: Sie gibt auch den zurückgebliebensten und bevölkerungsmäßig, nicht gebietsmäßig, kleinsten »Staaten« Afrikas das gleichgewichtige Stimmrecht wie den USA und den Kultur- und Industrienationen Europas.

Unter solchen Umständen entstehen dann bei manchen schwergewichtigen weltpolitischen Abstimmungs-Entscheidungen die grotesken Situationen, die schließlich die Rolle der UNO selbst entwerten müssen.

Offenbar stehen wir hier vor Problemen, die uns heute auch das allgemeine, gleiche, geheime Wahlrecht der westlichen Demokratien stellen oder doch stellen sollten: Zwar sind alle Menschen, christlich gesprochen, als »Kinder Gottes«, philosophisch gesprochen, als personhafte »Ichheit« gleich. Diese Gleichheit bezieht sich jedoch nur auf die grundsätzliche Anlage, sozusagen auf den Menschenkeim, nicht jedoch auf den Grad der Entwicklung eben dieses Keimes. In dieser Hinsicht stehen sowohl die Einzelmenschen innerhalb eines Volkes wie die verschiedenen Völker innerhalb der Weltgemeinschaft auf sehr verschiedenen Ebenen von Wissen, Bildung, Reife und daher auf sehr verschiedenen Ebenen der Entscheidungs- und Verantwortungsfähigkeit, die eben doch bei Abstimmungen und Wahlen wichtig sein müßten.

Begreiflicherweise hat man sich daher seinerzeit in Europa, als die ersten Parlamente entstanden, für ein sehr ungleiches Wahlrecht entschlossen, welches den unterschiedlichen Graden der Bildung und der sozial-staatlichen Bedeutung der einzelnen Bevölkerungsschichten zu entsprechen versuchte. Es ist in der Tat nicht einzusehen, warum nicht die »Stimme« jener Menschen, die in zentralen Positionen des Geistes- und Wirtschaftslebens stehen und auch steuerlich sehr viel für die Gemeinschaft leisten, mehr »Gewicht« haben sollten als die Stimmen anderer Bevölkerungskreise. Das Paradoxon, das uns heute die UNO bietet, widerspiegelt bei genauerem Nachdenken heute alle demokratischen Wahlveranstaltungen. Man fragt sich plötzlich: Was ist eigentlich »demokratisch« – wohl kaum die Tatsache, daß Menschen, die von einer Sache wenig verstehen, und kaum Verantwortung tragen, dasselbe Gewicht wie diejenigen haben, die den Staat tragen und durch ihre schöpferischen Leistungen den Fortschritt und Wohlstand aller begründen? Solche Fragen muß man stellen, auch wenn man noch in keiner Weise fähig wäre, bessere Wege vorzuschlagen. Jedenfalls scheint bisweilen die Idee der »Gerechtigkeit« doch gar sehr zum Dogma der Gleichheit widersprechen zu können.

Real sieht freilich die Wirklichkeit ganz anders aus: Auch in freiheitlichen Demokratien mit allgemeinem, gleichem Wahlrecht ist von »Volksherrschaft« keine Rede. Entscheidungsbefugnis, Macht, Verantwortung liegen aber doch ganz bei den geistigen Eliten, also zumindest bei den Parlamentariern, in gesteigerter Form bei den Ministern und schließlich bei den Kanzlern und Präsidenten – woraus die hohen Anforderungen an Weisheit und Ethos zu ersehen sind, die an Menschen in solchen Positionen zu stellen wären. Auch die Demokratie ermöglicht nicht die Herrschaft aller, sondern ist lediglich Herrschaft im Auftrag und unter Kontrolle des Volkes.

In solch unsicherer Zeit hat sich besonders Walter Thoms in zahlreichen Publikationen um grundsätzliche Klärungen bemüht. Zunächst stellt er fest: »Das Menschenbild bestimmt die Konzeption der Lebensordnung.«[82] Dann unterscheidet er drei Arten von Grundordnungen:

1. Die Vorherrschaft des individualistischen Menschenbildes prägt die »Lebensordnung«: Der einzelne Mensch steht im Mittelpunkt, die Gesellschaft ist der Zusammenhang der einzelnen, der Staat ist der »Nachtwächter«.
2. Die Vorherrschaft des kollektivistischen Menschenbildes prägt die Lebensordnung: Das Kollektiv ist alles, der einzelne ist nur Diener des Kollektivs.
3. Das multipolare Menschenbild prägt die Lebensordnung. Die Entfaltung der Persönlichkeit setzt zwei Dinge voraus: Die

82 Walter Thoms, »Ein polares Menschenbild als Leitbild«. Akadem. Monatsschrift »Der Convent«, Herausgeber Dr. Herbert Kessler, Heft 1/1977, Seite 1–5; ders., »Die dritte Ordnung«, Akadem. Monatsschrift »Der Convent«, Heft 1/1975.

Arbeitsteilung und die daraus sich ergebende Gemeinschaft. Die Qualität der Gemeinschaft wird bestimmt von der Qualität der in ihr wirkenden Persönlichkeiten. Aus der Polarität von Persönlichkeit und Gemeinschaft ergeben sich öffentliche und private Aufgaben, die in einem ausgewogenen Gleichgewicht stehen müssen.

Weiterhin führt Thoms aus:

- Der *Kapitalismus* ist vom individualistischen Menschenbild geprägt. Seine Struktur ist dualistisch. Dualismus ist das Nebeneinander oder gar Gegeneinander.
- Der *marxistische Sozialismus* (Kommunismus) ist vom kollektivistischen Menschenbild geprägt. Die Struktur ist mono-polistisch. Eine Partei ist Verwalter des Dogmas mit Absolutheitsanspruch. Der Funktionär ist Herrscher in allen Lebensbereichen.
- Die werdende *Lebens-, Wirtschafts- und Unternehmensordnung* wird vom polaren Menschenbild geprägt, dem Miteinander und Füreinander in allen Lebensbereichen. Die Polarität als Weltgesetz wird in allen Lebensbereichen zum Bewußtsein gebracht und zum Lebensprinzip gemacht[83].

In diesem Zusammenhang spricht Walter Thoms von »Sokratischer Ordnung«, weil es dafür kein geeigneteres Eigenschaftswort gibt, vor allem aber, weil Sokrates als erster Mensch das Gute, Wahre, Schöne und Gerechte die Tugenden der Menschen genannt hat, die auch heute noch gelten und notwendig sind, um eine menschenwürdige Lebensordnung zu verwirklichen[84].

83 Walter Thoms, »Die Zukunft der Unternehmung – Die Überwindung des Kapitalismus in der industriellen Arbeitswelt demokratischer Ordnung«, Stuttgart 1975.

84 Walter Thoms, »Die sokratische Lebensordnung« – Vortrag in Mannheim 1977, unveröffentl. Manuskript. Herbert Kessler – Die Sokratik als Leitstern Europas, 2. Aufl., Mannheim 1977.

Kapitel 12

Freiheit, Privatsphäre, Dienstbarkeit

Massenmensch und Institutionen

In einem Atemzug mit der Forderung nach Gleichheit wird von Freiheit gesprochen, wobei man zumeist gar nicht merkt, daß sich beide Forderungen einander weitgehend ausschließen. Zwar ertönt bei allen »Revolutionen« der Ruf nach Freiheit, wenn es darum geht, angeblich überlebte Zustände zu beseitigen. Hierbei müssen, da der Einzelmensch machtlos und ohnmächtig ist, die Massen mobilisiert werden. Aber Massen sind etwas total anderes als Einzelmenschen; denn vernünftig denkende und sittlich ansprechbare, im gegebenen Falle von Mitleid und Liebe erfüllte Wesen sind immer nur Einzelmenschen. Hingegen sind Massen zuweilen rein emotional-negativ bestimmte, gedanken- und verantwortungslose, zu Gewalttätigkeit und Grausamkeit neigende Überschäumungen. Die »Humanitas«, die den einzelnen kennzeichnet, verschwindet sofort, wenn der einzelne in der Masse untertaucht und ihren suggestiv-hypnotischen Einflüssen unterliegt. Dann geschehen Grausamkeiten, die der einzelne für sich allein niemals begehen würde[85].

Mit Recht spricht man daher von der Kopf- und Herzlosigkeit des Massenmenschen. Denn zum »Kopf« und »Herz« der Massen haben sich nun die eigentlichen Antreiber und Führer aller revolutionären Bewegungen gemacht. Hat dann der Massenmensch seine zerstörerischen Emotionen ausgelebt, so ist er, wie jeder Mensch nach Zorn- und Zerstörungsausbrüchen, emotional geschwächt und läßt sich willenlos den Sattel auflegen, auf den sich nun die neuen Herren schwingen. Vielleicht ist die Masse

85 Vgl. Eric Hoffer, Der Fanatiker, rde 220; ders., Die Angst vor dem Neuen, rde 288.

hierfür sogar dankbar, weil im Chaos revolutionärer Zerstörungen der Mensch auf die Dauer nicht leben kann.

So jedenfalls lehrt es uns die Geschichte der großen französischen, russischen und chinesischen Revolutionen. Und vielleicht sind solche Diktaturen zunächst gar nicht die schlechtesten Wege, wenn man die uferlosen Selbstzerfleischungen betrachtet, in welche z. B. die afrikanischen Stämme gerieten, seit sie sich von der französischen, belgischen, britischen, portugiesischen Kolonialherrschaft »befreiten«.

Auf kleinstem Raum vollzieht sich dasselbe, wenn Kinder sich von Eltern und Lehrern emanzipieren, um alsbald zu merken, wie schwer es ist, »erwachsen« zu sein. Dann sind sie nur allzu leicht versucht, ihre kaum erreichte Freiheit aufzugeben, indem sie sich in die Geborgenheit einer Kommune begeben[86].

Die Sehnsucht nach der Kollektivität ist heute recht stark. Nur so wird es verständlich, daß wir soviel von »Gesellschaft« sprechen und in »gesellschaftlichen Veränderungen« das Heil für unser »Ich« finden möchten. Die Frage erhebt sich: Worin liegen letztlich Sinn und Aufgaben des Menschseins? In der gesellschaftlichen Gehorsams-Gleichheit oder in der persönlich verantwortlichen Freiheit? Wer mit Karl Marx den einzelnen Menschen in biologischer Sicht als Produkt der Vererbung, in soziologischer Sicht als Produkt der Gesellschaft erblickt, muß ja auch den Sinn der menschlichen Existenz in einem gut funktionierenden Kollektiv sehen. Die Gleichheit herrscht dann über die Freiheit; denn die »Freiheit« haben die neuen Führer, die zumeist dann wie Neureiche auftreten, für sich selbst reserviert[87].

Daher gibt es keinen größeren Gegensatz als den zwischen Marx und der christlichen Anthropologie, wenngleich man diesen Gegensatz immer wieder vertuschen möchte[88].

86 Vgl. Chr. Meves, Manipulierte Maßlosigkeit, Herderbücherei 401. Freiburg 1973.

87 Vgl. O. Schatz, Auf dem Weg zur hörigen Gesellschaft, Graz.

88 Vgl. A. Schaff, Marxismus und das menschliche Individuum, rde 332; auch Ernst Bloch, Karl Marx und die Menschlichkeit, rde 317; Joachim Kahl, Das Elend des Christentums, rororo 1093; Roger Garaudy, Marxismus im 20. Jahrhundert; rororo 1148; Lothar Bossle, Sorge um das Gleichgewicht, Würzburg 1976, bes. S. 140 ff.

Wahre Humanität kann nicht darin bestehen, daß man eine ameisenhafte Sozietät propagiert, sie beruht vielmehr darauf, *wie man über das Wesen des Menschen denkt* und wie man aus solcher Einsicht dann die sozialen Verhältnisse gestaltet. Das heißt: man muß das unsterbliche Wesen jedes einzelnen Menschen als den eigentlichen Sinn der Geschichte ansehen. Denn alle sozialen Einrichtungen werden am Ende der Geschichte, zusamt der Erde, wohl vergehen. Für die Ewigkeit bleiben werden nur die Seelen der einzelnen Menschen – bereichert mit allem, was sie sich in diesem irdischen Leben als innere Substanz erwerben konnten. Diese Problematik hat bereits Dostojewski in seinem »Großinquisitor« letztgültig gestaltet.

Der sozial verantworteten Freiheit ist demnach der Vorrang gegenüber der Gleichheit einzuräumen. Denn »Freiheit« gehört zum Wesen des »Ich-bin«, während »Gleichheit« nur ein ideologisches Postulat und danach keine Realität darstellt. Das gilt freilich nur dann, wenn sich Freiheit als die Verantwortung zur maximalen Charaktervervollkommnung, Selbsterziehung und mitmenschlichen Dienstbarkeit begreift, also darin auch das richtige soziale Verhalten zum Mitmenschen einbegriffen ist[89].

Gerechtigkeit besteht demnach nicht in Gleichmacherei, sondern in der maximalen Förderung der Entwicklung des einzelnen zu maximaler Humanität.

Im Sinne des »Marsches durch die Begriffe« haben heute die Linken besonders die »Befreiung von allen Herrschaftsverhältnissen« auf ihre Fahne geschrieben. Man sagt: Überall herrschen Menschen über Menschen: Eltern über Kinder, Lehrer über Schüler, Professoren über Studenten, Unternehmer über Arbeiter, Priester über Gläubige und Ärzte über ihre Patienten. Das widerstreitet, so meint man, dem obersten demokratischen Prinzip: der Freiheit. Also wollen wir alle diese Menschen endlich befreien, indem wir die überlieferten Beziehungen zwischen Eltern und Kindern, Lehrern und Schülern, Professoren und Studenten, Unternehmern und Arbeitern, Priestern und Gläubigen, Ärzten und

89 Vgl. Salvador de Madariaga, Zuerst die Freiheit, Ludwigsburg, sowie das klassische Werk J. St. Mill (1806–1873) über die Freiheit.

Patienten durch Förderung eines »kritisch-revolutionären Bewußtseins« auflösen. Die alten, von Person zu Person bestehenden Unterordnungsverhältnisse sind dann wohl, so meint man, vollendet beseitigt.

Jawohl! Sie sind beseitigt, weil anstelle der Beziehungen von Mensch zu Mensch, mit allen ihren Unvollkommenheiten, nun die Unterwerfung aller Menschen unter eine abstrakte Partei-Organisation realisiert wird. Die zwischen den Menschen bestehenden unmittelbaren Beziehungen sind nämlich ambivalent. Freilich können zwischen allen genannten Sozialpartnern schon Herrschaftsverhältnisse bestehen, es könnten aber zwischen ihnen ebenso auch Verantwortungs-, Sorge- und Dankbarkeits-Verhältnisse vorhanden sein.

Auch alles »Private« ist in Gefahr, als anti-sozial zu gelten. Denn der wahre Mensch sei – meint man – der soziale, besser der sozialisierte, also der außengesteuerte Mensch. Am folgerichtigsten ist in dieser Hinsicht wohl Mao Tse-tung vorgegangen, wobei ihm freilich der psychologische Charakter der Chinesen entgegenkam. Seit jeher wurde das Kollektive in China großgeschrieben: Höflichkeit, Bescheidenheit, Nichtauffallen waren seit alters her die Grundtugenden, die jeder innerhalb der Großfamilie übte. Niemand hatte da einen nur ihm selbst gehörenden Raum, in den er sich zurückziehen konnte. Jedermann war gezwungen, in unmittelbarer »Tuchfühlung« mit seinen Sippengenossen zu wohnen, zu arbeiten und zu schlafen. Eine Persönlichkeits- und Ich-Philosophie, wie sie aus der Tradition des europäisch-christlichen Denkens erwuchs, konnte sich unter solchen Umständen nicht entwickeln – sie wäre auch als asozial empfunden worden. Daher konnte es auch keinen Privatbesitz und keinen Privategoismus, sondern nur einen Sippenbesitz und Sippenegoismus geben. Und diesen kollektivierten Egoismus auch noch auszurotten und den einzelnen unmittelbar in das Riesenkollektiv »China« mit der Vater-Figur »Mao« zu integrieren, war das Bemühen Maos; diesem Ziel dienten letztlich auch die wiederholten Kulturrevolutionen.

In Europa versuchten Faschismus und Nationalismus, durch gemeinsames »Marschieren«, gemeinsames »Singen«, gemeinsame »Ferien« die Menschen zu sozialisieren. Der Zeitgeist kommt ja solchen Bestrebungen entgegen. Denn je weniger die Menschen sich eine Innenwelt aufbauen können, desto weniger ertragen sie die Einsamkeit des Einzelseins, desto mehr fliehen sie in das, was sie dann »Gemeinschaft« nennen. Der ehemalige österreichische Rundfunkintendant Gerd Bacher sprach von der »Lust an der Knechtschaft«. Wer sich im Gegensatz dazu eine Eigen-Innenwelt aufbauen und schon in diesem seelischen Sinne einen Privat-Besitz erwerben will, gilt als Störer des sozialen Friedens.

Man mache sich doch nur klar: Der Besitz eines eigenen Denkens und Gewissens, eines eigenen Ich-bin, einer eigenen Leiblichkeit, die durch eine Haut von allen anderen Leibern sich absondern: sie sind doch der Urbesitz, dem sich dann nur der Besitz an Haus und Hof, an Geld und Gut angliedert. Konsequente Sozialisten müßten also dem Menschen auch sein Ich-bin und seine eigene Leiblichkeit aberkennen, wenn sie wirklich alles »Private« »vergesellschaften« wollen. »Arbeitslager« haben das in der Vergangenheit schon praktiziert! Und es wird, wie uns Solschenizyn im »Archipel Gulag« vor Augen führt, noch heute als Unterdrückungssystem verwendet.

Im Grunde ist jedoch ein Mensch, der sich in der Masse wohlfühlt, gar nicht wirklich »sozial«; denn Schafherden sind ebensowenig sozial wie Bienen- und Ameisenstaaten. Heißt »sozial« sein, dem Mitmenschen etwas zu »geben« bereit sein, so muß man zuallererst selbst etwas »sein« und »haben«. Sind alle – nicht nur im materiellen, sondern auch im geistigen Sinne – enteignet, so ist den Menschen auch jede Möglichkeit, »sozial« zu sein, genommen. Das zeigt sich denn auch in den Diktaturen, die – je vollkommener sie sind – den hemmungslosen Egoismus der Einzelmenschen geradezu züchten. Denn ganz vernichten möchte sich das menschliche Ich doch nicht lassen. Wo immer es nur kann, versucht es, durch antistaatliche Gedanken oder Handlungen sich Luft zu machen. Daher sitzen alle Diktaturen letztlich auf einem Vulkan.

Jenseits der Ungleichheiten, die durch Vererbung, Begabung, Erziehung, Lebensführung zwischen den Menschen bestehen, gab es aber in gar nicht lange zurückliegenden Zeiten noch eine Ungleichheit ganz anderer Ordnung, deren Bedeutung es heute neu zu verstehen gilt. Wir meinen die Ungleichheit, die zwischen den »geweihten Häuptern«, also »Priestern« und »Majestäten«, und allen übrigen Menschen bestand. Im Jahre 1918, eigentlich schon im November 1916, beim Tode Kaiser Franz Josefs, ging im buchstäblichen Sinne eine abendländische Weltordnung unter und vollzog sich ein Bewußtseinswandel, dessen Bedeutung die heutige Generation kaum abzuschätzen vermag. Mochten in früheren Zeiten die rassischen, nationalen und sozialen Gegensätze innerhalb eines Staatsgebildes noch so groß gewesen sein – letztlich wurden sie überwölbt von der »Majestät des Kaisers« bzw. des »Hohen Priesters«. Dem menschlichen Alltag verborgen, stand doch im Hintergrund allen Tun und Denkens das Geheimnis der »Majestät«. Man muß Berichte aus jener Zeit lesen, um sich von dem Geheimnis der »Majestät« ein richtiges Bild zu machen.

War es der »Mensch«, vor dem man sich damals beugte? Keineswegs, denn dieser Mensch war zumeist nicht besonders begabt. Es muß also etwas Über-Menschliches gewesen sein, von dem man den Herrscher erleuchtet und geheiligt glaubte. Diese Wurzel aller irdischen Majestäten war nämlich »Majestas Domini«, die Majestät der Gottheit. Diese senkte sich, wie man glaubte, während der Krönung beziehungsweise während der Salbung mit dem heiligen Öl auf einen Menschen herab und hob ihn dadurch über seine Mitmenschen hinaus[90].

Solchen Vorstellungen gegenüber erschallt heute ein zweifaches Gelächter: einmal gegenüber dem »knechtischen Aberglauben«, ein Mensch könne durch eine »bloße Zeremonie« eine göttliche Würde empfangen. Dann aber schon deshalb, weil man in »Gott« sowie allen »himmlischen Wirklichkeiten« doch nur primitive Phantasmen erblickt.

Mag sein! Aber eines wird man nicht leugnen können: die ungeheure Verarmung unseres Lebens, seitdem wir nicht mehr verehrend auf die Majestät Gottes und deren Abglanz, die Majestäten der Kaiser, Könige und Hohenpriester, hinschauen und in diesem Hinschauen einen Trost inmitten der irdischen Schicksale finden können. Jedenfalls ist »Großes« aus unserer Welt verschwunden. Wir sind alleingelassen im Gefühl unserer Nichtigkeit.

Erst in diesem Augenblick gewinnt dann auch das Versorgungs- und Wohlstandsdenken seine heutige zentrale Bedeutung. Die

90 Vgl. R. Eisler, Weltenmantel und Himmelszelt, 2 Bde., München 1910.

»Wohlstandsgesellschaft« ist ein Ersatz für die mittelalterlich-christliche »Sakralgesellschaft«. Denn wenn keine überirdisch-göttliche Dimension mehr den Menschen einen Ausgleich in ihren irdischen Nöten gewähren kann, muß versucht werden, der Sphäre des Irdischen selbst die »Perfektion« zu verleihen. In einigen Dimensionen, z. B. hinsichtlich der Nahrung, der Kleidung, der Wohnung und Kranken- und Altersversorgung, mag das gelingen. Die Krankheiten selbst und noch weniger Unglück und Sterben werden sich aber auf diesem Wege nicht abschaffen lassen. Ebensowenig können in einer noch so perfekten Konsum- und Wohlstandsgesellschaft die vielen kleinen persönlichen Leiden, Enttäuschungen, Einsamkeiten, Liebes- und Ehekrisen beseitigt werden. Wo findet demgegenüber der moderne Mensch Trost? Er kann versuchen, im Alkohol oder in sexuellen Abenteuern zu vergessen, oder er projiziert alle seine Sehnsüchte in eine revolutionäre Zukunft und erhofft von der Umgestaltung der »gesellschaftlichen Verhältnisse« ein irdisches Paradies.

Das alles mußte zunächst so kommen und ist keineswegs ein geschichtliches Mißverständnis! Vielleicht muß in Zukunft die Vereinsamung noch weiter wachsen, bis wir endlich wieder in Natur und Kosmos die göttliche Weisheit und Güte, die »Majestas Domini« entdecken. Dann sollten wir freilich irdische Majestäten nicht mehr benötigen, weil *jeder* Mensch auf dem Wege innerer Wandlung einen Abglanz dieser Majestas *in seine eigene Seele wird aufnehmen können.* Das kann dann ein »Adel« sein, der jedem zukommt, der sich darum bemüht.

Das Hinschwinden von Hohenpriestern und Majestäten aus unserem gesellschaftlichen Leben hat das Verschwinden andersartiger sozialer Rangunterschiede nicht bewirken können. Im Gegenteil: trotz aller staatsbürgerlichen Gleichheit bestehen weiterhin Ämter, Ränge, Würden, die – gerade auch in sozialistischen Diktaturen – gewaltige Ungleichheiten unter den Menschen bedingen.

Nur unsere Gewohnheit verhindert es, daß wir in solchen durch Ernennung verursachten Befehls- und Amtsbefugnissen nicht eine sehr geheimnisvolle, zugleich aber für alle Sozietäten wesentliche institutionelle Struktur sehen. Früher sprach man von »Amt und Würden«, die jemanden übertragen werden und meinte überdies: »Wem Gott ein Amt gibt, dem gibt er auch Verstand.«

Vielleicht lachen wir heute über solchen Aberglauben. Dennoch ist es eine unbestreitbare psychologische Tatsache, daß die Menschen oft an Kraft und Reife der Persönlichkeit wachsen, wenn ihnen ein verantwortungsvolles Amt anvertraut wird. Damit hängt auch der keineswegs ganz abwegige Vorschlag zusammen: Man nehme doch den Revolutionär in die Regierung auf, gebe ihm einen Ministersessel – und er wird alsbald seine Ideologie ändern.

Wir finden einen Menschen dann geeignet, ein Amt, eine Würde, eine Befehlsgewalt zu übernehmen, wenn wir voraussetzen dürfen, daß er seine persönlichen Meinungen, Wünsche, Gefühle weitgehend zurückstellen, also sein Amt der Idee gemäß verwalten werde. Das ist heute aktuell im Hinblick auf die Frage: Können überzeugte, den Umsturz planende Marxisten auch Verantwortungs- und Amtsträger sein? Müßten sie nicht vielmehr selbst, wenn sie ehrlich sind, die Übernahme eines Amtes verweigern?

Da es den Marxisten weder nach dem Ersten noch nach dem Zweiten Weltkrieg gelang, schlagartig die Macht zu erringen, versucht man es nun auf dem »langen Marsch durch die Institutionen«. Das heißt, man übernimmt Ämter, Würden, Befehlsgewalten der gegenwärtigen pluralistisch-demokratisch-liberalen Gesellschaftsordnung mit der Absicht, nicht zu »dienen«, sondern zu »zerstören«, also sein Treuegelöbnis bewußt zu brechen.

Jenseits der eigentlichen Amts- und Würdenträger, die innerhalb der Gesellschaft über Entscheidungsbefugnis und Befehlsgewalt verfügen, ist aber auch jeder Mensch in irgendeiner Hinsicht »Rollenträger«, und es werden von ihm die der jeweiligen Rolle gemäßen Verhaltensweisen erwartet. Fußgänger und Autofahrer sind Rollenträger im Verkehr, Vater, Mutter, Bruder, Schwester, Sohn und Tochter sind Rollenträger innerhalb der Familie, wobei sich bisweilen verschiedene Rollen gegenseitig ausschließen. Daher ist es durchaus nicht »konventionell«, sondern tief im Wesen der Sache begründet, daß echte geschwisterliche Beziehungen erotische Liebesbeziehungen ausschließen und dasselbe für Väter gegenüber ihren Töchtern, Söhne gegenüber ihren Müttern gilt. Zur richtigen sozialen Rollenverteilung müssen aber auch die Verhaltensweisen und Eigenschaften z. B. von Handwerkern berücksichtigt werden, über die früher Zünfte und Innungen streng wachten. Solche Sozialstrukturen bestehen heute nur mehr bei Rechtsanwälten und Ärzten, deren Verhalten einem Standeskodex durch die jeweiligen »Kammern« unterworfen ist. Sonst aber sind wir heute weitgehend »reif«, das heißt dazu aufgerufen, unsere jeweiligen Rollen aus der eigenen Sittlichkeit erwartungsgemäß zu gestalten[91].

91 Vgl. dazu die vorzüglichen Analysen bei G. Vickers, Der Preis der Institutionen, Frankfurt 1975, 1974.

Kapitel 13

Umsturz und Terror

Aspekte der Psychopathologie

In meinen bisherigen Darstellungen und Reflexionen habe ich immer wieder betont, wie wichtig es heutzutage ist, nicht nur auf die schönen Worte, sondern vor allem auf die tiefenpsychologischen und charakterologischen Hintergründe derjenigen Menschen zu achten, welche die Worte sprechen, die in bestimmten Erregungsrhythmen immer wiederkehren. Da wir ja alle nicht wissen, wann wieder große »Akteure« die Weltbühne betreten und die Menschen verführen werden, ist es nötig, diese Verhältnisse an besonders eindrucksamen Beispielen gründlich zu studieren, um von der Erkenntnis und der Erfahrung dagegen gewappnet zu sein.

Einer unserer bedeutendsten Kriminologen und Sozialpsychologen, Hans von Hentig, hat die menschlichen Qualifikationen und charakterologischen Triebkräfte von Persönlichkeiten untersucht, die in revolutionären Zeiten hochkamen und Terror ausübten. Er hat als wohl prominenteste Beispiele die Gestalten von Robespierre und Saint Just gewählt[92]. In Nietzsches Ausdrucksweise würde man zu sagen pflegen, in charakterologischer Hinsicht handle es sich um »Schlechtweggekommene«, also im Grunde um innerlich unsichere, schwache, aber von einem glühenden Geltungsdrange besessene Menschen, die sich an erfolgreichen Mitmenschen rächen wollen. Ihre primär destruktiven Tendenzen verbergen sie vor sich und anderen durch die Vortäuschung hoher sittlicher und sozialer Ideale. Sie wollen eine »glückliche Welt« heraufführen, der aber zunächst die lebenden, besonders die pro-

92 Hans von Hentig, Terror. Zur Psychologie der Machtergreifung, Frankfurt a. M. 1970.

minenten Menschen geopfert werden müßten. Charakteristisch für sie ist, daß sie wohl durch eine geschickte, den Massen schmeichelnde Manipulation die bestehenden Verhältnisse zerstören, aber, zur Macht gelangt, nichts aufzubauen vermögen. Nur in Haß und Zerstörung sind sie von dämonischer Größe. Da gelingen ihnen Redewendungen, die Menschen zur »Masse« verwandeln und in ihnen Vernichtungstriebe aktivieren. Im Grenzfall handelt es sich um psychiatrische, genauer gesagt um paranoide Charaktere: absolute Überzeugtheit von den eigenen Ideen, automatenhafte Sachlichkeit und kalte mitleidlose Grausamkeit. Menschliche Größe ist ihnen fern. Sie vergessen keine Kränkung und keine Demütigung.

Dieser krankhafte Geltungsdrang, meint von Hentig, lag in dominierender Weise dem Wesen Robespierres zugrunde, wühlte in ihm und suchte Nahrung in den äußeren Geschehnissen. Diese Schwäche, die verdoppelt wurde durch das deutliche Gefühl schwach zu sein, war wie gemacht für Zeiten der Verbitterung, der Rache, des Hasses, des Wehtuns. Jetzt, in den Stürmen der Revolution, konnte er seinen destruktiven Trieben aus »Humanität« freien Lauf lassen. Er konnte aus Liebe zum Volk und zur Menschheit, aus lauter edlen Motiven das Böse schlechthin tun. Das angebliche Mitgefühl mit dem »armen Volk« steht in krassem Widerspruch zur blutigen Grausamkeit des Revolutionstribunals. Geistreich wird Robespierre, treffend und gedrungen im Ausdruck nur, wenn er mit dem Haß, dem Neid, der giftigen Rachsucht denkt, die sein ganzes Wesen bis zum Rande füllen.

Physiologisch war wohl bei ihm eine Leberstörung vorhanden, wofür seine von allen Beobachtern betonte gelbliche Hautfarbe sprach. Hans von Hentig fragt: »War Robespierre ein antisozialer Psychopath, ein Epileptoider, ein Schizophrener? Lassen seine überschrille Stimme, sein asexueller Gesichtstypus, seine mimische Verarmung, seine Mischung von Frömmelei und Egoismus an einen Eunuchoiden denken, der rapide alterte, Absenzen hatte?«

Sicher begann Robespierre in den letzten Jahren psychisch zu verfallen, seine Schrift wurde fahrig, seine Persönlichkeit zerbröckelte. Er wurde mit 36 Jahren hingerichtet, aber die psychischen Veränderungen setzten bereits in seinem 32. Lebensjahr ein. Gleichzeitig steigerte sich seine Neigung zur sinnlosen Brutalität und Grausamkeit auf dem Hintergrund einer immer größer werdenden Angst vor seinen Feinden. Durch geschickt hervorgekehrte Bescheidenheit, gemischt mit Selbstlob, begann er dem Appetit der Menschenmassen auf Steigerung ihres Selbstgefühles entgegenzukommen. Er erregte die Großmannssucht der Menge mit Mitteln, über deren Primitivität wir staunen müssen. Die Zuhörer haben sich diesen Sirup gerne gefallen lassen und ihn wie einen Gott verehrt, der ihnen solchen Genuß vermittelte. Auch hier müssen wir bedenken, daß revolutionäre Zeiten die Selbstkritik zu schwächen und ein krankhaftes Selbstgefühl zu entwickeln pflegen.

Als es schließlich seinen Gegnern gelang, ihn lächerlich zu machen und man der dauernden Hinrichtungen überdrüssig zu werden anfing, konnte man Robespierre stürzen. Bei seiner Verhaftung wich er feige und ohne den Versuch, einen persönlichen Einsatz zu wagen, zurück. Als der Henker Sanson sein Haupt der Menge zeigte, brach diese in Jubel aus. Derselbe Jubel begleitete die Hinrichtung von Saint Just, der mit besonderer Perfidie den König angeklagt und seine Verurteilung herbeigeführt hatte und der auch sonst maßgebend bei den Bluturteilen des Revolutionstribunals beteiligt war.

Auch Saint Just war ein junger Mensch, der von Neid und Eifersucht gequält, in Zerstörungen anderer sich zu entspannen suchte, ehe sein Triebüberdruck in die Selbstzerstörung einmündete. Dieser Zerstörungstrieb, ein nervöser Entlastungszwang, richtete sich, wie bei den Bilderstürmern der Reformationszeit, wie bei den Kaiserbilderstürmern der deutschen Revolution (1918/19) auch gegen Lebloses. Durch Erlaß vom 24. November 1793 wurde in Straßburg von Saint Just verordnet, die steinernen Statuen auf dem Münster abzuschlagen und die Trikolore zu hissen. Die Kirchen waren ja »Tempel der Vernunft« geworden und die »Religion der Vernunft« sollte künftig allein herrschen.

Sehr richtig unterscheidet Hans von Hentig zwischen den konstruktiven und kriminellen Utopisten. Die konstruktiven Utopisten, wie z. B. Platon, Campanella, Thomas Morus, Francis Bacon, sind bemüht, eine neue gesellschaftliche Ordnung aufzubauen. Hinter den kriminellen Utopisten steckt jedoch ein heftiger destruktiver Zug. »Nicht die Verwirklichung einer Phantasiewelt ist die Hauptsache, sondern der Angriff auf alles Bestehende, der angeblich Vorbedingung für den erträumten Neuaufbau ist. Es ist kennzeichnend für den kriminellen Utopisten, daß er alles ausnahmslos schlecht findet, was ihm von alten Gesellschaftsformen entgegentritt und daß er niemals aus der Periode des Hasses und des Niederreißens herauskommt. Seine Feinde hören merkwürdigerweise nie auf. In allen Revolutionen muß der Radikalismusforscher zwei scharf gesonderte Prozesse unterscheiden: Den Vorgang der Machteroberung und den der Machtbewahrung, lediglich das Stadium der Machtergreifung ist ein Tummelplatz für die Anwendung revolutionärer Methoden. Der kriminelle Utopist verstrickt sich in die destruktive Übergangsperiode, die er sich künstlich konstruiert hat, um in ihr seine gewalttätigen Instinkte auszuleben. Aber eines Tages kommt der Rückschlag: Die eigenen mörderischen Theorien waren es, die Saint Justs Haupt auf den Richtblock niederbeugten.« Von Hentig schrieb diese Gedanken 1920 im Hinblick auf die deutsche Revolution nach dem Ersten Weltkrieg. Die Aktualität seiner Einsichten ist aber auch heute wieder überall dort zu bemerken, wo man den »Umsturz aller gesellschaftlichen Verhältnisse« erstrebt, ohne zu wissen, wie das Neue aussehen soll und ohne den Willen, dieses Neue auch zu gestalten und zu verantworten.

Ähnliche Analysen wie von Hentig hat neuerdings der amerikanische Sozialwissenschaftler Eric Hoffer vorgelegt[93]. Er meint: Zunächst würden Massenbewegungen durch wurzellose Intellektuelle vorbereitet, welche die bestehenden Ordnungen lächerlich zu machen suchen. Sie klagen den Mangel an Freiheit und Gerechtigkeit an, aber nur um einen neuen Kollektivismus vorzubereiten. »Marx und seine Anhänger diskreditierten die Religion, den Nationalismus und den Geschäftstrieb, und sie brachten dafür den neuen Fanatismus des Sozialismus, den Kommunismus, den stalinistischen Nationalismus und die leidenschaftliche Gier nach Weltherrschaft in diese Welt ... Denn die Mehrzahl der Menschen kann die Nutzlosigkeit des Lebens nicht ertragen, wenn es nicht einen glühenden Glauben oder ein fesselndes Unternehmen

93 Eric Hoffer, Der Fanatiker. Eine Pathologie des Parteigängers, rde 220, Reinbek 1965.

gibt, darin sie sich verlieren können.« – »Und so halten Menschen, die ihr Leben als erfüllt ansehen, die Welt für gut und möchten sie gern so lassen, wie sie ist. Der Enttäuschte dagegen verlangt nach radikaler Veränderung ... Quält den Menschen etwas, und seien es selbst körperliche Schmerzen, so wird er sich schleunigst daranmachen, die Welt zu verbessern.« Es muß zugegeben werden: die Nutzanwendung solcher Einsichten für unsere mitteleuropäische Situation ist sehr naheliegend.

Es mögen einige weitere Zitate aus dem Buche Hoffers folgen, die geeignet sind, die gegenwärtigen Verhältnisse in Mitteleuropa zu beleuchten. Kann man sich von ihrer Richtigkeit überzeugen, so wird zugleich ersichtlich, daß es bei den gegenwärtigen politischen Entscheidungen weniger um »Kampfparolen« als um Tiefenpsychologie geht, die uns die wahren Hintergründe vieler gegenwärtiger Situationen durchschauen läßt. Es gibt vielleicht kein deutlicheres Anzeichen dafür, daß eine Gesellschaft für eine Massenbewegung reif ist, als um sich greifende grenzenlose Langeweile. Wenn sich Menschen langweilen, so langweilen sie sich in erster Linie mit sich selbst. Das Bewußtsein einer unfruchtbaren und bedeutungslosen Existenz ist die Hauptquelle der Langeweile. Das differenzierte Individuum ist nur dann von Langeweile frei, wenn es schöpferisch arbeitet oder voll und ganz in den Existenzkampf verwickelt ist. Die Jagd nach Zerstreuung ist nur ein Palliativmittel, wirkungslos gegen Langeweile. Langeweile ist jedoch eine Folge des Wohlstandes und der Lebenssicherheit besonders bei jungen Menschen. Es gilt inzwischen längst als erwiesen, daß die menschliche Eigenschaft des Hasses dem revolutionären Motiv zugrunde liegt: »Haß ist die am leichtesten zu handhabende und verständlichste aller gemeinschaftsbildenden Kräfte. Er reißt das Individuum von seinem Ich los ... Gemeinsamer Haß vereint die gegensätzlichsten Elemente ... Wenn wir lieben, dann suchen wir für gewöhnlich keine Verbündeten. Aber wenn wir hassen, dann suchen wir immer nach Verbündeten.«

Ebenso ist klar, daß die Neigung zum revolutionären Exzeß auf einer Ichschwäche beruht: »Wenn wir unser Ich ablegen und Teil eines geschlossenen Ganzen werden, verzichten wir auf persönliche Verantwortung. Es läßt sich kaum vorstellen, zu welchen Extremen der Grausamkeit und Rücksichtslosigkeit ein Mensch gelangen kann, ... wenn er von seinem persönlichen Urteilsvermögen befreit ist ... Somit ist der Haß nicht nur ein Mittel der Vergemeinschaftlichung, sondern auch ihr Produkt ... Die Entindividualisierung, Vorbedingung der totalen Integration und der selbstlosen Hingabe, ist auch in beachtlichem Ausmaß ein Prozeß der Entmenschlichung.«

Daß es zumeist wurzellose Intellcktuelle waren, die durch ihre »Gedanken« die Revolutionen in Gang brachten und dann weiterhin, zur Durchführung der nötigen Verfolgungen, Ausrottungen, Hinrichtungen, wieder andere, sadistisch veranlagte Henker-Typen sich bereitfanden, bis schließlich eine Beruhigung und Neukonsolidierung dadurch eintritt, daß ein Tatmensch – in Frankreich war es seinerzeit Napoleon – die Macht ergreift, das alles legt Hoffer im einzelnen mit dem ständigen Hinblick auf unsere Gegenwart dar. Mit seinen Gedanken konform sind auch die Erkenntnisse Helmut Schelskys über die Rolle der ultralinken Systemverbesserer[94].

Wenn wir nun wissen, daß, abgesehen von »geborenen« Kriminellen, vor allem solche Menschen zu destruktiven Tendenzen neigen, die als kleine Kinder die »Nestwärme« entbehrten und weiterhin auch als Jugendliche – trotz bester Versorgung mit äußeren Gütern – seelisch alleingelassen wurden, dann wird es sich weniger um politische Diskussionen »für oder wider Marx«, sondern um Maßnahmen zur Heilung solcher Menschen handeln. Zwar ist es unmöglich, alle schadhaften Familien zu sanieren, es ist aber schon viel gewonnen, wenn wir die psychologischen Wurzeln durchschauen, aus denen heute radikale Gesinnungen wachsen. Mit gelehrten Diskussionen wird man hier jedenfalls nichts ausrichten. Sogar bei Karl Marx selbst scheinen die destruktiven, von Haß und Schimpfworten durchzogenen Partien seiner Schriften in der psychologischen Tatsache begründet, daß ihm zeitlebens öffentliche Anerkennung und politische Macht versagt blieben, die sein starkes Selbstbewußtsein befriedigt hätten. Nicht zuletzt verbitterte ihn die finanzielle Abhängigkeit von Friedrich Engels, die er zeitlebens nicht loszuwerden vermochte.

94 Helmut Schelsky, Die Arbeit tun die anderen, Opladen 1975; ebenso Lothar Bossle, Soziologie und Psychologie des Radikalismusphänomens, in: Politische Studien.

Kapitel 14

Demokratie, Bürgertum, Parteien

Vom Unfug des »Regierens«

Man glaubt heute die Sinntendenz unseres Zeitalters besonders begriffen zu haben, wenn man von einer »Demokratisierung« aller Lebensbereiche nach gleichen Gestaltungsprinzipien spricht. Aber ist unsere »parlamentarische« Ordnung wirklich fundamental demokratisch? Demo-Kratie bedeutet im Gegensatz zu Aristo-Kratie und Fürsten-Herrschaft wörtlich »Volks-Herrschaft«, Herrschaft des Volkes über sich selbst. Aber was ist ein »Volk«? Kann das Volk als Volk beobachten, urteilen, bewerten, beschließen? Sind zu solchen Leistungen nicht immer nur einzelne, konkrete, und zwar sehr verschieden qualifizierte Menschen fähig? Das »cogito ergo sum« von Descartes, das die Geistesgeschichte der Neuzeit einleitete, kennt als Gedankenträger nur ein persönliches »Ich«, kein anonymes »Wir«. Mißtrauisch müssen wir daher werden gegenüber Begriffen wie »Volksherrschaft« oder gar gegenüber Verdoppelungen wie »Volksdemokratie«.

Diktaturen sind sicherlich keine Demokratien – auch wenn sie das oft vorgeben. Aber sind die parlamentarischen Demokratien der »Freien Welt« wirklich demokratisch im Sinne völliger Gleichheit? Ist es demokratisch, wenn 52 Prozent, 51 Prozent oder gar nur 50,5 Prozent der Bevölkerung die Regierungspartei bestimmen und 48 Prozent, 49 Prozent oder gar 49,5 Prozent überstimmt, in die Opposition gedrängt, also »majorisiert« werden? Ist das nicht »Diktatur«, zumal wenn zwischen beiden Parteien tiefgreifende weltanschauliche Unterschiede bestehen? Zumeist entgegnet man dann, Regierungskoalitionen seien unfruchtbar, weil nur die Verwirklichung einer »reinen Lehre« erfolgreich sein könne. Die Ideologen aller, besonders aber der linken Parteien, glauben, im Besitz der »alleinseligmachenden Lehre« zu sein.

Mit einer erfrischenden Offenheit hat sich zu dieser radikal-ideologischen Ansicht lediglich Mao Tse-tung bekannt. Er meinte: Weil der gegenwärtige Mensch noch nicht dem idealen Typus des »Sozialen« entspräche, müsse er umerzogen (Gehirnwäsche), vernichtet und statt seiner ein neuer Menschentypus herangezüchtet werden. – Nur weil wir leider in einer absolut gottverlassenen Zeit leben, erschrecken wir angesichts von solch anthropologiefremdem Polit-Programm nicht.

Echte Demokratie wird man heute wohl am ehesten »ganz unten« finden: Bei Forschungsexpeditionen, die über den besten Weg, bei Arbeitsteams, die über die beste Methode beraten; bei sogenannten »Bürgerinitiativen«, wobei angesichts überschaubarer Probleme alle zu Wort kommen und sich schließlich eine für alle annehmbare Lösung abzeichnen kann.

Einst hatten die politischen Parteien im Parlament die verschiedenen Bevölkerungsgruppen oder, wie in Österreich, die verschiedenen Nationalitäten zu vertreten und auf diese Weise der Regierung die erforderlichen Urteilsgrundlagen zu geben.

Politische Parteien und zumal Parteien der »radikalen Linken« sind, weltgeschichtlich betrachtet, nicht alt. Nicht alt zumal ist die ideologische Indoktrinierung unseres politischen Lebens. Viele Zeitzeichen deuten heute darauf hin, daß sich dieses ganze System überlebt hat und neue Formen eigentlich nötig wären. Diese Strukturen müßten vor allem durch eine Ent-Ideologisierung gekennzeichnet sein, das heißt, es müßten nüchterne Sachfragen an die Stelle weltanschaulicher Deklamationen treten.

Wenn heute soviel von der Notwendigkeit des »politischen Engagements« gesprochen wird, so erinnert mich das an die Zustände vor und nach 1933. Auch damals wurde, zumal an den Hochschulen, das nüchterne Sachwissen zugunsten eines weltanschaulichen Glaubens verspottet, gemäß dem alles Denken und Handeln im »Dienste des Volkes« (heute sagt man »der Gesellschaft«) auszurichten wäre. Dadurch hat man, einst wie heute, den wahren Sinn des »Politischen« pervertiert. »Politeia« war der griechische Stadt-Staat, also ein überschaubarer Organismus, um dessen Gedeihen sich die Bürgerschaft Athens in der Ratsversammlung in sach- und menschengemäßer Weise bemühte. Der Ursprungssinn von Politik wäre also wohl der, diesem sozialen

Organismus zu dienen und für ihn Opfer zu bringen. Wer sich aber heute zuweilen »politisch engagiert« nennt, will oftmals das Bestehende vernichten und dann den Neubau nach einem fertigen Rezept bewirken. Von Dienstbereitschaft ist kaum die Rede[95].

Eine Sachkunde sich zu erwerben und menschengemäß zu handeln, ist eingestandenermaßen schwer. Es setzt vor allem den Verzicht auf ein utopisches Wunschdenken voraus. In diesem Sinne der Ablehnung des Utopischen pflegen Techniker oder Ärzte die »Sachlichkeit«; denn über Sachfragen kann man nicht abstimmen und hierfür lohnt es auch nicht, Parteien zu gründen. Warum, so muß man fragen, ist lediglich die »Politik« heute von dieser Sachlichkeit ausgenommen? Warum ist es so leicht, sich »politisch zu engagieren«? Je weniger man echte Sachkunde und Sachverantwortung besitzt, desto leichter kann man seine Emotionen sprechen lassen. Für die Trassenführung einer Schnellbahn kann man sich nicht »politisch engagieren«. Hier setzen die Entscheidungsverengungen eine harte wissenschaftliche Arbeit voraus. »Politisch engagieren« kann man sich hingegen für irgendwelche Ideen, wie die Menschen sich verhalten oder welche gesellschaftlichen Zustände herrschen »sollten«.

Versteht man unter »Politik« schlechthin das »Regieren« und unter Regieren ein von »außen« in menschliche Belange »Eingreifen«, so leiden wir heute sichtlich unter einer Überschätzung des »Politischen«. Der illusionäre Hochmut vieler Regierungen, ebenso wie der Hochmut der einstigen Fürsten, besteht im Glauben, erst ihr »Regieren« ermögliche das wirtschaftliche und kulturelle Gedeihen der Völker. Den Menschen selbst traut man nichts zu. Man hält sie für dumm und unfähig. Aber die Ärzte, Forscher, Lehrer, die Ingenieure und Industriellen, die Dichter und Musiker wissen schon selber, wie sie es zu machen und dem Gemeinwesen am erfolgreichsten zu dienen haben. Demgegenüber erscheint gerade die Massenproduktion von Gesetzen und Verordnungen durch Regierungen und Parlamente als Beweis der Wirklichkeitsfremdheit und damit der Unfruchtbarkeit.

95 Vgl. R. Hauser, Verantwortung – Betrachtungen über das Wesen des Menschen. Wien.

In recht entrückter Zeit mögen weise »Herrscher« und der durch sie repräsentierte »Staat« für das Gedeihen der noch kindlich-unmündigen Menschen wichtig gewesen sein. Heute hingegen erweist sich der aufgeblähte Staatsapparat, abgesehen von den unproduktiven Kosten seiner Beamten, für die Entwicklung der Menschheit zuweilen schon hinderlich. Das zumal dann, wenn politische Ideologen den Glauben suggerieren, das wahre Rezept für das Gedeihen des menschlichen Zusammenlebens zu besitzen und notfalls den widerstrebenden Menschen mit Gewalt auferlegen zu müssen.

Psychologisch ist das begreiflich: denn was sollen Politiker und Beamte anderes tun, als darüber nachzusinnen, in welcher Weise sie durch Vorschriften und Gesetze die Berechtigung ihrer eigenen, manchmal recht gutbezahlten Existenz beweisen könnten?

Ist man jedoch, wie man stets versichert, von der »Mündigkeit« des modernen Menschen überzeugt, will man wirklich, und nicht nur mit Worten, eine echte Demokratie, dann muß man den Menschen die Gestaltung ihres privaten und sozialen Daseins in den einzelnen Fach- und Lebensbereichen möglichst weitgehend selbst überlassen.

Konkret müßte das dann so aussehen: Jede Berufsgruppe, jedes Gremium regelt aus der Sachhaltigkeit seines Wirkens, aber in steter Rücksichtnahme auf die Sachhaltigkeiten anderer Berufsgruppen, seine eigenen Belange. Solche Gruppen sind z. B. Ärzte, Ingenieure, Rechtsanwälte, Lehrer, Bauern, Handwerker, Verkehrsbetriebe, die verschiedenen Sparten der Verbrauchs- und Investitionsgüterindustrie, die Vertreter der Arbeitnehmer, Arbeitgeber und Konsumenten usw. Kurzum, die Menschen, die wirklich etwas leisten, sollen versuchen, ihre Wirkungssphäre in sich selbst und untereinander zu regeln.

Ein solcher »Pluralismus« ist freilich äußerst mühevoll. Er setzt eine hohe Sachkunde und die Sittlichkeit voraus. Aber nur in solchen Gesellschaftsformen, und nicht in diktatorisch-zentralgesteuerten Strukturen könnte sich die einzelmenschliche Persönlichkeit in voller Mündigkeit entfalten. Dieser Pluralismus ist aber auch schon heute überall in der Verborgenheit der Vielfalt menschlicher Eigenschaften vorhanden, denn auf ihm beruht nicht wegen, sondern trotz allen »Regierens« und »Verwaltens«, das

Gedeihen der wirklichen Gemeinschaftsgebilde. Wenn man daher, wie schon Wilhelm von Humboldt (1767–1835), die »Grenzen der Wirksamkeit des Staates« zu bestimmen sucht, so kann man das zunächst am Beispiel eines Lkw verdeutlichen: 1. sein Konstruktionsplan und dessen dauernde Vervollkommnung gehört in den Bereich wissenschaftlicher Forschung; 2. seine preiswerte, serienmäßige Fertigung sowie seine Transportfunktionen gehören in den Bereich der Wirtschaft, worüber wieder die betreffenden Sach- und Marktkenner in Kontakt mit den Abnehmern zu entscheiden haben; 3. was bleibt, ist die Regelung des Verkehrs oder der maximalen Auspuffgase durch den Staat als Wahrer der Gesetze – begleitet vom Bestreben, möglichst wenig hemmend in die Bereiche Nr. 1 und 2 einzugreifen.

Hochaktuell wird dieses banale Beispiel, wenn es z. B. auf das Schulwesen oder den Gesundheitssektor übertragen wird: Daß auch hier Fachleute, also Ärzte in Kontakt mit der Pharmaindustrie und mit ihren Patienten, Lehrer in Kontakt mit Eltern und Schülern, entscheiden sollten, ist zwar klar, wird aber dadurch verdeckt, daß Menschen unbedenklicherweise nun einmal kompliziertere Gebilde als Lkw sind. Daher können auf diesem Gebiet sachfremde Ideologen mit dem Hintergrund staatlicher Macht darüber entscheiden, »wie« Kinder am besten erzogen, »wie« Kranke am besten geheilt werden sollen. Kurz: das sogenannte »politische Engagement« der Alles- und Besserwisser versucht hier, mit sachfremden Gesetzen hineinzuregieren, statt zu fragen: *Was* ist ein Mensch und *wessen* bedarf er, ähnlich einer kostbaren Pflanze, zu seiner leiblich-seelisch-geistigen Entwicklung?

Hinsichtlich der vieldiskutierten »Rahmenrichtlinien« für den Unterricht in den Schulen Hessens und Nordrhein-Westfalens bemerkt G. Rohrmoser[96]: »Als oberstes Ziel wird zwar die Selbstbestimmung und die Fähigkeit zur Mitbestimmung genannt, nur was ist das ›Selbst‹, das hier sich selbst und mitbestimmen soll? Hier lautet die lakonische Antwort: Bedürfnis und Interesse! Mit dieser Antwort aber feiert der Verfall der bürgerlichen Ge-

96 Vgl. Günter Rohrmoser, Die metaphysische Situation der Zeit, Stuttgart 1975.

sellschaft einen späten Triumph.« – Denn eben dieses Bürgertum des 19. Jahrhunderts hatte, in totaler Verkennung der wahren Anthropologie, den Menschen zum intelligenten Tier degradiert, das lediglich der Triebbefriedigung nach Sigmund Freud und der Bedürfnisbefriedigung nach Karl Marx sucht, keine unsterbliche Seele, sondern nur »Gehirnprozesse« besitzt und sein Dasein nicht weisheitsvoller Schöpfung, sondern zufälligen, vom Kampf ums Überleben gesteuerten Mutationen nach Charles Darwin verdankt. Nietzsche schließlich setzte diese Tendenzen fort, indem er die »Blonde Bestie« kreierte, als Ausdruck der Höherzüchtung des Menschen dadurch, daß er alles Schwache, Kranke, Leidende ausrottet.

Diesen Gedanken Nietzsches hat freilich der Spätmarxismus nicht übernommen, obgleich das von ihm verkündete Recht auf Bedürfnisbefriedigung auch kein sozialer, sondern ein eminent egoistisch-antisozialer Gedanke ist. Das gewaltige Ringen in der Menschheitsgeschichte, das Menschsein über die animalische Ebene hinauszuheben und es durch »Recht«, »Sitte«, »Religion« erst wahrhaft-menschlich zu machen, wird durch einen ideologischen Politikunterricht den Kindern vorenthalten. »Dann versinkt der Reichtum der Geschichte in der Abstraktion eines dürren Schemas, das nur eine Erkenntnis vermittelt, nämlich die, daß immer wenige immer mehrere unterdrückt und ausgebeutet haben – dann gibt es in der Geschichte keinen Fortschritt im Bewußtsein und in der Verwirklichung der Freiheit, die man auch verspielen kann«, so Rohrmoser. Das ist nun folgerichtig für einen Marxismus, der keine geistig-moralische Entwicklung des Einzelmenschen kennt. Deshalb muß auch die prägende Kraft der Familie ausgeschaltet werden, weil »die Familie eine Institution für die Erzeugung repressiver Leistungsnormen einer ausbeuterischen Klassengesellschaft ist«.

Verständlich ist es, daß demnach durch den »Marsch durch die Begriffe« auch der Begriff »Bürger« ein dialektisches Opfer historischer Gegensätze geworden ist. Was einst der höchsten Achtung würdig befunden wurde und auch noch heute als ehrende Auszeichnung verliehen wird, beispielsweise Ehrenbürgerschaft einer Stadt, das sollte nun zum Schimpfwort werden. Und so geschah das Erstaunliche: die also durch die Pervertierung eines Wortes

Betroffenen suchten sich nicht im Vollgefühl ihres Wertes zu wehren, sie wurden vielmehr verunsichert, bekamen ein schlechtes Gewissen und wichen allzu feige zurück. Erst durch dieses Verhalten, und nicht an sich selbst, scheint das Bürgertum die Verachtung, die man ihm entgegenbringt, zu rechtfertigen. Denn was ist ein »Bürger«! Geschichtlich begegnet uns ein Bürgertum wohl erstmalig im antiken Griechenland, insbesondere in Athen, und zwar im Gegensatz zu orientalischen Königs- und Priesterherrschaften. In diesem Sinne hat das griechische Bürgertum bei Marathon und Salamis die Angriffe Asiens zurückgeschlagen und Europa begründet. Seither ist der Begriff »Bürger« untrennbar mit dem Begriff der Verantwortung tragenden, freien Persönlichkeit und Menschenwürde verbunden. In diesem Sinne waren auch einzelne Persönlichkeiten, also Bürger, seit dem Zeitalter der Renaissance doch die Schöpfer der europäischen Malerei, Dichtung, Musik, Architektur, aber auch der modernen Naturwissenschaften, der Heilkunde, Wirschaft und Industrie.

Massenmenschen und Kollektive sind niemals schöpferisch, – im Gegenteil, sie verlangen danach, beherrscht und geführt zu werden. »Masse« und »Diktatur« gehören zusammen und ergänzen einander. Der wahre »Bürger« erhebt sich über beide. Er kann nur in jenen Geschichtsepochen gedeihen, die nicht von Massen-Diktaturen oder Ideologien geprägt sind, sondern wahrhaft liberal sind. Zur ideologischen Disqualifizierung des Begriffs »Bürger« konnte es überhaupt nur kommen, weil das Bürgertum im 19. Jahrhundert die Verantwortungen zunächst nicht begriff, die das von ihm selbst heraufgeführte industrielle Zeitalter stellte. Heute ist das weitgehend nachgeholt und bereinigt. Heute sollte das Bürgertum den Mut zu sich selbst aufbringen, statt sich von den Neidkomplexen mancher Ideologen verunsichern zu lassen. Denn gerade auch der ehemalige »Proletarier« strebt heute – wenn er sich recht versteht – danach, ein mitberatender, mitbesitzender und mitverantwortlicher Bürger der modernen Industriegesellschaft zu werden.

Überall ist doch das Bürgertum der Repräsentant von Fortschritt und Freiheit, da es sich eben aus der Vorherrschaft von Adel und Priestertum befreien konnte. Geschichtlich währte diese Freiheit freilich nicht lange: Kaum hatte nämlich das Bürgertum im Laufe des 19. Jahrhunderts und im Gefolge der Französischen Revolution die Bevormundung von Adel und Kirche überwunden, als sich auch schon die moderne Massengesellschaft entwickelte. Diese gesellschaftliche Struktur ist zwar imstande, den einzelnen gegen alle Lebensrisiken bestmöglich zu versorgen, engt jedoch seinen Freiheits- und Verfügungsraum zunehmend ein. In manchen europäischen Demokratien besteht das Bestreben, den einzelnen Menschen durch den Staat »verwalten« zu lassen. Es bildet sich eine für die Menschen immer bedrückender werdende Versorgungs-Diktatur heraus, die dem einzelnen möglichst keine, dem Staate möglichst alle Befugnisse überträgt.

Man nimmt dann dem einzelnen von seinem Besitz und Einkommen möglichst viel weg, um es in den gemeinsamen Topf staatlicher Verwaltung zu werfen und hernach daraus, gemindert durch die Kosten eines riesigen Verwaltungsapparates, wieder zu verteilen. Das Ideal wäre freilich: allen alles, d. h. auch die eigenen Gedanken wegzunehmen, um dann allen, gemäß der »Staatsweisheit«, das für richtig Erkannte zuteilen zu können.

Irgend etwas in der tiefen Grundgelegtheit der menschlichen Seele bejaht wohl die evangelischen Ideale der absoluten Gleichheit, der Gerechtigkeit, der Brüderlichkeit und verdammt das gegenwärtige Konsum- und Wohlstandsdenken. Fragt man sich aber, wo und wann solchen Idealen in nahezu vollkommener Weise entsprochen wurde, so ist die überraschende Antwort: in den ursprünglichen christlichen Orden und Klöstern. Jeder, der hier eintrat, hatte als erste Handlung seinen gesamten Besitz sowie seine Einkünfte dem Kloster zu übereignen – womit der absoluten wirtschaftlichen Gleichheit entsprochen war. Dann hatte jeder für alle, alle für jeden zu arbeiten, wodurch man dem Ideal der selbstlosen Brüderlichkeit nahekam. Schließlich wurden aus dem gemeinsamen Besitz und Einkommen jedem in gleicher Weise ein Minimum des Lebensnotwendigen gereicht und dadurch dem Ideal der Bescheidenheit entsprochen.

Modernen Diktatoren scheinen derartige »soziale Ideale« vorzuschweben. Man übersieht aber dabei gänzlich, daß die eben genannten Klosterideale nicht um ihrer selbst willen und auch nicht im Dienste der »idealen Gesellschaft« einst verwirklicht wurden, sondern in der Nachfolge Jesu Christi, um den Willen

Gottes zu erfüllen. Davon wollen moderne Diktatoren freilich nichts wissen. Also kann ihr Programm absoluter Gleichheit und Brüderlichkeit nicht eine Erhöhung des Menschen zur Gotteskindschaft, sondern nur seine Erniedrigung zur Termite oder Ameise zum Ziele haben. Die modernen Diktaturen sind der Aufstand des gott- und wertverleugnenden Egoismus.

Hinter der von Linksextremisten gestarteten Disqualifizierung des Bürgers steht demnach die Disqualifizierung dessen, was Menschen von Tieren unterscheidet: die Personalität. In religiösen Orden haben die Menschen trotz absoluter gesellschaftlicher Gleichheit ihre Personalität deshalb nicht verloren, weil diese in der Gotteskindschaft ihrer unsterblichen Seelen verwurzelt war. Werden jedoch ähnliche Nivellierungen von modernen Staaten versucht, so zielen sie auf eine Vernichtung eigentlichen Menschseins. Statt – was richtig wäre – einstige Proletarier zu verantwortungsbewußten Bürgern zu machen, will man alles Personhafte »proletarisieren«. »Jedem das Seine fordert die Gerechtigkeit, jedem dasselbe verlangt der Neid«, meinte schon der Heidelberger Soziologe Alexander Rüstow.

In ihrem Buch »Kapitalismus heute« sehen Daniel Bell und Irving Kristol zugleich die wahren Gegner des Bürgertums mit vollem Recht nicht in der Arbeiterschaft, sondern im Bürgertum selbst, beziehungsweise im »Nihilismus«, der dieses Bürgertum an seinem eigenen Wert zweifeln läßt. Wohl habe die neuzeitliche Wirtschaft den Menschen ein bisher niemals erreichtes Maß an Freiheit und Wohlstand gebracht, zugleich aber alle Jenseitsbeziehungen zerstört und die Menschen zu reinen diesseitigen Besitz- und Genuß-Wesen degradiert. Die Schuld daran wird also jenem Bürgertum angelastet, das seit Beginn der Neuzeit die Emanzipation aus den mittelalterlichen Glaubensbindungen vollzog, und den stolzen Selbst-Denker und Selbst-Schöpfer »Mensch« an die Stelle der Gottheit, in den Mittelpunkt der Welt stellte. Nennt man diesen Zustand »Bürgerliche Kultur«, so ist heute in den Kreisen der Intellektuellen eine Abkehr von diesen kulturellen Werten im vollen Gange. Die kalifornischen Hippies waren wohl die sichtbarste Erscheinungsform dieser Abkehr. Aber diese Selbstzerstörung des Bürgertums richtet sich lediglich gegen eine bestimmte geschichtliche Form des Bürgers – besser des »Bourgeois« –, während offenbar diejenigen Menschen, die die ungeheuren Opfer für den Bau der Riesendome in den kleinen mittelalterlichen Städten darbrachten, eine ganz andere Form von »Bürgerlichkeit« repräsentierten.

Lohnt es, um Namen zu streiten? Es kommt doch nicht darauf an, welchen Namen wir der jeweils Verantwortung tragenden Gesellschaftsschicht geben. Sicher ist nur eines: Im Gegensatz zu den Erwartungen von Karl Marx befinden wir uns heute nicht in einer Epoche der steigenden Verarmung (Pauperisierung) und Proletarisierung, sondern in einer Epoche des steigenden Wohlstandes und der vermehrten Anforderungen an das Mit-Denken und Mit-Verantworten immer breiterer Bevölkerungsschichten, demnach in einem Prozeß der Ent-Proletarisierung.

Sucht man hierfür einen geeigneten Namen, so wird sich wohl kein besserer als der des »Bürgers« anbieten – wenn wir nicht gar so hochgespannte Erwartungen hegen und von einer neuen Aristokratie sprechen. Denn jeder Mensch, der sich heute mitdenkend und mit-verantwortend seinen Mitmenschen verbunden weiß, ist ein Bester, ein Allerbester, ein Aristokrat, also ein in Wahrheit Mündiger, der aber zunächst sich selbst beherrschen, bilden und vermenschlichen muß.

Ein besonders schwieriges Kapitel, das ich hier doch noch antönen lassen möchte, bildet das Problem der »Verantwortlichkeit« in parlamentarischen Demokratien sowie hinsichtlich der regierenden Beamtenschaft in Staat, Land, Stadt. Die Unternehmer, die ihren Kreditgeber in fahrlässiger Weise schädigen, können ebenso zur Verantwortung (z. B. Schadenersatz) herangezogen werden wie Ingenieure, deren Konstruktionen vermeidbare Fehler aufweisen, oder Ärzte beziehungsweise pharmazeutische Betriebe, die in fahrlässiger Weise dem Patienten schaden. Hingegen ist das äußerste Risiko, was auf fehlplanende Regierungsmitglieder oder leitende Beamte zukommen kann, der Rücktritt oder die Pensionierung. Den echten, vollen Schaden trägt allerdings die Bevölkerung. Es ist nämlich heute noch nicht üblich, Unfähigkeit, Torheit, Gewissens- und Wissensmangel zu bestrafen und jene zu Schadenersatz zu verurteilen, die es gleichwohl wagten, verantwortliche Positionen zu übernehmen, statt sich mit bescheideneren Aufgaben zu begnügen.

Vielleicht ist es angebracht, hier eine Maxime Immanuel Kants zu zitieren, die heute noch aktueller ist als vor 200 Jahren. »Es ist überall nichts in der Welt, was ohne Einschränkung für gut könnte gehalten werden, als allein ein guter Wille ... Macht, Reichtum, Ehre, selbst Gesundheit und das ganze Wohlbefinden und Zufriedenheit mit seinem Zustand, unter dem Namen der Glückseligkeit, machen Mut und hierdurch öfters auch Übermut, wo nicht ein guter Wille da ist, der den Einfluß derselben aufs Gemüt und hiermit auch das ganze Prinzip zu handeln berichtige und allgemein-zweckmäßig mache ... Ein vernünftiger und unparteiischer Zuschauer kann am Anblick eines ununterbrochenen Wohlergehens eines Wesens, das kein Zug eines reinen und guten Willens ziert, nimmermehr ein Wohlgefallen haben.«[97]

97 I. Kant, Grundlegung zur Metaphysik der Sitten, 1785, S. 241.

Kapitel 15

Wohlstandsdiktatur und totale Verwaltung

Die Ausschaltung des Menschen

Einstmals hieß »sozial« das Wagnis zum Kampf gegen Unterdrückung, Armut und Not durch eine berechtigte Inanspruchnahme der besitzenden Schichten. Heute, bei allgemeinem Wohlstand, sollte sozial heißen: Kampf für die persönliche Freiheit des einzelnen hinsichtlich seiner Lebensgestaltung gegenüber dem Moloch »Gesellschaft«. Das Freiheitsthema hat die Gerechtigkeitsformel überflügelt.

Hierher gehört unter anderem das auf John K. Galbraith zurückgehende Schlagwort vom »privaten Reichtum und von der öffentlichen Armut«. Dahinter steht wohl die Absicht, den Lebensraum des Einzelmenschen noch mehr einzuschränken, um damit gigantische öffentliche Veranstaltungen, Kulturpaläste, Verwaltungszentralen zu finanzieren, die eigentlich niemand mehr haben will. Das erinnert an »Kraft durch Freude«. Denn sowohl linken als rechten Diktaturen ist der Wille gemeinsam, die Privatsphäre zugunsten der Kollektivsphäre auszuschalten. Denn in seiner Privatsphäre und möglichst durch Privatbesitz gesichert, ist der Mensch von Machthabern unabhängig und kann auf seine Weise denken und leben. In der Kollektivsphäre jedoch ist er ideologischen Beeinflussungen preisgegeben, wenn nicht überhaupt durch Aufmärsche, Lärm und Betrieb des »kollektiven Daseins« das Ewige im Menschen total verschüttet wird. Die Menschen nie zur Ruhe, Besinnung, inneren Stille kommen zu lassen, sowie alle Freundschafts- und Familienbande zugunsten des Massenkollektivs tunlichst aufzuweichen, das sind die raffiniertesten Mittel, deren sich alle »Sozialismen« – gleichgültig ob sie »national« oder »marxistisch«, »faschistisch« oder »kommunistisch« gefärbt sind – letztlich bedienen.

Dieser funktionalisierten Kollektivierungslust muß auch die Umverteilung« der Besitz- und Einkommensverhältnisse dienen. Zunächst wird verkündet, daß man hierdurch den »Armen« helfen und für mehr Gerechtigkeit sorgen will. Im Verborgenen aber wächst durch alle diese Maßnahmen die finanzielle Macht der »öffentlichen Hand«. Wenn dann die Menschen nicht mehr die eigenen Mittel haben, ihre Lebensweisen und Urlaube nach ihrem Sinne zu gestalten, dann bietet sich der Staat an mit kollektiven Veranstaltungen. – Dadurch entstehen die spätrömischen Brotspiele unserer Zeit.

Sofern man polarisierende Schlagworte liebt, sollte man den neuesten schmerzlichen Erfahrungen gemäß doch auch einmal von »privater Sparsamkeit und öffentlicher Verschwendung« sprechen. Was größenwahnsinnige Gemeinden, Länder, Staaten sich in dieser Beziehung auf Kosten der Steuerzahler leisten, dringt zwar selten an die Öffentlichkeit, ist aber, wenn es bekannt wird, um so schockierender. Denn hohe Ausgaben und aufwendige Bauten schmeicheln dem Stolz der Regierenden, und seien sie auch nur die Bürgermeister kleiner Gemeinden, und bringt ihnen wohl zunächst Beifall – bis das Ausmaß der Verschuldung bekannt wird, in das die Steuerzahler gestürzt wurden. Psychologisch ist ein solches Verhalten sogar verständlich: Die riesenhaften Steuerbeträge, die bisher (!) eine fleißige Gesellschaft erarbeitete, üben auf die Regierenden einen berauschenden Einfluß aus, der sie alle Kalkulationen und Rücklagen für depressive Zeiten vergessen läßt. Gewiß: diese Herren sind nicht im gewöhnlichen Sinne kriminell, aber von einem Mangel an Verantwortung gegenüber ihren Mitmenschen erfüllt, der im höchsten Grade asozial genannt werden muß. Dadurch ist das moderne System der kollektiven Verantwortungslosigkeit entstanden.

Dieser Tendenz kommt der Zeitgeist allzu gern entgegen; denn Menschen, die das Bewußtsein ihrer unvergänglichen geistig-seelischen Substanz und ihrer »wahren Heimat« verloren haben, müssen nunmehr, in einer Art Ausweichhandlung und Ersatzbefriedigung, von den äußeren Lebensverhältnissen die Stillung aller ihrer Wünsche und Sehnsüchte erwarten. Als Garant dieser Stillung figuriert dann die Funktionärsschicht des Staates oder

der Einheitspartei. Vieles kann sie aus dem Schatz desjenigen, was sie zuerst den Menschen wegnahm, diesen Menschen dann wieder zuteilen. Eines nicht: Glück und inneren Frieden. Dafür wird auch weiterhin jeder selbst sorgen müssen. Diktaturen sind hierin freilich anderer Meinung: In Plakaten und Filmen wird den Menschen die Illusion zu suggerieren versucht, »wie glücklich sie allein schon dadurch sind, in einem solchen Lande leben und arbeiten zu dürfen«.

Wenn wir freilich heute immer noch den Staat, genauer den marxistisch ausgerichteten Funktionärsstaat als Gegenspieler zur menschlichen Persönlichkeit sehen, so ist das nicht mehr ganz zeitgemäß. Immer mehr scheinen vielmehr heute die Gewerkschaften die Macht im Staat, sozusagen als Staat im Staat, zu übernehmen. Ursprünglich als Interessenvertreter der Arbeitnehmer gegenüber den Arbeitgebern entstanden, werden sie heute zu Kapitalisten erster Ordnung und selbst zu Arbeitgebern. Aber sie stehen außerhalb der Demokratie: Die Bevölkerung hat keinerlei direkten Einfluß auf die Machtstruktur ihrer Funktionäre. Demokratisch gewählte Regierungen sind ihnen gegenüber machtlos. Da diese Situation geschichtlich neu ist, kann man noch kaum ermessen, was sich daraus für die Zukunft der Menschheit ergeben könnte[98].

Wie schon bemerkt, kann es in den heutigen politischen Auseinandersetzungen zwischen den großen Parteien nicht genügen, die Programme des Gegners zu kritisieren. Es ist vielmehr nötig, sich die Frage nach den unbewußten Motiven der gegnerischen Programme zu stellen. Solange Marxisten gegen Not und Armut sowie für Kranken-, Alters- und Invaliditäts-Versicherungen kämpften, waren ihre Gründe durchaus verständlich. Wenn es jedoch z. B. in den europäischen Nordstaaten darum geht, das gesamte menschliche Dasein, wie man sagt, zu »verplanen« und »in den Griff zu bekommen« und man sich zur Behauptung versteigt, es sei *Aufgabe der Regierung, die Menschen notfalls zu ihrem Glück zu zwingen,* dann haben solche Programme nichts mehr mit der Bekämpfung von Not und Armut zu tun. Es schei-

98 Vgl. dazu Jürgen Eick, Wie man eine Volkswirtschaft ruinieren kann, Frankfurt/M. 1974; vgl. auch: Macht und Verantwortung der Gewerkschaften, Sammelband, Köln 1974.

nen vielmehr hinter solchen »Wohlfahrtsdiktaturen«, wie sie der Schwedenkenner Roland Huntford nennt, ganz andere Kräfte am Werke zu sein[99].

Wir müssen fragen: Was sind das eigentlich für Menschen, die sich offenbar über den Reichtum der freien Entfaltung menschlichen Lebens, des Pluralismus im wahren Sinne irgendwie ärgern, denen es scheinbar Befriedigung gewährt, diesen Lebens-Reichtum einzuengen, beziehungsweise ihm die Zwangsformen ideologischer Vorstellungen aufzuerlegen? Die in früheren Zeiten üblichen Macht- und Herrschaftsformen waren bestrebt, die Menschen leistungsgemäß auszubeuten. Die spätmarxistischen Machthaber gleichen viel eher düsteren Asketen, die sich im Alleinbesitz der Wahrheit wähnen, aber keineswegs nur das physische, sondern auch das geistig-seelische Leben der Menschen ihren Dogmen unterwerfen wollen.

Vielleicht darf man es noch schärfer formulieren: Wenn man unter Güte und Liebe jene Haltung versteht, die das Leben gewähren und jeden nach seiner Weise selig werden läßt, weil sich Güte und Liebe am Leben freuen und dessen Reichtum bejahen – so wird man bei jenen »Asketen des Spätmarxismus« wohl eher das Gegenteil von Güte und Liebe feststellen müssen. Im Grenzfall verschwinden sogar persönliche Machthaber gänzlich in der Anonymität des Systems. Kein »Ich«, sondern ein »Es« verwaltet nunmehr, und es werden im Zustand der Perfektion auch keine »Ichs«, sondern nur mehr zu Dingen gewordene Menschen verwaltet.

Schon seit langem wurden innerhalb der Industriegesellschaft die Lebewesen zu bloßen Sachen. Man denke an die Hühner in den »Eierfabriken«, an die Kälber in den »Fleischfabriken«. Innerhalb der »perfekten Gesellschaft« werden schließlich auch menschliche Personen zu »Verwaltungssachen«. Hannah Ahrendt nennt das »die tyrannische Staatsform bürokratischer Niemandherrschaft«. Aber schon Max Weber sprach vom »Gehäuse der Hörigkeit« und meinte: »Die Bürokratie entwickelt ihre spezifische Eigenart um so vollkommener, je mehr sie sich entmensch-

99 Vgl. Roland Huntford, Wohlfahrtsdiktatur. Das schwedische Modell, Frankfurt/Berlin/Wien 1974.

licht, je vollkommener ihr die Ausscheidung von Haß und Liebe und allen rein persönlichen Empfindungselementen aus der Erledigung der Amtsgeschäfte gelingt.«

Wohl am irrationalsten macht sich, wie bereits erwähnt, diese Tendenz auf dem Gesundheitssektor bemerkbar: die unmittelbare, von beiden Seiten frei gewählte Beziehung zwischen Arzt und Patient, also ein Vertrauensverhältnis, soll durch einen anonymen Apparat staatlicher Ambulatorien ersetzt werden. Aus dem Heilanliegen selbst kann dieses Vorgehen nicht gerechtfertigt werden. Die wahren Ursachen sind eben auch hier tiefenpsychologischer Art: Der Haß gegen die freie Selbstbestimmung der Menschen.

In Rußland bedurfte es einer blutigen Revolution, um ein in mittelalterlichen Verhältnissen erstarrtes System zu stürzen. Im heutigen Westeuropa bedarf es dessen nicht. Die treibenden Kreise sind sich vielmehr darüber im klaren, daß sie auf den stillen Wegen der Besteuerung und der Finanzgebarung dasselbe erreichen. Je unmöglicher es breiten Bevölkerungsschichten wird, durch Sparrücklagen eine gewisse Unabhängigkeit dem Staate gegenüber zu erlangen, und je mehr diese Unmöglichkeit durch Inflation verstärkt wird, desto mehr müssen immer breitere Bevölkerungsteile in eine unmittelbare finanzielle Abhängigkeit vom Staate gelangen. Über den »Geldstaat« kann man nun die Menschen in jeder gewünschten Richtung manipulieren.

Damit wird ein verhängnisvoller Rückkoppelungsprozeß in Gang gebracht: Die Eigeninitiative und Leistungsbereitschaft der Menschen sinkt ab, wodurch sie in vermehrte Abhängigkeit vom Staat gelangen, was wieder weiterhin die Eigeninitiative lähmt. Die sozialen Unterschiede werden immer geringer, was der Ideologie der Funktionärsschicht schmeichelt[100].

Es ist wohl aussichtslos, mit solchen Gesellschafts-Dogmatikern ins Gespräch zu kommen. Man wird auch durch den Hinweis auf die Mißerfolge ihres politischen und wirtschaftlichen Handelns auf sie keinen Eindruck machen. Denn die von ihnen vertretenen

100 Vgl. dazu Salvador de Madariaga, Zuerst die Freiheit. Über die Transformationstechnik des Sozialismus, Ludwigsburg; Lothar Bossle, Allende und der europäische Sozialismus, Stuttgart 1975.

Ideale sind absolut und nähren sich von der Distanzierung zur Wirklichkeit.

Bedenkt man den Unfehlbarkeitsglauben solcher Funktionärsschichten, so kann man mit Helmut Schelsky in der Tat von einem neuen *»Priestertum der Intellektuellen«* sprechen. Das Schwergewicht der Schelskyschen Analysen beruht hierbei auf dem Begriff des »Intellektuellen«. Der Intellekt ist eine ebenso großartige wie gefährliche Fähigkeit des modernen Menschen. Fruchtbar ist er, wenn er sich in echter Sachkenner- und Sachkönnerschaft mit bestimmten Wirklichkeiten verbindet. Dann ergeben sich die großartigen Leistungen moderner Naturforscher, Ärzte, Konstrukteure, Industriemanager. Verheerend aber wird er, wenn er, abseits echten Sachwissens, sich als intellektueller Dünkel gebärdet. Solchem Dünkel entspricht, was Schelsky den »Himmlischen Sozialismus« nennt, der schon bei Marx als fernes Endziel erscheint und über Herbert Marcuse bis zu den gegenwärtigen priesterlichen »Sinnvermittlern« reicht.

Was ist zu tun: 1. Gedanken und Programme zu entwickeln, die besser dem Wesen des Menschen entsprechen. Nicht unsoziale Programme, sondern anthropologische Programme sind notwendig. 2. Diese Gedanken den Menschen dann anzubieten, wenn sie, genügend lange durch die Erfahrungen mit dem Spätmarxismus hindurchgegangen und dadurch in der Praxis über dessen wahren Charakter belehrt, zur Besinnung kommen und nach neuen politischen Formen Ausschau halten. Denn Marxismus und Spätmarxismus haben zunächst ungeheure Erwartungen in den Menschen erweckt. Diese müssen radikal enttäuscht werden, ehe ein Wandel leider erst möglich ist.

Einer solchen »Aufklärung« steht heute noch die Unmündigkeit breiter Bevölkerungsschichten entgegen. Die einstigen bürgerlichen Oberschichten wußten z. B. sehr wohl den Arzt ihres Vertrauens sich selbst zu suchen und ihn entsprechend zu honorieren. Sie waren ja auch sonst gewohnt, ihr Leben selbst zu verwalten und zu verantworten. Das wurde durch die Industrialisierung und die Entwicklung der modernen Großstadt anders. Die neuen, namenlosen, entwurzelten Menschenmengen bedurften nunmehr der Leitung und Betreuung durch Verwaltungsapparate, wodurch ein stets wachsendes Versicherungswesen zustande kam.

Solchen Menschen entspricht es auch wohl noch heute, wenn sie möglichst wenig selbst zu sorgen, zu verantworten, zu sparen und zu wirtschaften brauchen. Alles wird ihnen, über hohe Steuern und Abgaben, vom Staat abgenommen. Dadurch wird ihnen zwar zunächst geholfen, im weiteren Verlauf jedoch werden sie in künstlicher Unmündigkeit erhalten.

In diesem Sinn ist auch der Begriff »Mitbestimmung« zu durchleuchten. Sagt man »Mitbestimmung«, so fühlt jeder, von den Schülern angefangen über Studenten bis zu Arbeitern und Angestellten, sich zu persönlichem Entscheiden und Verantworten aufgerufen. Aber sind diejenigen, die lautstark nach Mitbestimmung rufen, ehrlich? Sind sie zumeist nicht nur darum bemüht, die bestehenden gesellschaftlichen Strukturen zu verunsichern und aufzuweichen, um dann sich selbst im allmächtigen Funktionärs- und Gewerkschaftsstaat an die Spitze zu katapultieren? Bei Marx und Lenin ist diese Machtsehnsucht auf dem Rücken der Arbeiterschaft jedenfalls ganz deutlich.

In der Vergangenheit war es zunächst nötig, den wirtschaftlich Schwächeren, also den Arbeitnehmern, gegenüber den wirtschaftlich Stärkeren, also den Arbeitgebern, zu ihrem Recht zu verhelfen. Dies zu tun, war das unbestreitbare Verdienst der Gewerkschaften und ist es bisweilen auch noch heute. Hierbei mußten die Arbeitnehmer zunächst als Stand, als Klasse, also als Kollektiv betrachtet werden, dessen Macht gegenüber den anderen, in der Gesellschaft wirksamen Faktoren vergrößert werden sollte. Bisweilen scheint jedoch diese Macht heute bereits so groß, daß man versucht sein könnte, die anderen Bevölkerungsgruppen, also die Konsumenten und Unternehmer, vor ihrem Übermaß zu schützen. Wenn gar Staatsangestellte, ihre Treuepflicht verletzend, über ihre Gewerkschaft den Staat unter Druck setzen, so scheinen sich die Verhältnisse des 19. Jahrhunderts heute in ihr Gegenteil verkehrt zu haben.

Institutionen sind immer mehr in der Gefahr, sich selbst schließlich mit demjenigen zu verwechseln, wofür man anfänglich zu sorgen vorgab. So scheint es heute den Gewerkschaften in der Frage des Mitbestimmens und Mitbesitzens zu ergehen. Indem sie für die Rechte der Arbeitnehmer eintreten, treten sie ganz unbemerkt an deren Stelle. Denn nicht der einzelne Arbeitnehmer als solcher soll in seinem Betrieb gemäß seiner fachlichen und moralischen Qualitäten mitbestimmen und auch an den Gewinnen sich beteiligen, sondern Gewerkschaftsfunktionäre wollen bestimmen, und die Gewerkschaft will die den Arbeitnehmern zugedachten Gewinne übernehmen und verwalten. Der weltgeschichtliche Trend ist deutlich: Aus der Macht und Patronanz der Arbeitgeber entlassen, wird der Arbeitnehmer in die Macht und Patronanz der Gewerkschaften hinübergereicht.

Der Einzelmensch geht eigentlich heute bei allen Sozial- und Wirtschaftsplanungen leer aus. Ja, er ist jetzt sogar ohnmächtiger gegenüber einem Staats- und Gewerkschaftkapitalismus als er es einst gegenüber seinem Arbeitgeber war, vor dessen Übergriffen ihn immerhin Staat und Gewerkschaften schützen konnten[101].

Nun haben freilich die heutigen »Wohlstandsbürger« durch ihre ebenso gedankenlosen wie überheblichen Ansprüche an den »Wohlfahrtsstaat« ein gerütteltes Maß an Mitschuld für den Prozeß ihrer ansteigenden Entmündigung. Da lesen wir zum Beispiel in der Tagespresse, daß nun wiederum ein Krankenhaus mit »allerneuesten« technischen und medizinischen Errungenschaften, eröffnet und mit »besten« Ärzten und Pflegepersonal ausgerüstet sei. Der »Wohlstandsbürger« fühlt sich dadurch in seinen »selbstverständlichen« Ansprüchen bestärkt, obgleich er nicht ahnt, welche eminenten geistigen Leistungen hinter den Fortschritten der modernen Medizin und Technik stehen. Ja, er fühlt sich nicht einmal veranlaßt, durch fleißiges Studium der Sachbuchliteratur sich einen Überblick darüber zu verschaffen, was er so selbstbewußt beansprucht. Aber er ist jederzeit bereit, angebliche Fehler in der Krankenbehandlung anzuprangern, obgleich er zumeist an seiner Krankheit selbst schuld ist. Kurzum: Der Wohlstandsbürger ist anmaßend, undankbar, gedankenlos. Aber die politischen Parteien sind gezwungen, dieses Verhalten mit Rücksicht auf die Chance zur Wiederwahl zu fördern, also dem Wohlstandsbürger zu versichern, es sei sein gutes Recht, noch

101 Vgl. Oskar Schatz, Auf dem Wege zur hörigen Gesellschaft, Graz; auch Caspar von Schrenck-Notzing, Honoriatiorendämmerung, das Versagen der Mitte, Stuttgart 1973; H. M. Schleyer, Zur Gewerkschaftsfrage in »Die Industrie«, Wien, Nr. 23, 1974; J. Eick, Wie man eine Volkswirtschaft ruinieren kann, Frankfurt/M. 1974.

viel mehr zu fordern: Niemand wagt sich zu fragen, woher dieses angebliche »Recht« eigentlich stammt. Lediglich das Christentum spricht vom »Nächsten«, um den wir uns sorgen sollten, aber wir haben doch als »aufgeklärte« Menschen das Christentum abgeschafft – oder nicht?

Es ist also ein ganzer »Hexenkessel«, entstanden aus Undankbarkeit, Unwissenheit, Anmaßung, in den unsere Gesellschaft verstrickt ist. Nur ein tiefgreifender Bewußtseins- und Gesinnungswandel, aber nicht wieder weitere Versprechungen anläßlich von Wahlen, könnten aus dieser Verwirrung herausführen. Vielen Menschen ist das heute auch durchaus bewußt, denn das »Wahlvolk« ist doch wohl wesentlich nachdenklicher als es die »Wahlparteien« glauben. Wer es hier wagte, einen echten Aufklärungs- und Besinnungsfeldzug zu starten, könnte bei Wahlen mehr Erfolge verzeichnen als wer nur zu beschönigen sucht und zu noch höheren »Ansprüchen« aufruft.

Kapitel 16

Interessengegensätze statt Kooperation?

Der vergessene Partner

Die Naturwissenschaft hat hinreichend darüber belehrt, wie in allen Lebewesen das Prinzip der Kooperation, demnach das harmonische Zusammenwirken der Organe im Dienste der gehobenen Leistung stattfindet und auf höchster Ebene die Sonne, die Planeten und Erde in der Gestaltung der klimatischen Lebensgrundlagen zusammenwirken. Trotz alledem glaubt man zuweilen auch nach jahrhundertelangen Erfahrungen noch an den Primat von Interessengegensätzen zwischen Professoren und Studenten, Unternehmern und Angestellten, Lehrern und Schülern, Ärzten und Patienten, Eltern und Kindern, ja man will sogar die Beziehungen zwischen Gebärmutter und Frucht in diesem Sinne »deuten«. Man will nicht die gemeinsamen Aufgaben und Anliegen sehen, die hier wie überall bestehen und eben auf Entwicklungshilfe, Produktion, Heilung, Menschwerdung und Bildung abzielen; denn Schüler bedürfen nicht weniger der Lehrer als diese jener, und dasselbe gilt für Unternehmer und Arbeiter. Beide Teile erfüllen sich im Mit- und Für-einander-Sein, nicht anders, als innerhalb unseres Leibes Herz, Lunge, Leber, Niere im Für- und Miteinander ihren Daseinssinn erfüllen. Tritt hier ein Gegeneinander auf, so nennt man das zu Recht »Krankheit«.

Krankheitssymptome der Gesellschaft waren daher freilich auch die Gegensätze von Arbeitgeber und Arbeitnehmer. Bürger und Proletarier, wie sie den Frühkapitalismus des 19. Jahrhunderts kennzeichneten. Heute weiß man, daß beide einander bedürfen. Ebenso sind es Krankheitssymptome, wenn sich heute vielfach alte und junge Generationen, Eltern und Kinder, Lehrer und Schüler oder gar Ärzte und Patienten als Interessengegner sehen. Man sollte es jedoch unterlassen, Krankheitssymptome zu

Zeichen der Normalität umzufunktionieren oder gar durch solche Fehlinterpretationen die normalen Beziehungen der genannten Sozialpartner – statt sie zu heilen – zu stören.

In manchen Ländern, wie in Österreich, besteht eine »Paritätische Kommission«. Die »Sozialpartner«, die Arbeitgeber- und Arbeitnehmer-Organisationen setzen sich zusammen, um über Löhne, Preise, Investitionen in demokratischer Weise zu beraten, also die Rollen des »Kapitals«, des »Geistes« und der »Arbeit« zu einer optimalen Übereinstimmung zu bringen; denn daß beide einander benötigen und ihr beiderseitiges Gedeihen auf längere Sicht miteinander gekoppelt ist, ist unbestritten. Was hingegen zur vollen Demokratie fehlt, ist die dritte Interessenkomponente unseres sozialen und wirtschaftlichen Lebens: der Konsument. Freilich sind sowohl Arbeitgeber und Arbeitnehmer auch Konsumenten. Da jedoch das menschliche Denken zunächst sehr eindimensional ist, kann man von den genannten beiden Sozialpartnern nicht erwarten, daß sie die Belange des dritten Sozialpartners, des Konsumenten, genügend berücksichtigen.

Das wird nicht nur bei der Lohn- und Preispolitik im allgemeinen, die ja zentral auch den Konsumenten trifft, sondern besonders hinsichtlich der heute in den Vordergrund tretenden Bewertungsfrage der einzelnen Produktions- oder auch Dienstleistungssektoren deutlich. Wenn uns nämlich heute klarzuwerden beginnt, daß weder Kapital noch Arbeit, weder Energie noch Rohstoffe und schon gar nicht »Geist« in unbegrenzter Menge zur Verfügung stehen, so wird man gerade auch innerhalb einer »Freien Marktwirtschaft« dem Problem der Bewertung und damit der Rangordnung nicht länger ausweichen können. Da wird es dann weiterhin nicht mehr genügen, daß Arbeitgeber und Arbeitnehmer über das von ihnen erzeugte Produkt oder die von ihnen erbrachte Dienstleistung auf »ihre Rechnung« kommen. Es wird vielmehr in steigendem Grade die Frage zu beantworten sein, *wo* in der menschlichen Bewertungsskala das betreffende Produkt oder die betreffende Dienstleistung steht und ob man nicht im Hinblick auf die gegebenen Grenzen statt dessen andere Produkte erzeugen, andere Dienstleistungen erbringen sollte. Da werden Konsumenten-Organisationen mitentscheiden müssen, falls sie sich bereits die nötige Urteilsreife erworben haben.

Der Konsument, vertreten durch entsprechende Organisationen, hätte also die Aufgabe, eines der Hauptprobleme unserer Zeit zu untersuchen: Inwiefern werden die Menschen innerhalb der freien Marktwirtschaft auf dem Wege über die Werbung hinsichtlich ihres Konsums »manipuliert«? Inwiefern wird – ja oder nein – der Mensch durch Konsum und Luxus sich selbst »entfremdet«?

Waren bisher Mangel, Entbehrung, Verzicht die Grundprobleme, so werden es heute immer mehr Anspruch, Genuß, Wohlleben, die sich in einer Art Kreisprozeß immer mehr anheizen. Einerseits bieten aufgrund naturwissenschaftlicher Forschung und technischer Erfindungen die Produktions- und Dienstleistungsunternehmen immer größeren Luxus. Andererseits sind es die immer höheren Ansprüche an Bequemlichkeit, Genuß, Konsum, welche die Produktions- und Dienstleistungsunternehmen zu immer höherer Leistung antreiben und damit eine »Anspruchs-Inflation« hervorrufen.

Helmut Schelsky hat in der Frankfurter Allgemeinen Zeitung vom 20. 1. 1973 mit Recht bemerkt, daß die politischen Parteien, zumal wenn eine von ihnen als Majorität regiert, den Lebensinteressen einer wahren Demokratie heute nicht mehr genügen. Es sind aber wohl auch zwei oder drei »Sozialpartner« im Hinblick auf den großen Reichtum des modernen Lebens ungenügend. Es muß vielmehr noch feiner differenziert werden im Hinblick auf die verschiedenen Produktionszweige und Berufsgruppen. Daher konnte auch die »ständische« Gliederung vergangener Jahrhunderte, weil viel zu wenig differenziert, heute nicht mehr genügen. Es müßten vielmehr zahlreiche, durch ihr Fachwissen qualifizierte berufliche »Verbände« sein, die jeweils ihre Berufseigenarten und Interessen mit denen anderer Verbände und der Konsumenten in ein lebendiges Gleichgewicht zu setzen hätten. Die heutigen Rechtsanwaltskammern, Ärztekammern oder Bauernbünde könnten ein Vorbild für die weitere Untergliederung unserer Gesellschaft darstellen. Denn die Gliederung in Arbeitgeber, Arbeitnehmer und Konsument ist noch viel zu schematisch und trifft die Vielfalt der sozial wirksamen Kräfte nicht mehr.

Es gilt aber genauer hinzuhören, wenn von marxistischer Seite die Askese gepredigt und die liberale Konsum- und Wohlstandsgesellschaft verteufelt und nach einer totalitären Zentralgewalt gerufen wird. Sind hier vielleicht nur Neid und Haß seelisch verkrampfter Fanatiker oder politische Absichten am Werke, den Menschen die freie Marktwirtschaft zu vermiesen, um sie für »gesellschaftliche Umstürze«, also für eine Diktatur spätmarxistischer Eliten sturmreif zu machen? In einer freien Gesellschaft wird man es jedenfalls den Konsumenten selbst überlassen müssen, wieviel an Konsum, ja sogar an Luxus sie sich wünschen und auf wieviel sie glauben, im Hinblick auf wichtigere Dinge, aber auch im Hinblick auf die Grenzen von Rohstoffen, Energien, Arbeitskräften verzichten zu können. Das sollten mündige Menschen selbst entscheiden lernen, wobei man freilich viele Menschen erst zur Mündigkeit erziehen müßte.

Der zumeist gut getarnte wahre Grund für die Disqualifizierung der Werbung seitens der Ultralinken liegt aber im Haß gegen den Reichtum des individuellen Lebens, gegen die freie Entfaltung der Persönlichkeit. Diese kann sich nämlich nur dadurch entfalten, daß ihr eine reichhaltige, stets weiter perfektionierte Palette von Konsum- und Investitionsgütern dargeboten wird, mit der Möglichkeit, sich selbst ein Urteil über die Neuerungen zu bilden.

Allen ideologisch gesteuerten, nach vorgefaßten Idealrezepturen handelnden Diktaturen – von Calvin oder Robespierre bis zu Marx, Lenin und der Neuen Linken – ist der Haß gegen den Reichtum des Lebens, im besonderen der Haß gegen eine pluralistische Gesellschaft und gegen unabhängige Menschen eigen.

Es ist nun wichtig, darauf aufmerksam zu machen, daß ganz dasselbe monistische und zentralistische Herrschaftsdenken auch in der modernen naturwissenschaftlichen Weltanschauung waltet: Der Reichtum der Welt wird als störend empfunden. Man müsse ihn, meint man, im Interesse der »Denkökonomie« auf einige wenige Prinzipien, z. B. auf Materie und Energie, reduzieren. – Gelänge das, so wäre es ein einzigartiger Triumph unseres Herrschaftswillens und Herrschaftsdenkens. Materialismus und Marxismus sind einig im selben Herrschaftsdenken.

Kapitel 17

Unternehmer, Staat, Gesellschaft

Vom allgemeinen Reichtum

Im Zusammenhang mit dem Absinken des Sozialprodukts, mit Kurzarbeit und Arbeitslosigkeit ist gegenwärtig eine das gewohnte Maß übersteigende Agitation gegen den »Unternehmer« im Gange. Es ist eine altbewährte Methode für Schwierigkeiten, die die Allgemeinheit betreffen, nach einem »Schuldigen« zu rufen, um sich selbst vor Anschuldigungen abzusichern. Als es seit 1948 mit unserer Wirtschaft und unserem Wohlstand steil bergauf ging, wurde selten gefragt: Wer steht, natürlich und unbestritten neben dem allgemeinen Fleiß der Menschen, als schöpferische Triebkraft hinter dieser Entwicklung? Wer läßt sich immer neue Produktionsmethoden einfallen? Wer bringt immer bessere Waren oder Dienstleistungen an die Menschen heran? Wer schafft immer neue und besser bezahlte Arbeitsplätze? Wer ist der Katalysator und Ordner, der das große, in einem Volke vorhandene Potential an Intelligenz, Fleiß, Willenskraft aus dem Zustande schlafhafter Möglichkeiten zur wachen Wirklichkeit erweckt und gebündelt auf bestimmte Ziele ausrichtet?

Was dem Unternehmer in Gemeinsamkeit mit seinen Mitarbeitern in der Vergangenheit zu verdanken war, wird verschwiegen, hingegen rechnet man ihm heute die alleinige Schuld an der wirtschaftlichen Rezession zu. Die hier vorgenommenen Unterstellungen gleichen durchaus denen gegenüber den Ärzten: daß die moderne Medizin ungeheure Leistungen vollbringt, gilt als selbstverständlich. Wenn aber einmal ein Patient stirbt, so sind gewiß die Ärzte schuld! Diese Anschuldigungen werden überdies von Menschen ausgesprochen, die selbst nichts in dieser Richtung zu leisten versuchten, aber das unwissende Publikum steht staunend vor den »Enthüllungen« und ruft »Haltet den Dieb!«

Wiederum wird klar: Die Menschen sollen verunsichert und dadurch für den »Umsturz der gesellschaftlichen Verhältnisse« bereit gemacht werden. Diese Disqualifizierungen haben aber doch den Vorteil, der Unternehmerschaft zum Bewußtsein zu bringen, daß die bloße Wahrung der wirtschaftlichen Belange, also die schöpferische Leistung, heutzutage nicht zureicht, um sich ein entsprechendes politisches und soziales Prestige zu sichern. Die Unternehmer werden danach streben müssen, sich auch im Bewußtsein der modernen Gesellschaft stärker zu verankern. Führenden Unternehmern ist diese Notwendigkeit schon seit langem bewußt.

Um eine solche »Sozialbilanz« als zusätzliche Aufgabe zur »Wirtschaftsbilanz« und als Aufgabe der Unternehmer hat sich kürzlich besonders Dierksen bemüht. Er spricht von der gesellschaftspolitischen Verantwortung des Unternehmers und versteht darunter auch den heute vielgebrauchten Begriff der »Lebensqualität«[102]. Er schreibt: »Bedingt durch den starken gesellschaftspolitischen Wandel der letzten beiden Jahrzehnte haben die Anforderungen an die Unternehmungen aus der sozio-politischen Umwelt in einem solchen Ausmaß zugenommen, daß die einstigen Stabilisierungsstrategien sich auch aus ihrer Sicht heraus zunehmend als ineffizient erweisen. Die Unternehmungen werden sich also in Zukunft, um als soziale Institution weiter überleben zu können, weitaus stärker den Veränderungen in der zielgebenden Umwelt anpassen müssen, als es in der Vergangenheit erforderlich war. Dies gilt vor allem für die Groß- und Größtunternehmungen, deren Rolle als gesellschaftliche und nicht nur als rein ökonomische Institutionen in steigendem Umfange auch vom Management erkannt wird. Denn der gesellschaftspolitischen Verantwortung des Unternehmens konnten weder das bisherige marktwirtschaftliche noch das planwirtschaftliche System ausreichend gerecht werden. Vielmehr müßten in die Zielsysteme der Unternehmungen andere, nicht-ökonomische Aufgaben im Rahmen des bestehenden Systems aufgenommen werden, so daß sich auch die Qualität dieses Systems wandelt und es sich für die Bewältigung der geänderten Problemstruktur besser eignet. Die

102 M. Dierksen, Sozialbilanz, Freiburg 1974.

Unternehmen sollten sich bei diesem weitestgefaßten Konzept der gesellschaftlichen Verantwortung nicht nur auf die Reduktion der von ihnen zu verantwortenden sozialen Kosten konzentrieren, sondern auch aktiv an der Lösung solcher Probleme mitarbeiten, die auch bei weitestgehender Auslegung des Verursacherprinzips nicht den Unternehmensentscheidungen und -handlungen zugerechnet werden können.«

Bisher sei, so meint Dierksen, die »gesellschaftliche Verantwortung« der Unternehmungen immer nur verbal in verschiedenen Geschäftsberichten abgehandelt worden. Es gehe nun darum, die sozialen Aufwendungen und den sozialen Nutzen ähnlich wie in der Gewinn- und Verlust-Rechnung quantitativ zu erfassen und in einer »Sozialbilanz« einander gegenüberzustellen. In dieser Phase liegen aber, nachdem einmal die grundsätzliche Notwendigkeit der Sozialbilanz erkannt sei, die großen Probleme.

Durchaus ersichtlich ergeben sich aus solchen Forderungen sogleich Probleme der Konkurrenz auf den in- und ausländischen Märkten gegenüber Wirtschaftsunternehmen, die nur im engeren Sinne »wirtschaftlich« kalkulieren. Unbestritten aber bleibt für den Unternehmer die folgende Notwendigkeit: Will er weiterhin als selbständiger Wirtschaftsgestalter überleben und den ihm durch seine Leistung zustehenden sozialen Rang bewahren – dann muß er sich über das bloße Ökonomische hinaus – in der Gesellschaft dadurch bemerkbar machen, daß er auch in die übrigen Belange menschlicher Existenz mitgestaltend und mitverantwortlich eingreift. Der soziale, politische und soziokulturelle Verantwortungsbereich darf ihm nicht fremd bleiben. Er muß sich in jeder Hinsicht im öffentlichen Leben als echter Anwalt, nicht nur wirtschaftlicher, sondern auch menschlicher Belange verstehen. Das hat unlängst die Österreichische Industriellenvereinigung mit aller Deutlichkeit betont und ein diesbezügliches Memorandum herausgebracht[103].

Nur durch ein solches soziales Engagement wird es möglich sein, den modernen Staat, dieses »kälteste aller Ungeheuer«, wie Nietzsche sagte, diesen »Leviathan«, auf die Belange zurück-

103 Vgl. »Die Industrie«, Wien, 14. 2. 1975; »Neue Unternehmer-Philosophie: Die Kehrtwendung zum Menschen« lautet der Titel des »Manager-Magazins« vom Januar 1976.

zudrängen, die ihm nach seinem Wesen allein zustehen, nämlich »Walter des Gesetzes« zu sein – aber weder in das wirtschaftliche noch auch in das geistige Leben einzugreifen. Solche Übergriffe können aber dem Staat nur deshalb gelingen, weil die Bürger zu träge und zu egoistisch sind, um sich den öffentlichen Angelegenheiten verantwortlich zuzuwenden. Aus Bequemlichkeit delegieren wir an den »Staat« die Gesamtverantwortung für Vollbeschäftigung, Kreditwesen, Transport, Straßenbau, Post- und Fernmeldewesen, Umweltsanierung, Gesundheitsfürsorge, Bildung usw. Der Staat wird zum großen Arbeitgeber und Volkseinkommensverteiler. Immer mehr Menschen verdienen ihren Lebensunterhalt direkt oder indirekt als Staatsbedienstete. Doch diese Fülle von Aufgaben, die er sich nicht selbst gibt, sondern die ihm von der »Gesellschaft« überantwortet werden, bedeutet keine Stärkung, sondern eine Schwächung. Denn nicht nur Gangster, sondern auch verschiedene Interessengruppen, ja sogar Staatsbeamte, versuchen nun, diesen Staat zu erpressen. Auch betrachtet man ihn als Melkkuh, wobei die Melkenden sich meist darüber hinwegtäuschen, daß sie die »Milch« doch letztlich selbst bezahlen müssen, sie ihnen aber um vieles billiger zu stehen käme, wenn sie diese direkt und nicht erst über den kostspieligen staatlichen Verteilungsapparat beziehen würden.

Zugleich aber wird diese »Melkkuh« verachtet. Denn »wie viele Leute wären bereit, für diesen Staat zu sterben«, fragte Richard Löwenthal am 17. Juni 1972 in einer Diskussion im »Bergedorfer Gesprächskreis«. Das sei nämlich heute die Kernfrage und alles andere sei, meinte Löwenthal, eigentlich Schwindel. Konnte einst der Staat, repräsentiert durch seine Fürsten, Könige und Kaiser, der Zielpunkt religiös-sakraler Ehren und opferbereitester Dienst- und Pflichtleistungen sein, so sind heute, wie Arnold Gehlen betont, Begriffe wie »Dienst«, »Pflicht«, »Ehrfurcht« nur mehr Gegenstand überlegenen Gelächters. Denn es ist der modernen Aufklärung doch sogar gelungen, Gott selbst einschließlich alles Heiligen als »Opium fürs Volk« zu »enttarnen«.

Da scheint es dem Osten doch besser gelungen zu sein, Opferbereitschaft für die marxistische Ideologie zu wecken und zu erhalten. Wehe den liberalen Demokratien, wenn es einmal zum militärischen Machtkampf kommen sollte! Denn der Westen scheint keine Ideale zu besitzen, für die es sich zu sterben lohnte.

Es sei gestattet, diese Problematik weiter zu verdeutlichen, weil sie unsere gegenwärtige Bewußtseinssituation entscheidend prägt. Die Sicherheit vergangener gesellschaftlicher Strukturen beruhte auf einer sakralen Ordnung, die letztlich durch einen transzendenten Bezug legitimiert war. Zum Vergleich sind nun die altägyptischen, altbabylonischen, altpersischen Formen des Zusammenlebens heranzuziehen! Die Herrscher waren Herrscher nicht aus sich selbst, sondern als Stellvertreter Gottes. Dasselbe galt auch von Familienvätern, Lehrern und Beamten. Als die Herrscher verschwanden und der Glaube an die Gottheit verblaßte, mußten auch alle übrigen Ordnungssysteme und zuletzt der sogenannte »Staat« seine Würde verlieren: »Der Einzelmensch« wurde geboren – aber er hatte nun nichts, was er anbeten, achten, nichts mehr, dem er gehorchen und von dem er die Leitmotive seines Lebens erhalten konnte.

Scheu und Ehrfurcht bändigten einst das chaotische »Ich« des einzelnen Menschen. Heute ist dieses »Ich« freigelassen und ganz auf sich gestellt. Es bekundet nun seine »Emanzipiertheit«, indem es allem einst Hochgeachteten nicht zuletzt auch dem Staat und seinen Hoheitsträgern sowie den Eltern und Lehrern »Verachtung« entgegenbringt. Einst höchstqualifizierte Tugenden, weil sie den inneren Zusammenhang einer Gesellschaft begründen: Treue, Vertrauen, Ehrfurcht wurden vom »kritischen Bewußtsein« leichthin der Lächerlichkeit preisgegeben.

Das mußte so kommen! Aber nun steht der Einzelmensch vor der Forderung, sich selbst zu regieren, sein eigener Priester, König und Richter zu sein. Er muß aus sich leisten, was er bisher von außen durch sozial-religiös-staatliche Ordnungssysteme erhalten hatte. Neu, und aus eigener Einsicht, muß er Bescheidenheit, Verzicht, ja sogar opfern lernen.

Wie gebannt starrte einstmals Karl Marx auf das Verhältnis von Unternehmer und Arbeiter. Aufgrund der tragischen Verhältnisse in der frühindustriellen Phase der europäischen Entwicklung kam er zum Ergebnis: Die Reichen werden immer reicher, die Armen immer ärmer. Daß jedoch hierbei Marx neben den »Kapitalisten« und »Arbeitern« die »Konsumenten« vergaß, mußte seinen Theorien zum Verhängnis werden. Denn auf die Dauer kann ein Unternehmer doch nur Waren oder Dienstleistungen produzieren, wenn eine entsprechend breite Käuferschicht vorhanden ist. Fehlt diese Schicht, gemäß der Theorie von Marx infolge allgemeiner Verarmung (Pauperisierung), so ist es auch mit der Produktion, also mit dem Reichtum der »Reichen«, zu Ende.

So hängt also wohl schließlich der Reichtum der Reichen mit dem Reichtum der vielen, also der Angestellten und Arbeiter, unmittelbar zusammen. Je breiter gestreut Reichtum, Kapital, Geld, also »Eigentum«, in einem Volke sind, ein desto besseres Produktionsklima besteht für die Unternehmer. Henry Ford gehörte zu den ersten, die diesen untrennbaren Zusammenhang erkannten.

Gelegentlich einer Zusammenarbeit französischer und russischer Manager meinte ein Franzose, es sei wohl schwer, sich gegenseitig zu verständigen, weil da doch die Gegensätze zwischen Privat- und Staatskapitalismus bestünden. Aber der Russe fragte dagegen: »Kann man eine Fabrik ›besitzen‹?« Offenbar nein – wenigstens nicht im selben Sinn, wie man ein Einfamilienhaus besitzen kann. Denn im Grunde genommen ist eine Fabrik durchaus ein Sozial- und Gemeinschaftswesen, weil ihr Funktionieren und ihr Wert gänzlich durch die Konsumenten, also durch die Allgemeinheit bestimmt werden. In diesem Sinne ist ein Unternehmer lediglich ein Treuhänder, Verwalter, Steuermann oder Katalysator der gemeinsam erleisteten Volkswirtschaft. Jedenfalls ist seine Fabrik viel weniger sein »Besitz«, als es der Pkw eines seiner Arbeiter ist.

Der Unternehmer wird also um so besser gedeihen, das heißt Abnehmer für seine ständig verbesserten und anspruchsvolleren Erzeugnisse oder Dienstleistungen finden, je reicher die Bevölkerung ist, das heißt je höher sich das allgemeine Gehalts- und Lohnniveau ausnimmt. Aber auch das allgemeine Bildungsniveau, also der »Geist«, spielt eine entscheidende Rolle, weil Bildung mit gesteigerten Bedürfnissen und Ansprüchen verbunden ist, die weit über das primitive Existenzminimum hinausgehen, demnach zusätzliche Möglichkeiten für einfallsreiche Unternehmer schaffen. Eine aufgeklärte Unternehmerschaft wird sich also nicht nur um hohe Gehälter und Löhne, sondern auch um einen hohen Bildungsstand bemühen müssen, der kreative und integrative Fähigkeiten einbezieht.

Es ist verständlich, daß zu Beginn des industriellen Zeitalters diese Zusammenhänge den meisten Unternehmern noch nicht bewußt waren. Das war schließlich auch der tiefere Grund für das Eingreifen des Staates, um eine entsprechende Umverteilung in Gang zu bringen. Denn eine Gesellschaft, genauer eine Volkswirtschaft, kann nur optimal gedeihen, wenn Reichtum, Kapitalbesitz, Einkommen und Eigentum möglichst breit gestreut sind. Geschieht das nicht schon seitens der Unternehmer dadurch, daß sie hohe Löhne und Gehälter zahlen, wie es zuerst H. Ford versuchte, und sich auch sonst der Erziehung und Bildung der in ihren Betrieben tätigen Zeitarbeiter annehmen, dann muß diese Aufgabe der Staat auf dem Wege über hohe Steuern und einem riesenhaften Beamtenapparat – also sehr unwirtschaftlich – bewirken.

Ein Hinweis auf die Schlagworte vom unternehmerischen »Gewinn« und »Profit« erübrigt sich für den Sachkenner, denn davon werden doch einerseits die Gehälter und Löhne, andererseits die Investitionen bezahlt, die nun wieder eine Verbesserung der Produkte und Arbeitsverhältnisse sowie eine Vermehrung der Arbeitsplätze schaffen. Es ist freilich verständlich, wenn zu Beginn des industriellen Zeitalters die meisten Unternehmer sich von den enormen Erträgnissen berauschen ließen, im Glauben, diese seien nun ihr privates »Eigentum«. Sie konnten damals noch nicht erkennen, daß ihnen diese Gewinne im Grunde genommen gar nicht »gehörten«, weil sie Besitz der Allgemeinheit waren und daher dieser Allgemeinheit auf den Wegen steigender Gehälter und Löhne, sowie vermehrter Investitionen auch wieder zugeführt werden sollten. Die seinerzeitigen Unternehmer begriffen sich eben doch nur als bloße »Privatleute«, nicht aber als das, was sie in Wahrheit waren: Steuerungsfaktoren und Katalysatoren der Volkswirtschaft und des allgemeinen, vermehrten Wohlstandes und Reichtums.

Der deutsche Unternehmer ist sich heute seiner wirtschaftlichen, sozialen und kulturellen Verantwortung bewußt. Die Bemühungen vieler Betriebe in Jugenderziehung und Nachwuchsbildung haben Spitzenqualität. An der Weltspitze stehen aber auch unsere Löhne, Gehälter und Sozialleistungen. Dieses Wohlstandsniveau ist jedoch für ein exportabhängiges Land nur zu halten, wenn es gelingt, den internationalen Konkurrenzdruck von Ländern mit niedrigen Löhnen, aber teilweise großer Arbeitsintensität zu kompensieren. Bisher gelang dies infolge der hohen Begabung und Arbeitsmoral in unserem Lande. Letztere scheint jedoch bei der jungen Generation teilweise ins Wanken geraten. Neueste Erhebungen sprechen von Arbeitsunlust im Kreise der Empfänger von Arbeitslosenunterstützung. Werden überdies durch fiskalische und sonstige Maßnahmen des Staates die Möglichkeiten von Neuinvestitionen und Neubeschaffung von Arbeitsplätzen erschwert, so sind das Alarmsignale für unseren exportabhängigen Wohlfahrts- und Sozialstaat.

Man sieht also: Es gibt kein fertiges »Rezept« für die Gestaltung einer optimalen wirtschaftlichen Zukunft, obgleich der hoffnungsvollste Ansatzpunkt hierfür sicher im privaten Unternehmertum liegt. Denn auf allen Gebieten schöpferisch ist doch letztlich immer nur der einzelne Mensch, niemals ein Kollektiv oder eine anonyme Funktionärs- und Beamtenschicht. Nimmt man nämlich, wie es das Idealziel des Marxismus ist, allen alles weg, um dann alle aus dem gemeinsamen Topf zu versorgen, so mag das vielleicht zunächst gut gehen, solange man die industriellen Errungenschaften der Vergangenheit zu nutzen vermag. Allmählich aber würde daraus eine so hohe Schwächung der Eigeninitiative und Eigenverantwortung des Einzel-Ich resultieren, daß der Gesamtwohlstand unweigerlich empfindlich absinken würde[104].

Trotz aller ersichtlichen Vorteile einer pluralistisch-privatkapitalistisch strukturierten Gesellschaft weist Gerd-Klaus Kaltenbrunner auf die merkwürdige Tatsache hin, daß die Epoche privatwirtschaftlicher, industrieller Initiative von Anbeginn bis heute unter einer negativen Bewertung stand[105].

104 An Literatur zu diesem Kapitel wäre zu erwähnen: R. Nietzsche, Eigentum zwischen Individualismus und Kollektivismus, in: »Die Industrie«, Wien, 7. III. 1975; E. von Philippovich, Grundriß der Politischen Oekonomie 1893–1907; A. Klose, Warum Eigentumspolitik:; W. Röpke, Jenseits von Angebot und Nachfrage, Zürich 1966; K. H. Biedenkopf, Fortschritt in Freiheit, Umrisse einer politischen Strategie, München 1974.

105 Vgl. G. K. Kaltenbrunner, Selbstzerstörung als Geschäft, Zur Standortbestimmung des Kapitalismus, in: Deutsche Zeitung, 4. Juli 1975.

Analysiert man die Gründe hierfür, so ergibt sich wohl: Die früheren Gesellschaftsformen waren ständisch-hierarchisch geordnet. Bauern, Handwerker, Priester und Adelige hatten jeweils ihren sozialen »Status«. Diesen auch standesgemäß auszufüllen, sicherte das Selbstgefühl und die sittliche Integrität des betreffenden Menschen innerhalb einer Ordnung, die letztlich sakral orientiert war. Ein Faktor trat jedoch damals noch nicht so beherrschend hervor: das Geld. Indem man Geldgeschäfte den Nichtchristen überließ, bekundete man zugleich den Willen, die menschliche Gemeinschaft von diesem Faktor frei zu halten. Es ist demzufolge das Gewinndenken, welches die moralische Abwertung des Kapitalismus begründet. Natürlich müssen Gewinne erwirtschaftet werden, wenn man die Belegschaft honorieren, die Steuern bezahlen und Investitionen vornehmen will. Entscheidend ist aber offenbar der psychologische Faktor: ob letztlich das Gewinndenken oder das der Gesellschaft verantwortliche sittlich-religiöse Dienstbarkeitsdenken im Vordergrund steht.

Auch ist nicht zu vergessen, daß zugleich mit dem Geld- und Gewinndenken das ebenso geist- und gottferne Genuß- und Wohlfahrtsdenken heraufkam, welches von den Menschen doch letztlich als un-menschlich empfunden wird[106]. Darauf zielt wohl auch Wilhelm Hankel, wenn er in seinem humorvoll-ernsten Buch »Heldensagen der Wirtschaft und schöne heile Wirtschaftswelt«[107] Karl Marx heute wiedererscheinen und sich zu seinen damaligen Irrtümern bekennen läßt: »Kapitalismus und Sozialismus vernichten sich nicht gegenseitig, sondern verbinden sich zu einer neuen Synthese. Keiner kann ohne den anderen leben. Sie brauchen dieselbe Welt organisierter freier Arbeit. Ein Kapitalismus ohne soziale Bindung stirbt vorzeitig, ein Sozialismus ohne kapitalistische Denk- und Lernhilfe verkümmert, siehe Osteuropa.«

Dann wendet sich Hankel gegen die kommunistischen Ideen von Herbert Marcuse, den er für »schlicht senil« hält. »Das Wohlbehagen in der Kultur kommt daher, daß jeder in der Welt sein eigenes Plätzchen hat und weiß, daß es ihm gehört. Dieses aber

106 Vgl. dazu Daniel Bell und Irwing Kristol, Kapitalismus heute, Freiburg 1975.

107 Düsseldorf 1975, S. 318 ff.

darf er nicht geschenkt bekommen, er muß es sich buchstäblich hart erarbeitet haben. Deshalb ist der Mensch in der Gesellschaft nur solange glücklich, als er etwas hat und vor sich hat. Kultur und Gesellschaft sind immer dann in Gefahr, wenn aus ordentlicher Arbeit unordentliche oder gar keine wird. Wer, wie Marcuse, von einer Freizeitgesellschaft ohne Arbeit schwärmt, macht die Gesellschaft ärmer. Denn die Arbeit ist kein nutzloser Zeitvertreib. Sie ist die einzige Methode, in der ein Mensch seine Begabung zur Geltung bringt. Eine Welt der sinnvollen Arbeit stellt das verlorengegangene Paradies wieder her, denn sie macht den Menschen zum Gott auf Erden.« – »Wenn die Unternehmer wirklich wüßten, wozu sie in der Gesellschaft da sind, dann könnten sowohl die Gewerkschaften als auch der Staat in Ruhe absterben.« Beziehungsweise »der Staat könnte sich dann in seine ureigenste Festung zurückziehen: Die Gesetzesaufsicht. Denn eine sich selbst mit allen Wohltaten des Lebens versorgende Gesellschaft braucht zwar immer noch einen Gerechtigkeitsstaat, aber keinen Wohlfahrtsstaat.«[108]

Wer vom »Unternehmer« spricht, müßte auch von den gleichfalls verkannten Leistungsträgern unserer Konsum- und Wohlstandsgesellschaft, von den Physikern, Chemikern, Ingenieuren und Konstrukteuren sprechen. Indem der unmittelbare körperliche Kontakt zwischen Mensch und Materie unterbrochen und in den Zwischenraum die Energie- und Informations-Maschinen eingeschaltet wurden, ergab sich durch die Akkumulation von menschlicher Arbeitsproduktivität wachsender Wohlstand.

Norbert Wiener spricht bekanntlich heute von drei Grundkomponenten des Weltalls: Masse (Materie), Energie (Kraft) und Information (Gedanke). Angefangen mit den Faustkeilen aus Feuerstein bis zu vollautomatischen Erdölraffinerien, Papier- und Blechstraßen sind alle unsere Geräte »materialisierte Gedanken«, also Geist. Diesem Geist verdanken die Materien unserer Geräte die geeigneten Wirkungs*formen*, die Energien unserer Transport-, Nachrichten- und Fertigungsanlagen die geeigneten Wirkungs*richtungen*. Niemand müßte dem weltanschaulichen Materialis-

108 Vgl. Wilhelm Hankel, Heldensagen der Wirtschaft – Schöne, heile Wirtschaftswelt, Düsseldorf 1975, S. 318 ff.

mus heute ferner stehen als Unternehmer, Industrielle, Arbeiter, weil alle ihre Erfolge dem Einsatz von »Geist« zu verdanken sind. Dieser Geist ist das wahre Kapital.

Im Augenblick, wo der Strom von Geist, das heißt von neuen Entdeckungen und Erfindungen, stockt, muß auch die Produktivität menschlicher Arbeitskraft stocken und können sich Sozialprodukt, Konsum und Reichtum nicht weiter vermehren. In einer solchen Situation sind wir heute. Nun kann man durch Unternehmer, den Staat und die Gewerkschaften alles mögliche erzwingen – nur eines nicht: die schöpferischen Einfälle unserer Forscher, Konstrukteure, Industrieplaner.

Der Geist weht, wo er will – und um sein »Wehen« zu vernehmen, benötigen die hierfür in Frage kommenden Menschen Ruhe, Stille und viel Zeit! Je mehr man hingegen die Gelehrten, Forscher, Konstrukteure, Industrieplaner dem Lärm des politischen Lebens, dem Druck ideologischer Forderungen und steuerlicher Belastungen aussetzt, sie mit Verwaltungskram überfordert und sie überdies sozial zu disqualifizieren sucht, desto mehr muß die Freude am geistigen Schaffen erlahmen. Das »kommunistische« Rußland hat diesbezüglich bereits nicht-kommunistische Wege beschritten: Seine Gelehrten, Forscher, Konstrukteure, Industrieplaner behandelt es wie »rohe Eier«. Es gewährt ihnen einen elitären Ausnahmezustand mit den denkbar größten Konsum- und Freiheitsrechten – vorausgesetzt freilich, daß sie über die Staatsideologie sich ausschweigen. Rußland hat den Primat des Geistes gerade auch in den scheinbar materiellsten Gebieten der Schwer- und Rüstungsindustrie und Erschließung Sibiriens begriffen[109].

Würde es zusätzlich zu dieser Einsicht auch noch die Einsicht in die Notwendigkeit der religiös-metaphysischen Fundierung des menschlichen Lebens gewinnen, so würde sich seine Position noch wesentlich verstärken.

Wir jedoch im »freien Europa« verspielen in funktionalisierter Gedankenlosigkeit die kostbarsten Trümpfe unserer abendländischen Überlieferung.

109 Vgl. H. Portisch, So sah ich Sibirien, Wien 1967.

Kapitel 18

Probleme der Macht

Staat und Gewerkschaften

Dieses Buch ist nicht in der Absicht geschrieben, eine polemische Leistung zu erbringen; allein um Versuche der Wahrheitsfindung in der Spätlese des Lebens geht es, und hierzu ist es vor allem wichtig, die Dinge beim richtigen Namen ungeschmälert zu nennen. In einer solchen Überschau ergibt sich die Lebenserfahrung, daß die Dinge, die Institutionen und Programme im Laufe der geschichtlichen Entwicklung zwar grundsätzlich ihren Charakter verändern, ohne jedoch ihr Firmenschild zu ändern. Das schafft stets undurchschaubare und negative Verhältnisse.

Da sind die Gewerkschaften bekanntlich als Selbstorganisationen der Industriearbeiterschaft entstanden, um sie – sicherlich als Fernziel – in die Wirtschafts- und Gesellschaftsordnung zu integrieren. Dadurch wurden die Gewerkschaften im Auftrage der Arbeitnehmer zum Verhandlungspartner der Arbeitgeber, um die Interessen der Arbeitnehmerschaft zu vertreten und notfalls auch im Wege des Arbeitskampfes durchzusetzen, und zwar mit Hilfe der treuhänderisch zu verwaltenden Beiträge ihrer Mitglieder. Der Arbeiter bestimmte noch selbst mit, wer seine Interessen gegenüber den Arbeitgebern vertreten sollte.

Heute gehören die Einheitsgewerkschaften zu den finanziell und politisch mächtigsten Faktoren unserer Gesellschaft. Sie sind gleichsam ein Staat im Staat, weitgehend autonom, sich aus sich selbst regenerierend und jeder unmittelbaren »demokratischen« Kontrolle enthoben. Von den 518 Abgeordneten des Deutschen Bundestages gehören 318 einer Gewerkschaft an. Die Gelder, die ursprünglich als Streikhilfen gedacht waren, mußten sich, bei fehlenden Streiks, anhäufen und führten schließlich dazu, die Gewerkschaften selbst zu kapitalistischen Unternehmern größten

Stils werden zu lassen. Die »Bank für Gemeinwirtschaft« ist die viertgrößte überregionale Geschäftsbank in der Bundesrepublik und verfügt über 100 Tochtergesellschaften. In Gewerkschaftsbesitz ist die »Neue Heimat«, das größte Wohnungsbauunternehmen Europas, mit über 60 Tochtergesellschaften. Sie baut keineswegs nur »Sozialwohnungen« für Arbeiter, sondern luxuriöse Appartements und Hotels in Paris, Monte Carlo, St. Tropez, Montreal, Kuala Lumpur, Ghana, USA, Lateinamerika, Australien[110].

Sinngemäß wäre es, wenn die Gewerkschaften die gewaltigen Summen, die sich bei ihnen infolge des langjährigen Fehlens großer Streiks angesammelt haben, an die Arbeiter zurückzahlen oder die Beitragszahlungen der Mitglieder für eine angemessene Zeit aussetzen würden. Davon ist jedoch keine Rede. Hingegen erheben sich die Gewerkschaften mittels dieser Gelder selbst zu Unternehmern unter geschickter Ausnutzung aller steuerlichen Vorteile der Gemeinnützigkeit. Durch die Kombination von wirtschaftlicher Betätigung und Mitgliederstand entwickeln sie eine Macht im Staat, die von keiner ausgleichenden Gegenmacht kontrolliert wird. Und wer gar meint, den Arbeitnehmern in den gewerkschaftseigenen Unternehmen ginge es besser in bezug auf Entlohnung, Mitwirkung oder Mitbestimmung als ihren Kollegen in der übrigen Wirtschaft, sieht sich enttäuscht. So scheinen die Gewerkschaften sich vielfach zum Gegenteil dessen entwickelt zu haben, was sie ursprünglich sein wollten – und dieser Prozeß der gewerkschaftlichen Selbst-Entfremdung ist noch keineswegs abgeschlossen.

Hier steht man vor einem der interessantesten, aber auch dunkelsten Phänomen der Menschheitsgeschichte: der Machtballung, hervorgewachsen aus der Machtlosigkeit. Das läßt fragen: Was ist eigentlich Macht? Wie entsteht sie? An welche Voraussetzungen ist sie gebunden?

Hinsichtlich der Gewerkschaften lag die anfängliche Macht sicherlich in echt demokratischer Weise bei den Arbeitern, die ihre gewerkschaftlichen Vertreter jederzeit wählen und abwählen konnten, zumal diese Vertreter ursprünglich aus Arbeiterkreisen stammten und ihre Funktionen oft auch ehrenamtlich ausübten.

110 Vgl. Horst-Udo Niedenhoff, in: »Die Industrie«, Wien, 19. 4. 1974.

Die Anfänge der Arbeiter- und Gewerkschaftsbewegung waren also durch ein hohes Maß an Opferbereitschaft, Idealismus und Selbstlosigkeit gekennzeichnet. Darin beruhte die große sittliche Kraft dieser sozialen Bewegung, die sich wohltuend vom egoistischen Profitdenken der Unternehmer in der Epoche des Frühkapitalismus abhob. In dieser Hinsicht hat sich aber heute alles stark verändert.

Wie konnte es dazu kommen? Hier scheint es vor allem bei Großorganisationen ein allgemeines Gesetz zu geben: Wer Macht delegiert, eigene Macht an Funktionäre übergibt und sie von diesen auf jederzeitigen Widerruf stellvertretend ausüben läßt, vermag kaum der Gefahr zu entgehen, daß er schließlich seine Macht an diese Funktionäre verliert und nunmehr der Macht derjenigen ausgesetzt ist, an die er anfänglich seine Macht delegierte. Weitgehend geschieht das schon in unserer Wahldemokratie, wobei der Wähler wohl anfänglich über seine parlamentarische Vertretung entscheidet, diese aber alsbald selbstherrlich wird und sich um den ursprünglichen Auftrag wenig mehr kümmert. Das kann freilich hier nur für wenige Jahre geschehen, denn schon bei der nächsten Wahl kann der Wähler die Macht abberufen und neu delegieren – falls er dazu die nötige politische Reife besitzt.

Gegenüber den Gewerkschaften ist dies jetzt wohl nicht mehr möglich, denn ihre leitenden Funktionäre werden nicht mehr unmittelbar von den Arbeitern gewählt, sie wählen und ergänzen sich aus sich selbst, sie sind ein vollkommen autonomer Organismus, sie sind in der Verschachtelung von Organisation und Unternehmen in den Spitzenpositionen unter sich austauschbar. Müßten freilich die Gewerkschaften befürchten, daß die Arbeiter ihren eventuellen Streikbefehlen den Gehorsam verweigern, dann wäre wohl ihre Macht zu Ende. Einstweilen aber ist sie gut gefestigt, weil 1. die Arbeiter sich immer noch in Dankbarkeit der Zeiten erinnern, wo die Gewerkschaften ihre Nothelfer waren, 2. die Gewerkschaften sich dem Staat und den Einzelunternehmern gegenüber immer noch als die Anwälte der Arbeitnehmer geben, 3. energisch für die paritätische Mitbestimmung der Arbeitnehmer in den Unternehmen kämpfen.

Aber gerade an diesem letztgenannten Punkte läßt sich leicht zeigen, daß Macht, je länger sie währt und je größer sie wird, sich schließlich ihrer anfänglichen sozialen Ziele entfremdet und zum Selbstzweck wird. Bekannt ist diese »Charakter-Veränderung« beim Geld. Zunächst und für den normalen Menschen ist Geld ein Mittel zur Bedürfnisbefriedigung. Vorwiegend alten Menschen kann es jedoch widerfahren, daß sie das Geld um seiner selbst willen lieben, keines mehr ausgeben, hungern und verwahrlosen, ja sogar betteln, während sie in ihren Wohnungen große Werte in Sparbüchern, Aktien, Goldmünzen horten. Das bloße Gefühl der durch das Geld verliehenen Macht befriedigt sie und gibt ihrem Leben scheinbaren Sinn.

Auf höherer Ebene sind auch die Gewerkschaften, genauer gesagt deren Funktionäre, dieser Gefahr ausgesetzt, wobei zum Besitz großer Kapitalien auch noch der Besitz an Einfluß hinzukommt, um alle anderen sozialen und menschlichen Erwägungen zurückzudrängen und die reine Macht als solche zu genießen. Aber vielleicht ist auch der Ausdruck »genießen« schon unrichtig, weil in ihm noch die Illusion der Freiheit vorhanden zu sein scheint. In Wahrheit übt jedoch der Machtbesitz einen geheimnisvollen Zwang aus, der das eigentlich Menschliche ausschaltet und die Menschen so fesselt, daß sie, auch wenn sie anders möchten, es nicht mehr können.

Die qualifizierte, das heißt eine dem jeweiligen Wissen und Können entsprechende innerbetriebliche Mitbestimmung ist durchaus ein berechtigtes Anliegen des zu einer verantwortungsbewußten Mündigkeit gelangten Menschen von heute. Nicht nur als Gehalts- und Befehlsempfänger betrachtet, sondern als Partner gewürdigt werden möchten die Arbeiter, Angestellten und Beamten; sie reifen auch durch Fort- und Weiterbildung zu einem bemerkenswerten und begrüßenswerten Selbstwertgefühl heran, und die Gewerkschaften betrachten sich als Anwälte dieser Bedürfnisse. Aber wie geht es weiter? Nicht die Arbeiter und Angestellten selbst sollen in ihren Unternehmen im Rahmen ihrer fachlichen Kompetenz und aufgrund demokratischer Wahlen die Mitbestimmung allein ausüben; ein gesetzlich bestimmter Anteil von Aufsichtsratsmandaten entfällt auf Gewerkschaftsbeauftragte, das sind – wie die Wahlen zu den Mitbestimmungsorganen ausweisen – im Regelfall betriebsfremde Funktionäre. Das den Arbeitnehmern zugedachte Mitbestimmungsrecht wird damit praktisch zu einer weitgehenden Ausübung dieses Rechtes durch die Gewerkschaften. In diesem Zusammenhang ist sicherlich die Frage erlaubt, ob, und wenn ja, in welchem Umfang bei einer solchen Regelung auf die Arbeitnehmer neue Abhängigkeiten zukommen, nämlich neue Abhängigkeiten vom Mitbestimmungsfunktionär.

Das bedeutet natürlich hohe Honoraranteile für die dann in den Aufsichtsräten und sonstigen Gremien sitzenden Gewerkschaftsfunktionäre. Es soll jedoch betont werden, daß solche finanziellen Erwägungen bei den hier in Frage stehenden Machtfragen gar nicht die erste Rolle spielen. Abgesehen von allen finanziellen Vorteilen ist es das Gefühl der Macht, einer die ganze Wirtschaft entmachtenden Macht, wodurch eine schon seit langem auf Machtkurs segelnde Institution hier impulsiert wird. Denn Macht ist nie stationär, sie drängt stets über sich hinaus nach Mehr-Macht, nach All-Macht. Das ist ihre »innere Logik«, der sich keine Institution entziehen kann, die einmal angefangen hat, mit der Macht zu praktizieren, was wenig mit dem eigentlich Sozialen, mit dem »liebe deinen Bruder wie dich selbst« zu tun hat.

Wer über Besitz und Vermögen verfügt, steht anders im Leben und beurteilt die sozialen Verhältnisse anders als der Besitzlose. Er wird in gewissem Sinne zum für sich selbst verantwortenden, planenden und sparenden Bürger und ist für Klassenkampfideologien weniger anfällig. Eben deshalb lehnen dogmatische Marxisten die »Vermögensbildung in Arbeiterhand« ab, und auch die Gewerkschaften verhielten sich ursprünglich keineswegs zustimmend. Jetzt hat sich diese Haltung geändert, denn nunmehr wünschen die Gewerkschaften, daß die von den Unternehmern an ihre Arbeiter jährlich auszuzahlenden Besitzwerte nicht unmittelbar an den einzelnen Arbeiter selbst, sondern auf überbetriebliche Fonds abzuführen sind, die die Gewerkschaften – selbstverständlich im Interesse der Arbeiter, zugleich aber mit Ausschaltung ihrer Freiheit – verwalten. Oft meint man dann sogar, die Arbeiter selbst seien doch unfähig, ihre Interessen selbst zu erkennen und zu vertreten.

Wenn nun dergestalt die Arbeitnehmer eines Betriebes im Laufe der Jahre immer mehr zu Mitbesitzern werden, aber diese Mitbesitzerrechte dann eben von den Gewerkschaften verwaltet werden, so ergibt sich, wie kürzlich Hans Besters[111], Bochum, ausführte, für die Gewerkschaften eine doppelte Mitbestimmung in den Betrieben: 1. eine Mitbestimmung ohne Miteigentum, und 2. eine Mitbestimmung infolge Miteigentum – ein schwer miteinander und mit dem ursprünglichen Sinn der Gewerkschaften zu vereinbarender Machtzustand. Der Verbraucher bleibt hierbei, wie bei allen Auseinandersetzungen zwischen »Kapital und Arbeit«, unberücksichtigt und zahlt unter Umständen in Form höherer Preise oder mangelnder Waren die Zeche für diese das pluralistische Gleichgewichtsgefüge sprengende Machtzusammenballung eines Gewerkschaftsmonopols.

Man soll die Aufrichtigkeit maßgebender Gewerkschaftsfunktionäre nicht bezweifeln, wenn sie erklären: Wir stehen positiv zur Marktwirtschaft, schätzen die schöpferischen Leistungen der Unternehmer, sagen ja zur pluralistischen Gesellschaft und lehnen einen Gewerkschaftsstaat ab. Im Gegenteil: Wir hoffen, der Wirtschaft dadurch einen Dienst zu erweisen, daß wir infolge unseres Mitbestimmungsrechtes in den Betrieben einen Teil der Verantwortung gegenüber den Arbeitnehmern tragen, was in Krisenzeiten für Unternehmer und Kapitaleigner nur wünschenswert sein sollte. – Niemand kann freilich garantieren, daß im Falle der restlosen Erfüllung der Gewerkschaftswünsche – deren Umfang meist über das Mögliche hinauszielt – die dadurch errungene und in wenigen Händen befindliche ungeheure Macht im Sinne einer freiheitlichen Gesellschaftsordnung, also mit allergrößter Zurückhaltung und Weisheit, praktiziert würde. Äußerungen führender DGB-Funktionäre geben allerdings Anlaß zu Skepsis und Sorge, ob dieser ordnungspolitische Grundsatz tatsächlich zur Grundlage gewerkschaftlichen Handelns gemacht werden wird, – dies gerade im Hinblick auf das unsere Zukunft bestimmende Gleichgewicht von Einfluß und Machtausübung in Staat, Gesellschaft und Wirtschaft. Denn auch Gewerkschaftler sind Menschen.

In den Auseinandersetzungen mit politischen und sozialen Gruppen, die unsere gesellschaftlichen Verhältnisse verändern

111 Vgl. Hans Besters, im Sammelband »Macht und Verantwortung der Gewerkschaften«, Köln 1974.

wollen, spielen die Fragen hinsichtlich des »Grundgesetzes« noch eine große Rolle: »Verbleiben die erhobenen Forderungen noch innerhalb des Grundgesetzes oder nicht? Sind freies Unternehmertum und Privateigentum im Grundgesetz verankert oder nicht? Werden Grundrechte des einzelnen ausgehöhlt zugunsten vermeintlicher Rechte kollektiver Einrichtungen oder Organisationen?« – Derartige juristische Grundsatzüberlegungen können wohl zunächst recht anregende Gespräche liefern, an den eigentlichen Problemen, die heute auf uns zukommen, gehen sie natürlich vorbei. Denn noch niemals in der Geschichte haben sich revolutionäre, ein Neues erstrebende Bewegungen um juristische Fragen gekümmert. Sie betonen vielmehr mit Recht: Gesetze, also auch Staatsgrundgesetze, sind der Ausdruck der jeweils herrschenden gesellschaftlichen Überzeugungen. Gesetze schaffen nicht Situationen, sie sind lediglich der Ausdruck bestehender Situationen. Will man also wirklich neue Situationen herbeiführen, die Wertordnungen verlagern, so ist man selbstverständlich an bestehende Gesetze, auch wenn sie Staatsgrundgesetze sind, nicht gebunden.

Wenn die Gewerkschaftsfunktionäre dies heute noch nicht offen sagen und auch vielleicht gar nicht bewußt denken, so sind doch hier immanente Tendenzen am Werk, die auch vor den Staatsgrundgesetzen nicht halt machen. Jedenfalls lehrt die Geschichte: Durch juristische Argumentationen ist noch niemals eine Revolution verhindert worden. Solche Diskussionen dienen vielmehr zumeist dazu, die wahren Intentionen solange zu verschleiern, bis man nach Ergreifung der vollen Macht es nicht mehr nötig hat.

Sehr eigenartige und keineswegs leicht durchschaubare Metamorphosen vollziehen sich heute hinsichtlich der »Macht des Staates«. Einerseits saugt dasjenige, was wir bisher »Staat« nannten, durch Verstaatlichung und Besteuerung immer mehr Macht an sich, andererseits büßt es zusehends an Ansehen ein, so daß er nicht nur von umstürzlerischen Gruppen, sondern sogar von seinen eigenen Angestellten und Beamten entgegen der Treuepflicht erpreßt werden kann. Hinsichtlich seiner eigenen Machtvollkommenheit ist er in Unsicherheiten und Zweifel geraten. Der moderne Staat versteht sich so sehr als Rechtsstaat und ist so ängstlich darum bemüht, nur ja die gesetzlichen Freiheitsrechte der Menschen zu wahren, daß er auch bei offensichtlichen Sabotageakten kaum mehr radikal einzugreifen wagt. Nur in den kommunistischen Ländern des Ostblocks verfügt er noch über seine volle, rasch zupackende Macht – ein geschichtliches Paradoxon, weil doch, nach Marx' Lehre, gerade durch den Kommunismus ein »Absterben des Staates und eine restlose »Befreiung« der Menschen von jeglicher Herrschaft erreicht werden sollte.

Im Westen jedoch nimmt der Leviathan mehr und mehr die Züge einer Milchkuh an. Die Funktionen als Produktionshelfer, Sozialgesetzgeber und Auszahlungskasse treten in den Vordergrund, und man hat dem humanitär-eudaimonistischen Ethos die Tore so weit geöffnet, daß das eigentliche Dienst- und Pflichtethos gegenüber dem Staat verschwunden ist. Arnold Gehlen meint: »Dort, wo der Staat gewesen sein könnte oder sollte, erblicke ich nur einige verfaulende Reste der Macht – schweigen wir also vom Staat, bis er sich wieder blicken läßt.« Verständlich also, wenn Richard Löwenthal, wie schon erwähnt, fragt: »Wie viele Leute wären bereit, für diesen Staat zu sterben?«, und ihm darauf Hans Heigert entgegnete: »Das ist eine unfaire Frage, die Sie unmöglich stellen können.« (Bergedorfer Gespr. v. 17. 6. 1972)

Was wir bisher »Staat« nannten und was in letzter Hinsicht auf die alten Ordnungen des Gottes- und Fürsten-Staates zurückgeht, hat also scheinbar seine Macht allmählich an andere Bereiche verloren. Ist ein solcher Bereich die »Gesellschaft«, von der unsere »Linken« stets sprechen, ohne zu sagen, was das eigentlich ist? Bezieht diese »Gesellschaft« nunmehr gegen den »Staat« Position und wird dieser Staat nur mehr dazu benötigt, diese gesellschaftlichen Ansprüche gesetzlich abzusichern, ehe er abdanken darf? Gehören zur »Gesellschaft« die Gewerkschaften, die ersichtlich weder »Staat« noch »Privatunternehmungen« sind und außerhalb »demokratischer« Kontrolle stehen? Der ehemalige Rechtsstaat hat sie zwar zugelassen und rechtlich abgesichert. Treten sie nun neben anderen Gesellschaftsgebilden an seine Stelle? Werden sie künftig die totale Macht übernehmen? Was ist eigentlich jenes geheimnisvolle Wesen »Gesellschaft«? Ist es mehr als ein Gedankenprodukt, worauf Schelsky hinweist?

Sicher scheint zunächst nur das eine: Die Selbstbestimmung der einzelmenschlichen Persönlichkeit, also der freie Bürger, um dessen Verwirklichung seit dem ausgehenden Mittelalter so sehr gerungen wurde, scheint, kaum der Skylla des absoluten Fürstenstaates entronnen, unter unseren Augen der Charybdis anonymer »sozialer« Machtgebilde wieder zu verfallen. Dabei berufen sich alle diese Machtgebilde darauf, in des mündigen Bürgers Namen und zu seinem Besten zu handeln.

Die fortschrittliche Unternehmerschaft hat längst begriffen, daß Macht verpflichtet, mehr: daß reine Macht als solche ein sozialer Faktor ist, der bestenfalls in primitiven Gesellschaften zunächst unvermeidlich sein kann. Hingegen erfordern mündige Menschen, denen man Sachverstand und Verantwortungsbewußtsein zutrauen oder doch allmählich anerziehen sollte, neue Strukturen des sozialen und wirtschaftlichen Lebens. »Rund 2000 westdeutsche Unternehmen unterschiedlichster Größe und Branchenzugehörigkeit praktizieren bereits in irgendeiner Form die Beteiligung ihrer Belegschaft zu Miteigentümern.«[112] »Über 300 Unternehmen, vor allem mittelständische Familienbetriebe, erproben ein neues Konzept einer gruppendynamisch orientierten Unternehmensführung. Dieses geht davon aus, daß Betriebe ihre Wettbewerbsfähigkeit künftig nur werden behaupten können, wenn die Mitarbeiter an unternehmerischen Entscheidungsprozessen mitwirken und selbst Verantwortung übernehmen.«[113] Überdies sind weitschauende Wirtschaftsführer wie z. B. Hermann Josef Abs oder H. L. Merkle der Meinung, daß die bloße Marktwirtschaft nicht automatisch zur Befriedigung der gesamtmenschlichen Bedürfnisse genügt, sondern daß die Unternehmer darüber hinaus auch soziale und gesellschaftliche Funktionen gleichberechtigt übernehmen müssen[114].

Das alles setzt voraus, daß an Stelle der politischen Ideologien der kühle Sachverstand für das Mögliche sowie echte Mitmenschlichkeit, die Bereitschaft zur Kooperation mit Andersdenkenden unser gesellschaftliches Verantwortungsgefüge bestimmen.

112 Gesellschaft, Tendenzwende, Manager-Magazin, Mai 1975.

113 Gesellschaft, Tendenzwende, Manager-Magazin, Mai 1975.

114 Vgl. die 1972 in Frankfurt/Main gegründete Stiftung »Gesellschaft und Unternehmen« mit dem Ziel, eine »Wirtschaftsordnung des humanen Kapitalismus« zu erarbeiten.

Ein Rechtsstaat, wie wir ihn haben und immer weiter ausbauen »möchten«, so daß er auch gegen linke Gruppen, die ihn vernichten wollen, ein Maximum an Toleranz praktiziert – ein solcher Rechtsstaat ist ein überaus verletzliches Gebilde. Er kann, als eine der großartigsten Leistungen wahrer Humanität, nur unter der *einen* Bedingung bestehen: daß er von allen Gliedern einer pluralistischen Gesellschaft dankbar anerkannt wird. Geschieht das nicht, versucht man, seine Liberalität zu mißbrauchen, so scheint er wehrlos. Man denke hier nur an die Sabotageakte an den Universitäten und an noch stärkere Herausforderungen, wobei wir sicherlich erst am Anfang eines Prozesses stehen.

Die Staatsmänner der UdSSR müssen unsere Situation tragikomisch finden. Denn sie selbst stehen nicht vor solchen Problemen. Zunächst deshalb, weil sie die absolute Macht sicher in Händen haben und sie jederzeit rücksichtslos anwenden. Der tiefere Grund für ihre Selbstsicherheit liegt aber darin, daß es ihnen offenbar auf ideologisch-erzieherischen Wegen gelang, die Zustimmung, vielleicht sogar den Stolz ihrer Bewohner gegenüber ihrem mächtigen Imperium zu erreichen – ein Vorgang, der uns in keiner Weise gelungen ist.

Der Grund für unser staatspolitisches Versagen ist offenbar: Wir waren und sind infolge der Ereignisse 1933–1945 gegen alles Staatlich-Mächtige allergisch. So versäumten wir in einem Übermaß humaner Liberalität, man könnte sagen: in einem Übermaß von Glauben an den sittlich-mündigen Menschen, jede staatspolitische Erziehung unserer Bevölkerung, insbesondere der Jugend. Ja, die Aushöhlung alles Ordnungshaft-Autoritären wurde sogar zum Programm unserer Schulen erhoben. Es wird schwer sein, diese Zerfallsergebnisse zu revidieren.

Durch die jüngsten Ereignisse gewinnt nun in unserem Rechtsstaat das Problem der »Toleranz« eine hohe Aktualität. Innerhalb der reinen geistigen Sphäre unseres Lebens, im Reiche der Gedanken, hat unbedingte Toleranz zu herrschen, denn hier kämpfen die Gedanken mit Gedanken in vollster Freiheit, wobei schließlich die Wahrheit über den Irrtum siegen und auch von der Gegenseite anerkannt werden sollte. Macht und Gewalt haben in diesem Gedankenreich nichts zu suchen. Anders ist es jedoch, wenn der Gedanke, in diesem Falle die marxistisch-politologische Überzeugung, den Willen ergreift und programmgemäß die Vernichtung der Träger anderer Gedanken erstrebt. Dann kann, soll, muß eine Gesellschaft, welche die Verkörperung bestimmter Gedanken und Werte ist, sich wie jedes Lebewesen gegen Angriffe verteidigen. Die Toleranz im Reiche der Gedanken darf nicht zur Preisgabe einer Gesellschaft an ihre Verneiner führen.

In diesem Sinne meint auch Kurt Sontheimer: »Toleranz ist kein Wert an sich. Sie ist eine notwendige Bedingung für ein Leben in Freiheit und für die Sicherung der Menschenwürde. Ebensowenig wie Toleranz mißverstanden werden sollte als bloßes Gewährenlassen, kann es im Interesse von Freiheit und Menschenwürde Toleranz gegenüber dem Mißbrauch der Freiheit und gegenüber der Erniedrigung der Würde des Menschen geben.«[115]

Wir stehen hier ersichtlich wieder vor der Frage: Was ist »Staat«? Was heißt »regieren«? Was kann eine Regierung »wollen« und was sollte sie nicht wollen? Das antike römische Imperium scheint ein Staat gewesen zu sein, der die Gestaltung des kulturellen und wirtschaftlichen Lebens weitgehend den »cives romani«, den Staatsbürgern überließ. Er verwaltete wohl, aber er verfolgte keine bestimmten ideologischen Ziele, wie Menschen sein, handeln und glauben sollten. Erst als ein weltgeschichtlicher Irrtum das Christentum zur Staatsreligion und überdies die Unduldsamkeit des Alten Testamentes bestimmend wurde, konnte der Kirchenvater Aurelius Augustinus die verhängnisvollen Worte sprechen: Cogite intrare! Zwingt sie – die Andersgläubigen – einzutreten in die römisch-katholische Kirche! Später war es dann besonders das Imperium Karls des Großen, das die Bekehrung Andersgläubiger zum politischen Ziel des Staates erhob. Damit wird dann viele Jahrhunderte hindurch der Staat nicht nur mit allgemeinen Verwaltungsaufgaben, sondern mit ganz bestimmten Ziel- und Erziehungsvorstellungen belastet.

Nach einer verhältnismäßig kurzen Zwischenzeit des Liberalismus im 19. Jahrhundert, in welcher sich der Staat auf bloße Ordnungsfunktionen zurückzog, das heißt die reale Gestaltung

115 Vgl. Uwe Schultz, Hrsg., Toleranz, die Krise der demokratischen Tugend, Reinbek 1974.

des Lebens den Menschen selbst überließ, wird heute von der »Linken« wieder ein ideologisch gefärbtes Staatswesen gefordert.

Diesen Prozeß hat, im Hinblick auf das neue Langzeitprogramm der SPD, Wilhelm Hennis in der »Deutschen Zeitung« (3. Oktober 1975) analysiert. Mag dann in spätmarxistischen Programmen noch soviel von einander widersprechenden Prinzipien der »Gleichheit«, »Freiheit«, »Solidarität« geredet werden – es geht nicht um die Lebensbelange der realen Menschen, sondern um die Ziele, wie Menschen sein, leben, denken »sollten«. »Ein Staat, der die Ziele des Lebens in Eigenregie bestimmt, muß notwendig die Gesamtordnung in Regie nehmen und auch das Streben der einzelnen Menschen durch Erziehung, Bewußtseinsbildung, gesellschaftliche Konditionierung auf das erstrebte Kollektivziel zuordnen.« – Damit sind wir am Ende von Freiheit und Selbstverwirklichung! Ein neues Staatskirchentum mit den entsprechenden Recht- und Irrgläubigen ist wieder verwirklicht. Von »Toleranz« und »Entspannung« redet man dann nur solange, als man noch nicht im Besitz der totalen Macht ist.

Zusammenfassend kann man wohl sagen: Über den zukünftigen Weg staatlicher Verbeamtung bzw. gewerkschaftlicher Bevormundung werden in Zukunft allein die heute noch bevormundeten bzw. verwalteten Menschen, also besonders die Arbeiter und Angestellten, zu entscheiden haben. Zu wählen ist hierbei zwischen dem bequemen Weg der Bevormundung und Befürsorgung (der letztlich fast einer subtilen Sklaverei gleichkommt) und dem mühevollen, weil Mit-Denken und Mit-Verantworten erfordernden Weg wahrer Mündigkeit. Gesetzliche Voraussetzungen für das Mit-Bestimmen und Mit-Besitzen (allmähliche Beteiligung am Betriebsvermögen) mit den dazugehörigen Risiken und Verantwortungen sind weitgehend gegeben oder im Trend der Entwicklung. Dieser Weg der voll einstehenden, mitdenkenden und mitentscheidenden (also auch für Verluste voll haftenden) Kollaboration von Arbeitnehmern und Arbeitgebern setzt allerdings beiderseits einen inneren Wandlungsprozeß oder auch Umbruch im Denken voraus. Dazu gehört ein charakterlicher Reifungsprozeß, der im Hinblick auf die wirtschaftliche Vernunft und das beiderseitige Wohlergehen überkommene Vorurteile und Ressentiments abbaut. Das wird auch einen Abbau der akzentuierten Gruppeninteressen bedeuten und unvermeidlich machen, daß das Gesamtinteresse der Gesellschaft das entscheidende Gewicht behält.

Das ist gewiß nicht leicht, weil hierbei mehr als ein Jahrhundert des Mißverstehens und Mißwollens, dazu Ideologien zu überwinden sind. Es wird jedoch möglich sein, wenn niemand als Sieger oder als Besiegter sich erlebt, weil beide Teile der Vernunft und der Allgemeinheit dienen wollen. Auch die Gewerkschaften werden sich dann dieser Vernunft beugen und ihre Herrschaftsansprüche korrigieren[115a].

Das alles gilt allerdings nur für ein vollhumanisiertes kommendes Europa. Es dürfte nicht vorschnell auf die Verhältnisse in Afrika oder Asien übertragen werden.

115a Dazu die glänzenden Analysen der vielen Mitarbeiter in der Festschrift für Ludwig Eckes: »Kreativität des Handelns und Vom Ingenium des Unternehmers« (Naumann-Verlag, Würzburg).

Kapitel 19

Anspruchs-, Genuß- und Wachstumsinflation

Vom Sinn der Arbeit

Neben der »Währungsinflation« muß uns heute, wie schon bemerkt, die »Anspruchsinflation« beunruhigen, zumal sich leicht zeigen läßt, daß in ihr auch die letzten Wurzeln der Geldentwertung liegen. Der Gegensatz von »anspruchsvoll« ist »bescheiden«. Man bedenke nur, wie bescheiden im Vergleich zu heutigen Ansprüchen einst Menschen lebten! Die Akzente lagen im inneren Wert der Persönlichkeit, der menschlichen Bildung und Kultur.

Mehrere Momente scheinen nun die »Anspruchsinflation« erst langsam, dann immer rascher in Gang gebracht zu haben: 1. Das Heraufkommen der Energiemaschinen, die sowohl in Produktion wie in Verkehr ein »Immer-mehr«, »Immer-besser«, »Immer-rascher«, »Immer-müheloser« zuallererst ermöglichten. 2. Das Hinschwinden des Gefühls für Menschenwerte und Menschenwürde, also die Verlagerung vom Inneren auf das Äußere dessen, was man besitzen, genießen, beanspruchen kann. An die Stelle des innengesteuerten trat der außengesteuerte Mensch, der, je mehr er gegenüber der Außenwelt und der Gesellschaft »Ansprüche« stellte, desto mehr sich selbst verlor und dies sogleich durch erneute Ansprüche zu kompensieren suchte. Die »Anspruchsinflation« ist ein Zeichen der Selbstverlorenheit des Menschen. 3. Der tiefere Grund liegt aber in der religiösen Sphäre. Denn in sich selbst gegründet, letztlich von der Welt und allem, was sie uns bieten könnte, unabhängig, ist der Mensch nur, sofern er sich mit seinem kleinen »Ich bin« im großen »Du bist«, der Verbundenheit mit Gott, geborgen weiß. Der Adel unseres Menschseins liegt eben in der Gotteskindschaft, ja der Gottesfreundschaft. Verlieren wir diese, so müssen wir, wie hungrige Hunde, hinter den Wohlstands- und Versorgungsansprüchen herlaufen.

Nur ein Mensch, dessen Gewissensstimme weitgehend verschüttet ist, kann leichthin »Ansprüche« stellen, ohne sich zu fragen: Bin ich dessen auch würdig? Wir lächeln heute über das »Sündenbewußtsein« der frühen Christen, demgemäß der Christ die Schicksalsschläge, Leiden, Entbehrungen und Krankheiten als berechtigt, da konform mit den Unvollkommenheiten seines Menschseins, empfand. Er war der Meinung, daß es ihm im Durchschnitt noch immer weitaus besser ginge, als er es eigentlich verdient hätte.

Dem modernen Menschen mangelt diese Selbsterkenntnis, weil er keine Ahnung davon hat, was alles an Unmenschlichem in den Tiefen seines Charakters lebt. Weil er die Zusammenhänge zwischen Charakter und Schicksal nicht überschaut, weist er empört die ihn treffenden Schicksalsschläge zurück und fordert »im Namen der Gerechtigkeit« von seinen Mitmenschen Hilfe an. Diese wird ihm freilich gegeben – ob er sie aber wirklich »verdient«, das sollte er im Gewissensgespräch mit sich selbst ausmachen. Jedenfalls aber sollte er die ihm gewährte Hilfe nicht als sein »gutes Recht« betrachten, sondern dafür dankbar sein!

Vor allem aber sollte, wer, wie heute üblich, einen unzureichenden »Gesundheitsdienst« bejammert, bedenken, wie weit er selber durch Vielesserei, Alkohol- und Nikotingenuß, aber auch durch leichtfertigen Sport, so Ski-, Bade- und Bergsteigerunfälle, sowie durch Automißbrauch mit Unfallfolgen sich selbst schädigt. Wenn man ihm dann in seinen Nöten dennoch hilft, sollte er diese Hilfe nicht als sein »gutes Recht« betrachten. Das führt zu einer moralischen Gewissenskorruption – wozu freilich der moderne Versorgungsstaat die Menschen verleitet. Denn bedenkenlos läßt er andere für die vom Einzelmenschen selbst verschuldeten Krankheiten und Unfälle zahlen.

Auch die neueren »Unterrichtsleitlinien« zielen darauf ab, schon in den Kindern das Gefühl des Unterdrückt- und Übervorteiltseins zu erzeugen, aber in keiner Weise die eigenen sozialen Verantwortlichkeiten zu erwecken. So kommt es zu folgenden Phänomenen, auf die Geoffrey Vickers in besonderer Weise aufmerksam macht[116]. Daß Vickers »links« steht, macht seine Erkenntnis

116 Geoffrey Vickers, Der Preis der Institutionen, Frankfurt 1975.

noch bedeutsamer. Er meint, es sei doch auffällig, daß die Produkte unserer Industrie trotz starker Erhöhung der Produktivität durch den Einsatz besserer Maschinen nicht billiger würden. Der Grund: »Die Arbeitnehmer erheben Anspruch auf *zumindest den gesamten* zusätzlichen Gewinn aus den Maschinen, die sie zwar benutzen, aber weder erfinden noch bezahlen.« Offenbar stehen wir hier wiederum vor dem Problem des »Geistes« der Erfinder, Konstrukteure, Industriemanager als den wahren Ursachen der erhöhten Produktivität, deren Erträgnisse aber nicht als solche erkannt und daher in einseitige Kanäle geleitet werden. Wenn die Produktivitätssteigerung durch die modernen Maschinen schon nicht allein den Erfindern und Konstrukteuren zugute kommen können, so müßten sie doch – meint Vickers – gleichmäßig über die ganze Gesellschaft verteilt werden, also in Form weitaus billigerer Preise allen, und darunter natürlich auch den an den modernen Maschinen Tätigen, zugute kommen. Wenn man zu Marx' Zeiten meinen konnte, der Arbeiter werde um den Mehrwert seiner Leistungen zugunsten unternehmerischer Investitionen benachteiligt, so seien heute – ohne daß uns das zunächst bewußt wird – Benachteiligungen in umgekehrter Richtung gegeben, welche die gesamte Gesellschaft betreffen und, wie Vickers meint, zudem die Inflation anheizen[117].

Die Gefahr ist nachweisbar geworden, daß, wie Hans Heigert kürzlich meinte, unser sozialstaatliches System kollabiert. Immer schärfer werden die analytischen Befunde über die Wirkungen der sozialstaatlichen Überfülle: »Der moderne Sozialstaat droht ein Opfer des Mißbrauchs seiner Schutz- und Vorsorgesysteme durch seine Bürger zu werden, die sich der öffentlichen Einrichtungen im wahrsten Sinne des Wortes ›ohne Rücksicht auf Verluste‹ bedienen – die ihre Erwartungen immer weiter hinaufschrauben, die jede Gesinnung der Solidarität vermissen lassen. Der moderne Sozialstaat züchtet geradezu eine parasitäre Gesinnung .... Der Staat wird als Dukatenesel angesehen, niemand kümmert sich darum, wer in absehbarer Zukunft diese geforderten und zugesagten Vergünstigungen finanzieren soll. So sind diesem Sozialstaat auch schon die Schattenseiten mitgegeben: Unzu-

117 Geoffrey Vickers, S. 68 ff.

friedenheit auf allen Seiten ...« (»Die Industrie«, Wien, 11. 3. 1977)

Ein Sozialstaat, der seine Bürger lediglich dazu auffordert, Ansprüche zu stellen, also sich sehr asozial zu verhalten, ist das Zerrbild dessen, was er zu sein vorgibt. Vor allem aber führt er sich schließlich selbst ad absurdum, weil er infolge des unsozialen Verhaltens seiner Bürger schließlich die gegebenen Zusagen nicht mehr einhalten kann. Als Folge eines solchen »unsozialen Sozialstaates« erscheint dann schließlich unausweichlich das Gespenst der »Sozialen Demontage«. Die Sozialstaaten östlicher Prägung, besonders China, scheinen es in weitaus besserer Weise verstanden zu haben, das »Soziale« zu pflegen. Sie sprechen nämlich in erster Linie von den Pflichten ihrer Bürger gegenüber dem Staat. Es werden sogar einschneidende Opfer verlangt, wodurch der Bürger seine »soziale« Gesinnung zu zeigen und dadurch den bourgeoisen Egoismus des kapitalistischen Westens zu überwinden habe. Tatsächlich scheint der »Opfer-Sozialismus« des Ostens weitaus mehr dem Begriff »sozial« zu entsprechen und auch mehr Staatstreue zu bewirken als der »Anspruchs-Sozialismus« des Westens, der im Grunde eine Ausgeburt des Egoismus ist.

Eng mit dem Anspruchsdenken ist das *»Wachstumsdenken«* verbunden. Noch bis vor kurzem war es selbstverständlich, an ein grenzenloses Wachstum zu glauben. Gefördert wurde dieser Glaube durch die Erfahrungen der Nachkriegszeit: ein unermeßlicher Nachholbedarf an Nahrung, Kleidung, Wohnung, Reisen erzeugte zusammen mit den Fortschritten der Technik die Illusion eines »unbeschränkten« Wachstums und Fortschreitens.

Wenn die Gewerkschaften eine alljährliche Reallohn-Erhöhung fordern, so vergessen sie, daß Lohnerhöhungen pro Arbeitsstunde nur soweit möglich sind, als die Produktivität der Arbeitsstunde wächst. Solche leistungs-, produktions- und lohnerhöhenden Geräte sind nun aber in den verschiedenen Wirtschaftszweigen nur in sehr unterschiedlichem Grade möglich. Ein Maurer z. B. muß heute wie einst Ziegel auf Ziegel von Hand legen und mit Mörtel verbinden. Sofern man nicht zu gänzlich anderen Methoden der Fertigung übergeht, ist hier also keine Leistungserhöhung eingetreten. Dennoch wird ein Maurer heute pro Arbeitsstunde wesentlich höher entlohnt als in früheren Zeiten, was jedoch nur möglich ist, weil die Arbeitsproduktivitäten in anderen Gebieten durch Einsatz von Maschinen um so mehr gestiegen sind. Den äußersten Grenzfall zum altertümlichen Maurer bietet der Arbeiter, der z. B. eine vollautomatische Papier- und Blechstraße beaufsichtigt. Derartige, enorm kapitalintensive Riesenanlagen haben nichts mehr mit dem »Gerät in Arbeiterhand« zu tun. Es kann daher auch keine Rede davon sein, daß etwa diese eine Aufsichtsperson an Stundenlohn dasjenige erhält, was solche Riesenanlagen pro Stunde an Ertrag abwerfen. Wohl aber bewirkt die an einem solchen Fertigungsort erzielte enorme Produktivität indirekt eine Lohnerhöhung für alle Arbeiter und Angestellten.

Nun war nach den Zerstörungen des zweiten Weltkrieges nicht nur der Nachholbedarf ein großer, groß waren auch die in diese Zeit fallenden neuen Forschungsergebnisse der Physiker und Chemiker sowie die daraus sich ergebenden neuartigen Produktionsmethoden, z. B. die Möglichkeit, komplizierte Maschinenteile im Spritzguß aus Aluminium oder Möbel aus Plastik in einem Arbeitsgang, fast ohne Beteiligung menschlicher Arbeitskräfte herzustellen. Diese einmalig große Entdeckungsphase auf naturwissenschaftlichen Gebieten, begleitet von einer einmalig großen Innovationsphase auf dem Gebiete maschineller Fertigung, liegt heute hinter uns. Dadurch stagniert die Produktivitätssteigerung pro Arbeitsstunde. Folglich müßten wir – wollen wir nicht der Konkurrenz auf den Weltmärkten unterliegen – entweder die einheimischen Konsumenten preislich überfordern oder die Geldverdünnung weiter anheizen oder die Löhne einfrieren.

Diese Überlegungen darf man nicht als altmodisch abtun, sie sind nur die Konsequenz eines universellen Weltgesetzes: denn jeder Biologe weiß, daß alles Wachstum begrenzt ist; Pflanzen, Tiere und Menschen hören auf zu wachsen, wenn sie »erwachsen« sind. Am intensivsten sind die Wachstums- und Entwicklungsprozesse am Anfang – also bei den Samen und Eiern –, und sie vermindern sich in dem Grade, als sie sich dem Ziel nähern. Dann treten an die Stelle der *E*volutionsprozesse die *In*volutionsprozesse des Alterns und Sterbens. Ganze Floren und Faunen waren, wie die Paläontologie uns lehrt – man denke an die Lepidodendren des Carbon oder an die Saurier des Mesozoikums –, diesem

Werden und Vergehen untertan. Der geistige Schaffensprozeß des Lebens ging freilich dennoch weiter: Erst nach dem Untergang der Saurier war im Tertiär die Bahn frei für die Evolution der Säuger, und erst nach dem Abflauen der Wachstumskraft der Säuger war im Quartär die Bahn frei für die Evolution zum Menschen.

In drastischer Weise wurden wir nun auch auf die Grenzen des Wachstums aufmerksam gemacht durch die Untersuchungen über die verhältnismäßig engen Grenzen der Nahrungsreserven unseres Wohnplaneten[118].

Wo »Ernährung« stattfindet und Lebewesen »wachsen«, da muß auch im Sinne des »Stoffwechsels« proportional ausgeschieden und abgelagert werden. Mit den normalen Ab- und Ausscheidungsprodukten der Lebewesen einschließlich der Menschen (wozu auch ihre Leichname gehören) wird unser Wohnplanet mühelos fertig. Pilze, Bakterien und Ameisen sowie andere Lebewesen des Humusbodens sorgen dafür, daß diese Ab- und Ausscheidungen abgebaut und über den Humusboden den lebendigen Wachstumsprozessen der Pflanzen erneut zur Verfügung gestellt werden. Erst heute ist dasjenige, was wir die »Ernährungs- und Stoffwechselprozesse« der Industrie- und Wohlstandsgesellschaft nennen können, so umfangreich und teilweise so widerstandsfähig (z. B. Plastik, Kautschuk) bzw. so giftig (Schwermetalle, Uran), daß die Natur damit nicht mehr allein fertig wird.

Der feste, flüssige und gasförmige »Müll« ist also die notwendige »Antwort« auf unsere industrielle »Herausforderung«. Denn noch nicht so sehr durch die Lebens- und Wirtschaftsformen der Jäger und Sammler, der Bauern und Handwerker haben wir die Natur verlassen und uns auf Kollisionskurs mit ihr begeben. Das geschah erst vor kurzer Zeit durch das Maschinenwesen und die Industriegesellschaft. Dadurch haben wir eine neue, der Natur übergelagerte Wirklichkeit, gleichsam eine »sekundäre Natur« geschaffen, für die wir nun in jeder Hinsicht selbst verantwortlich sind. Bisher haben wir diese Verantwortung nur zur Hälfte begriffen, die andere unbewältigte Hälfte kommt

118 Vgl. die vorzügliche Darstellung von Georg Borgstrom, Der hungrige Planet, 1965.

auf uns zu in Gestalt des »Mülls«, der Boden-, Wasser- und Luftverschmutzung und -vergiftung.

Wenn wir nun aber in Zukunft für deren Bereinigung in steigendem Grade selbst besorgt sein müssen, werden wir erst entdecken, daß wir bisher über unsere Verhältnisse lebten. Die Kosten für die restlose Bereinigung der festen, flüssigen und gasförmigen »Stoffwechselprodukte« werden nämlich beträchtliche Rückwirkungen auf Löhne, Preise und Investitionen, also auf unseren Wohlstand haben, denn bisher haben wir falsch kalkuliert, schlichtweg weil wir den »Müll« vergaßen. Daß guter Boden, reine Luft, gesundes Wasser »Kostenfaktoren« sind, kommt uns erst allmählich zum Bewußtsein.

Was aber dann, wenn es kein grenzenloses Wachstum des Sozialproduktes geben kann und wir vielleicht schon bald an die hier gegebenen Grenzen stoßen? Dann werden uns zunächst Illusionen, Ausweichhandlungen, Ersatzbefriedigungen genommen, die uns bisher über die Sinnlosigkeit unseres Daseins innerhalb eines materialistischen Weltbildes hinwegtäuschten. Denn worauf soll der Mensch »hoffen«, was soll er »glauben«, wofür soll er »leben« – wenn es das irdische Paradies nicht gibt, das uns die Spätmarxisten versprechen, oder wir zumindest nicht mehr auf baldige Lohnerhöhungen hoffen können?

Wiederum, wie in vielen anderen Hinsichten, werden wir dadurch von demjenigen, was wir zunächst außer uns suchten, auf uns selbst zurückverwiesen. Der Gedanke des »Fortschrittes« ist uns zwar unentbehrlich, aber wohin soll sich dieser wenden, wenn die Möglichkeiten wirtschaftlich-industriellen Wachstums begrenzt sind, in denen wir bisher »Ersatzbefriedigungen« suchten? Möglicherweise werden wir sogar in Zukunft wesentlich weniger aufwendig leben als heute, wenn nämlich auch die unterentwickelten Länder unseren Lebensstandard beanspruchen werden. Ist damit dann die Erd- und Menschheitsgeschichte zu Ende oder werden sich, nach Abschluß der wirtschaftlich-industriellen Evolution, Evolutionen und Wachstumsprozesse auf neuen Ebenen ergeben?[119]

119 Vgl. C. F. v. Weizsäcker, Grenzen des Wachstums, »Die Naturwissenschaften«, 1973.

Schon aus Gründen der anwachsenden Freizeit müßten sich solche Ebenen eröffnen, soll nicht unerfüllte, weil durch bloßen Konsum unerfüllbare Freizeit zum Fluch werden. Denn spielerische Hobbys wie Baden, Sex, Reisen könnten uns dann doch nur sehr vorübergehend über die Sinnlosigkeit unseres Lebens hinwegtäuschen. In welcher Richtung soll also der künftige Weg gehen? Was »fehlt« dem Menschen auch dann noch, wenn er über weitgehenden irdisch-materiellen Wohlstand sowie über alle menschenmöglichen Absicherungen im Falle von Krankheit, Alter, Unfall verfügt? Was ist eigentlich ein »Mensch«?

Ist er ein leibhaftiges Lebewesen, das mit der Konzeption beginnt und mit dem Tode endet, so ergeben sich andere Gesichtspunkte, als wenn er, als unsterbliche Seele, nur mit einem kleinen Teil seines Wesens im »Diesseits«, aber mit dem überwiegenden Teil im »Jenseits« beheimatet ist. Das ist auch, so verwunderlich es klingen mag, für die »Freizeitgestaltung« entscheidend! Früheren Zeiten war das Wort »Freizeit« eigentlich fremd. Man kannte nur »*Feier*tage« und »*Feier*stunden«. »*Frei*-Zeiten« sind Leer-Zeiten von der beruflichen Arbeit und zumeist »sinn-lose-Zeiten«, die wir nur notdürftig mit Zeit-Vertreib überbrücken. Hingegen sind *Feier*-tage, *Feier*-stunden, *Feier*-abende nicht durch Mangel an Sinn, sondern durch einen neuen höheren, geistig-religiösen Sinn gegenüber den Werk-Tagen gekennzeichnet. Bei allen Völkern waren sie einst der »Anderen Hälfte der Welt und des Menschen«, also dem Geistigen und Göttlichen, gewidmet[120].

Sollen wir also nicht in gehobenem Konsum und vermehrter Freizeit als Menschen verkommen, so benötigen wir geist- und gotterfüllte Feier-stunden, Feier-abende und Feier-tage. Schon heute legen viele Menschen darauf Wert, ihre Urlaube an Orten zu verbringen, wo sie sich geistig regenerieren können. Ordensklöster veranstalten Wochen der Besinnung, der Meditation, des Gebetes. Großen Zulauf haben indische Yogi, da sie dem außengesteuerten Europäer zu innerer Einkehr, freilich oft mit zweifelhaften Methoden, zu verhelfen suchen. Doch das sind erst

120 Vgl. C. A. Andreae, Ökonomie der Freizeit, rde 330/1. Reinbek 1970.

Anfänge! Wir können heute noch nicht absehen, was in dieser Hinsicht aus dem eigenen europäischen Kulturkreis, also aus dem wahren Christentum, sich wird in Zukunft ergeben können. Denn ganz abgesehen von den äußeren Wachstumsgrenzen, die unserer industriellen Produktion gesetzt sind, scheint heute in vielen Menschen eine innere Ablehnung gegen die Ideale einer bloßen Wohlstands- und Wachstumsgesellschaft zuzunehmen (»Wohlstands- und Konsummüdigkeit«). Das hat gar nichts mit den Theorien des Marxismus zu tun, denn in dieser »Müdigkeit« beginnen die geistig-seelischen »Tiefendimensionen« des Menschen auf ihre Rechte zu pochen, wovon freilich der Atheist und Materialist Marx nichts ahnte. Es ist absehbar, daß wir nach einer Periode des oberflächlichen Euphorismus in ein Stadium der Wohlstandserlahmung und der Fortschrittsermüdung eintreten.

Eines der dringlichsten Probleme ist heute die Arbeitslosigkeit. Gibt man sich nicht der Hoffnung auf einen neuen, gewaltigen Wirtschaftsaufschwung hin, so wird man zu ihrer Bekämpfung ganz neue Wege beschreiten müssen. Mao wußte wohl, warum er angesichts eines 800-Millionen-Volkes den Weg rascher technischer Mechanisierung nicht beschreiten durfte, sondern, wo es nur immer ging, z. B. beim Bau von Straßen, Kanälen, Staudämmen, die Handarbeit einschalten mußte. Nur unter diesen Umständen war es möglich, alle Menschen seines Riesenreiches nicht nur zu beschäftigen, sondern ihnen auch das Gefühl für ihre Bedeutung beim Aufbau eines neuen China zu vermitteln. Denn der Mensch lebt nicht vom Brot allein. Er braucht den »Sinn«.

In den USA und Europa verlief die Entwicklung anders. Die strukturelle Arbeitslosigkeit, die heute diese Gebiete bedrückt, hat ihre Gründe in dem fortschreitenden Ersatz von Menschen durch Maschinen. Das dadurch gegebene enorme Ansteigen der Arbeitsproduktivität pro Stunde scheint denjenigen recht zu geben, die auch 5 und mehr Prozent Arbeitslose deswegen nicht als alarmierend betrachten, weil man diese aus den Erträgnissen einer florierenden Wirschaft unschwer versorgen kann. Aber darum geht es nicht. Denn Arbeit dient keineswegs nur dem Lebensunterhalt. Sie trägt in sich selbst einen Sinn, weshalb der Arbeitslose auch bei bester Versorgung an Sinn-Mangel mit allen depressiven Folgen krankt.

Arbeitslosigkeit mag noch erträglich sein, wenn sie erst im Alter, z. B. in Form vorzeitiger Pensionierung, in Erscheinung tritt. Denn immerhin: Man *hat* gearbeitet, *war* tätig, und kann nun in der Rückschau eine gewisse Befriedigung finden. Denn einen Beruf *zu haben* oder zumindest *gehabt zu haben*, bildet eine wichtige Komponente im Ich- und Persönlichkeitserleben eines Menschen.

Dadurch wird die im strengsten Wortsinne »katastrophale« Situation klar, welche die heute drohende Jugendarbeitslosigkeit bedeutet. Wenn nämlich Jugendliche keine Lehrstelle, absolvierte Hochschüler keine Anstellung finden, muß ihre Persönlichkeitsentwicklung rudimentär bleiben und auf Abwege geraten, auch wenn man sie finanziell noch so gut versorgt. Der junge arbeits- und zukunftslose Mensch starrt unmittelbar ins »Nichts«.

Wir müssen um ein Zweifaches besorgt sein, den Menschen, zumal den Jugendlichen, Möglichkeiten sinnvoller Betätigung (zum Beispiel auch in zwischenmenschlichen Hilfeleistungen) aufzuzeigen und ihnen zugleich deutlichmachen, daß nur sinnvolle, auch menschlich ausfüllende Betätigung auf die Dauer Befriedigung gewährt. Die Keime zu solcher Einsicht müssen grundsätzlich schon in Elternhaus und Schule gelegt werden, also im pädagogischen Klima veranlagt sein.

Es geht also nicht um die Versorgung, sondern um die Arbeitsplatz-Beschaffung. Nun wäre es ohne weiteres möglich, dort, wo bisher zur Erstellung eines Produktes oder einer Leistung eine bestimmte Anzahl von Arbeitern eine bestimmte Anzahl von Stunden tätig waren, einen bisher Arbeitslosen als zusätzliche Arbeitskraft einzustellen. Soll jedoch dadurch im Hinblick auf unsere internationale Konkurrenzfähigkeit das Produkt nicht verteuert werden, so sind Verzichte unabwendbar. Im Hinblick auf die steigende Zahl arbeitsloser Junglehrer erklärte diesbezüglich der erste Bürgermeister Hamburgs, Klose, dem wäre zu begegnen, wenn man die Arbeitszeit pro Lehrer drastisch, aber ohne vollen Lohnausgleich, herabsetzen und überdies in den nächsten Jahren die Gehälter nicht erhöhen würde[121].

121 Vgl. »Das Gespräch aus der Ferne«, hrsg. von Hans Dahmen, März–April 1976, S. 2.

Das zunächst – gedanklich generell gesehen – schockierend Neue in solchen Betrachtungen ist ein Zweifaches: 1. Die Herabsetzung der Arbeitszeit, die Vermehrung der Freizeit wird als Entlohnung betrachtet, weil eben auch Freizeit und nicht nur Geld ein humaner Wert ist. 2. Es erscheint eine neue, bisher vernachlässigte Menschengruppe zusätzlich zu den Gruppen der Produzenten und Konsumenten als Sozialpartner: die Arbeitslosen. Aber wer wird wagen, im Hinblick auf künftige Wahlen, von solchen Dingen zu reden? Oder sind wir doch bereits genügend »mündig«, um solche Gedanken zu ertragen?

Hinzu kommt: Ein sehr beachtlicher Teil unserer Jugend verläßt die Hauptschule ohne qualifizierenden Abschluß. Bedenkt man, daß schon Jugendliche mit mittlerer Reife oder gar mit Abitur es schwer haben, Ausbildungsplätze oder Arbeitsplätze zu finden, so müssen diese Jugendlichen sich in einer besonders schwierigen oder bedrückenden Lage befinden. Vielfach ohne echte Chancen, ihren Berufsweg innerhalb der vorhandenen Fähigkeiten und Möglichkeiten zu finden, sind sie der Resignation ausgesetzt.

Gewiß: Diese Jugend ist teilweise schon durch die Verhältnisse ihres Elternhauses sowie durch die Vererbungsgegebenheiten häufig benachteiligt. Aber man wird sich fragen, inwieweit unsere Schulen oder die Bildungspolitik in ihrer bewußten oder unbewußten Zielsetzung und ihren Maßnahmen ein gerütteltes Maß von Mitschuld tragen.

Die fehlende »Nestwärme« im Elternhaus wird nämlich durch den heutigen Schulbetrieb mit seinem ständigen Lehrerwechsel noch prolongiert und verschärft. Das Prinzip des Klassenlehrers als Bezugsperson ist im Schulwesen weitgehend verlassen. Fachkräfte und Spezialisten vertreten die einzelnen Fächer, anonymisieren dadurch aber den Schulbetrieb und schaffen nicht mehr die Möglichkeit des Erlebens einer Bezugsperson in dem Sinne, die für die Schüler von großer Bedeutung ist. Denn die Bindung an ein und denselben Lehrer, das Bewußtsein oder Wissen, von diesem geschätzt und gewürdigt zu werden, und auch die Möglichkeit des Schülers, diese Bezugsperson ebenfalls wieder schätzen oder gar verehren zu können, ist ein bedeutsamer erzieherischer Faktor. Dies erweckt Intelligenz und Lerneifer der Schüler, fördert sie und macht sie weniger durch äußere Einflüsse manipulierbar. Man fragt sich, in welchem Umfang sind Faulheit oder gar Dummheit, die man vielfach berechtigt oder unberechtigt an Jugendlichen beklagt, zum erheblichen Teil Kunstprodukte unserer Elternhäuser oder Schulmethoden. Dabei wird es eine steigende Bedeutung haben, welche Einstellung der Zeitgeist und die Gesellschaft zum Begriff und Ethos der Arbeit zeigen und dabei auch den dienenden Charakter, den jede Arbeit ja zugleich – richtig verstanden – beinhaltet, würdigen und zum Ausdruck bringen.

Nichts dürfte uns zu teuer sein, um durch bessere pädagogisch begabte Lehrer und Schulprogramme hier Wandel zu schaffen. Denn Jugendliche, schon frustriert durch schulische Disqualifikation und ggf. weiterhin ins Nichts arbeitsloser Unbrauchbarkeit und Zukunftslosigkeit gestoßen – dazu in schulischer oder beginnender beruflicher Anfangstätigkeit oft ohne ein Erfolgserlebnis, bilden ein gewaltiges revolutionäres und kriminelles Zerstörungspotential, das in Zukunft dazu beitragen kann, unsere Sozietät zu erschüttern. Ein Vakuum sozialer Not, versagender vorurteilsfreier Urteilskraft und »Mitmachens« könnte eben Situationen herbeiführen, in der tiefe menschliche Hoffnungen in den Strudel des Verderbens geführt werden. Mit entsprechend geschulten Lehrern und geeigneten pädagogischen Methoden sind jedoch auch in der praktischen Ausbildung vor Ort (im Betrieb), »wie die Erfahrung lehrt«, bei den angesprochenen Jugendlichen beachtliche Erfolge bei Geduld, tatkräftigem Vorbild und menschlichem Einfühlungsvermögen möglich. In diesem Zusammenhang sei u. a. verwiesen auf ein vom Verfasser erschienenes Buch: »Verantwortung in der industriellen Gesellschaft« (Düsseldorf 1971), Anhang: Die Herberts-Schule – Ein Modell beruflicher Bildungsarbeit.

Kapitel 20

Sprache und Menschsein

Probleme der Vermenschlichung

Um im Namen der »Gerechtigkeit und Gleichheit« die Menschen möglichst zu nivellieren, wird neuerdings der *Sprache* Beachtung geschenkt[122]. Hierbei wird festgestellt: In den Schulen seien von Anfang an jene Kinder benachteiligt, die sich in ihren Familien nicht die Hochsprache, sondern die Volkssprache angeeignet hätten. Folglich müsse man, um Chancengleichheit zu erzielen, in den Schulen »Dialekt« als Unterrichtsfach einführen. Zumeist handelt es sich hierbei allerdings gar nicht um Dialekt, sondern lediglich um die abgeschliffene, verarmte, verwahrloste Umgangssprache, wie sie leider in manchen Bevölkerungsschichten gesprochen wird. Kennzeichnend für diese Sprache ist die starke Emotionalität, die den strengen logischen Satzbau sprengt und sich in Satz- und Wortfragmenten Luft zu machen weiß. Man hat erkannt, wie schwer es Menschen aus manchen Bevölkerungsschichten fällt, sich z. B. vor Gericht deutlich und sachgemäß auszudrücken. Man merkt es ihnen an, wie wenig sie im eigentlichen Sinne zu »denken« gewohnt sind. An die Stelle gut formulierter Gedanken treten bei ihnen emotionale Stellungnahmen, zu deren Artikulierung auch unvollständige Sätze ausreichen.

Vor diesem Problem stehen aber auch Eltern, in deren Familien eine gutgeformte, gedankendurchdrungene Hochsprache gesprochen wird, wenn es sich darum handelt, solches Sprechen ihren Kindern beizubringen und sie dadurch aus der Ebene der emotionalen Willensbekundungen auf die Ebene der sachlichen Gedanklichkeit emporzuheben, sie also zu »vermenschlichen«. Wenn dann

122 Vgl. Was sollen Schüler lernen? Herausgeber G. Köhler und E. Reute, Fischer-Bücherei, Nr. 1460.

Kinder zunächst sagen: »gib«, »laß mich«, »mag nicht«, »hinaus«, so werden sie sogleich dazu angehalten, diese emotionalen Willensbekundungen zu ganzen grammatikalisch-logisch geformten Sätzen umzubilden. Durch hervorgestoßene Laute ihre Stimmungen oder Wünsche kundzugeben, das vermögen nämlich auch die Tiere. Hunde z. B. bellen und kratzen an der Tür, wenn sie spazieren gehen wollen. Aber man kann ihnen – zum Unterschied von Kindern – nicht sagen: »Drücke dich deutlich aus! Formuliere einen Satz! Sag, was du willst und meinst!« – Denn emotionale Laute oder isolierte Worte, die etwas »meinen« oder »bedeuten«, sind noch keine Sprache. Die Sprache beginnt erst mit dem Satz und einer Satzfolge, also mit dem Denken. Denken aber steht im stärksten Kontrast zu allen emotionalen Willens- und Gefühlsbekundungen und hat mit der objektiven Weite und Herrlichkeit der Welt und der Befreiung des »Ich« zu tun[123].

Kinder, die unter Tieren aufwuchsen, gelangten nicht zum Sprechen. Lediglich unartikulierte Laute oder Lautgruppen sind ihnen (wie den Tieren) zugänglich[124]. Denn nur umhüllt und umtönt vom Sprechen Erwachsener wird auch in ihnen der »Sprachgenius« erweckt. Die Qualität des Sprechens ist daher bestimmt durch die Qualität des Denkens – und hier bestehen nun die großen Unterschiede im sozialen Bereich: Familien, in denen der heimkehrende Vater sich in wenig artikulierten Schimpfworten, z. B. über die Verhältnisse in seinem Betrieb, Luft macht, wachsen in einer anderen sprachlichen und gedanklichen Atmosphäre auf als Kinder, deren Eltern sich in sprachlich-gedanklich differenzierter und sachlicher Weise über die Situation des gegenwärtigen Europa unterhalten. Solche Kinder haben dann freilich später in der Schule ganz andere Chancen als die ersteren. Sie sind ersichtlich bevorzugt, weil sie differenziert zu denken und das Gedachte auch in sprachlich differenzierter Weise zu artikulieren vermögen. Dieses Vermögen aber hängt eben mit der Beherrschung der Hochsprache und diese mit einem entwickelten »Ich« zusammen.

123 Vgl. dazu F. J. Buytendijk, Mensch und Tier. Vergleichende Psychologie, rde 74. Reinbek, sowie O. J. Hartmann, Der Kampf um den Menschen in Natur, Mythos und Geschichte, 2. Aufl., Freiburg/Br. 1969.

124 Vgl. J. Itard, Victor, das Wildkind, Zürich-Stuttgart 1965.

Was ist zu tun? Soll man, um diese Chancenverschiedenheiten auszugleichen, in den Schulen die Vulgärsprache mit ihren geringeren sprachlichen und gedanklichen Differenzierungen pflegen? Da würden sich wohl die Kinder aus den unteren Sozialschichten zunächst besser zurechtfinden, in der Folge jedoch um alle höheren Entwicklungschancen betrogen werden. Denn das menschliche Streben ist doch eben darauf gerichtet, die subjektiv-emotional-willensbetonte Ebene des seelischen Lebens zu überwinden und eine wache, gedankendurchdrungene, ichmäßige Ebene des inneren Lebens zu erreichen. Gewiß: unter günstigeren Umständen hätten die Kinder diese Ebene bereits in ihrem Elternhaus erreichen können – wenn die Eltern selbst diese Ebene beherrscht hätten. So aber müssen sie dies eben in der Schule nachholen. Die Schule hat ihnen, wenngleich auch verspätet, das befreiende Erlebnis zu vermitteln, nicht im Vulgärdialekt, sondern in der ichmäßig-gehobenen Sprache des Gebildeten artikulieren zu können – so schwer ihnen das auch zunächst fallen mag.

Denn was meint der Begriff »Bildung«, von dem heute so viel geredet, der aber kaum klar definiert wird? Tiere kann man dressieren, aber nicht bilden, Menschen sollte man bilden, aber nicht dressieren. Was heißt das? Tiere sind von Natur aus fertige Gebilde. »Natur-gemäß« sind und können sie alles, was zu können und zu sein ihnen zusteht. Menschen jedoch sind unfertige, keimhafte Gebilde, die vielfache Ebenen oder Schichten durchlaufen müssen, um ganz das zu sein und zu können, wozu sie zwar ihrem Wesen nach veranlagt sind, wohin sie aber nur durch Erziehung gelangen können. »Bilden« ist aber auch mehr als bloßes Unterrichten und Belehren. Diese sind nur insofern bildend, als sie das keimhafte Menschenwesen, also die gedankliche und moralische Mündigkeit, entwickeln.

Innerhalb unseres Weltalls sind wir Menschen durchaus bevorzugte, also elitäre Wesen. Wir sollten uns also keineswegs scheuen, auch innerhalb der Menschheit von Eliten zu sprechen und, wenn wir schon nicht alle Menschen zu Eliten machen können, dies doch, wo immer es nur möglich ist, wenigstens versuchen, statt im Namen angeblicher Gerechtigkeit und Gleichheit, uns gegen die Entwicklungsmöglichkeiten des Menschseins zu vergehen.

Je mehr sich nun, durch die maschinelle Technik gefördert, allgemeiner Wohlstand bei entsprechender Freizeit ausbreitet, desto mehr Menschen steht der Aufstieg zum »Gebildeten«, also zum Elitären offen. Freilich muß man ihn in den Schulen fördern, statt ihn zu verhindern. In diesem Sinne ersehnt (wenn es sich recht verstünde) das Proletarierkind auf dem Wege der Hochsprache den Aufstieg zum Elitär-Gebildeten, wenngleich es die diesbezüglichen Mängel seines Elternhauses niemals ganz wird ausgleichen können. Aber sollen wir, in einem falschverstandenen Gerechtigkeitsgefühl, die Kinder, die ein besseres Elternhaus hatten, verkümmern lassen und auf die Ebene der Vulgärsprache herabdrücken? Würden wir ein solches Bemühen für richtig halten, dann müßten wir wohl auch die Wohlgebildeten und Gesunden auf die Ebene der Kranken und Mißgebildeten herabdrücken, weil es eben auch Kranke und Mißgebildete gibt. Auf finanziellen Ebenen kann man Gleichheit durch radikales Besteuern und Umverteilen vorübergehend scheinbar erreichen, auf anderen Ebenen jedoch niemals. Da kann man den vom Schicksal weniger Begünstigten nur im Namen Jesu Christi ihr Los lindern.

Sowohl Freud wie Marx kennen nur den »naturhaften« Menschen mit seinen Bedürfnissen und Trieben, wie er sich angeblich aus affenähnlichen Vorfahren entwickelt hat. Diesem »naturwüchsigen« Menschen (Marx) wollen sie, freilich in verschiedener Weise, zur Befriedigung seiner »Bedürfnisse« verhelfen; aber sowohl Freud wie Marx vernachlässigen gänzlich die Entwicklungs-, Bildungs- und Veredlungs-Möglichkeiten des Menschen, wie sie durch Belehrung, Beispiel und Selbsterziehung bewirkt werden. Hierbei kommt aber der Sprache besondere Bedeutung zu, weil Sprechen und Denken sich aneinander entwickeln und dem Menschen erst die Möglichkeit geben, sich aus dem Kerker seiner Egoismen, Leidenschaften und Triebe zu befreien und zur Klarheit über sich selbst, über seine Mitmenschen, über die Welt, und dadurch zum wahren Glück zu gelangen.

Wer im gedankendurchdrungenen Gespräch mit sich selbst oder mit anderen z. B. mit Psychotherapeuten, die Enttäuschungen, Schmerzen, Leiden, die ihn bedrücken, »artikulieren« kann, hat bereits eine wesentliche Hilfe zu deren Überwindung erbracht. Den bedrückten, enttäuschten oder erzürnten Menschen in dieser

Weise zur Klarheit über seine Situation zu verhelfen, war in früheren Zeiten das Anliegen der Beichtväter und ist heute das der Psychotherapeuten und oftmals auch der Rechtsanwälte. Viele Verbrechen, aber auch Selbstmorde, würden nicht getan, wenn der Betreffende durch klärende Gespräche einen Ausweg aus seiner Ausweglosigkeit gefunden hätte. Hierzu ist aber Sprache, und zwar hochkultivierte, gedanklich durchgeformte Sprache unerläßlich. Daher ist viel gewonnen, wenn ein Gereizter, Erzürnter, Verzweifelter, Niedergedrückter, der sich zunächst nur in Affektausbrüchen ergeht, der Aufforderung nachkommt: »Nun sagen Sie mal deutlich, was vorgefallen ist und was Sie beschäftigt!« Schon durch den Versuch einer sachlichen, grammatikalisch richtigen Formulierung wird zumeist die Situation entschärft.

Genau das aber wollen alle diejenigen nicht, denen die Menschen als solche gleichgültig sind, weil sie die ungelösten und aufgestauten Affekte der Menschen, also den Streit und nicht die Versöhnung, zum Zwecke des »Umsturzes der gesellschaftlichen Verhältnisse« benötigen.

Dem gleichen Ziel dienen auch die Bestrebungen, eine schulische Nivellierung durchzusetzen. In besonders drastischer Weise wirken sich diese Tendenzen zur »Nivellierung nach unten« auf dem Gebiet der Sexualkunde aus. Hier plädiert man dafür, die in der Biologie und Medizin gebräuchlichen Bezeichnungen für den Bau und die Funktion der Sexualorgane in den Schulbüchern durch die »volkstümlichen« zu ersetzen. Diese nehmen aber in den sozialen Unterschichten drastische Formen an und bleiben ganz im emotionalen Bereich. Schließlich landen wir bei der Sprache von Dirnen und Zuhältern.

Was liegt hier vor? Was geschieht auch beim hochsprachlich und wissenschaftlich Gebildeten, wenn er, vielleicht unter dem Einfluß von Alkohol »außer sich gerät« und nun zu schimpfen, zu fluchen oder Zoten zu reißen beginnt? Dann zerbricht nicht nur der logisch geordnete, sachliche Gedanken- und Sprachenzusammenhang seiner Rede und es treten an seine Stelle abrupte Worte und Satzfetzen, sondern es findet auch in der Wortwahl eine zunehmende Beteiligung der Bauch- und Sexualregion statt. – Warum aber ist alles emotional-unbeherrschte Schimpfen immer der Dickdarm-, Anal- und Sexualregion verhaftet? An sich sind diese Organe und ihre Funktionen weder niedrig noch böse. Es waltet vielmehr in ihnen eine unermeßliche biologische Lebensweisheit, die beträchtlich demjenigen überlegen ist, was wir in unserem Kopfe an gelehrten Gedanken aushecken. Auch weiß jeder Laie, wie sehr die Klarheit des Kopfes vom guten Funktionieren der Organe unterhalb des Zwerchfells, besonders von Leber, Galle, Pankreas und Dickdarm, abhängt.

Warum kommen trotzdem unsere Schimpfreden und Zoten nicht aus der Region des Kopfes, sondern aus der Region unterhalb des Zwerchfelles und das um so mehr, je mehr die klare Besonnenheit unseres Kopfes ausgeschaltet und von Emotionen überrannt wird? Die Frage so stellen, heißt bereits auf den Weg zu ihrer Beantwortung verweisen: Die Organe unterhalb unseres Zwerchfelles, insbesondere die Dickdarm-, Anal- und Sexualregion sind eben nicht dazu bestimmt, in personhafter Art zu sprechen und zu denken, sondern unser gattungshaftes Leben zu erhalten und fortzupflanzen. Versuchen wir dennoch, statt mit dem Kopf mit den unpersönlichen Vitalkräften des unteren Menschen zu »sprechen«, so kann nur eine totale Perversion die Folge sein.

Denn diese unteren Regionen unseres Menschseins wollen kontrolliert, beherrscht, erzogen, also dem oberen Menschen integriert sein, wofür seit alters die Gleichnisse des Reiters auf dem Pferde oder des Wagenlenkers mit dem Pferdegespann die wahrhaften Bilder darstellen.

Nicht umsonst sagen wir: Das menschliche Haupt »throne« auf dem übrigen Körper. Damit ist bereits anatomisch die Aufgabe der Selbst- und Jugend-Erziehung gestellt. So wie wir die Kleinsten dazu anleiten, sich aufzurichten und hocherhobenen Hauptes einherzuschreiten, so müssen wir ihnen auch bei der Beherrschung aller übrigen, zumal aus dem unteren Leibe aufsteigenden Organfunktionen behilflich sein, damit sie das Animalisch-Gattungshafte durch das Personhafte überformen.

Und hier kommt der Sprache, genauer der kultivierten, gedankendurchdrungenen Hoch-Sprache, eine entscheidende Rolle zu, nicht zuletzt deshalb, weil sie den Heranwachsenden aus der allzu engen Verhaftung an die Dialekte seines Elternhauses, seiner

Stadt, seines Landes befreit. Dialekte sowie Vulgärsprachen und Vulgärausdrücke sind gewiß »heimatlich« – aber eben diese Heimatlichkeit sollte der moderne Ich-Mensch überwinden. Daher legen wir heute auf die frühzeitige Aneignung einer oder mehrerer Fremdsprachen Wert. Damit soll nichts »gegen« Vulgärsprachen und Dialekte, und auch nichts gegen Vulgärausdrücke auf dem Gebiet der Sexualität gesagt sein! Man sollte nur begreifen, daß darin eben nicht verhaftet zu bleiben, sondern darüber hinauszuwachsen die vornehmste Aufgabe einer neuzeitlichen Erziehung sein müßte.

Noch schwerwiegender sind freilich die Versuche, den *Deutschunterricht* so umzufunktionieren, daß er ausschließlich der sogenannten *politischen Erziehung* dient und folglich die großen Leistungen der Dichter und Denker den heranwachsenden Menschen vorenthält. Es heißt dann, die Erkenntnis der gesellschaftlichen Unterdrückung habe an die Stelle der bisherigen, gesellschaftlich irrelevanten Literaturtexte zu treten. Die Parallelen zu früheren Zeiten sind offenbar: Wie man zu Zeiten des Nationalsozialismus die Jugend einseitig auf »Judenhaß« und »Rassenreinheit« ausrichtete, so versucht man gegenwärtig eine Dressur im Hinblick auf »Ausbeutung«, »Klassenkampf«, Unterdrückung. In ähnlicher Weise will man in vielen Ländern das Bewußtsein der Menschen auf den »äußeren Feind«, auf die »aggressiven Imperialisten«, fixieren oder werfen Rußland und China, um die inneren Spannungen zu verdecken, einander wechselseitig das Abweichen vom reinen Marxismus-Leninismus vor.

Solche Methoden sind die sichersten Wege, die Ichs der Menschen in Affekte zu verstricken, durch Leidenschaften zu vernebeln und sie zu verdummen. Es sind überall und immer dieselben Methoden: Unter dem Vorwand »kritische, moderne, soziale Menschen« zu erziehen, die Menschen zu ent-ichen und dadurch die Herrschaft von Diktaturen vorzubereiten oder die bestehende Herrschaft zu erleichtern[125].

125 Vgl. H. Schelsky, Die Arbeit tun die anderen, Opladen 1975.

Kapitel 21

Zur Schulreform und Schulmisere

Unsere Zeit ist stolz auf ihre naturwissenschaftliche »Sachlichkeit« – mit Recht, denn diese ideologiefreie Sachlichkeit hat sich offenkundig in den Errungenschaften von Physik, Chemie, Technik, Industrie vorzüglich bewährt. In Beziehung auf die Pflege des Menschseins ist von jener Sachlichkeit noch nichts zu bemerken, deren sich z. B. jeder Gärtner befleißigen muß, wenn er sich fragt: Was an Nahrung und Pflege benötigt jeweils eine Pflanze im Zustande des Keimens, Wachsens, Blühens und Fruchtens? Mehr noch als Pflanzen durchlaufen die Menschen im Zustande des Neugeborenen, Säuglings, Spiel- und Schulkindes und der Heranwachsenden ganz verschiedene Seinsweisen, denen unsere jeweiligen Maßnahmen entsprechen sollten. Nicht nur die Lehrinhalte, auch die Lehrmethoden, sowie die Verhältnisse zwischen Lehrern und Schülern hätten sich entsprechend dem jeweiligen Alter zu wandeln, wobei die Lebenseinschnitte von 6 bis 12, 12 bis 15, 15 bis 21 besonders zu berücksichtigen wären. Hierbei müßte sich autoritäre Führung durch das Vorbild der Erwachsenen stufenweise in kameradschaftliche Haltung wandeln, wie sie dem allmählich mündig werdenden Jugendlichen entspricht.

Vor allem aber wäre zu bedenken: Gewiß dient die Schule der Wissensvermittlung, also der Belehrung. Ebenso hat sie jedoch auch, den Altersstufen angepaßt, das Eigendenken zu fördern. Letztlich jedoch sollte beides der harmonischen Entwicklung der leiblich-seelisch-geistigen Persönlichkeit dienen, also in die sittlich-religiöse Dimension einmünden und reife Menschen zum Ziele haben. Die Grundfrage ist: Wie kann Wissensvermittlung so gestaltet werden, daß sie zugleich »Nahrung« für das Wachstum von Seele und Charakter bedeutet?

Wie in der industriellen Nachwuchspädagogik diesem Anspruch gedient werden kann, hat der Verfasser im praktischen Teil seines Buches (Verantwortung in der industriellen Gesellschaft, Düsseldorf 1971) zu zeigen versucht.

Wie mir gut bekannt, hat vor allem die sogenannte »Waldorfschulpädagogik«, von Rudolf Steiner begründet, solche Grundlagen, und die Erfolge dieser Pädagogik, die sich auf eine 50jährige Praxis stützen, sind weltweit anerkannt. Statt jedoch aus solchen Erfahrungen zu lernen, macht sich bei uns heute ein zwar gutgemeintes, aber richtungsloses, verwaltungstechnisches Experimentieren auf schulischem Gebiet bemerkbar, wodurch sowohl Kinder als auch Eltern und Lehrer zu manipulierbaren »Sachen« degradiert werden.

In der nunmehr fast dreißigjährigen Geschichte der Bundesrepublik ist es den Regierungen der Länder noch nicht gelungen, das deutsche Schulwesen ordnungsgemäß, d. h. den Kindern, Jugendlichen und Heranwachsenden in vollem Maße gerecht werdend, zu gestalten. Blickt man zurück auf die vergangenen Jahrzehnte deutscher Schule, erhält man den Eindruck von der Verwaltung eines ständigen Mangels: Raumnot, Lehrermangel, übergroße Klassen, Unterrichtsausfall bis hin zum völligen Unterrichtsverzicht für ganze Fächer und Fächergruppen. Die Mängel haben sich zwar graduell und punktuell geändert, im Prinzip sind sie jedoch heute noch so vorhanden wie vor dreißig Jahren! Dazu der vor allem ideologisch bedingte Leistungsabfall bei Lehrern und Schülern, der letztlich resultiert aus der Bequemlichkeit, sich voll im Kampf um die Steigerung der Leistungsfähigkeit der Schüler einzusetzen, aus der Angst, sich bei den Schülern unbeliebt zu machen, aus der Unverbindlichkeit, ja, Verantwortungslosigkeit, in die der Lehrer durch die Bildungspolitik im Hinblick auf seine pädagogische Aufgabe entlassen wurde.

Zwar haben einzelne Reformen im bestehenden Schulwesen durchaus Fortschritte gegenüber früher gezeigt; überwiegend jedoch scheinen die »Bildungsreformen« der vergangenen Jahre den Charakter der »Mängelverschleierung« zu haben. Sie scheinen weniger pädagogischen Anforderungen Rechnung zu tragen als dem Unvermögen unserer Gesellschaft, ihrer Jugend optimale Entwicklung und Förderung zuteil werden zu lassen.

Beweis dafür sind alle jene Reformen, die sich weniger bemühen, die oben aufgezeigten Mängel zu beseitigen, als vielmehr Bestrebungen deutlich zu machen, dem Staat die gesellschaftliche Erziehungsaufgabe so bequem wie möglich zu gestalten und die Schulen den Ideologien der »staatstragenden« Parteien zu öffnen, Reformen nicht so sehr für eine zukünftige Schule, sondern für die Bewältigung des Augenblicks; Ablenkungsmanöver zur Vertuschung nach wie vor bestehender Mängel.

So erstrecken sich denn auch die Reformen viel weniger auf die eigentliche Pädagogik, auf das personhafte Lehrer-Schüler-Verhältnis, als auf die Schulverwaltung. Ob es um die Gesamtschule oder um die z. B. in Nordrhein-Westfalen im Landtag mit Gesetzentwurf vom 9. 11. 1976 vorgeschlagenen Kooperativen Schulen für die Orientierungsstufen (Klassen 5 und 6) geht, im Vordergrund steht die »optimale Nutzung der großen Schulzentren«, das »ortsnahe Angebot aller Bildungswege in Gebieten mit geringer Siedlungsdichte«. »Schließlich stärkt die organisatorische Zusammenfassung die *Verwaltungskraft* der Schule, fördert eine optimale Nutzung des Schulgebäudes und der Einrichtungen und ermöglicht eine langfristige Planung der Schulanlagen durch die Schulträger« (Drucksache 8/1470 des Landtags NW vom 9. 11. 76, A). Vom Jugendlichen, vom Schüler ist dabei kaum die Rede, und wenn, dann mit Schlagworten wie »Chancengleichheit« und »sozialer Koedukation«.

Das sind politische oder administrative Reformen, die am realen Kind und Schüler vorbeigehen und auch das Recht der Eltern in unzulässigem Maße beschneiden. Hier werden verfassungsmäßige Rechte unterlaufen. Abgesehen von der Nivellierung des Leistungsvermögens der Schüler, die durch solche Zusammenwürfelung von Schulformen erreicht wird, zielt man hier auf das Recht der Eltern, zusammen mit ihren Kindern den begabungsentsprechenden Bildungsweg zu bestimmen. Indem man dieses Recht mit schulorganisatorischen Verfahrensweisen unterläuft, beschneidet man den Anspruch des Schülers auf einen ihm gemäßen individuellen Bildungsweg, der klar umrissen und durch die Kontinuität der Bildungsarbeit in den einzelnen Schulformen des bewährten gegliederten Schulwesens bestimmt ist. Die verwaltungsbestimmte Schule wird schließlich den Anspruch erheben, auch die Zukunft unserer Jugend ausschließlich unter verwaltungsspezifischem Aspekt beurteilen zu wollen.

Laufen die Dinge zukünftig wirklich so, wie von den meisten unserer Bildungspolitiker geplant, so ist mit Sicherheit vorauszusehen, daß zukünftig in der praktischen Auswirkung der Gesamtschule und der Kooperativen Schule nur noch die »Schulbeamten« darüber bestimmen werden, welchen Bildungsweg der einzelne Schüler einschlägt. Es ist dann unwahrscheinlich, daß der elterlichen Auffassung gegenüber den Ergebnissen des Unterrichts »auf verschiedenen Anspruchsebenen« und der »Maßnahmen der inneren und flexiblen Differenzierung« oder gar gegenüber einem Konferenzbeschluß über die Eignung für den weiteren Schulweg des Schülers dann noch eine ausschlaggebende Bedeutung zukommt.

Hinzu kommt eine weitere bedenkliche Tendenz: Jede einzelne »kooperative Schule« muß daran interessiert sein, daß ihrer Struktur durch ein zwischen den Abteilungen ausgewogenes Schülerverhältnis (»Schülermeßzahlen« : Lehrerzuteilung) Rechnung getragen wird[126]. Dies wird sich mit Sicherheit, offen oder verdeckt, bewußt oder unbewußt, auch auf die Beurteilungen über die Schülereignung durch die Klassenkonferenzen am Ende der Orientierungsstufen auswirken. Und: »Nach der Eignungsbeurteilung entscheiden die Erziehungsberechtigten über den weiteren Bildungsweg« – wie vieldeutig ist dieser Satz! Und er steht nicht einmal im Gesetzestextentwurf, sondern nur in den Erläuterungen dazu; er kann keinen Kultusminister hindern, andere Regelungen oder solche in der ihm gefälligen Ausdeutung zu treffen.

Solche Bildungsreformen mögen alles mögliche hervorrufen, nicht aber eine bessere Bildung. Alle bisherigen Schulversuche dieser Art haben gezeigt, daß das Problem, alle Schüler gleichmäßig und zugleich jeden einzelnen von ihnen individuell in optimaler Weise zu fördern, nicht lösbar ist, daß vielmehr der differenzierte Unterricht in einer schulformunabhängigen Stufenschule die leistungsschwächeren Schüler (die eine besonders in-

126 Vgl. dazu Josef Hitpass, Schulreform, Schülerauslese und Hochschulzulassung, Stuttgart 1977.

tensiv an ihnen arbeitende Schule brauchen) zu überfordern und die leistungsstärkeren Schüler zu hemmen droht. Von der drohenden Überforderung würden vornehmlich diejenigen Kinder betroffen werden, deren Eltern ihnen nicht zu Hause über schulische Schwierigkeiten hinweghelfen könnten. Darin läge weder Chancengleichheit noch soziale Gerechtigkeit.

Es muß auch volkswirtschaftlich auf größte Bedenken stoßen, wenn den leistungsstärkeren Jungen und Mädchen, die berufen sind, unsere Wirtschaft im internationalen Vergleich konkurrenzfähig zu halten, nicht mehr die besondere Förderung zuteil wird, die ihren Fähigkeiten entspricht. »Jedem das Seine« – differenziert und individuell-personenbezogen – das ist die optimale Schule, und das sagte auch die »Gerechtigkeit«. »Jedem das gleiche«, sagt der Neid, der unter dem Vorwand der »Gerechtigkeit« nivelliert und lähmt.

In seinem »Lebensgang« schildert Rudolf Steiner[127], wie er als Junge das erste reine Glück im Unterricht aus der Geometrie erfahren habe. Und zwar habe ihm dieses Glück das Erlebnis beschert, daß er mit seinem klein-menschlichen Denken sich zur Höhe objektiver Weltgesetze und Weltordnungen erheben konnte. Im Kontrast dazu bedenke man, wie heute nicht nur für Schüler, sondern auch für Lehrer und Eltern die »Schule«, zumal mit ihren mathematischen Fächern, zum Alpdruck wird und Angst und Konkurrenzneid den ganzen Bereich des Lernens und Lehrens überschatten. Da muß wohl an der Wurzel etwas nicht in Ordnung sein. Offenbar zielt das heute übliche, von Administratoren (sicher nach »bestem Wissen und Gewissen«) ersonnene und (zur Plage aller Beteiligten) stets veränderte Unterrichtssystem am Wesen des Lernens, Denkens und Wissens, also am Wesen des in den Kindern zu erweckenden »Ich« bzw. der erwachenden Persönlichkeit, vorbei. So werden dann Wissen und Wahrheit, an sich die höchsten Güter des menschlichen Geistes, die berufen wären, uns, wenigstens zeitweise, über alle Lebensnöte hinwegzuhelfen, zu Bereichen des Unglücks und Unmutes für alle daran Beteiligten.

127 Rudolf Steiner, Mein Lebensgang, Dornach 1932.

Aber es kommt noch schlimmer: in dilettantischer Verkennung der wahren, im Geistigen verwurzelten Leistungsstrukturen unserer Universitäten haben ideologisch desorientierte Ministerien einigen Hochschulen Verfassungen beschert, die sie zu Schauplätzen politischer Machtkämpfe machen mußten. Daher können jetzt einige hundert Pseudostudenten und Chaoten den Lehr- und Lernbetrieb blockieren und Zehntausende arbeitswilliger Studenten (ohne Rücksicht auf den Mißbrauch von Steuergeldern) aussperren. Der geistige Freiraum des Campus wird dadurch zu einem Freiraum für verbrecherische Gewalttätigkeiten umfunktioniert, während zugleich Tausende Studenten infolge des Numerus clausus vom Studium ausgeschlossen werden. Nur eine von der lernwilligen Mehrheit der Studenten getragene entideologisierte Totalreform dieser Hochschulen könnte hier helfen – wofür allerdings zunächst wenig Aussicht besteht, da zum Teil sogar die führenden Universitätsgremien das Treiben der Chaoten wohlwollend tolerieren[127a].

Schon anläßlich der Frage: »Was ist konservativ?« hatten wir auf die Bedeutung der Geschichte hingewiesen. Nur auf der Basis einer in uns lebendigen Vergangenheit sind die Probleme der Gegenwart und Zukunft richtig zu lösen. Die Dimension der ununterbrochenen Kontinuität der Zeit ist besonders für das Persönlichkeitsbewußtsein der Menschen wesentlich. Verlieren Einzelmenschen, Völker, ganze Kulturen die lebendige Verbindung mit ihrer Vergangenheit, so gleichen sie losgelösten, vom Winde verwehten Blättern vom Baum des Lebens, deren sich jeder bemächtigen kann.

»Wer nicht von 3000 Jahren sich weiß Rechenschaft zu geben,
bleibt im Dunkel, unerfahren, mag vom Tag zu Tage leben.«

Diese Erkenntnis Goethes wird von der modernen Wissenschaft, nicht zuletzt im Ringen um das Identitätsproblem, bestätigt. Sie gilt nämlich schon für das Bewußtsein des einzelnen Menschen. Wer, sei es aus medizinischen Gründen, sei es durch politische Gehirnwäsche, das Bewußtsein seines eigenen Herkommens, seines Elternhauses, seiner Kindheit und Jugend verlor oder in Frage stellt, also vielfach in der punktuellen Gegen-

127a Aufsatz Michael Kloepfer in der WELT vom 11. Juni 1977.

wart lebt, der hat seine Persönlichkeit, seine Individualität weitgehend verloren. Stand und Herkommen, Eigenwesen und Eigenwert sind ihm genommen, und er ist zum bloßen Befehlsempfänger umfunktioniert worden. An die Stelle seiner eigenen herkommensbewußten Persönlichkeit treten andere Vorstellungen, wie beispielsweise die überlebensgroßen Bilder von Marx, Mao, Lenin, die ihn als »Vaterfiguren« gleichsam anblicken und sein eigenes »Ich« verdrängen möchten.

Natürlich braucht man nicht so weit zu gehen. Das menschliche Leben wird sich in der Zukunft sicherlich in jeglicher Beziehung gegenüber dem umgestalten, was bisher die Merkmale des geschichtlichen Lebens waren. Geistige Schulung und höhere Selbsterziehung des Erwachsenen werden bestimmende Prinzipien in der Zukunft sein müssen. Dem Geschichtsunterricht an Schulen und der Ausbildung an Hochschulen wird daher entscheidende Bedeutung zukommen müssen. Die großen Taten und Gestalten der Geistes-, Kultur- und Staatengeschichte und das Kontinuum in der Geschichts- und Bewußtseinsentwicklung sollten eine wesentliche Grundlage für Ausbildung und Formung der kommenden Generation sein. Es macht sich aber verstärkt der Trend bemerkbar, diese bildende Dimension vom Geschichtsunterricht in Schule und Hochschule zu negieren. Sicherlich lohnt es nicht der Mühe, nur Zahlen und äußere Fakten einzuprägen, aber es sollte alles geschehen, die Verstehenssphäre umzusetzen, »um die großen Menschheitserfahrungen für die heranwachsende Generation flüssig und verwertungsfähig zu machen«.[127b]

Der Trend des Geschichtsunterrichts geht nach modernen curricularen Vorstellungen oft dahin, daß der Schüler kein wirklich zusammenhängendes Bild der Geschichtsepochen mehr erhält und daß er im Grunde, was die Vergangenheit betrifft, orientierungslos bleibt. Er kann vielleicht einen Text lesen und sondieren, auch problematisieren, auch gewisse Problemlagen strukturell übersehen, so etwa im Falle der Indoktrination durch Klassenunterschiede und Ausbeutungsverhältnisse Blickpunkte gewinnen. Es ist aber nicht zu verkennen, daß vom Prinzip und Trend her aus dem Mangel an Überblick über die Gesamtepochen

127b Heinrich Roth, Kind und Geschichte, München 1968.

das Geschichts- und Menschenbild verarmt. Wohl wird durch kritische Analysen, z. B. der mittelalterlichen Sozialverhältnisse, der Intellekt gefordert – die Seelen bleiben jedoch leer. Auch hat primär dessen inhaltliche Relevanz und Würdigkeit im Blickpunkt zu stehen. Die Auswahl der Themen, die zur Behandlung raffinierter, den Schülern meistens verborgen bleibender Indoktrinierung zu tun.

Vor aller didaktischen Dimensionierung auf formale und methodische Fähigkeiten, die am Geschichtlichen zu erlernen sind, hat primär dessen inhaltliche Relevanz und Würdigkeit im Blick zu stehen. Die Auswahl der Themen, die zur Behandlung gelangen, wird dem sicherlich in vielen Fällen nicht gerecht. Jedenfalls wird die Menschheitsgeschichte und zumal die »fortschrittliche« Geschichte der neueren Zeit zwar von den Schicksalen »des einfachen Mannes« weitgehend beeinflußt, aber mehr gerade von den Erkenntnissen und Taten einer größeren Elite bestimmt. Das Wissen um ägyptische Pharaonen, griechische Philosophen, mittelalterliche Ritterorden und abendländische Herrschergeschlechter mag heute im Hinblick auf die allein für wesentlich gehaltenen Wirtschafts- und Sozialprobleme für unbedeutend gehalten werden, aber wie diese einst die Geschicke ihrer Zeit bestimmten, also der Historie würdig sind, so sind dies heute die großen Forscher, Ärzte, Konstrukteure, Industrieplaner und viele andere mehr. Ihnen und nicht nur »dem einfachen Mann« ist es zu verdanken, daß aus der Notgesellschaft früherer Zeiten die Überflußgesellschaft der Gegenwart wurde.

Der reale Zeitgeist widerlegt Absichten, die die Bedeutung der Geschichte herunterstilisieren oder gar in Frage stellen. Warum, so fragen wir, wurde z. B. Cerams Buch »Götter, Gräber und Gelehrte« ein Bestseller und sind seither Bücher über alte Kulturvölker (Etrusker, Kelten, Hethiter, Karthager, Atlantier) solche Verkaufsschlager? Warum interessiert man sich heute so sehr für jene alten Zeiten, gerade auch hinsichtlich ihrer kultisch-sakralen Verhältnisse? Je weiter sich die Gebräuche und Weltanschauungen jener alten Kulturvölker vom Materialismus entfernen, je mehr sie ins Gebiet des Spirituell-Okkulten eintreten, desto anziehender sind sie. Hier sind offenbar Interessen geweckt worden, die den heute propagierten Unterrichtsleitlinien total entgegengesetzt sind.

Wie ist das möglich, doch wohl nur, wenn jene längst vergangenen Zeiten unsere eigene Vergangenheit bilden, wenn wir also, wie Lessing (und später auch Rudolf Steiner) meint, in verschiedenen (keineswegs allen) alten Kulturepochen selbst ein Erdendasein absolviert haben. Dann hat offenbar jedes Kind heute einen Anspruch darauf, über jene alten Kulturen eingehend informiert zu werden, gerade auch, wenn die weltanschaulichen, religiösen und sozialen Überzeugungen jener alten Zeiten den heutigen schärfstens widersprechen. Umfassender Geschichtsunterricht wird so zur Entwicklungshilfe für das Ewige jedes Menschen, das durch die unterrichtliche Begegnung mit jenen großen alten Zeiten im tieferen Sinne erst zu sich selbst erwachsen könnte.

Kapitel 22

Ist Herrschaft böse und Dienen unwürdig?

(Vom Sinn geistiger Führung)

Kritische Intellektualität und die Neigung zur Ich-Transzendenz sind die Kennzeichen unserer Geschichtsepoche. Sie könnten zu unserem Schicksal werden, wenn wir sie nicht richtig handhaben. Frühzeitig, fast ohne unser Zutun, entwickeln sie sich schon in der Jugend zwischen 15 und 21 Jahren zum Höhepunkt und scheinen in späteren Jahrzehnten insofern bereits abzusinken, als dann andere Seelenkräfte erstarken und die reine Intellektualität in Zucht nehmen. Die Diskutierfreudigkeit der Jugend ist bekannt. Hierbei geht es gar nicht in erster Linie um Wahrheitsfindung, sondern darum, interessante, möglichst ungewöhnliche Formulierungen zu finden und vor allem, den Gegner zu widerlegen, also »recht« zu behalten. Es ist »Spiegelfechterei«, eine Einübung in die abstrakte Intellektualität um ihrer selbst willen – und zumeist mit destruktiven Zielen.

Versucht man also heute in den Schulen in erster Linie das sogenannte »Kritische Denken« (zumeist nach vorgegebenen ideologischen Richtlinien) zu fördern, so fixiert man unsere Jugend auf infantilen und juventilen Stufen, verhindert also den wahren Reifeprozeß, der in ganz anderen Richtungen verlaufen müßte. Denn die reine Logik, mit der man alles beweisen, alles bezweifeln und alles widerlegen kann, vermag dem heranwachsenden Menschen keine Richtung zu geben und überläßt ihn, so stolz er zunächst auf sein »Kritisches Denken« auch sein mag, schließlich doch der Verzweiflung und dem Chaos.

Die Situation der Terroristen ist hierfür ein Beweis. Denn die konkreten Ziele, um derentwillen man zunächst diese Laufbahn begann, treten doch schließlich (infolge ihrer Irrealität) hinter der Freude zurück, durch immer raffiniertere logistische Methoden die Polizei als die Dummen an den Rand zu spielen. Hierzu muß man sich immer wieder Unvorhersehbar-Neues einfallen lassen: Der Intellekt feiert dabei seine Triumphe; denn dieser Intellekt ist an sich wertfrei. Er unterscheidet sich daher auch nicht wesentlich vom Intellekt der modernen Naturwissenschaft, die durch immer raffiniertere Methoden dem Bau der Atomkerne oder der Vererbungssubstanzen nachspürt und – im Vergleich zum christlichen Welt- und Menschenbild – unverkennbare nihilistische Züge trägt.

Seinen Intellekt zu schulen und das nötige Fachwissen zu erwerben, mag für die »Blauen Ameisen« eines Kollektivs genügen, weil dessen Richtlinien von »oben« diktatorisch bestimmt werden. Der greise Faust in Goethes Dichtung ist – was zumeist übersehen wird – durchaus ein solcher Diktator. Denn es heißt da: »Des Herrn Wort, er gibt allein Gewicht. Vom Lager auf, ihr Knechte, Mann für Mann: Laßt glücklich schauen, was ich kühn ersann ... Daß sich das größte Werk vollende, genügt ein Geist für tausend Hände!« Obgleich solche Herrschaftsverhältnisse und gleichsam geistige Diktaturen ersichtlich an der Wurzel der modernen Konsum- und Wohlstandsgesellschaft stehen, weil sie das »Kapital« schufen, dessen »Zinsen« wir heute alle genießen, so gelten doch heute alle Herrschaftsverhältnisse von Menschen über Menschen als überholt und sozial untragbar.

Das mag für die moderne arbeitsteilige Leistungsgesellschaft als Forderung durchaus zutreffen, da hier jeder im Rahmen seiner Aufgaben und Fähigkeiten und gestärkt von Verantwortungsbereitschaft sein eigener Herr sein könnte und sollte. Auf anderen, das Zentrale des Menschen betreffenden Ebenen, werden jedoch nach wie vor Herrschaft und Dienerschaft, Meister- und Schülerschaft nicht zu umgehen sein, dann nämlich, wenn es sich um die geistig-seelische, charakterliche, sittlich-religiöse Entwicklung handelt, also nicht bürgerliche Gleichheit, sondern spirituelle Rangunterschiede wichtig werden.

Der Wunsch nach einem Meister, einem Führer, einem Guru, einem »Vater«, einem Abbas, Abt, Beichtvater setzt allerdings das Bewußtsein der eigenen Unvollkommenheit, Unfähigkeit, ja Unmenschlichkeit voraus, die der Vermenschlichung erst noch bedürfen, sich diese aber nicht aus eigener Kraft geben können.

Denn noch so scharfer Intellekt und noch so umfassende wissenschaftlich-technische Kenntnisse erweisen sich hierfür als absolut untauglich. Der Stolz des modernen Menschen, einen solchen Meister und geistige Führung nicht zu benötigen, erweist sich, wie übrigens jeder Stolz, als Kehrseite der Dummheit. – Denn Weisheit bekundet sich zuallererst als Bescheidenheit und Demut.

Lediglich auf militärischem Gebiete scheint noch heute ein Rest der alten Weisheit zu gelten: »Nur wer gehorchen lernte, kann einstens auch befehlen.« Hierbei liegt der Akzent auf dem Gehorchen um des Gehorchens willen, also gerade auch dann, wenn die Befehle durchaus willkürlich erscheinen. Denn was durch das Gehorchen-Lernen vor allem bewirkt werden soll, ist eben die Besiegung des Eigenwillens. Wer nämlich seinen an sich vielleicht durchaus vernünftigen Eigen-Willen nicht zu überwinden vermag, bleibt seinem Ego verhaftet und kann nicht die wahre Freiheit erlangen. Denn diese besteht letztlich darin, über sein Eigen-Wollen und Eigen-Denken hinauszuwachsen. Eben dies ist jedoch als Vorschule nötig, will man dereinst befehlen, also in solcher Weise »Herr« sein können, daß darin nichts von primitiv-egozentrischer Ich- und Herrschsucht hineinspielt. Eben dieses würde es nämlich dem Gehorchenden unmöglich machen oder doch sehr erschweren zu gehorchen. Wer nämlich wahrhaft, das heißt, nicht in sklavisch-unterwürfiger, sondern in menschenwürdiger Weise gehorcht, der unterordnet sich letztlich nicht der Willkür eines anderen Menschen, sondern einer höheren Weisheit, die durch den befehlenden Menschen hindurchwirkt und der er selbst dient oder doch dienen sollte.

Es ist gewiß zunächst etwas Großes, entgegen kollektivistischer Gleichschaltung seinen eigenen Willen in freiem Schöpfertum zu entfalten, denn darauf beruht der Fortschritt der Menschheit. »Übermenschlich« müßte man es daher nennen, auf Eigenwillen bewußt zu verzichten und ihn einem Höheren hinzuopfern. Diese Situation hat Schiller in seiner Ballade »Der Kampf mit dem Drachen« gültig gestaltet. Denn auf gewissen Ebenen ist Dienen mehr als Herrschen.

»Armut, Keuschheit und Gehorsam« gelten als die Hauptstadien nicht nur des christlichen, sondern jedes exoterischen Schulungs-, Erweckungs- und Einweihungsweges. In gewissem

Sinne sind sie die Gegenpole der Ideale der sozialistisch-kollektivistischen Massengesellschaft, welche lauten: »Gleichheit, Freiheit, Brüderlichkeit«. Diese Ideale sind naheliegend und eignen sich auch für breitgestreute Propaganda, während jene zu allen Zeiten immer nur seltene Eliten ansprechen konnten. Denn letztlich fordern sie einen Gesinnungswandel, der den Menschen über seine irdisch-biologisch-personale Verhaftung hinaus ins Übermenschlich-Geistige führen möchte. Die scheinbaren Verzichte, die sie dem »naturwüchsigen« Menschen auferlegen, erweisen sich in richtiger Handhabung nicht als Verkümmerung, sondern als Befreiung, Ausweitung und Verherrlichung des Ewigen im Menschen. Sie geben ihm die wahre Überlegenheit des Ich-bin sowie die Meeresstille der Seele in allen irdischen Schicksalen. Einst begab man sich, um sie zu erringen, in ein Kloster und unterstellte sich einem Guru oder Abt. Heute müßte es möglich sein:

1. innere Distanzierung gegenüber Besitz, Ehre, Ansehen,
2. innere Sauberkeit und Seelenhelle,
3. Dienstbereitschaft einer höheren Welt gegenüber, auch inmitten einer Großstadt zu üben.
   »Der Tugend schwerste zu erfüllen: Zu bändigen den eigenen Willen«. (Schiller)

Dennoch könnte es auch heute noch eine Gnade des Schicksals genannt werden, einem echten Weisen zu begegnen, mit der Bereitschaft, sich in seine Führung zu begeben. Vor allem dann, wenn es sich als Voraussetzung für alle höheren »Einweihungen« um die Bereinigung tiefsitzender Charakterfehler handelt, die sich der eigenen Beobachtung hartnäckig entziehen.

Wir haben uns daran gewöhnt, in Pythagoras (580–496 v. Chr.) lediglich einen großen und zahlenkundigen Mathematiker zu sehen. Aber er war vor allem Erwecker des Menschlichen in übermenschliche Dimensionen. Hierzu bedurfte es einer (gänzlich »undemokratischen«) strengen Auswahl seiner Schüler, weil zu denjenigen Vorgängen, die man einst »Mysterienweihen« nannte, nur ganz wenige sich geeignet erwiesen. Denn dort, wo die gewöhnliche Masse des Volkes (einst wie heute) nur vertrauend glaubt, dort sollte die »Myste« (im Sinne der antiken Mysterienkulturen) zur unmittelbaren Erfahrungsgewißheit gelangen[127c]. Nur scheinbar wandelte er dann weiterhin noch als Mensch unter Menschen, während sein wahres Wesen höheren Welten verpflichtet war. Solches liegt ja auch der Idee der christlichen Einweihung zugrunde, scheint heute aber restlos entwertet (säkularisiert) zu sein[127d].

Zum Zeichen seiner brennenden Sehnsucht nahte sich einst, im alten Indien, ein Knabe aus vornehmem Geschlecht mit einem brennenden Holzspan einem brahmanischen Weisen, um sich ihm als Schüler anzubieten. Was dann da jahrelang geübt wurde, hatte nichts mit heutigem Schulunterricht zu tun: Es sollte die Seele stärken und zur Erweckung führen. Ehrfurcht, Demut, Gehorsam, vor allem aber Schweigsamkeit waren wesentlich, damit nicht durch vorzeitige intellektuelle *Klugheit* das Heranreifen von *Weisheit* verhindert werde. In gewissem Sinne gilt das sogar noch heute, wenn in den bisherigen Schulen die heranwachsenden Menschen dazu gehalten wurden, den Worten des Lehrers zu lauschen und das Erlauschte ohne vorzeitige Beurteilung erst einmal in sich wachsen und wirken zu lassen. Debattierklubs mag es in unseren Parlamenten, und Diskutiergruppen mag es auf unseren Hochschulen geben – als Grundlage der Schulung reifender Menschen verhindern solche Methoden jedoch das Heranreifen zur späteren Mündigkeit. Denn nur, wer ehrfürchtig schweigend zuzuhören und zu lernen vermag, erwirbt sich für späterhin Urteils- und Lehr-Fähigkeit.

Wissensdünkel, Eigenwillen und Geschwätzigkeit bilden die größten Hemmnisse zur Erringung wahrer Mündigkeit. Vielleicht müßte man zunächst sogar das ehrfürchtige Beten üben, um weiterhin zu Einsicht und Weisheit zu gelangen. Denn an der Wurzel aller Erkenntnis steht – wie die Griechen meinten – das Thaumazein, das Staunen. »Das Staunen ist der Menschheit bester Teil«, sagte schon Goethe. Allerdings sind, um dieses Staunen bei Heranwachsenden zu erwecken, auch die entsprechenden Lehrer und Lehrpläne nötig.

127c R. Reitzenstein, Die hellenistischen Mysterienreligionen, Neuauflage; E. Rohde, Psyche, Neuauflage; E. Henneke, Neutestamentliche Apokryphen (Mysterientexte) 1904.

127d Vgl. o. J. Hartmann, Wege und Irrwege des Menschseins, Freiburg 1972.

In früheren Zeiten versuchte man seine eigene Niedrigkeit und Unbedeutendheit dadurch zu kompensieren, daß man einer hohen, bedeutenden Persönlichkeit diente. Mit Recht war man stolz auf einen »mächtigen Herrn«. Das ging dann stufenweise aufwärts bis zu Königen, Kaisern, Päpsten, die absteigend allen ihren Dienern die Würde verliehen. Man muß also schon selbst sehr hoch entwickelt und menschlich bedeutend oder sehr töricht sein, um glauben zu können, keinen Herrn mehr über sich anerkennen und niemandem mehr dienen zu müssen. Bis vor kurzem war es sogar an unseren Hochschulen noch so, daß der Student – je fähiger er selbst war – sich einem hervorragenden Ordinarius und Doktor-Vater anvertraute, um bei ihm arbeiten sowie an dessen wissenschaftlicher Qualifikation teilnehmen und dadurch selbst vielleicht einmal eine hohe Qualifikation erreichen zu können. Viele Nobelpreisträger erinnern sich in diesem Sinne dankbar ihrer ehemaligen Lehrer.

Heute vollzieht sich diesbezüglich ein grundsätzlicher Strukturwandel: Überall wimmelt es von *leitenden* Angestellten oder Beamten, und es wäre überaus sensationell, wenn sich jemand als *dienstwilliger* Beamter oder Angestellter vorstellen würde. In vergangenen Zeiten gab es nur wenige »Herren« und viele »Diener« und »Knechte«. Heute kommt jedem Menschen der anspruchsvolle Titel »Herr« zu. Sind wir nun wirklich alle schon zu wahren Herren herangereift, oder hat die Bezeichnung »Herr« eine gewaltige Entwertung erfahren? Was ist überhaupt ein Herr? Beim Apostel Paulus ist nur einer im höchsten Sinne »Herr« – Gott. Und Paulus selbst weiß um die wahre Würde seines Menschseins, wenn er sich als Diener dieser Gottheit begreift. Denn, wie er selbst sagt: Sein persönliches Ich hat er hingeopfert, um ganz und gar einen Größeren, Jesus Christus, in sich leben und wirken zu lassen. In diesem Sinn kann offenbar »dienen« höchste Würde verleihen.

Man verstehe recht: Im sozialen Alltag sollte heute das Diener-Herr-Verhältnis als unzeitgemäß gelten. Denn jeder Mensch sollte als sein eigener Herr dazu fähig sein, seine Triebe zu beherrschen, seinen Egoismus zu überwinden und dem Gemeinwohl zu dienen. Hingegen gelten auf den Ebenen echter geistiger Schulung, Geistesschülerschaft und religiöser Esoterik nach wie vor die

Gesetze spiritueller Rangordnung. Die Evangelien sprechen vom »Meister«, die Inder vom »Guru«, die Freimaurerei kennt einen »Meister vom Stuhl«. Hier ist nicht nur alles Demokratisieren ausgeschlossen. Hier wird vor allem auch der wahrhaft Weise von Gott-dem-Herrn zu sprechen sich nicht scheuen, obgleich gemäß dem Johannesevangelium die Gottheit selbst uns Menschen als ihre »Kinder« oder gar als ihre »Freunde« bezeichnet. Benehmen wir uns schon dieser hohen Würde gemäß? Begreifen wir, was sie von uns fordert?

Wer so zu denken vermag, der besitzt eine absolute Lebenssicherheit und Schicksalsüberlegenheit. Den erreichen keine Zweifel am Sinn des Lebens. Der vermag am Abgrund des Nichts sicher zu stehen, ohne Angst haben zu müssen, hinabzustürzen. Der neuzeitliche, besonders der heutige Mensch hat seinem Herr-Gott den Dienst aufgekündigt, weil er selbst »Herr« sein will. Das damit verbundene Freiheits- und Ich-Gefühl wurde und wird zunächst bejubelt. Voll Verachtung blickt man auf die »abergläubischen« Zeiten zurück, in denen man sich als Knecht fühlte und nicht den »Mut« fand, selbst ein Herr zu sein, also auch einen Herr-Gott nicht mehr zu benötigen. Dafür aber steht nun der Mensch schutz- und haltlos am Abgrund des Seins. Die Weltangst wird ihm nur durch die Genüsse der Versorgungs- und Wohlstandsgesellschaft notdürftig verdeckt. Die Gewaltausbrüche der Chaoten und Terroristen sowie die Verzweiflungsausbrüche der Selbstmörder sind aber der Ausdruck dieser existentiellen Situation.

Aus Gründen der Propaganda eifern heute die Ultralinken gegen jegliche Herrschaft von Menschen über Menschen. Mit gutem Grund: weil sie nämlich keinen Herr-Gott mehr anerkennen, müssen sie auch alle hierarchischen Über- und Unterordnungsstrukturen in der menschlichen Gesellschaft verdammen, weil doch (wie wir hören) alle Menschen gleich und gleich frei seien. In der Praxis zeigen dann freilich die radikal-sozialistischen Staaten hierarchisch-diktatorische Herrschaftsverhältnisse unmenschlichster Form und fordern sklavische Unterwerfung in würdelosester Weise.

Will man hier klarer sehen, so muß man offenbar zweierlei Formen von Herrschaft und demgemäß zweierlei Formen von

Gehorsam unterscheiden. Gottes-Herrschaft ist Liebe, denn seine Strenge dient der inneren Entwicklung des Menschen zur wahren Weisheit und Heiligkeit. In diesem Sinne können auch Krankheiten, Schicksalsschläge, Schmerzen hohe erzieherische, ja geistigheilende Bedeutung gewinnen. Als Stellvertreter Gottes haben auch wahrhafte Meister, Guru – oder wie man sie nennen mag – ihre strenge Gehorsamsführung als liebevollen Dienst am Menschen – Charakterveredlung, Seelenerhellung, Geisterweckung – verstanden. Ziel allen Herrschens und Dienens ist immer der wahrhaft mündige, das heißt sich selbst beherrschende Mensch.

Die Herrschaft der Gottes-Leugner und Gottes-Gegner muß notwendigerweise zur Diktatur führen. In ihr wirkt nicht Liebe, sondern Verachtung gegenüber allem Menschlichen. Unmenschlichen Diktaturen ausgesetzte Menschen entwickeln sich nicht hinauf, sondern hinab: Knechtische Gesinnung, Liebedienerei, Lüge, Heuchelei und schließlich ohnmächtiger Haß sind die Folgen. Denn das Ziel dieser Herrschaftsform ist der unmündige, in künstlicher Infantilität oder gar Bestialität gehaltene Mensch, denn die Knute wird, so hofft man – die Bestialität zähmen.

Das Paradoxe ist nun aber, daß viele Menschen sich heute einen Diktator ersehnen, weil sie den Herr-Gott nicht zu finden wissen.

Hierzu kommt noch folgendes: Obgleich wir alle ein »Ich«, freilich ein »Ich« verschiedener Kraft und Fähigkeit besitzen, hängt doch die Weise, ob und wie wir darüber verfügen, also der Grad der Freiheit und Mündigkeit, sehr vom Milieu ab. Diese Tatsache führen uns die von der Bundesrepublik aus der DDR freigekauften politischen Häftlinge vor Augen. Aus einem Staat und aus einer Haft entlassen, darin alles bis ins Einzelne von oben geregelt und nichts der Eigeninitiative überlassen wird, stehen die so plötzlich »Befreiten« vor der Schwierigkeit, mit den Möglichkeiten ihrer Freiheit etwas anfangen zu können. Der Wunsch, in die zwar unmenschlichen, aber geordneten Herrschaftsstrukturen des Ostens zurückzukehren, kann entstehen. Offenbar wird nur, wer gelernt hat, im Ozean der freien Selbstbestimmung zu schwimmen, die Möglichkeit begrüßen – die anderen erfaßt Angst[127f].

127f Vgl. die Berichte der »Deutschen Zeitung« vom 17. 2. 1978.

Kapitel 23

Zukunft und Selbstverwirklichung

Aeschylos: »Durch Leiden lernen«

Wer über eine naturwissenschaftliche und philosophische Bildung verfügt, muß entsetzt sein angesichts der Selbstsicherheit, mit welcher Marx und seine Nachfolger den Zukunfts- und Endzustand der Menschheitsgeschichte zu formulieren wagten.

Marxisten wie Darwinisten glaubten, über ein unfehlbares »Rezept« zu verfügen, das alle Entwicklungs-Vergangenheiten ebenso wie alle Entwicklungs-Zukünfte aus einem einzigen Prinzip erklärbar macht. Diese Gemeinsamkeit zwischen Marx und Darwin ist indessen nicht erstaunlich, wenn man bedenkt, daß sie beide Repräsentanten des bourgeoisen Denkens im 19. Jahrhundert gewesen sind. Man kann das dahinter stehende Weltbild »Physikalismus« nennen, weil es Geist, Weisheit und die Gedanken negiert und das Weltgeschehen allein auf ein Wechselspiel physischer Kräfte zurückführen möchte. Für Marx waren es die wirtschaftlichen Produktionsfaktoren beziehungsweise die Klassen- und Interessengegensätze, für Darwin in einem gleichen Vereinfachungsvorgang des Denkens die planlosen Mutationen (Variationen), die von der Selektion (Kampf ums Dasein) ausgelesen werden. Aber das »Überleben des Besser-Angepaßten« kann die Höherentwicklung der pflanzlichen und tierischen Baupläne nicht erklären, weil gerade höhere Lebewesen weitaus anfälliger und störbarer als niedere sind. Marxistische Geschichtsdeutung muß scheitern, wenn sie aus den Sozial- und Wirtschaftsproblemen des 19. Jahrhunderts das wahre Antlitz des christlichen Mittelalters oder der altorientalischen Kulturen zu deuten versucht[128].

128 Vgl. dazu Th. Nipperdey, Marxismus und Geschichtswissenschaft, in »Marxismus ernst genommen«, hrsg. von G. Szczesny, rororo 6933. Reinbek 1975.

Ebensowenig wie die geschichtlichen Vergangenheiten lassen sich die geschichtlichen Zukünfte aus den verengten Prinzipien von Darwinismus und Marxismus vorhersagen. Da können wir uns nur dem anheimgeben, was einstmals in wissenderen Zeiten die »Vorsehung« genannt wurde.

Vielleicht kann man aufgrund des heute herrschenden Trends die Zukunft der industriellen, sozialen und wirtschaftlichen Entwicklungen höchstens auf ein Jahrhundert voraussehen. Was aber dann? Hinter uns liegen Jahrhunderttausende der Menschheitsgeschichte! Was werden uns – bei steter Beschleunigung des Geschehens – die nächsten 500, 1000, 2000 Jahre bringen? Schon heute scheint die Wohlstandsgesellschaft an ihre Grenzen zu stoßen. Soll nun damit die Evolution zu Ende sein und wir im Gleichmaß so einfach weiterexistieren, weitervegetieren, weiteranimalisieren, weiterkonsumieren? Das wäre totlangweilig!

Ähnlich ist es wohl auch mit den Vorstellungen über ein verlängertes Leben. Schon bei der heutigen Lebensdauer finden viele alte Menschen das Leben langweilig. Ohne es klar zu erkennen, ersehnen sie unbewußt das Lebensende, weil es ihnen doch vielleicht Aussichten auf neue, nachtodliche Lebensbereiche öffnet. Ist also eine weitere ärztliche Lebensverlängerung, auch wenn sie möglich wäre, wirklich wünschenswert? Würde sie unsere Lebensunlust nicht noch vermehren? Kann uns überhaupt ein nur irdisches Leben befriedigen? Muß es nicht noch ganz andersartige Welt- und Lebensbereiche geben, falls wir wirklich Bürger zweier Welten sind?

Erst wenn wir so empfinden, empfinden wir wahrhaft »anspruchsvoll«. Sich mit einem vollen »Futternapf« zu begnügen und diesen Futternapf auf möglichst viele Jahre genießen zu wollen – solche Ideale liegen doch weit unter unseren »wahren Bedürfnissen«. Denn, wenn wir heute alles Religiös-Metaphysische belachen, so belachen wir zugleich die wahre Größe unseres Menschseins. Dann sind wir zwar heute nicht mehr im wirtschaftlich-sozialen Sinne unterprivilegierte Proletarier, wohl aber – was eigentlich viel schlimmer ist – Proletarier im Geist.

Gegenüber der modernen Konsum-, Leistungs- und Industriegesellschaft wird von den Spätmarxisten der Vorwurf erhoben: sie verhindere die Selbstverwirklichung des Menschen. Eine solche Selbstbezweiflung ist freilich nicht neu; die Infragestellung bildet vielmehr einen Grundbestandteil des abendländischen christlichen Denkens. Hier erscheint sie in der Formulierung: Der Mensch verliert sich an die »Welt« und vergißt, was »Nicht-von-dieser-Welt« ist.

Diese Dimension ist heute verschüttet, daher fällt die Selbstverwirklichung dem Menschen in der Industriegesellschaft schwer, zumal er oft gar nicht weiß, was dieses »Selbst« ist, das er »verwirklichen« soll. Jedenfalls haben die heutigen Hindernisse der Selbstverwirklichung kaum etwas mit sozialen oder finanziellen Unterschieden zu tun. Das abendländische Christentum meinte sogar, der »Arme« habe es wesentlich leichter als der »Reiche«, sich die geistige Welt (»Reiche der Himmel«) anzueignen.

Was ist nun »Selbst« und »Selbst-Verwirklichung«? Bei Marx und seinen Nachfolgern wird man wohl kaum eine präzise Antwort finden. Wohl aber sehen sie eine Hauptursache der Selbst-Entfremdung in der Verwandlung der ursprünglichen Jäger und Sammler, Bauern und Handwerker zu Arbeitern an der Maschine innerhalb einer Industriegesellschaft.

Der rückwärts gewandte Romantiker wird den Verlust der Selbständigkeit beklagen, der mit diesen arbeitsteiligen und lohnabhängigen Gesellschafts- und Wirtschaftsstrukturen verbunden ist. Er übersieht jedoch, wie gerade die gegenseitigen Abhängigkeiten innerhalb einer arbeitsteiligen Gesellschaft zu gewaltigen Faktoren der gegenseitigen Förderung werden. Ein Bauer in früheren Zeiten, als »Selbstversorger« und »Herr« auf eigenem Grund und Boden, war zwar »Autonomer Selbstverwirklicher«, aber zugleich in engste Lebens-, Wissens- und Wirkungskreise eingezwängt. Hingegen verfügen Arbeiter, Angestellte, Beamte der heutigen Wohlstandsgesellschaft über genügend Freizeit, um sich anhand von Sachbüchern weltweite Überblicke zu verschaffen oder durch Reisen ihren Horizont zu erweitern.

Aber auch abgesehen von diesen enormen Bildungsmöglichkeiten, stellt die ständige Konfrontation mit der Maschinenwelt einen bedeutsamen Erweckungsfaktor für die Entfaltung der menschlichen Persönlichkeit dar. Macht man sich nämlich klar, daß alle unsere Verkehrs- und Produktionseinrichtungen im menschlichen Denken, also letztlich im Geiste wurzeln, so kommt man zum Ergebnis, daß wir primär überhaupt nicht in einer materiellen, sondern in einer freilich im Stofflichen materialisierten geistigen Welt leben. Entgegen den Prophetien von Karl Marx geht daher auch die Zeittendenz nicht in Richtung auf eine »Diktatur des Proletariats«, sondern in Richtung einer »Diktatur des Geistes«. Der beste Zeuge hierfür ist die Sowjetunion mit ihrer Fürsorge, die sie ihren Forschern und Konstrukteuren und keineswegs ihren einfachen Arbeitern zuteil werden läßt.

»Es gibt nämlich – nach Ludwig Reichhold – ein durchgehendes Gesetz der Entwicklung. Es kann auf die Formel gebracht werden: Daß der Reichtum im gleichen Verhältnis zum Anteil der geistigen und im ungleichen Verhältnis zum Anteil der physischen Arbeit wächst. Je mehr Wissenschaft in eine Volkswirtschaft investiert wird, um so höher ist ihre Wertschöpfung.«[129] Dasselbe betont Eugen Löbl: »Aus den Bewegungen des Arbeiters an der Maschine würde niemals ein Gebrauchsgegenstand entstehen. Diese Bewegungen wären absolut unproduktiv. Damit die Arbeit von Maschinenarbeitern produktiv werden kann, mußten geistige Arbeiter erst die Konstruktionen schaffen, mit deren Hilfe die rein physische Leistung des Arbeiters in produktive Arbeit umgewandelt wird.«[130]

Das führt uns zurück zur »Selbstverwirklichung«. Kristalle, Pflanzen, Tiere haben es nicht nötig, sich selbst zu verwirklichen: Sie sind bereits »verwirklicht« und haben kein »Selbst«. Daß hingegen der Mensch seinem naturhaften Sein etwas hinzufügen könne und müsse, beweist schon der Weg vom steinzeitlichen Faustkeil und von der Fellbekleidung bis zur vollautomatischen Fabrik und zu einer Appartementwohnung oder vom primitiven Denken und Tun eines vorzeitlichen Jägers zur hochgezüchteten Intelligenz und Geschicklichkeit eines Feinmechanikers oder Flugzeugpiloten.

Diese durchaus positiven Seiten der modernen Arbeitswelt analysiert Peter Lindemann[131]. Sie muß man bedenken, wenn man

129 Ludwig Reichold, Abschied von der proletarischen Illusion, Frankfurt/Main 1972.

130 Eugen Löbl, Geistige Arbeit – die wahre Quelle des Reichtums, Düsseldorf 1968.

131 Peter Lindemann, Die Arbeitswelt von morgen, Stuttgart 1975.

bei Spätmarxisten – die ja im Grunde rückwärtsgewandte Romantiker sind – die Behauptung findet, der moderne Industriearbeiter und Großstadtmensch lebe in »Selbstentfremdung«. Man übersieht, wie stark Selbstbewußtsein, Intelligenz und Wachheit durch die Berührung mit der Maschinenwelt auch bei denen angehoben wird, die diese Welt zwar nicht wie die Forscher und Techniker schufen, aber doch mit ihr als Industriearbeiter konfrontiert werden. Schon die Begeisterung der Jugend für ihre Motorräder ist ein Beweis für die erweckende Funktion der industriellen Gesellschaft. Vieles »Naturwüchsige«, wovon Marx so gerne redet und wonach er sich zurücksehnt, muß freilich preisgegeben werden. Hier liegt die unbestrittene »Schmerzkomponente« der modernen Lebensbedingungen, denen andererseits aber auch bedeutende »Erweckungsleistungen« zukommen.

Schmerzen, Leiden, Entbehrungen, Verzichte – gleichgültig ob freiwillige oder aufgedrungene – tragen, wie jeder Psychologe weiß, viel zur Entwicklung des Ich-bin bei. Das können freilich alle diejenigen nicht sehen, die im Menschen entweder ein biologisches Trieb- und Naturwesen oder das herdenhafte Produkt gesellschaftlicher Verhältnisse oder beides zugleich sehen. Denn Leiden, Schmerzen, Entbehrungen und Verzichte sind innerhalb der Natur und »Gesellschaft« eine rein negative Erscheinung. Zu eminenten Entwicklungs- und Schöpfungsfaktoren werden sie nur unter einer Bedingung: Daß sie auf ein personhaftes Geistwesen auftreffen, das weder Natur- noch Gesellschafts-Produkt, sondern eben ein »Ich« ist und über das Vermögen zur »Wandlung« und Steigerung verfügt.

Es wäre sinnlos und grausam, einem bloßen Natur- und Sozialgebilde, z. B. einer Biene, Entbehrungen, Leiden, Verzicht, Krankheiten aufzuerlegen. Hierdurch würde nämlich nur das schöne »naturwüchsige« Leben bedroht oder gar zerstört, ohne daß irgendetwas daraus entspringen könnte. Genau das aber geschieht bei den Menschen und um so mehr, je bedeutender sie sind. Meister Eckardt meint: »Das schnellste Roß, das euch bringt zur Vollkommenheit, ist Leiden«. Ähnlich äußert sich Goethe. Und es ist weithin bekannt, daß viele der größten Kunstwerke unmittelbar schweren Schicksalsschlägen oder den Krankheiten ihrer Schöpfer entsprangen.

In Schillers Wallenstein heißt es: »Und setzet ihr nicht das Leben ein, nie wird euch das Leben gewonnen sein!« Darin äußert sich die ganze Paradoxie des Menschseins, die von der bloßen Natur- und Sozial-Wissenschaft nie wird begriffen werden können. Denn – wie könnte es von naturwissenschaftlichen oder soziologischen Gesichtspunkten verständlich sein, daß man seit jeher die Konfrontation mit dem Tod, ja das Sterben selbst als einen Höhepunkt der menschlichen Existenz feiert und demgemäß im Helden, Offizier, Soldaten, der für sein Land zu sterben bereit ist, den Gipfel menschlichen Adels verherrlicht? Spätmarxisten freilich spotten in ihrer anthropologischen Ratlosigkeit darüber, obgleich gerade die kommunistische Staatenwelt eine Restauration militarisierter Denk- und Lebensformen herbeigeführt hat.

Wie kann der Tod, der doch die Vernichtung der menschlichen Körperlichkeit und damit alles dessen ist, was sich in diesem Leben an Lust des Atmens, Essens, Trinkens, Sichbegattens gewinnen läßt, den Gipfel des Menschseins darstellen? Für den Naturwissenschaftler, im besonderen für den Biologen, ist doch dieses körperliche Leben das »Sein« schlechthin, demgegenüber der Tod lediglich das »Nichts« repräsentiert. Dieser Körperlichkeit entsteigen Triebe, die der Erhaltung und Förderung dieses Lebens dienen und deren Erfüllung »Lust« für Freud und für Marx den Sinn des Lebens bedeutet. Wenn daher Freud in seinen späteren Werken dem »Lustprinzip« das »Todesprinzip« hinzufügte, mußte er auf die Ablehnung aller naturwissenschaftlich denkenden Menschen stoßen. Freud freilich bewies dadurch seine Forschergröße, weil er durch die Anerkennung des Todestriebes sein eigenes materialistisches Weltbild – ohne es freilich zu begreifen – überwand. Denn sich mit dem Tode konfrontieren, ihn suchen und bejahen, kann letztlich nur ein Wesen, das in sich ein Etwas trägt, das durch den Tod nicht berührt wird. Dieses Etwas feiert gerade im Sterben, welches den Körper des Menschen vernichtet, die Geburt des Unsterblichen. Im gewöhnlichen, satten, von den Leibestrieben und Leibeslüsten erfüllten Leben mag der Mensch diese andere Seite seines Wesens vergessen, in der Konfrontation mit dem Tod ist er gezwungen, es neu zu entdecken, wenn er sich nicht verloren geben will.

Daher kann man paradoxerweise wohl sagen: Die volle Selbstverwirklichung findet der Mensch in der Begegnung mit dem Tode, beziehungsweise mit allem, was dem Tode verwandt ist: in Leiden, Krankheiten, Verzichten, Schicksalsschlägen, aber auch in den Mühen seiner beruflichen Arbeit, insbesondere im industriellen und großstädtischen Dasein. Er findet sie darin freilich keineswegs schon dadurch, daß er diese Negativitäten des Daseins einfach passiv über sich ergehen läßt oder sie gar bejammert. Sondern dadurch, daß er in der Konfrontation mit diesen Negativitäten dasjenige in sich erweckt und entwickelt, was Novalis so ausdrückte: »Das Sterbliche erdröhnt in den Grundfesten, aber das Unsterbliche fängt heller zu leuchten an und erkennt sich selbst!«

Zu solcher Selbsterkenntnis und Selbstverwirklichung führen den Menschen allerdings auch bisweilen Stunden des Glückes, des Wohlbefindens, des Genusses. Sie lassen dabei meist den Menschen sein Ewiges vergessen, weshalb Goethe – übrigens ein Experte in solchen Lebensfragen – meinte: Nichts sei schwerer zu ertragen als eine Reihe von guten Tagen; denselben Tatbestand formulierte Hölderlin so: »Des Lebens Woge schäumte nicht so hoch empor und würde Geist, wenn nicht der alte, stumme Fels, das Schicksal, ihr entgegenstünde.«

Gewiß soll alles unternommen werden, um den Menschen, zumal denen im »Schatten«, den Kranken, Armen, Verlassenen, Alten, dieses Leben zu erleichtern. Aber wir werden nicht der Versuchung unterliegen, in einem leichten, gesunden, glücklichen, mit wenig Arbeit und viel Freizeit versehenen Dasein schon den Garanten der »Selbstverwirklichung« zu erblicken oder gar wie Marcuse in »sexueller Betätigung« den Gipfelpunkt menschlicher Existenz zu sehen, zu deren Förderung die »notwendige Arbeit« tunlichst solle eingeschränkt werden[132].

Gerade auf dem Felde der Erziehung und Menschenführung stellt sich im Hinblick auf die Erfahrungen in den »Antiautori-

132 Vgl. D. Haensch, Repressive Familienpolitik, rosex 8023; H. Kentler, Sexualerziehung, rosex 8034/5; Herbert Marcuse, Eros und Kultur, Stuttgart 1957, sowie Der eindimensionale Mensch, Slg. Luchterhand, Bd. 4, Darmstadt.

tären Kindergärten« die Frage: Kann der sich selbst überlassene, in jeder Hinsicht enthemmte Mensch die volle Menschwerdung erlangen? Müssen wir ihn nicht von außen her führen und in Zucht nehmen, ehe er das selbst kann? Wie schon gesagt, gelangten Kinder, die unter Tieren aufwuchsen, weder zum Stehen und Gehen, noch zum Sprechen. Obgleich sie den Keim zur vollen Menschwerdung in sich trugen, konnte sich dieser mangels Beispiel, Führung, Zucht, also mangels »Autorität« im weitesten Sinne, nicht entfalten, – im Gegensatz zu Pflanzen und Tieren, die bereits in ihren Vererbungsgrundlagen sich alles Nötige mitbringen und keiner Erziehung bedürfen. Daß man nach Zeiten vielfacher Verlogenheit und Verdrängung auf sexuell-erotischem Gebiet heute nun in das Gegenteil der absoluten Enthemmung gerät, ist verständlich. Ebenso verständlich sind heutige Gegenbewegungen gegen alles irgendwie Autoritäre oder Elitäre nach Zeiten, in denen korrupte Eliten und Autoritäten ihren Einfluß auf die Menschen mißbrauchten.

Die »Welt-Gesundheits-Organisation« stellt fest: Jeder Mensch habe nicht nur Anspruch auf leibliche Gesundheit, sondern auch auf seelisches Wohlbefinden, letztlich also auf ungetrübtes »Glück«. – Aber eine solche Behauptung ist nicht etwa eine selbstverständliche Wahrheit, sondern lediglich der Ausdruck einer ganz bestimmten Ideologie, die sich zudem über die Unerfüllbarkeit dieses Anspruchs einfach hinwegsetzt. Unerfüllbar ist dieser Anspruch nämlich schon deshalb, weil die tieferen Ursachen für viele, wenngleich auch nicht alle leiblichen Beschwerden, sowie für viele seelische Bedrückungen im Wesen des einzelnen Menschen selbst gelegen sind. Ihnen wäre nur dadurch beizukommen, daß man sich zur Bereinigung aller chaotischen Gedanken und Gefühle, z. B. Neid, Haß, Geiz, Übelwollen, Gier, sowie aller schädlichen Verhaltensweisen, wie Unmäßigkeit im Essen, Trinken, Rauchen, Sex usw., entschließen könnte, durch die wir gegen uns selbst wüten, uns selbst unglücklich machen und zerstören. Berufs- und Ehekonflikte bilden beispielsweise eine Hauptursache für gesundheitliche Störungen sowie sozialen Unglücks. Aber auch eine noch so aufwendige staatliche Fürsorge wird diese Prozesse der Selbstzerstörung nicht verhindern und ihre gesundheitlichen Folgen nicht ausheilen können.

Die Menschen werden also mit den Folgen ihrer eigenen Fehlgedanken und Fehlhandlungen ebenso leben müssen wie mit den Folgen der irdischen Lebensverhältnisse im Allgemeinen. Es wird die frevelhafte Illusion abzubauen sein, daß jede Krankheit, zumal jede chronische Krankheit, völlig heilbar, jedes Unglück und Mißgeschick ganz zu beseitigen, also ein ungetrübtes Erdenglück seitens des Sozialstaates zu garantieren sei. Ein erheblicher Teil aller dieser Beschwernisse muß der sittlichen Tragekraft des einzelnen Menschen überlassen bleiben. Er wird nicht umhin können, mit seinen Beschwerden sich ins Gleichgewicht zu setzen, um mit ihnen mutig zu leben.

Das bildet einen erheblichen Teil der Selbstverwirklichung, die alles andere als ein »freies Kräftespiel«, vielmehr harte sittliche Arbeit ist. Hierzu hatte in früheren Zeiten die Religion den Menschen geholfen. Die Gottheit, der sich der Mensch im Gebet aufschloß, hatte den wahren Trost gespendet, der nicht in frevelhaften Illusionen, sondern in der Substanz des Geistes gegründet ist. Meint man freilich, »Gott« sei eine Illusion, so liefert man die Menschen der Verzweiflung aus, vor der sie noch so viele soziale Revolutionen nicht werden retten können.

In der Verfolgung solcher Erkenntnisse hat sich auch die neuere Psychoanalyse weitgehend vom »Lustprinzip« Freuds losgesagt, weil man durch die philosophische Anthropologie Max Schelers, Martin Heideggers, Adolf Portmanns und Arnold Gehlens den Menschen als Geist- und nicht als Natur-Wesen zu sehen lernte. Dadurch wurden religiös-christliche Werte wieder wissenschaftlich aktuell. Repräsentativ für diese neuen und doch uralten Einsichten ist das Buch von Erich Rotthaus über den Prozeß der Wandlung in der Psychotherapie, Dortmund 1973: »Zu wenig Verbieten führt genau so zu Neurosen, wie zu viel Verbieten. Der Mensch bedarf für seine Triebe der Grenzen, sie müssen ihm gesetzt werden, bis er fähig ist, sie sich selbst zu setzen . . .«[133]

Auch einer unserer bedeutendsten Psychotherapeuten, Viktor E. Frankl, ist der Meinung, daß über sich hinauszustreben – er nennt es »transzendieren« – also hohen Werten zu dienen, das

133 Erich Rotthaus, Der Prozeß der Wandlung in der Psychotherapie, Dortmund 1973.

menschliche Leben erst mit Sinn und Selbstverwirklichung erfüllt. Dem steht jedoch, meint Frankl, das übliche »Lust-« und »Glücksprinzip« entgegen. »Je mehr es dem Menschen um Lust geht, desto mehr vergeht sie ihm auch schon. Je mehr er nach Glück jagt, umsomehr verjagt er es«. Denn Glück und Lust seien nicht als solche, sondern nur durch das Erstreben und Erreichen hoher Aufgaben und Werte zu erlangen[134].

Bedenkt man diese modernsten Erkenntnisse, so stellt sich dem wahren Menschen-Freund und nicht dem Menschen-Verführer die nur scheinbar schockierende Frage: Welches Minimum an Schicksalsdruck, Not, Beschränkung ist überhaupt nötig, damit die Menschen im hemmungslosen Anspruchs- und Wohlstandsdenken nicht verkommen, sondern im Überwinden von Widerständen sich in Wahrheit als geistige Wesen verwirklichen?

Das kann an einem wenig zurückliegenden Beispiel verdeutlicht werden: In der Nachkriegszeit war man für alles dankbar, was man hatte oder empfing. Materielles und Geistiges! Man wußte den Wert der kleinsten Dinge zu schätzen. Diese Haltung war durch den Druck der Not bedingt. Nicht durch Not gezwungen, sondern gemäß der überlieferten Religion, aus Frömmigkeit gegenüber der Gottheit aber auch aus Ehrfurcht gegenüber unserer Erde haben Bauernfamilien in früheren Zeiten das geübt, was heute auf uns als Schlagwort zukommt: Energie- und Rohstoffsparen! Bescheidenheit! Nichts Verwendungsfähiges wegwerfen! Sich der Leistungsgrenzen der Erde und der Wohlstandsgesellschaft bewußt bleiben! Der unverbildete Bauer sagte sich: Das Brot ist eine Gottes-Gabe! Gegen die Gottheit frevelt, wer sie achtlos verkommen läßt! Auch bei jedem Scheit Holz, das zum Heizen oder Kochen benötigt wird, sollte bedacht werden, daß es draußen in den Wäldern einen Baum kostet! Ebenso betrachtete man Hausrat, Kleider, Schuhe.

Solche »Sparsamkeit« hatte nichts mit »Geld« zu tun! Auch ein reicher Bauer dachte nicht anders, obgleich er sich jede Art »Verschwendung« hätte »leisten« können. Erst wir heute haben die Ehrfurcht gegenüber der Gottheit, gegenüber der irdischen

134 V. E. Frankl, Das neue Menschenbild, hrsg. von A. Koestler, Wien 1970; ders., Ärztliche Seelsorge, Grundlagen der Logotherapie und Existenzanalyse, Neuaufl., München 1975.

Natur, gegenüber der Materie soweit eingebüßt, daß wir glauben, alles machen zu können, wenn wir nur das nötige Geld haben. Die »Verschwendung«, das »Wirf's-weg« – »Kauf-dir-ein-Neues« bedeutet aber letztlich die Korruption unseres Menschseins! Dieses wäre jedoch noch nicht überwunden, wenn wir nur unter dem Druck des Rohstoff- und Energiemangels uns bescheidener verhielten! Nein! Zur Bescheidenheit sollte uns ein erneutes Gefühl für die Gottesgaben und Gottes-Gnaden befähigen, die in allen Energien und Materien gelegen sind, die unser Wohnplanet uns bietet.

In diese Richtung würde doch wohl auch die Entwicklung einer echten, von mündigen Bürgern getragenen Demokratie gehen, die nicht mehr durch Gesetz, Strafverordnungen oder Notstände von außen erzwungen, sondern durch eigene freie Einsicht getragen wäre. Achtung und Liebe gegenüber dem »Raumschiff« Erde, das schon durch höhere Weisheit mit allem versorgt ist, was wir für die Zukunft, das heißt so lange brauchen, bis das Ziel der Menschheit erreicht ist. – Denn ein »ewiges Erdendasein« wird es wohl ebensowenig für die Menschheit wie für die Erde und für den Einzelmenschen geben.

Solche Gesichtspunkte wären auch einer vertieften Wirtschaftspädagogik zugrunde zu legen, wie ich sie an der unserem Betrieb angegliederten Nachwuchsschule praktizierte. Da versuchten wir den heranzubildenden Menschen klar zu machen: »Ein vernünftiger, maßvoller Verbrauch gehört zur Sinnerfüllung der Wirtschaft. Von der richtigen Dosierung des Konsumierens und Sparens hängt das Schicksal des Wirtschaftslebens ab. Entscheidend ist das wirtschaftliche Anspruchsniveau bzw. das Niveau der persönlichen Wirtschaftskultur der »Wirtschaftsbürger«. Spar- und Verbrauchserziehung müssen also als miteinander verbunden und eingefügt in den Rahmen einer umfassenden Wirtschaftserziehung gesehen werden, einer Wirtschaftserziehung, die auch ihrerseits wieder nur eine Komponente im Gesamtprozeß menschlicher Erziehung ist.«[135]

Aus den vorgebrachten Darlegungen ergibt sich wohl auch, wie notwendig es sowohl im Interesse der Konsumenten als der Ar-

135 J. Baumgart im »Jahrbuch für Wirtschafts- und Sozialpädagogik«, 1967.

beiter und Angestellten ist, die unternehmerischen Initiativen zu fördern. Denn das Wahrhaft-Unternehmerische zeigt sich am deutlichsten in den Anfängen, also dort, wo überhaupt noch nichts, keine Fabrikgebäude, keine Maschinen, keine Belegschaft, kein »Kapital« vorhanden ist, sondern nur die in einem einzigen Menschen keimende Idee, mit dem Willen, diese zu verwirklichen. Wir wissen, wie nach dem Zeitpunkt Null im Jahre 1945 viele, später zu weltweiter Geltung gelangte, Betriebe ganz klein, in einem alten Schuppen oder einer Garage, mit nur wenigen Gehilfen vom »Unternehmer« initiiert wurden. Idee und Wille waren da das einzige »Kapital«, aber ein Geist-Kapital von enormer Zeugungs- und Wachstumskraft. Das sollten alle Reformer bedenken, die den personhaften Geist ausschalten wollen. Die Frage nach dem eigentlichen Schöpfungszentrum in jedem Menschen ist so zentral, daß sie im folgenden Kapitel noch von zusätzlichen Gesichtspunkten beleuchtet werden soll.

Kapitel 24

Frei wovon? Frei wozu?

Von den Grenzen der Vererbung und des Milieus

Nun habe ich in den vorausgegangenen Kapiteln stets vom Menschen, genauer vom geistigen Wesenszentrum, vom »Ich«, gesprochen und an dieses die Anforderung gestellt: sich selbst zu erkennen, zu beherrschen, zu verwirklichen, sowie sich in die Gesellschaft durch Mit-beraten, Mit-bestimmen, Mit-verantworten einzugliedern. Welchen Parteien wir auch politisch angehören mögen, immer stellen wir an dieses »Ich« Anforderungen und billigen oder mißbilligen, belohnen oder bestrafen sein jeweiliges Verhalten.

Das alles setzt jedoch Freiheit, und zwar Freiheit im strengsten philosophischen Sinne voraus. Aber kann es solche Freiheit innerhalb des modernen Weltbildes geben? Man braucht nicht Fach-Genetiker zu sein, um zu erkennen, daß die moderne Vererbungswissenschaft uns wohl die »Eigenschaften«, also Gestalt und Verhalten der Lebewesen und weiterhin die Prozesse der Kreuzung, Mutation und Evolution aufgrund der Genstrukturen verständlich macht, – jedoch eben deshalb für wahre Entscheidungs- und Verantwortungs-Freiheit keinerlei Raum läßt.

Ein solcher Freiheits-Raum wird zum Verständnis der Tiere und Pflanzen auch gar nicht benötigt. Zusätzlich zu den fix vererbten Eigenschaften haben die Lebewesen wohl (in sehr verschiedenem Maße) die Möglichkeit, durch »Erfahrung« zu »lernen«, aber mit Selbst-Erkenntnis, Selbst-Erziehung, moralischem Gewissen hat dies nichts zu tun. In Summa: Wir »bestrafen« wohl z. B. unsere Jagdhunde für ein Fehlverhalten, aber nur um sie dadurch in ihrem Verhalten »umzuprogrammieren«, – wir ziehen sie jedoch nicht vor Gericht und werfen keine moralische Schuldfrage auf.

Würden wir jedoch, was freilich immer wieder in Gerichtsprozessen versucht wird, auch Menschen so beurteilen und dadurch absolut ent-schulden, so würden wir diesen Menschen die eigentliche Menschen-Würde aberkennen, – wogegen diese sogar protestieren könnten. Denn schuldig-werden-zu-*können* und strafwürdig-sein-zu-*dürfen* ist ein Adelsprädikat des Menschen und, wenngleich oft unbewußt, in jedem Menschen als »Gewissens-Stimme« verankert.

Freilich bedürfen diese Gewissens-Stimme und das Bewußtsein der verantwortlichen Freiheit des Ich-bin erst der Erweckung und Heranbildung. Dies deshalb, weil gerade die menschlichsten Qualifikationen des Menschen erst der Ent-Wicklung innerhalb der Individual- und Menschheits-Geschichte bedürfen und nicht wie die Eigenschaften der Tiere und Pflanzen vererbungsmäßig fertig sind. Daher sind auch die höchsten Tiere, die Schimpansen, trotz ihrer vielfachen Menschen-Ähnlichkeiten in den Jahrzehntausenden seit ihrer Entstehung das geblieben, was sie von Anfang an genetisch-fixiert, eben als Schimpansen, waren. In derselben Zeit durchliefen jedoch die Menschen die Entwicklung vom Faustkeil zur vollautomatischen Fabrik, von der Menschenfresserei zur buddhistischen, stoischen, christlichen Ethik. Ob freilich dieser Erziehungsprozeß nur unser *menschliches* Werk war und nicht auch das helfende Werk übermenschlicher Geistesmächte, bleibe dahingestellt.

Nun aber das Entscheidende: Der Vererbungsforscher steht mit Recht auf dem Standpunkt, der menschliche Gen-Bestand habe sich seit dem Auftreten des Voll-Menschen (Homo sapiens, Cromagnon), also seit etwa 20 000 bis 30 000 Jahren, nicht mehr verändert. Denn schon damals sei das endgültige Gehirnvolumen (ca. 1500 ccm) sowie die vollmenschliche Schädelgestalt erreicht worden[136]. Bei Pflanzen und Tieren ist mit der jeweiligen Körpergestalt auch das entsprechende Instinkt- und Verhaltensspektrum gegeben, womit über Können und Nichtkönnen der betreffenden Gattung entschieden ist. Hingegen ist es offenbar das Einzigartige

136 Vgl. H. Kühn, Erwachen und Aufstieg der Menschheit, Fischer-Bücherei 717, Frankfurt/Main.

des Menschseins, daß mit der Erringung der jeweiligen biologischen Evolution und mit der Erreichung des jeweiligen Genbestandes nun erst recht eine Evolution höherer Art beginnt, die offensichtlich aus dem Genbestand nicht mehr ableitbar ist. Das Gesagte möge daher nur als Denkanstoß dienen, weil es, um schlüssig zu sein, einer umfangreichen Ausarbeitung bedürfte. Demnach gehört der Mensch nicht mehr der »Natur« an. Denn die Natur ist das Reich der Notwendigkeit, der Gattungsbestimmtheit, der Vererbung. – Mit dem Menschen jedoch beginnt erst sehr schüchtern im Neolithikum das Reich der Freiheit zur Selbsterkenntnis und Selbstgestaltung, also das Reich der Personalität, des schöpferischen einzelmenschlichen Ich-bin.

Die meisten Naturforscher werden das verneinen. Sie werden, ohne dies freilich beweisen zu können, in dogmatischer Weise auf die Bedingtheit alles menschlichen Seins und Tuns einerseits durch die Vererbungsgene, andererseits durch die elektrochemischen Gehirnprozesse sowie auf die Umweltverhältnisse verweisen. Wer immer jedoch von sittlicher Verantwortung redet, vom Menschen Selbsterkenntnis, Selbstkontrolle, Selbstbeherrschung fordert, im bürgerlichen Alltag von Gut und Böse spricht und Gerichtsverhandlungen zur Aufklärung eines Verbrechens und zur Bestrafung der Schuldigen fordert, – der überschreitet die Grenzen der Naturwissenschaft in praxi, mag er in der Theorie auch das Gegenteil behaupten.

Damit bekundet sich aber die tiefe »Schizophrenie« oder gar Verlogenheit unserer Zeit, die sich in der Praxis so sehr um Menschen-Rechte, Menschen-Würde, Menschen-Glück, also um christliche Werte bemüht, in der exakten Naturwissenschaft jedoch, wenn sie ehrlich ist, dies alles verneint. Wenn ich in den vorangegangenen Kapiteln immer wieder vom Menschen als Bürger zweier Welten sprach, so bedeutet das konkret, daß alles Milieuhafte und Biologisch-Vererbungsmäßige nur die eine Seite der menschlichen Existenz bildet, deren andere durch das personhafte Geistwesen (»Ich«) repräsentiert wird. Dieses verbindet sich nach alter Überzeugung in der Konzeption mit dem elterlichen Vererbungsstrom, der Inkarnation, und zieht sich im Sterben daraus wieder zurück, der Exkarnation, um in gänzlich andersartige Seinsweisen hinüberzutreten.

Ideengeschichtlich gibt es also dreierlei Gesichtspunkte, drei »Koordinaten«, den Menschen und seine Schicksale zu verstehen: 1. Der naturwissenschaftliche Gesichtspunkt der Vererbung. Politisch wurde er besonders im Nationalsozialismus betont (»Blut«, »Rasse«, »Volkstum«). 2. Der soziologische Gesichtspunkt, auf den besonders Marx und seine Nachfolger Wert legten (»Gesellschaft«, »Klasse«, »Chancen« und »Umwelt-Verschiedenheit«). Beide Faktoren sind zwar bedeutsam, gehen aber am Zentrum der menschlichen Existenzialität vorbei. 3. Was jeder Mensch als »Ich«, als Geisteswesen, in das irdische Dasein mitbringt. Dieser geistige Kern ist der eigentliche Freiheitsträger, der sich mit den biologisch-soziologischen Gegebenheiten verbindet (in-karniert) und sich mit ihnen lebenslang auseinandersetzen muß.

Diese dritte, wesentliche Komponente haben sowohl Biologie als auch Soziologie, sowohl Nationalsozialismus als auch Kommunismus nicht nur vernachlässigt, sondern entwürdigt, bekämpft, verspottet. Hingegen war und ist diese dritte Komponente das Hauptanliegen der abendländischen Philosophie sowie der zentrale Bezugspunkt der christlichen Verkündigung.[137]

Wer heute, vor allem auf politischem Feld, von Freiheit spricht und die »Befreiung« der *Völker* von Kolonialismus und Imperialismus, die »Befreiung« des *Einzelmenschen* von (angeblichen) »sozialen Zwängen« (Familie, Ehe, Lehrer, Unternehmer usw.) fordert, betont damit nur *eine* Seite der Freiheit: Die Befreiung von äußeren Untertänigkeiten und Herrschaftsverhältnissen, damit der Mensch als einzelner oder als Volk seiner Eigenart gemäß sich entfalten kann. Mit »innerer« Freiheit – Selbsterkenntnis, Charakterverwandlung, Selbsterziehung – hat das noch nicht das Geringste zu tun. Denn, befreit von allen äußeren Zwängen ist der einzelne dann erst recht mit den in ihm selbst gelegenen Zwängen seiner ungeläuterten Triebe, Leidenschaften, Denkgewohnheiten, Egoismen sowie mit der Vererbung konfrontiert. Er steht dann erst recht vor der Aufgabe, sich von sich selbst, das heißt von seinem niederen Ego, zu befreien, um allmählich sein höheres Selbst zu gewinnen.

137 Vgl. O. J. Hartmann, Der Mensch im Abgrund seiner Freiheit, christliche Existenz, 4. Aufl., Frankfurt 1969.

Davon ist freilich bei den weltweiten politischen »Befreiungsaktionen«, deren Zeuge wir heute sind, nicht die Rede. Im Gegenteil! Nach dem Abzug der Kolonialmächte herrschte in vielen Fällen erst recht brutale Gewalt. »Bestialität wird sich gar herrlich offenbaren« heißt es in Goethes »Faust«, in Auerbachs Keller. Im Namen der Freiheit werden die bisher in Zucht gehaltenen Zerstörungstriebe enthemmt, der Ich-Mensch wird zurückgedrängt, und der Masse-Mensch mit dem »uralten Erbe der Raubaffen«, wie mancher Vererbungsforscher meint, tritt in Aktion.

Von der Notwendigkeit, sich selbst zu beherrschen, zu erziehen, seinen Charakter zu veredeln, ist weder bei Marx noch Freud, noch ihren Nachfolgern die Rede. Ihre Meinung: Würden nur alle äußeren – wirklichen oder eingebildeten – Zwänge wegfallen, so würde sogleich der Edel-Mensch in strahlender Herrlichkeit hervortreten, – ein katastrophaler Mangel an Geschichts- und Menschenkenntnis!

Im *militärischen* Sinne stehen sich Ost und West als zwei Machtblöcke mit Weltherrschaftsansprüchen gegenüber. Im *wirtschaftlichen* Sinne repräsentieren sie die Gegensätze von Privat- und Staatskapitalismus. Im *soziologischen* Sinne steht eine pluralistische, die Freiheit der Persönlichkeit proklamierende, liberale Gesellschaftsordnung einer alle menschlichen Belange zentral beherrschenden Funktionärsdiktatur gegenüber. In einem jedoch sind beide Teile in erschreckendem Grade einander ähnlich. Bei Marx ist »das menschliche Wesen kein dem einzelnen Individuum innewohnendes Abstraktum« – so nennt Marx das personhafte Ich, das für ihn nur ein Produkt der bürgerlichen Philosophie ist. In seiner Wirklichkeit ist es das Ensemble der »gesellschaftlichen Verhältnisse«[138]. Entsprechend ist für den westlichen Genetiker dieses personhafte Ich lediglich das Ensemble der väterlichen und mütterlichen Gene.

Daraus ergibt sich: Die *östlichen Menschenzüchter* wollen einen neuen, besseren, sozialeren Menschen durch die Umgestaltung der »gesellschaftlichen Verhältnisse« hervorbringen, während die *»westlichen Menschenzüchter«* dasselbe durch eine Manipulation

138 Vgl. dazu »Marxismus ernst genommen«, hrsg. von G. Szczesny, rororo 6933. Reinbek 1975.

des Genbestandes zu erreichen hoffen[139]. Beides ist intellektueller Menschenmord, mag man auf beiden Seiten auch noch so viel von »Menschenwürde« reden.

Dabei ist es weder den einen noch den anderen gelungen, Wesen und Erscheinen großer, schöpferischer Persönlichkeiten, die doch die entscheidenden Evolutionsfaktoren in der Menschheitsgeschichte darstellen, zu erklären oder gar zu erzeugen. Man kann sie nämlich weder durch »Familienplanung«, wie es der Nationalsozialismus versuchte, noch durch »Gesellschaftsplanung« erschaffen. Denn sie fallen wie ein Geschenk vom Himmel. Man sollte daher diese »Himmelsgeschenke« mit allen Mitteln fördern, falls sie sich hier oder dort in einem heranwachsenden Menschen bemerkbar machen, – obgleich sie sich infolge ihrer inneren Kraft und ihres starken Sendungsbewußtseins auch unter den widrigsten Umständen werden durchzusetzen wissen, – wie die Geschichte hinreichend lehrt.

Noch etwas vermag nüchterne Beobachtung festzustellen: Je schwächer das personhafte Ich eines Menschen ist, desto mehr erscheint sein Leben als bloßer Ausdruck der Vererbungs- und Milieuverhältnisse. Er ist Repräsentant einer Familie, eines Volkes, einer Klasse – sonst nichts. Je stärker und personhafter jedoch sein Ich ist, desto mehr hebt er sich aus diesen Bestimmungen heraus, kämpft gegen sie an, versucht sie zu überwinden, um ganz »er selbst« zu werden. Woher kommt dieses »er-selbst«, wenn es weder der Vererbung noch dem Milieu angehört? Wo hat dieses »er-selbst« seine personhaften Prägungen und schöpferischen Fähigkeiten empfangen, mittels deren es dann ein Führer in kulturelles Neuland werden kann?

139 Vgl. »Man and his Future«, Ciba Foundation, 1965, Deutsch: Das umstrittene Experiment: Der Mensch, hrsg. v. R. Jungk u. H. J. Mundt. München 1966, bes. Kap. 6.

Kapitel 25

Wer bin ich?

Von den Hintergründen unseres Schicksals

Die Frage: Was ist der *Mensch* – die heute den Ausgangspunkt aller staats-, sozial-, kultur- und wirtschaftspolitischen Planungen bilden muß, läßt sich nun aber noch schärfer als bisher fassen in der Form: Wer bin *ich?* Wovon kann ich mich distanzieren? Was kann ich als nicht zu mir gehörig betrachten und daher als eine Rolle oder Hülle abstreifen, um schließlich auf den eigentlichen Wesenskern zu stoßen, der »ich« nun im strengsten Sinne bin, den »ich« in alle Ewigkeit nicht loswerden, wohl aber verwandeln und erhöhen kann?

Zwiebelblättergleich kann man von sich ablösen, was zunächst »Ich« zu sein scheint, alsbald aber sich als Nicht-ich erweist: Zunächst Amt und Würden, hernach Besitz, Vermögen, Einkommen, weiterhin den sozialen Status, die Staats- und Heimatzugehörigkeit. Alle diese Besitz- und Statuswerte büßten nach 1945 viele heimatlos gewordene Deutsche ein. Sie glaubten damals vielfach, am Sinn des Lebens verzweifeln oder gar sich das Leben nehmen zu müssen, weil sie in eine Identitätskrise geraten waren und scheinbar ihr »Ich« verloren hatten. In gewissen polizeilichen Verhören oder Gehirnwäschen bewirkt man absichtlich solche Identitätskrisen, indem man z. B. gefangene Offiziere aller Rangabzeichen entkleidet und als bloße Nummern einem Tribunal entgegenstellt. Ähnliche Verfahrensweisen zur »Ent-Ichung« praktizierte man in Konzentrationslagern, um jeden inneren Widerstand zu brechen und dadurch gewisse Geständnisse zu erhalten. Nur wer die Kraft besaß, trotz aller Rechtlosigkeit, Nacktheit, Ohnmacht, also nur als »Nummer«, sein Persönlichkeitsgefühl festzuhalten, überlebte ungebrochen. Hierzu konnte die stete Vergegenwärtigung des früheren Lebens, der Familie, des Bildungsganges und Wissensbesitzes behilflich sein[140].

Intimer noch als alles »Äußere« scheinen demnach die Erinnerung, der Bildungsgrad, der Wissensbestand zum »Ich« eines Menschen zu gehören. Können wir versuchen, auch davon »abzusehen« und uns auf eine noch zentralere Dimension unseres Ichbin zurückziehen? Wir können es!

Eine solche Überschreitung scheint sich in Thomas von Aquin vollzogen zu haben, als er, wenige Monate vor seinem Tode, plötzlich zu lehren und schreiben aufhörte und einem vertrauten Schüler sagte: »Bruder, alles, was ich gelehrt und geschrieben, erscheint mir wie Spreu gegenüber dem, was ich nun geschaut habe . . .«. Da vollzog sich in Thomas wohl das Erwachen zu einem höheren Ichbewußtsein, das sogar im eigenen Körper, mit allen seinen rassischen, volklichen, biologischen Differenzierungen, also in allen ererbten Anlagen, nur mehr ein Gewand des wahren Ich-bin erkannte. Meister Eckhart sprach im selben Sinne vom »Fünckchen« im Grunde der Seele.

Wir können versuchen, eine solche Erkenntnis nachzuvollziehen, wenn wir uns ganz ehrlich fragen: Sind wir wirklich ganz und gar Nur-Franzosen, Nur-Engländer und Nur-Deutsche, noch drastischer formuliert: sind wir wirklich ganz und gar Nur-Männer oder Nur-Frauen? Oder können wir bei tieferer Selbstbesinnung darin bloße »Rollen« erkennen, die wir zwar zu Beginn unseres irdischen Lebens, in Konzeption, Embryonalzeit, Geburt, gleichsam als Apparatur übernehmen mußten, um im materiellen irdischen Bereich leben und wirken zu können, ohne aber deshalb diese »Rollen« selbst zu »sein«?

Anders ausgedrückt: »sind« wir unser Körper mit alledem, was zu ihm gehört oder »haben« wir nur einen Körper, der dann lediglich die Bedeutung eines Werkzeuges hätte, das man ergreifen, aber auch wieder weglegen könnte? Was man wirklich ganz und gar »ist«, das kann man nicht verlieren, ohne »sich selbst« einzubüßen, wohl aber man kann verlieren, was man »hat«, . . . und eben dies würde dann in demjenigen Vorgang geschehen, den

140 Vgl. W. v. Baeyer-Katte, Möglichkeiten gewaltsamer Meinungsänderung? In: Studium generale, 6/1969, sowie W. Sargant, Der Kampf um die Seele, München 1958.

wir »sterben« nennen und dem schon während des irdischen Lebens die mystische Versenkung ins Seeleninnerste verwandt ist.

Diese Ausführungen haben nichts mit »Philosophie« oder mit »Weltanschauung« zu tun. Sie sollen nur auf gewisse »Experimente« aufmerksam machen, die wir bewußt mit unserem Selbst anstellen können im Hinblick auf die Frage: Wer bin ich? Wovon kann ich mich distanzieren? Was abstreifen, um zum eigentlichen Kern meines Wesens zu gelangen? In der Sprache des Chemikers würde es sich um die »Reindarstellung« einer Substanz, tunlichst in »kristallierter Form« und zum Zwecke einer röntgenologischen »Strukturaufklärung« handeln.

Ein bekannter Weisheits-Spruch lautet: »Wer nicht stirbt, eh' er stirbt, der verdirbt, wenn er stirbt«. Das heißt: Wer es nicht als Ergebnis tiefer Selbstbesinnung vermag, schon während des irdischen Daseins sich von seinem Leibe und allem ihm »Anhängenden« innerlich zu distanzieren, also sein leibes-unabhängiges Ewiges zu ergreifen, der wird auch nicht richtig über die Todesschwelle gehen können. Das Erlebnis der Leibesunabhängigkeit, also sowohl der Ungeborenheit als auch der Unsterblichkeit unseres wahren Seins, bildet nicht nur die Grundlage der christlich-abendländischen, sondern auch der altorientalischen Kultur. Hier sei nur an das »Tibetanische Totenbuch«[141] erinnert sowie an die altindischen »Upanischaden«[142].

Man kann niemanden zwingen, diese Erfahrung vertiefter Selbstbesinnung zu übernehmen; denn es gibt hierfür keine äußeren, naturwissenschaftlichen und auch keine logisch-intellektuellen Beweise. Man muß es vielmehr jedem Menschen überlassen, darüber zu entscheiden, was er als »zu-sich« und »nicht-zu-sich-gehörig« betrachten will und wie weit es ihm gelingt, sein wahres Wesen aus all den vielfachen leiblich-seelischen und sozial-politischen Hüllen oder Rollen herauszupräparieren. Vielleicht schon Kinder, sicher jedoch Heranwachsende sollte man auf diesen Weg der Selbstbesinnung hinweisen, weil er in scheinbar ausweglosen Situationen den wahren Ausweg weisen könnte. Die innere Überlegenheit des Menschen gegenüber allen Schicksalsschlägen hat

141 »Tibetanisches Totenbuch«, Zürich 1935.

142 »Upanischaden«, übersetzt von Paul Deussen, 1921, vgl. auch O. J. Hartmann, Die Geisterwelt ist nicht verschlossen, Schaffhausen 1975.

schließlich schon der römische Philosoph Seneca großartig dargestellt.

Die eminente sozialpolitische und sozialpädagogische Bedeutung derartiger Selbstbesinnungen und Ichfindungen ist wohl unbestreitbar. Um die Härte sozialer Unterschiede zu entschärfen und den Menschen die Wege zum inneren Frieden zu eröffnen, waren in früheren Jahrhunderten Erzählungen und Laienspiele üblich, in welchen die verschiedenen sozialen Schicksale wie Kaiser, König, Edelmann, Bürger, Bauer, Bettelmann als ebenso viele Rollen erschienen, welche Gott den einzelnen Menschenseelen bei ihrer Geburt zuteilte. Die jeweiligen sozialen Schicksale erschienen da als bloße Rollen, die nichts über die Wertigkeit der Seelen entschieden, denen diese Rollen von Gott verordnet worden waren. Das Leibesleben war lediglich ein kurzes Agieren auf der Weltbühne. Nicht die Rolle an sich, wohl aber die Art, wie sie gemeistert wurde, entschied angesichts der Ewigkeit. »Nackt« war die Seele in dieses, durch Stand, Eltern, Vererbung, Umwelt gekennzeichnete Erden-Schicksal hineingesandt worden und »nackt«, aber durch die Früchte ihres irdischen Daseins belastet oder beflügelt, würde sie sich, wie man glaubte, dereinst im Tode daraus wieder lösen.

Auf die ungeduldige Frage nach der »Gerechtigkeit«, nach dem »Warum« der so sehr verschiedenen Rollen, hatte aber schon das alttestamentliche Buch »Hiob« geantwortet: Gott braucht sich nicht zu rechtfertigen! Überdies könne eine scheinbar gute und glückliche Rolle hier auf der Erde für die betreffende Seele sehr zum Unheil, eine scheinbar schlechte und unglückliche sehr zum Heile ausschlagen. Denn die sittlichen Gefahren seien für Reiche und Mächtige wesentlich größer als für Arme und Schwache.

Solche Gesinnungen der Selbstbescheidung, der bestmöglichen Erfüllung jeweils seines persönlichen Schicksals, gelten heute als rückständig, weil man allzusehr die Dimension des Eigen- und Innen-Seins verloren hat. Man schaut nur nach außen, auf den anderen, man vergleicht und vor allem: man rettet sich in ein Gefühl des Neids. Der Neid aber findet keine Grenzen, denn was immer wir erreichten und was immer wir sein mögen: Es gibt immer noch Menschen, die mehr erreichten, mehr besitzen, gesünder und klüger sind als wir[143]. Die intellektuellen Ungleichheiten schmerzen am meisten. Denn nur zunächst können wir uns bei dem Gedanken beruhigen, daß äußere Umstände wie mangelhaftes Elternhaus und schlechte Bildungschancen an diesem Mangel schuldig sind. Schließlich aber läßt sich unsere geistig-intellektuelle Verschiedenheit auf die Dauer doch nicht verdrängen[144]. Als Ausweg bleibt nur: Das uns auferlegte Schicksal durchzutragen, weil eben nicht nur Nobelpreisträger, Generaldirektoren oder Erfinder, sondern eben auch Hilfsarbeiter nötig sind. Dann kann nur helfen, wenn wir die Rollenfunktion innerhalb der eigenen Existenz und der Welt übernehmen und versuchen, darin unser Ewiges zu erkennen.

Eines freilich werden wir heute an den christlich-mittelalterlichen Lebensdeutungen ändern müssen. Wir, die wir überall als Naturforscher, Soziologen, Techniker nach den »Gründen« oder »Ursachen« fragen, werden uns beim Hinweis auf den »unerforschlichen Ratschluß Gottes«, der eben diesen Menschen arm, hilflos, krank und unbegabt, jenen aber reich, mächtig, gesund und genial ins irdische Dasein entsandte, nicht beruhigen können. Mag es immerhin früher einer kindlich empfindenden Menschheit genügt haben, die Gottheit in Form eines altorientalischen Despoten zu verehren, dessen Ratschlüsse man in »Furcht und Zittern« hinzunehmen habe, so möchten wir heute, wenn wir überhaupt noch geneigt sind, Gott anzuerkennen, diesen doch lieber als weisheitsvoll-gütigen Vater sehen, der uns schwere Schicksale in gleichsam pädagogischer Absicht zuteilt.

Freilich bleibt, sowohl für den gottgläubigen Menschen als auch für den Vererbungs-gläubigen die Frage, »Warum gerade mir«, wie sie ein von Geburt an Schwergeschädigter stellen könnte, unlösbar und daher empörend. Wo bleibt das Prinzip der »Gerechtigkeit« angesichts der ungeheueren Verschiedenheit der menschlichen Begabungen und Lebensläufe, die trotz unserer sozialen Bemühungen um »Gleichheit« nicht zu beseitigen sind? Führt man diese Verschiedenheit theologisch auf den Gottheitswillen oder biologisch auf Genkombinationen zurück, also auf Zufall, so muß man trotzdem die »Unmenschlichkeit« an-

143 Vgl. dazu Helmut Schoeck, Der Neid. Eine Theorie der Gesellschaft, 2. Aufl., Freiburg 1968.

144 Vgl. Hans Jürgen Eysenck, Die Ungleichheit der Menschen, München 1975.

klagen, – ohne hoffen zu dürfen, daß sich der »Schuldige« meldet. Und doch würde uns Antwort zuteil, wenn wir nur hören wollten[145].

Die altorientalische Weisheit, deren Spuren wir aber auch bei den Griechen und in der germanischen Edda finden, hat auf die für die christlichen Theologen sowohl wie für die modernen Vererbungsforscher unbeantwortbare Frage »Warum gerade mir?« »Warum gerade ich?« den Hinweis auf die wiederholten Erdenleben gegeben. Der die Frage nach dem »Warum« stellte, muß sich nun selbst sagen, daß er möglicherweise in früheren Inkarnationen selber die Keime für sein jetziges Schicksal legte.

Schon immer haben nachdenkliche Menschen ein schweres Schicksal als Bewährungsprobe verstanden, statt neid- und haßerfüllt auf die zu blicken, denen Besseres beschert wurde oder statt andere für das eigene »Mißgeschick« verantwortlich zu machen. Der dem christlichen Abendland lange verborgene Gedanke der Re-Inkarnation bietet indessen die Möglichkeit zu einer tieferen Selbst- und Schicksalserkenntnis. Denn auch schon innerhalb einunddesselben Lebens haben wir im Alter die Früchte zu ernten oder die Verhängnisse zu tragen, die wir in der Jugend säten. Überall also begegnen wir, wenn wir unser Ergehen aufrichtig durchdenken, im »Schicksal«, das scheinbar von außen oder aus dem eigenen Leibe auf uns zukommt – uns selbst. Weder auf »Vererbung« noch auf »Milieu«, noch auf die »Gesellschaft« dürfen wir also letztlich die Verantwortung für unser Sein und Sosein abwälzen. Wir müssen den Mut haben, dafür selbst einzustehen.

Wenn Psychoanalyse und Psychotherapie den Menschen in die Tiefen seines Unterbewußtseins hinabführen, um durch Wissenserhellung ihn von seinen pathologischen Verdrängungen, Komplexen, Neurosen zu heilen, so wäre aus der zusätzlichen Bewußtmachung früherer Leben eine Diagnose abzuleiten, die zu einer umfassenden Behandlung führen könnte[146].

145 Vgl. zur Bedeutung des Zufalls Arthur Kostler, Die Wurzeln des Zufalls, Bern/München/Berlin 1972.

146 Vgl. O. J. Hartmann, Der Mensch als Selbstgestalter seines Schicksals, 9. Aufl., Frankfurt 1974.

Jegliche Dogmatik soll hier vermieden werden. Wohl aber könnte man sich versuchsweise in andere Rassen, Völker, Sozialformen hineinversetzen und sich fragen: War ich in früheren Erdenleben vielleicht ein Afrikaner, Inder, Japaner? Gehörte ich untersten sozialen Schichten an? War ich – jetzt Mann – einst Frau und umgekehrt? Habe ich mich um Selbsterziehung und ethisches Verhalten bemüht, oder habe ich es daran fehlen lassen? Solche Gedankenexperimente sind ein weiterer, gesteigerter Versuch, von den Äußerlichkeiten der jetzigen Existenz- und Schicksals-Form loszukommen, um das zu erkennen, was man jenseits wechselnder Hüllen und Rollen im strengsten Sinne »selbst ist«.

Die gegenwärtige Weltsituation wird erschüttert von den Gegensätzen der Rassen, Völker, Staaten, Erdteile, Geschlechter und sozialen Schichten. Könnte man sich nun sagen: Ich selbst war doch auch einmal in anderen Gebieten der Erde, in jenen Völkern und Rassen verkörpert, die ich jetzt als meine Feinde empfinde, – so wäre viel für den Weltfrieden getan. Das bloße Reden über die »Menschheit« hilft wenig, solange man nicht seine eigene gegenwärtige Verkörperungs-Form – wenigstens in der Phantasie – abstreifen und eine ganz andere, entgegengesetzte, feindliche »anziehen« kann. Kann man wirklich Chinesen, Afrikaner, Indianer verachten, wenn man sich bewußt ist, selbst vielleicht einmal in solchen Rassen verkörpert gewesen zu sein oder in Zukunft wieder verkörpert zu werden?

»Gedanken« sind keineswegs nur ohnmächtige Begleitphänomene elektrochemischer Gehirnprozesse, sie sind vielmehr gewaltige geschichts- und schicksalsgestaltende Mächte. Die riesigen Wirtschafts- und Rüstungspotentiale, die heute um die Weltherrschaft ringen, sind nur ein Vordergrund gewaltiger *Gedankengegensätze,* die um die Herrschaft über Menschenseelen miteinander ringen. So wichtig auf dem tagespolitischen Vordergrund die Bemühungen in der Sozialfürsorge, Arbeitsbeschaffung und Währungsstabilität sein mögen, so entscheidend ist doch der »Geist«, in dessen Namen alle diese Aktionen geschehen. Im Vergleich zu den Notstandsgebieten unseres Planeten leben wir zwar in einem Wohlstandsparadies, aber eben diesen Wohlstand empfinden immer mehr, zumal junge Menschen als Selbstentfremdung gegenüber unserem wahren Wesen. Soziale Verbesserungen werden den Menschen das Gefühl des Lebenssinnes, des inneren Friedens, des Jasagens zu ihrem Schicksal, der Geborgenheit im großen Sein der Welt nicht geben können.

Der Gedanke der »Unsterblichkeit« ist in aller Munde, wenngleich nur wenige heute davon überzeugt sind[146a]. Hingegen ist der Gedanke der wiederholten Erdenleben (Re-Inkarnation) von erschreckender Neuheit und Brisanz. Er läßt zugleich die Einflüsse von Vererbung und Milieu auf unser Schicksal voll gelten, weil wir offenbar gemäß dem Tun und Leiden unserer früheren Erdenleben im gegenwärtigen zu bestimmten Eltern und Milieuverhältnissen durch das Walten der Schicksalsmächte hingeführt wurden. Es ist dann eben auch z. B. in einer Familie mit Alkohol-Abusus geboren zu sein, Ausdruck unseres Wesens und Schicksal, also keineswegs »ungerecht«. Diese Fragen sind jedoch so ungewohnt, daß sie im folgenden Kapitel weiter verdeutlicht werden mögen.

146a Es gibt jedoch schlagende Beweise: R. A. Moody, Leben nach dem Tod, Rowohlt 1977. Zur wissenschaftlichen Theorie: O. J. Hartmann, Medizinisch-pastorale Psychologie. Ausnahmezustände des Seelenlebens, Klostermann-Verlag 1951.

Kapitel 26

Woher kommen wir?

Die Verwurzelung in Jahrtausenden

Von verschiedenen Seiten und selbst aus Kreisen, welche die Menschen am liebsten in einen zentralgesteuerten Kollektivismus hineintreiben wollen, hört man heute die Phrase von der »Einzigartigkeit« jedes einzelnen Menschen, besonders jedes Kindes, das entsprechend berücksichtigt und pädagogisch gefördert werden soll. Aber was ist eigentlich eine Individualität, also ein Unteilbar-Einmaliges? Als der große Philosoph, Begründer der Monadenlehre und neben Isaak Newton wohl der Entdecker der Differential- und Integralrechnung, Gottfried Wilhelm Leibniz (1646–1716), einst einer vornehmen Gesellschaft das »Principium identitatis indiscernibilium« erläutert hatte, liefen – so wird erzählt – die Damen sogleich hinaus in den Park, um durch das Auffinden zweier genau gleicher Blätter den Philosophen zu widerlegen. Das gelang allerdings nicht und konnte schon deshalb nicht gelingen, weil auch zwei absolut gleich aussehende Blätter doch dadurch voneinander unterscheidbar gewesen wären, weil sie eben zwei, daß heißt an zwei verschiedenen Stellen im Raum gewesen wären. In diesem Sinne hat später der Philosoph Arthur Schopenhauer (1788–1860) den Raum das »Principium individuationis« genannt.

Nun ist zweifellos kein Sandkorn, kein Sperling und auch kein Mensch dem andern gleich, wir werden uns aber doch scheuen, ihnen allen in gleicher Weise unverwechselbare Individualität zuzuschreiben. Wir werden nämlich die Verschiedenheiten der einzelnen Sandkörner und Sperlinge »unwesentlich«, die der Menschen »wesentlich« nennen. Das »Wesentliche« der Quarzkörner und Sperlinge liegt nämlich allein im Typus, in der Art, im Gesetz, also im Allgemeinen, wofür sich Mineralogen beziehungsweise Zoologen – wie alle Naturforscher – allein interessieren. Hat man das Wesentliche eines einzelnen Naturgebildes erkannt, so hat man das Wesentliche aller derselben Gattung zugehörigen Naturgebilde erkannt. Was darüber hinausliegt, bezeichnen wir als »zufällig«, das heißt: wohl durch irgendwelche Kausalitäten bewirkt, aber nicht für das betreffende Gebilde in exklusiver Weise typisch.

Das gilt auch dann, wenn sich beispielsweise ein Zoologe für den Lebenslauf und das Verhalten einer einzelnen Graugans oder eines einzelnen Platzhirsches interessiert. Er studiert dann zwar ein »Individuum«, jedoch mit der Absicht, die allgemeinen Gesetze der Biologie, Psychologie und Soziologie dieser Tierart kennenzulernen. So kann man sich zwar auch gegenüber einem Menschen als »Versuchskaninchen« verhalten, hat aber dann nur erkannt, inwiefern kein Mensch unersetzlich ist, weil alle, sei es als Konsumenten oder als Produzenten, einander gleich und miteinander austauschbar sind. Das genügt für staatlich-gesellschaftliche Planungen. Das Eigentlich-Menschliche schlüpft jedoch durch die Maschen.

Dies kann um so leichter geschehen, als sowohl in der modernen Industrie- und Massengesellschaft als bei primitiven Naturvölkern das Einzelpersönliche jeweils aus verschiedenen Gründen gegenüber dem Gattungshaften zurücktritt. Was wir Ich- und Persönlichkeitsbewußtsein mit dem Vermögen zu eigenem Denken und eigener Verantwortung nennen, ist bei Naturvölkern zumeist noch im Sippen- und Clanhaften verborgen. Wir befinden uns hier noch ganz in einem Tier-Mensch-Übergangsfeld, da auch Tiere durchaus herdenhaften und nicht-personenhaften Charakter zeigen. Im Gegensatz hierzu hat der moderne Europäer sein Ich-bin seit dem Zeitalter der Renaissance zwar durchaus ergriffen; er kann sich jedoch in der heutigen Massengesellschaft nur schwer zur Geltung bringen, was zu erheblichen Frustrierungen führt.

Dieser Identitätsverlust wäre nur zu beseitigen, wenn es uns gelänge, unser wahres Wesen sowohl gegenüber der biologischen »Vererbung« als gegenüber der soziologischen »Gesellschaft« abzugrenzen. Die Psychoanalyse hat wie jede Lebensbeichte unser Persönlichkeitsbewußtsein dadurch gestärkt, daß wir auch längstvergessene Ereignisse unseres Lebenslaufs wieder-erinnern und dadurch in unseren Besitz nehmen konnten. Wem nämlich Teile oder gar – wie in pathologischen Fällen – der ganze Lebenslauf entschwinden, der hat Teile seiner Personalität verloren. Eben das versuchen raffinierte »Gehirnwäscher« bei Einzelmenschen oder ganzen Völkern, indem sie Geschichts- und Erinnerungsteile entweder auslöschen oder verfälschen. Der geschichtslose Mensch ist der ent-ichte, jederzeit leicht manipulierbare Mensch.

Aber genügen die Rückerinnerungen, die uns die Lebensbeichte oder psychotherapeutische Hilfen erschließen? Hat unser personhaftes Dasein wirklich mit der Geburt oder der befruchteten Eizelle angefangen? Sind also Väter und Mütter tatsächlich unsere Schöpfer, mündet also unsere personhafte Existenz schließlich doch im persönlichen Gattungsstrom, wie bei Tieren und Pflanzen? Versinkt wirklich unsere Individualität beim Sterben ins Nichts, und leben wir lediglich in unseren Kindern wie Tiere und Pflanzen weiter? Ist unsere Geburt ein Erstbeginn oder eine Fortsetzung?

Wie leicht ersichtlich, handelt es sich hier um das Problem der Geschichte, genauer der Träger des geschichtlichen Geschehens. In der Natur sind nicht die einzelnen Tiere und Pflanzen geschichtlich, sondern lediglich die jeweiligen Arten und Gattungen. Das tierische oder pflanzliche Einzelexemplar ist nur eine vorübergehende »Welle« im Generationsstrom der Arten und Gattungen. Dies scheint zunächst auch für den Menschen zu gelten: Träger der geschichtlichen Kontinuität sind hier die Rassen, Völker, Stämme, Sippen, Familien. Der Einzelmensch scheint nur eine vorüberrauschende Welle im Generationsstrom zu sein.

Oder hat auch er als Person eine Geschichte, die durch die Jahrhunderte und Jahrtausende geht, und zu der sich der einzelne Lebenslauf wie eine Welle in einem umfassenderen Ganzen verhält? Haben vor Jahrhunderten und Jahrtausenden nicht nur unsere leiblichen familiären, völkischen und rassischen Vorfahren, sondern auch wir selbst als individuelle Persönlichkeiten auf dieser Erde gelebt? Haben wir also vielleicht eine zweifache Abstammung: eine im Sinne der Biologie und Vererbung von unseren leiblichen Vorfahren und eine im Sinne der von uns selbst in vergangenen Zeiten durchlebten und durchlittenen vielfachen irdischen Existenzweisen? Sind wir also in diesem Sinne unsere eigenen Väter und Mütter und – ausblickend auf die Zukunft – unsere eigenen Söhne und Töchter?

Man sollte solche Fragen stellen, nicht um vorschnell zu antworten, sondern um sich so zu verinnerlichen, daß man allmählich eine erlebnishafte Antwort erhält. Nicht um die Theorie, sondern um die Ausweitung unseres Ichbewußtseins zur Erinnerung an mehr als an dieses gegenwärtige Erdenleben handelt es sich hier.

Am Beginn der Neuzeit und im Kampf gegen den mittelalterlichen Menschen konnte René Descartes noch glauben, sein wahres personhaftes Wesen in der Gewißheit des eigenen Denkens gefunden zu haben, »cogito ergo sum«. Diese Form des personalen Bewußtseins genügte dann auch, um die moderne Naturwissenschaft und Industriegesellschaft zu ermöglichen. Aber ist dieses Descartessche Ich-bin schon unser ganzes Ich – wenn diesem Ich sowohl die Erkenntnis des vorgeburtlichen und nachtodlichen Daseins als auch die Erinnerungen an seine früheren sowie die Ausblicke auf seine künftigen Erdenschicksale fehlen? Wir sehen – und die Psychiatrie bestätigt uns das: Erinnerungs- und Gedächtnislücken sind Defekte der menschlichen Persönlichkeit. Zum vollen Ich-bin-Ich gehört auch die Erinnerungsfähigkeit, wodurch wir erst über die Totalität unserer geistig-seelischen Natur voll verfügen. Haben wir diesen Überblick?

Offenbar nein! Wir träumen noch mehr als wir wachen. Wir vermeinen ein personhaftes Ich zu sein, sind dies aber erst noch ganz unvollständig. Wir wissen wohl, »wer« wir in diesem Erdenleben wurden und sind, aber dieses Wissen reicht nicht aus. Wir ahnen, daß wir weite Bereiche unseres Ich verloren, beziehungsweise uns noch gar nicht angeeignet haben. Unser Persönlichkeitsbewußtsein ist ein Bruchstück unseres Seins. Wir sind mit aller unserer Erdenklugheit und Erdenmacht erst nur Fragmente. Vielleicht beruht ein Teil der Unruhe und Weltangst, die unsere Jugend erfüllt, auf dieser Tatsache? Vielleicht möchte unsere Jugend an den Universitäten Aufschluß über ihr wahres und ganzes Ich-bin erhalten? Wir aber leben wie die Eintagsfliegen, in nahezu totaler Vergessenheit dessen, was wir waren und sein werden und folglich dessen, was wir eigentlich sind. Denn zum

Sein gehört die Zeit (Heidegger), aber eine langatmige Zeit, die viele irdische Existenzformen umfaßt. Die sogenannte Menschheitsgeschichte verläuft nicht außerhalb und jenseits unser, wir selbst sind vielmehr seit Aeonen an und mit ihr selbst am Werke und verdanken den vielen, von uns durchlebten und durchlittenen irdischen Existenzen die unverwechselbare Einmaligkeit unseres »Ich«, die sich jeder gesellschaftlichen Manipulation entzieht.

Wir wollen versuchen, diesen Problemen noch von einer anderen, zumeist vergessenen Seite beizukommen. Was ist eine Biographie? Was geschieht, wenn jemand im hohen Alter seine Biographie schreibt? Offenbar hängt das Biographische eng mit dem Schicksalhaften zusammen, möchte also der Biograph durch eine Vergegenwärtigung seines Schicksals sich über sich selbst die Klarheit verschaffen.

Der modernen Naturwissenschaft, Physik und Biologie sind die Begriffe »Schicksal« und »Biographie« allerdings fremd. An die Stelle des Schicksals tritt hier die Naturkausalität, und der Lebenslauf eines Menschen erscheint als die mehr oder weniger zufällige Summe zahlloser einzelner Naturkausalitäten. Folglich sind beide Begriffe keine ernstzunehmenden naturwissenschaftlichen Probleme, sondern höchstens Reste vergangener abergläubischer Zeiten.

In der Tat: Wir werden wohl kaum vom »Schicksal« oder von der »Biographie« eines Quarzkornes, eines Sperlings oder eines Fuchses sprechen, obgleich alle diese Gebilde von ihrer Entstehung bis zu ihrer Vernichtung sehr verschiedene »Schicksale« erlitten haben. Wir halten es aber für unwesentlich, ob ein bestimmter einzelner Fuchs vom Jäger erschossen, vom Auto überfahren oder durch Altersschwäche getötet wurde. Denn uns als Zoologen interessiert lediglich das Arttypische, nicht das Individuelle. Gegenüber einem Menschen ist es umgekehrt. Daß Schiller ein Schwabe, Goethe ein Frankfurter, Bruckner ein Österreicher und Richard Wagner ein Sachse war, verschwindet absolut hinter der Größe und Einmaligkeit ihrer Personalität, die durch das Tun und Leiden vieler vergangener Erdenleben geprägt wurde.

In manchen Fällen scheint die Eigenart früherer Leben sogar recht deutlich durch die Schaffensweise des späteren Erdenlebens hindurchzuleuchten. Dies scheint z. B. bei Goethe der Fall gewesen zu sein, den Schiller einen »Griechen« nannte, der aus dem sonnigen Süden in den nebligen Norden verschlagen worden sei. Im selben Sinne scheinen Richard Wagners Schöpfungen auf dessen tiefe Verbundenheit mit den altkeltischen und altgermanischen Kulturen hinzudeuten[146b].

Der Philosoph Arthur Schopenhauer verfaßte eine Schrift »Über die scheinbare Absichtlichkeit im Schicksal des einzelnen«, und der Dichter Wilhelm von Scholz schrieb ein Buch über »Zufall und Schicksal« (Berlin 1924). An Hand von Beispielen wird da zu zeigen versucht, daß ein menschlicher Lebenslauf gleich einem Kunstwerk komponiert und geplant ist, allerdings nicht vom bewußten Wollen des betreffenden Menschen, sondern gemäß höherer Führung und Weisheit. Hierbei steigt das Schicksal – um mit Schiller zu reden – keineswegs nur aus der menschlichen *Brust* auf, es kommt auch von *außen* an uns heran in Form bestimmter Menschen und Ereignisse. Was aber so an uns herankommt, trifft uns nicht zufällig, es gehört in geheimnisvoller Weise zu uns und bildet einen Teil unseres Wesens.

Das gilt besonders für unsere Beziehungen zu anderen Menschen. Obgleich wir ihnen in diesem Leben das erstemal begegnen, sind sie doch mit uns tiefstens verbunden, erweisen sie sich gleichsam als Teile unseres eigenen Ich. Wir können uns selbst erst in dem Grade verstehen, als wir ihr Wesen in das unsere einbeziehen. Was wäre aus uns geworden, wenn wir nicht ganz bestimmten Menschen – sowohl im positiven als im negativen Sinne – begegnet und diese entscheidenden Einfluß auf unsere eigene Entwicklung genommen hätten?

Ein Teil unseres Lebenslaufes wurzelt in unserer rationalen Planung. Die Konstruktion einer Maschine z. B. ist überschaubar, und hier sprechen wir auch nicht von Schicksal. Wohl aber ist Schicksal alles, was uns im Leben (von uns selbst) ungeplant und ungewollt zugespielt wird und sich eben mit uns, für uns, gegen uns ereignet. Oftmals wurden wichtigste Lebensereignisse und sogar das Lebensende lange zuvor vorhergesehen, vorhergesagt, vorhergeträumt[146c].

146b Vgl. O. J. Hartmann, Die geistigen Hintergründe der Musikdramen Richard Wagners, 2. Aufl., Schaffhausen 1976.

146c Vgl. dazu O. J. Hartmann, Die Geisterwelt ist nicht verschlossen, No-

Wir spulen also in diesem Leben keineswegs nur dasjenige ab, was in den Genkombinationen oder in den sozialen Verhältnissen veranlagt war. Je bedeutender ein Mensch ist, um so unbedeutender werden diese Komponenten. Aber die darüber hinausliegende grandiose Schicksalskomposition ist es, die uns das Schreiben oder Lesen einer Biographie wertvoll macht. Denn hinter dem scheinbar absolut Zufälligen – weder aus »Vererbung« noch aus »Gesellschaft« Erklärlichen – ahnen wir die Offenbarungen einer konkreten menschlichen Persönlichkeit, deren Prägung das Ergebnis vieler vorhergehender Erdenleben und der in diesen geknüpften positiven oder auch negativen zwischenmenschlichen Beziehungen ist[146d].

Im genetischen Potential und in den sozialen Verhältnissen unterscheiden sich die Großen der Geschichte nicht wesentlich von ihren unbedeutenden Vor- und Nachfahren. Ihre Größe muß also in anderen Zusammenhängen wurzeln. Sie scheinen aus einer anderen Welt zu kommen und andere Abstammungsverhältnisse zu haben. Würde man diese überschauen, so könnte man wohl finden, daß ein uns bekannter Großer in vorhergehenden oder nachfolgenden Zeiten gleichfalls als ein Großer, wenngleich unter anderem Namen und in anderen Völkern verkörpert lebte. Das erst würde eine vertiefte Geschichtswissenschaft und eine wahre Aufhellung des geschichtlichen Fortschrittes ergeben. Allerdings haben wir alle unter anderen Namen und wohl auch in anderen Völkern in der Vergangenheit gelebt, gewirkt, gelitten, aber wir sind nicht groß genug, um in die Geschichte einzugehen. Dennoch haben wir alle als einzelne Individualitäten und zum Unterschied von der Vergänglichkeit und Wesenlosigkeit der einzelnen Tiere und Pflanzen eine äonenlange Geschichte hinter uns, die den Gehalt, den Wert und die Fähigkeiten unserer Gegenwart bestimmt.

valis Verlag, Schaffhausen; Enno Nielsen, Das Unerkannte auf seinem Weg durch die Jahrtausende, München 1922; ders.: Das große Geheimnis, 1923; I. Jezower, Das Buch der Träume, Berlin 1928; Fr. v. Gagern, Geister, Gänger, Gesichte, Leipzig 1932.

146d Vgl. dazu O. J. Hartmann, Geheimnisse der Menschenbegegnungen und sozialen Schicksale, 7. Aufl. Karl-Schilling-Verlag, Feldkirchen v. München.

Solange unsere Erinnerung, also unser Ichbewußtsein, nur dieses eine gegenwärtige Erdenleben umfaßt, wissen wir noch nicht, *wer* wir eigentlich sind. Wir werden also von uns unbewußten, weil in früheren Existenzen wurzelnden Schicksalskräften geführt. Was wir Freiheit nennen, ist größtenteils Selbsttäuschung. Denn nur die einzelnen kleinen Lebensschritte werden von uns »in Freiheit« geplant und gewußt, hingegen ist die Komposition des Großen-Ganzen vom Dunkel der Unwissenheit und der Erinnerungslosigkeit verdeckt. Frei bin ich also nur in der Weise, wie ich mein gegenwärtiges Leben mit meinen Mitmenschen gestalte –, daß ich sie aber traf, daß sie auf mich und ich auf sie hingeführt wurde – das nennen wir mit Recht Schicksal. Denn das wurde von uns nicht bewußt geplant, erfüllt aber, eben deshalb, einen tieferen Sinn.

Weil wir Menschen also nicht – wie die Tiere und Pflanzen – austauschbare »Exemplare« einer Gattung, sondern personhafte Wesenheiten mit äonenlanger persönlicher Geschichte sind und Gelegenheit hatten, mit anderen Menschen schicksalshafte Kontakte zu schließen, deshalb ist das Verfahren moderner Diktaturen ein Verbrechen am Mensch-sein. Denn da wird mit uns wie mit austauschbaren Gliedern einer anonymen sogenannten »Gesellschaft« verfahren. Ein allfällig dagegen protestierendes Selbstbewußtsein wird sogleich mit marxistischer Oberflächendialektik niedergebügelt, beziehungsweise durch entsprechende »Jugenderziehung« erst gar nicht aufkommen gelassen.

Verfügten wir über die entsprechende innere Wachheit und Erinnerungsfähigkeit, so würde jeder von uns in den Tiefen seines Wesens einen Abriß der ganzen Kulturgeschichte, allerdings nicht für alle Epochen in gleicher Weise, erleben. Unbewußt, deshalb aber nicht weniger wirklich und wirksam, geschieht dies freilich in jedem Menschen und bestimmt den inneren Reichtum seiner Persönlichkeit, besonders aber auch seine Sympathien oder Antipathien zu diesen oder jenen Kulturepochen.

Geschichtliche Vergangenheit ist demnach in zweifacher Weise für uns zugänglich: 1. durch die noch vorhandenen physisch-materiellen Dokumente, also Bauwerke, Bücher, Dokumente, Kunstwerke usw., 2. durch dasjenige, was jeder von uns, in verschiedenen Graden von Lebendigkeit, allerdings zunächst unbewußt, gemäß seiner eigenen existentiellen Kontinuität, in sich trägt.

Beides könnte sich ergänzen und scheint sich tatsächlich zu ergänzen in jenen Menschen, die wir als besonders erfolgreiche und engagierte Ausgräber, Altertumsforscher und Archäologen kennen. Die nachtwandlerische Sicherheit beispielsweise, mit der Schliemann das alte Troja sowie die Burg der mykenischen Herrschaft entgegen aller Erwartungen auffand, könnte wohl durchaus in diesem Sinne gedeutet werden. Wir alle sind eben unermeßlich mehr und reicher als wir gegenwärtig, als engstirnige Materialisten des 20. Jahrhunderts scheinen. Wann wird es uns gelingen, die verborgenen Schätze in den Tiefen jeder Menschenseele ins Bewußtsein heraufzuheben? Dann könnte ein Studium der Geschichte zugleich ein Weg zur Selbsterkenntnis, ja zur Selbsterinnerung sein.

Vielleicht weisen die großen Erfolge der Bücher Cerams, vor allem »Götter, Gräber und Gelehrte«, und seiner Nachfolger in diese Richtung. Denn vom Gesichtspunkt des Karl Marx ist es doch unbegreiflich, daß uns die Berichte aus angeblich »abergläubischen«, von »Unterdrückung« und »Ungerechtigkeit« erfüllten Zeiten der alten Sumerer, Babylonier, Assyrer, Ägypter, Hethier so tief ans Herz greifen. Daher kann man wohl auch sagen: Die politischen Spiegelfechtereien in unseren Parlamenten werden dem Marxismus-Materialismus nichts anhaben können. Wohl aber könnten Einsichten wie die hier dargestellten den marxistischen Materialismus der Lächerlichkeit preisgeben und die Menschen – zumal die Jugend – vom furchtbaren Druck eines solchen Weltbildes befreien.

Adolf Portmann hat uns in eindringlicher Weise auf die Ausnahmestellung des Menschen als geistige Individualität hingewiesen, die sich schon in der Embryonalzeit und früher Kindheit manifestiert und den Menschen auch von den höchstentwickelten Affen wie durch einen Abgrund trennt. F. J. J. Buytendijk hat diese Wesensunterschiede dann vom Gesichtspunkt der vergleichenden Psychologie untermauert[146e].

146e A. Portmann, Zoologie und das neue Bild des Menschen, rororo 1956; F. J. J. Buytendijk, Mensch und Tier, rororo 1958.

Nachdenkliche Ärzte verweisen uns auf die Tatsache, daß Kinderkrankheiten sowie Jugend- und Pubertätskrisen zu den charakteristischen Eigenheiten des Menschseins gehören, die keineswegs als unerwünschte Störungen, sondern als bedeutsame Wege der Selbstfindung zu betrachten sind.

Allerdings sind auch Jungtiere von vielfachen Krankheiten und Entwicklungsstörungen bedroht. Während diese jedoch ersichtlich von außen herankommen und mit dem Wesen des betreffenden Organismus an sich nichts zu tun haben, scheinen sich Kinderkrankheiten, Pubertäts- und Entwicklungskrisen aus dem innersten Wesen des menschlichen Lebenslaufes zu ergeben, also auf Schwierigkeiten hinzudeuten, die das Ich selbst bei seinen Versuchen, sich im elterlichen Vererbungsstrom zu inkarnieren, betreffen. Solche »Inkarnationsschwierigkeiten« muß es geben, wenn ein Mensch nicht nur das Produkt von Vererbung und Milieu, sondern eine selbständige, durch frühere Existenzkontinuität unter ganz anderen Umständen geformte Wesenheit ist. Diese muß dann die Vererbungs- und Milieugegebenheiten der neuen Inkarnation sich selbst erst anpassen, sie also bis zu einem gewissen Grade »umschmelzen«, um sich selbst zur Geltung zu bringen.

Nur so werden die Konflikte zwischen der alten und jungen Generation verständlich. Diese Konflikte werden am stärksten, wenn in der jungen Generation sich bedeutende Individualitäten befinden, deren Aufgabe es ist, neue Impulse in das kulturelle Leben hineinzutragen. Solche »Umbrüche« der Geschichte, wie sie zum Beispiel den Übergang von der Gotik zu Renaissance und Barock oder von der Goethezeit zur zweiten Hälfte des 19. Jahrhunderts kennzeichnen, widersprechen der Vererbungs- und Milieukontinuität. Sie werden nur unter der Voraussetzung verständlich, daß plötzlich ein ganzer Strom neuer Menschenseelen das Erdendasein betritt mit dem Bestreben, das Überlieferte zu zerstören, um neuen Werten zum Durchbruch zu verhelfen. Was wir heute gern als geschichtliche Ursachenforschung bezeichnen, bleibt indessen an der Oberfläche, wenn nicht solche Gesichtspunkte berücksichtigt werden.

Solange Eltern ihre Kinder lediglich als das Produkt ihrer sexuellen Potenzen, ihre »Geschöpfe« oder gar als ihr »Eigentum« betrachten, werden diese unbewußt dagegen protestieren, und dieser Protest wird je nach Altersstufe verschiedene Formen annehmen. Denn unbewußt lebt in jedem Kinde das ahnungsvolle Wissen um viele, oft in sehr verschiedenen Kulturen einst durchlebte Erdenleben. Geistig »uralt«, lediglich leiblich »unterentwickelt« und daher von den Eltern »abhängig«, muß jedes Kind sich empfinden. Es kann mit Recht den Eltern dafür dankbar sein, daß sie ihm die Möglichkeit zur Verkörperung gaben – aber für die Beschaffenheit seines eigensten geistigen Wesens und Schicksals hat es selbst die Verantwortung zu übernehmen. Haben ihm demnach seine Eltern pathologisch belastetes Erbmaterial übergeben, so dürfte es hierfür keinesfalls die Eltern, sondern allein sich selbst verantwortlich machen. Denn offenbar wirken in ihm selbst aus früheren Erdenleben belastende Schicksalskomponenten, denen gemäß es gerade bei diesen Eltern sich verkörpern, also ein schweres Erbschicksal auf sich nehmen mußte.

Wären solche Tatbestände breiten Bevölkerungskreisen und zumal unseren Politikern, Erziehungs- und Gesellschaftsplanern mehr bewußt, so wäre wohl vieles anders und besser. Jedenfalls gehört der Gedanke der Existenzkontinuität zu den wichtigsten Ideen, mit denen wir heute und in Zukunft konfrontiert sind. Gleichgültig, ob wir ihn schließlich wahr oder falsch finden: seine ernsthafte Prüfung im Hinblick auf die enormen praktischen Konsequenzen kann heute nicht länger unterlassen werden.

Einzigartigkeit und Würde eines jeden Menschen, wovon wir anfangs sprachen, beruhen somit auf den zur Seelensubstanz verinnerlichten und verdichteten Taten und Leiden vieler durchlebter Existenzzeiten. Auf diese Weise trägt jeder von uns, der eine mehr, der andere weniger, in sich ein Stück Menschheitsgeschichte, und dies bestimmt den Grad seiner schöpferischen Begabung.

Zusammenfassend scheint sich also zu ergeben: Wir Menschen sind sowohl Welten- als Zeiten-Wanderer: *Weltenwanderer,* indem wir zwischen Geburt und Tod im Erden-Leibes-Dasein, zwischen Tod und Neugeburt im Geistes-Dasein weilen, *Zeitenwanderer,* indem wir in einer generationsüberspringenden Existenzkontinuität die ganze Kulturgeschichte der Menschen nicht so sehr bloß begleiten als – allerdings fragmentarisch – mitschaffen.

Hält man sich hiervon überzeugt, so wandelt sich unser Ver-

hältnis zum Sterben grundlegend. Denn das Wissen, schon oftmals durch den Tod hindurch zu neuem Leben gegangen zu sein, muß uns jede Angst vor dem Sterben nehmen. Im Grunde gibt es sogar nicht nur einen, sondern sogar einen zweifachen Tod, ein doppeltes Sterben, wenn man den Übertritt aus einer Daseinssphäre in eine andere so bezeichnet. Noch den antiken Philosophen, zum Beispiel Poseidonis und Heraklit, war bewußt: Wird ein Mensch auf Erden im Mutterleib empfangen, so bedeutet dies ein Abscheiden, also ein Sterben in der geistigen Welt. Stirbt hingegen ein Mensch auf Erden, so ist dies zugleich ein Empfangen- und Geborenwerden in den Geisteswelten. Den Abschied vom Erdendasein (Sterben genannt) empfinden wir als schwer. Vielleicht fiel uns jedoch auch der Abschied aus Geisteswelten einst schwer, als uns das Schicksal von einem irdischen Mutterleib empfangen ließ? Immer sind wir also solange unzufrieden, bis uns der tiefere Sinn dieses Wechsels klar wird.
Wohl aber lassen sich von hier aus tragfähige Gesichtspunkte für das Hauptproblem der Menschheit – die Bevölkerungsexplosion – gewinnen. Infolge des exponentiellen Wachstums kommt man schon in wenigen Jahrzehnten, geschweige in 100 oder 150 Jahren zu biologisch unmöglichen Bevölkerungsdichten[146g].

Im Tierreich sorgen für die über längere Zeit hin meist konstant erhaltenen Individuen-Zahlen einer Art weisheitsvolle innere (auf dem Wege wechselnder Fruchtbarkeit) und äußere (auf dem Wege von Katastrophen und Seuchen) Steuerungsfaktoren. Überschreitet z. B. die Feldmauspopulation eines Gebietes eine bestimmte Dichte, so sinkt auch bei reichlichen Ernährungsmöglichkeiten sogleich die Fruchtbarkeit der Weibchen, ja es sterben sogar die bereits gezeugten Embryonen im Mutterleib, und es ergreift schließlich eine aus inneren, hormonalen Gründen gesteuerte Sterbewelle die ganze Population, bis die biologische Optimaldichte wieder erreicht bzw. zunächst unterschritten wird.

Sollte die Weisheit, die in der Natur die Überbevölkerungen steuert und über längere Zeiten hin Gleichgewichte bewahrt, nicht auch hinsichtlich des Menschen, allerdings in ganz anderer Hin-

146g Statistiken zur Welternährungslage bei G. Borgström, Der hungrige Planet, München 1965.

sicht (weil es sich hier nicht um »Exemplare« einer Art, sondern um personhafte Seelen handelt), am Werk sein? Nach kirchlicher, auf Aristoteles zurückgehender Lehre wird die einzelne Menschenseele von der Gottheit im Augenblicke der Konzeption oder bald nachher geschaffen und dem werdenden Eikeim eingepflanzt. Frage: Kann man als überzeugter Christ vermeinen, die Gottheit werde weiterhin auch bei absoluter Übervölkerung der ganzen Erde neue Menschenseelen schaffen? Wenn sie es aber gemäß ihrer Weisheit nicht tut, dann würde in Zukunft partielle Unfruchtbarkeit der Frauen solange eintreten, bis wieder ein Gleichgewicht gefunden wäre.

Nimmt man hingegen wiederholte irdische Leben an, dann wird man wohl, göttlicher Weisheit und Vorsehung gemäß, voraussetzen dürfen, die Gottheit habe zu Beginn der Menschheitsgeschichte die für die Erde biologisch tragbare Anzahl von Menschenseelen erschaffen, die nun, bald im verkörperten, bald im unverkörperten vorgeburtlichen bzw. nachtodlichen Zustand lebend, dasjenige gestalten, was wir »Menschheitsgeschichte« nennen. Dann wären wohl vorübergehende Wellen maximaler Bevölkerungsdichte, aber keine echten Übervölkerungen auf die Dauer möglich.

Das sind gewiß ungewöhnliche Gedanken, aber Ungewöhnliches zu denken wird doch wohl heute von uns gefordert.

Hinsichtlich der heute viel beredeten »Gleichheit« aller Menschen ergibt sich demnach das folgende Problem: Ungleich sind die Menschen nicht nur hinsichtlich ihres biologischen, vererbungsmäßigen Herkommens, weil doch zwischen den verschiedenen Familien, Völkern, Rassen ersichtlich große Begabungsunterschiede bestehen. Ungleich sind die Menschen aber auch hinsichtlich ihres innersten persönlichen Wesenskernes (»Ich«), gemäß den sehr verschiedenen Graden, wie jeder von uns seine spirituelle und inkarnative Existenzvorgabe im positiven oder negativen Sinne gestaltet hat. Keineswegs gleich, sondern ebenfalls sehr ungleich sind die Menschen aber auch »vor Gott«, nur daß die göttlichen Maßstäbe (die nach dem Ableben zum Tragen kommen) andere als die menschlichen während unseres irdischen Lebens sind. Diese Tatsache durchzieht gleich einem roten Faden das gesamte Alte und Neue Testament. Die Tatsache nämlich, daß sich z. B. ein mächtiger, von allen beneideter Herrscher sehr wohl nach seinem Ableben in Gottes-Ferne befinden kann, während ein unbekannter »Armer« (aber in seinem Wesen Erleuchteter) der Gottes-Nähe teilhaftig wird. Weil nun aber, wie wir glauben dürfen, anfänglich alle Menschenseelen gleich geschaffen wurden, wird ersichtlich, in wie erschreckend hohem Grade wir die Selbstgestalter unseres äußeren Schicksales und unseres inneren Wesens sind.

Das alles kann nur angedeutet werden. Es auszuarbeiten und bis in die sozial-politische Praxis ernst zu nehmen, ist Aufgabe zukünftiger Selbstbesinnung des abendländischen Menschen.

Der Gedanke der »Existenzkontinuität« stößt auch noch heute zuweilen auf Ablehnung. Man befürchtet, der sittliche Ernst des gegenwärtigen Erdenlebens könne durch den Ausblick auf mehrere bereits durchlebte und noch zu durchlebende irdische Existenz wohl Einbußen erleiden. Wichtig ist gerade die Einzigartigkeit und Einmaligkeit des Erdendaseins, wodurch dereinst beim »Jüngsten Gericht« die Entscheidung über unsere Bewährung falle. Nun – der Ernst des »Jüngsten Gerichtes« bleibt unter allen Umständen voll gewahrt, nur daß gemäß der hier vertretenen Auffassung dieses Gericht über die Summe aller unserer Erdenleben entscheiden wird, wodurch wir weitaus mehr Chancen für unsere Rechtfertigung gewinnen, als wenn nur ein einziges, kurzes Erdendasein über die »Ewigkeit« entscheiden würde.

Kapitel 27

Arbeits-, Bildungs-, Erlösungs-Wissen

Die Grundstimmungen von Angst und Sinnleere

Zum unübersehbaren Unterschied von den Vertretern der »Frankfurter Schule« war Max Scheler, der seine letzte Lebens- und Lehrzeit am Ort des Instituts für Sozialforschung in Frankfurt/M. verbrachte, einer der wenigen Denker, die von der umgreifenden Ganzheit der abendländischen Philosophie ausgingen. Sein Werk blieb unvollendet. Aber seine letzten Veröffentlichungen »Vom Ewigen im Menschen« und »Die Stellung des Menschen im Kosmos« ließen doch seine großen Intentionen erkennen[147]. Darin zeichnete Scheler auch in soziologischer Sicht ein umfassendes Menschenbild. Auf Grund der Vielgestaltigkeit der historischen menschlichen Existenz sah er sich veranlaßt, drei gleichberechtigte, aber einander ergänzende Wissensformen zu unterscheiden: Arbeits(Herrschafts)-, Bildungs-, Erlösungs-Wissen. Erst in ihrer Gesamtheit entsprechen sie dem Menschsein und ermöglichten eine sachgemäße Würdigung aller Epochen der Menschheitsgeschichte[148].

Versteht man unter dem Spruch: »Der Mensch lebt nicht vom Brot allein« die unbestreitbare Tatsache, daß er als denkendes Wesen nach Wissen und sei es auch nur durch die Morgen-»Zeitung« verlangt, so kann nur ein dreifach abgestuftes Wissen dem ganzen Menschen genügen und gleichsam die »Nahrung« für seinen denkenden Geist darstellen.

Der Ausdruck Erlösungs-Wissen erscheint uns freilich zu einseitig. Er suggeriert die Erde als »Jammertal«, dem wir baldmöglichst den Rücken kehren sollten. Scheler hätte vielmehr die ganze

147 Vgl. Katharina Kanthack, Max Scheler, Neuß 1948.
148 Vgl. Max Scheler, »Die Wissensformen und die Gesellschaft«, 1926.

Breite metaphysisch-religiöser Beziehungen einschließlich unseres vorgeburtlichen und nachtodlichen Daseins berücksichtigen sollen.

Eindeutig ist hingegen der Begriff »Bildungs-Wissen«. Ein solches Wissen braucht keineswegs nur die sogenannte »klassische Bildung« des humanistischen Gymnasiums zu vermitteln. In hohem Grade bildend kann auch ein Biologie- oder Mathematik-Unterricht sein, wenn er uns mit großen Weltordnungen konfrontiert. Denn »bildend« sind letztlich alle wahrhaftigen Weltinhalte, weil der Mensch »Mikrokosmos« innerhalb eines »Makrokosmos« ist. Hingegen sind ver- und mißbildend jene Unterrichtsmethoden, welche alle zwischenmenschlichen Beziehungen in das vorgefaßte Schema von »Herrschafts- und Unterdrückungsverhältnissen« oder von »Klassengegensätzen« hineinpressen.

Über das Arbeits- und Herrschafts-Wissen brauchte im naturwissenschaftlich-technisch-industriellen Zeitalter kaum etwas gesagt werden, – wenn nicht eben diese Wissensform heute in das Schußfeld soziologischer Kritik geraten wäre. Nachdem nämlich wir Europäer einige Jahrhunderte hindurch Physik, Chemie, Technologie trieben und uns allmählich alle Erdgebiete mit unterschiedlich großen Anstrengungen folgten, haben wir uns plötzlich zu fragen, ob eine solche Ausweitung menschlichen Wissens und Könnens sinnvoll war.

Das physikalisch-chemisch-technische Arbeitswissen schweigt sich über ein Warum und Wozu dieser europäischen Leistung aus. Das wird uns heute schlagartig bewußt, nachdem wir es im Rausche des technischen Fortschrittes bisher verdrängt hatten. Vielen erscheint sogar plötzlich als frevelhafte »Ausbeutung«, was wir bisher als »Naturbeherrschung« bejubelten.

Wenn aber das Arbeitswissen gegenüber der Sinnfrage versagt, müßten uns Bildungs- und Erlösungswissen Auskunft geben können. Hier wird jedoch sogleich die ganze Misere unserer schulisch-pädagogischen Planung sichtbar. Wohl wird allen Menschen das Recht auf Bildung zugestanden, aber Unterricht, Lehre und Studium vermitteln in den meisten Fällen nur ein Spezial- und Arbeitswissen. Hochgezüchtete Intellektualität hat mit humaner Bildung, wie wir sie allen Menschen wünschen müßten, wenig zu tun. Oft erfüllt sie nicht einmal den Anspruch auf zeitgemäßes Arbeitswissen.

Im Gegensatz zu einseitiger Verstandestätigkeit hätten also wohl Bildungs- wie Erlösungswissen zu vermitteln, was man im eigentlichen Sinne unter »Kultur« versteht. Von Natur ist nämlich das Menschenwesen nur ein »Keim«, der nach Gestaltung verlangt; in alten Zeiten wurde der Jugendliche auf »virtus«, »Tugend« ausgerichtet, wobei der Akzent durchaus auf »Tauglichkeit«, Lebens-Tauglichkeit lag. Man könnte auch von Charakter-Bildung sprechen, wodurch wir über das selbstverständliche Fach- und Arbeits-Wissen hinaus erst fähig werden, unser privates und öffentliches Leben menschenwürdig zu gestalten.

Wenn man sich um »Bildung« bemüht, kann man schließlich an Goethe nicht vorbeigehen. Mit großer Zurückhaltung und wohl im Vorgefühl der hier aufsteigenden menschenbedrohenden Kräfte betrachtete Goethe das Aufkommen der mathematischen Naturwissenschaften und der Technik. Distanz wahrte er aber auch gegenüber der religiösen Sphäre, da sie allzuleicht durch Schwärmerei oder blinden Glauben verfälscht würde. Sein ganzes Bemühen galt der Bildung, weil allein der wahrhaft gebildete Mensch die doppelseitigen Abgründe des naturwissenschaftlichen Materialismus und der religiösen Schwärmerei oder Dogmatik vermeiden kann.

Sowohl Konfuzius als auch Lao-tse lehrten, der Mensch müsse zuallererst sich selbst in Ordnung bringen und einen »klaren Charakter« gewinnen, ehe die gesellschaftlichen Verhältnisse, von der Familie aufwärts bis zum Reich, in Ordnung kommen könnten. Bekanntlich hatte das »Reich der Mitte« keinerlei mathematische Naturwissenschaft und Technik wie »Arbeitswissen« höherer, nicht nur handwerklicher Ordnung entwickelt. Auch die metaphysisch-religiöse Sphäre war, abgesehen vom Ahnenkult, wenig ausgebildet. Hingegen stand das Bildungswissen – Bescheidenheit, Höflichkeit, Hilfsbereitschaft, Fleiß, demnach die Kardinaltugenden des »Sozialen« – obenan. Auch Mao bediente sich dieser Eigenschaften, wodurch sein fragwürdiger Erfolg möglich wurde.

Offensichtlich steht hier auch das Problem der »Ethik« und ihrer Begründung zur Diskussion. Außer mit »Sittlichkeit« kann man den griechischen Begriff »Ethos« auch mit »Haltung« übersetzen. Was bedeutet die Haltlosigkeit, die sich heute vieler Menschen bemächtigt und zu müder Resignation oder zur Rauschgiftsucht oder zu asozialen Delikten führt? Es hat wenig Sinn, hierfür die »gesellschaftlichen Zustände« verantwortlich zu machen, denn wir selbst sind es doch, die diese Zustände durch die Art unseres Menschseins schaffen.

Die Völkerkundler haben längst den Irrtum Sigmund Freuds korrigiert, bei den Naturvölkern herrsche ein ungebundenes Sexual- und Triebleben. Bis in Einzelheiten ist nämlich dort das menschliche Dasein einem strengen Sitten- und Verhaltenskodex unterworfen[149]. Solche Verhaltensmuster beschneiden aber nicht die persönliche Freiheit, sie stellen vielmehr, wie der Psychotherapeut Rudolf Affemann betont[150], gleichsam ein Stütz-Korsett dar, das dem Menschen Halt gibt und ihn gegenüber dem Chaos des »Beliebens« abschirmt. Affemann sieht mit Recht im Fehlen eines vorbildlichen Sitten- und Sittlichkeitskodex, wie ihn der wahrhaft Gebildete zu realisieren strebt, eine der Hauptursachen für die Angst- und Sinnlosigkeitsgefühle vieler Jugendlicher, die zu Verzweiflung und Selbstzerstörung führen.

Nun widerspricht es jedoch dem »Mündigkeitsgefühl« des modernen Menschen, sich irgendwelchen überlieferten Sitten- und Sittlichkeitskodizes zu unterwerfen. Er will das »Warum« einsehen und fordert eine Begründung der Ethik, die nicht auf Glauben und Offenbarung, sondern auf Erkenntnis fundiert ist.

Das zu leisten sollte einem »biologisch orientierten« Zeitalter aber doch nicht schwer fallen. Denn aus der psychosomatischen und soziosomatischen Medizin wissen wir, daß z. B. Haß, Geiz, Grausamkeit, Lüge, Ärger, Unbeherrschtheit, Neid, Rücksichtslosigkeit in erster Linie nicht anderen, sondern uns selbst schaden. Da nämlich leiblich-seelisches Wohlbefinden auf einem geordneten Schwingungszustand aller unserer Organe beruht, muß alles Ungeordnete zu Mißbehagen und weiterhin zu körperlichen Störungen führen. Sogar Krebs scheint teilweise seelisch bedingt zu sein, sog. Krebspsychose.

Das wahrhaft Sittliche, Soziale, Menschliche, wie Güte, Wohlwollen, Liebe, Mitleid, Wahrhaftigkeit ist also zugleich das

149 Vgl. R. Benedict, Urformen der Kultur, rde 7, Reinbek 1955; M. Mead, Mann und Weib, rde 69/70. Reinbek.

150 Vgl. Rudolf Affemann, Krank an der Gesellschaft, Stuttgart 1973.

Gesunde und Heilende. Solche Seelenstimmungen gleichen einem warmen Frühlingsregen über der Landschaft unserer Leibesorgane, während die schlechten Eigenschaften wie Hagelschauer oder Maifröste wirken. Darauf in aller Nüchternheit aufmerksam zu machen und Anleitungen zu gründlicher Selbstbeobachtung zu vermitteln, könnte einen Biologie-Unterricht zu einem echten Bildungs-Wissen ausweiten, ja sogar die religiöse Sphäre anklingen lassen.

Das Gefühl universeller Sinnlosigkeit, hinter dem die Angst vor dem Nichts steht, läßt sich nicht durch äußerliche Maßnahmen oder intellektuelle Argumentationen beheben. Diese Art Seelen- und Ich-Schwäche moderner, junger Menschen, die zwar stolz mit Motorrädern dahinbrausen und auch anderen Äußerlichkeiten ihr Interesse zuwenden, bekundet, daß sie die gewaltigen Möglichkeiten ihres »Innern« noch nicht entdeckt haben.

Aurelius Augustinus (354–430) scheint der erste Abendländer gewesen zu sein, dem die »weiten Räume« seiner seelischen Innerlichkeit bewußt wurden und der zugleich erlebte, wie die Macht der Gottheit gleich einer inneren Sonne diese Seelenwelt erleuchtet und erwärmt.

Diese Quellen scheinen dem modernen Europäer heute allerdings nicht mehr zu genügen. Daher wendet er sich, um Daseinsangst und Lebenssinnlosigkeit zu überwinden, östlichen Jogapraktiken zu, um durch »buddhistische« Versenkungen zu erreichen, was ihm einst »christliche« zu geben vermochten. Immerhin, wir beginnen zu entdecken, daß wir ohne die »weiten Räume unserer Seelen-Innerlichkeit« auf die Dauer nicht wirken, nicht arbeiten, nicht leben können und daß unsere Seele offenbar doch mehr ist als »das Ensemble der gesellschaftlichen Verhältnisse«, wie Karl Marx kurzangebunden meinte.

In den Evangelien lesen wir: »In der Welt (Kosmos) habt ihr Angst, – aber seid getrost, Ich habe die Welt überwunden«. Was heißt das? Martin Heidegger unterscheidet streng zwischen Angst und Furcht. Furcht richtet sich auf Einzelnes, Bedrohliches; Angst jedoch hat es mit der Totalität des Seins, also mit der »Welt« als solcher zu tun, der sich unser Ich preisgegeben sieht. In diesem Sinne können nur Menschen, nicht aber die Tiere Angst empfinden. Denn Tiere leben, ohne zu fragen, zu zweifeln, zu suchen, sicher geborgen im Ganzen der Welt. Hegel meint sogar, sie hätten zum Unterschied vom Menschen das »Paradies« noch gar nicht verlassen. Also hängt wohl die Seins- und Weltangst irgendwie mit dem Erwachen zum Ich-Bewußtsein zusammen.

Durch das Arbeitswissen mag uns zunächst die Weltangst verdeckt sein. Kehren wir jedoch, um mit Augustinus zu reden, »zu uns selbst ein«, so scheinen wir zunächst in einen bodenlosen Abgrund zu stürzen, bis wir die Verwurzelung unseres eigenen Wesens im tragenden Grund der Welt entdecken.

Das vollzieht sich im religiösen Bewußtsein, also durch das, was Max Scheler »Erlösungs-Wissen« nennt. Diesem Weltgrund entstammen auch die weisheitsvollen Ordnungen, die wir überall in der Natur bemerken. Die »Worte« des tragenden Weltengrundes sind im Pflanzen- und Tierreich sowie schließlich in unserem eigenen Wesen vernehmbar.

In sehr eigenartiger Weise hat ein bedeutsamer Seelenarzt die verschiedenen Manifestationsformen der Urangst, wie die Angst zu erröten, sich zu beschmutzen, zu stottern, sich zu blamieren, Platzangst, Katastrophenangst, Todesangst, Bakterienangst, Prüfungsangst dadurch zu heilen vermocht, daß er die Patienten gleichsam »todesmutig« dasjenige bejahen, ja herbeirufen hieß, vor dem sie Angst hatten. Indem sich die Patienten ihren zwangshaften Angstideen ganz auslieferten, entdeckten sie zugleich die Überlegenheit ihres wahren Ich: sie konnten über ihre Angst hinwegkommen, wodurch die »Angst vor der Angst« und diese selbst verschwand[151].

Mit dieser Methode wird man freilich den Problemen der allgemeinen Lebens- und Daseins-Angst kaum beikommen können. »Angst« kommt von »Enge«. Man glaubt zu wissen, daß die Neigung zu Angina-pectoris-Anfällen mit jenen verdrängten Ängsten zusammenhängt, die Menschen ergreifen, wenn sie glauben, den Anforderungen des Lebens und Berufes nicht gewachsen zu sein.

Wo liegen nun die Gegenpole? Der Gegenpol von Furcht ist Mut. Der Gegenpol von Angst aber ist Freude. Wir meinen damit nicht billige Heiterkeit, sondern jenes tiefe »Ja« zum Leben, das

151 Vgl. V. E. Frankl, Ärztliche Seelsorge, Neuaufl., München 1975.

aus der Fülle eines Ich-bin entspringt, wenn sich dieses im Einklang mit den Ordnungen des Weltalls weiß. Diese Daseinsfreude kann uns nicht von außen gegeben werden. Sie fehlt vielen Menschen, die trotz Wohlstand von Freudlosigkeit und Depressionen befallen werden[152].

Nun gibt es Jugend- und Altersdepressionen, die in den betreffenden Altersstufen begründet sind. Sie haben zum Teil physiologisch-körperliche Gründe, sind aber auch deutlich seelisch bedingt. Dem heranwachsenden Menschen macht es Mühe, den Übergang von der behüteten Kindheit zum selbstverantwortlichen Erwachsenen zu vollziehen. Es bedrücken ihn die Anforderungen, die aus der Gesellschaft auf ihn zukommen, weil er sich seines »Ichs« noch nicht gebührend bewußt ist. Den Alternden, zumal bereits in Ruhestand befindlichen, deprimiert das Gefühl der Nutzlosigkeit seiner Existenz, wozu noch die aus den Stoffwechselschlacken eines alternden Leibes aufsteigenden Verdüsterungen hinzukommen. In früheren Zeiten halfen »Gottesvertrauen« sowie das Lesen in »erbaulichen Schriften« darüber hinweg. Heute gibt es wohl »Seniorenveranstaltungen für Junggebliebene«. – Aber diese angebliche Jugendlichkeit der Alternden ist doch nur Selbstbetrug, weil man nicht mehr weiß, wie man würdig alt wird, das heißt fähig, jenes Licht zu empfangen, das von jenseits der Todesschwelle dem Menschen entgegenleuchtet und ihm »Weisheit« verleihen kann.

Vielleicht können wir aber ganz allgemein sagen: Wir alle leben heute im »Dunkel«. Uns fehlt jenes »Licht«, das von »Jenseits« der Geburts- und Todesschwelle in unsere Seelen hineinleuchten müßte, damit wir freudig-bejahend die Mühen des irdischen Daseins auf uns nehmen, um daran zu reifen.

Mit dieser Diagnose haben wir freilich den Bereich dessen weit verlassen, was in irgendeinem Sinne »politisch machbar« ist. Es scheint sich um ein Generationsproblem zu handeln, das eben ganze Menschengeschlechter, trotz aller materiellen Erfolge, zwingt, gleichsam im »Dunkel« zu leben, mit der Hoffnung auf kommenden Sonnenaufgang, der uns selbst in einem künftigen Erdendasein dann wohl beschieden sein kann.

152 Vgl. O. J. Hartmann, Schicksal, Krankheit, Heilung. Freiburg 1966.

Kapitel 28

Von den letzten Dingen

Sinnerfüllung des Lebens

Wer sich um die »Signatur« unseres Zeitalters bemüht, wie es so schön heißt, steht trotz aller Profanität der sozialen Erscheinungen alsbald vor einem einzigartigen Phänomen: dem der »Religiosität«. Das ehrfurchtvolle Wissen um die übermateriellen und übermenschlichen Dimensionen unseres Weltalls bildete bei allen Natur- und Kulturvölkern die eigentliche Grundlage des zwischenmenschlichen Daseins. Erstmals unser Zeitalter wollte die religiöse Dimension total vergessen. Der Psychotherapeut Erich Rotthaus schreibt hierzu: »Der moderne Mensch hat es fertiggebracht, in einem erstaunlichen Maße Religiosität und Moralität zu verdrängen, in religiöser und moralischer Gleichgültigkeit zu leben. Ein solches Leben ist, genau betrachtet, unmenschlich. – Die angeborene moralische Kraft will den Menschen aus der moralischen Indifferenz in das moralische Spannungsfeld des Gewissens einschleusen, das den Menschen erst zum Menschen macht. Ohne dieses moralische Spannungsfeld gleitet das ganze Leben des Menschen ins Chaos hinab.«[153] Der Psychotherapeut Victor E. Frankl hat schließlich ein Buch mit dem Titel »Der unbewußte Gott« verfaßt, um zu zeigen, daß vielen Depressionen und Neurosen das Gottesproblem zugrunde liegt. Aber das sind Randphänomene. In der Ganzheit des Kulturbewußtseins leben wir erstmals in einem a-religiösen Zeitalter, in welchem Demut, Achtung, Ehrfurcht, Frömmigkeit, Scheu vor dem Heiligen aus dem Bewußtsein des Menschen weitgehend verschwunden zu sein scheinen.

153 Erich Rotthaus, Der Prozeß der Wandlung in der Psychotherapie, Dortmund 1973.

Wenn wir jedoch andererseits bedenken, daß Kepler die von ihm entdeckten Gesetze der Planetenbewegung als Beweis für die Weisheit eines Gottes ansah, ist zu erkennen, daß die primären Ursachen für die Areligiosität unseres Zeitalters gar nicht in der Naturwissenschaft, sondern ganz anderswo zu suchen sein dürften. Offenbar liegt die primäre Ursache in einer Verarmung der menschlichen Seelen, die sich so sehr von sich weg nach außen kehren, daß ihnen ihre eigenen geheimnisvollen Tiefen gänzlich abhanden kommen. Wir sprechen von einer »Proletarisierung« weiter Bevölkerungskreise im 19. Jahrhundert insofern, als damals durch das Heraufkommen der Maschinenindustrie ehemalige Bauern und Handwerker – also einst selbstbewußte »Bürger« – entwurzelt wurden. Dieser Prozeß ist heute weitgehend bereinigt, da aus ehemaligen Proletariern durchaus anspruchsvolle Angestellte und Arbeiter wurden und das zu Recht und in realitätswuchtiger Widerlegung von Marx.

Ein anderer, viel tiefergreifender Proletarisierungs-Prozeß, der auch im vorigen Jahrhundert begann, ist heute aber keineswegs schon bereinigt: Wir meinen die Veräußerlichung der menschlichen Seelen, denen das Bewußtsein für das Göttliche gänzlich abhanden kam. Zunächst haben wir freilich diese »Proletarisierung« unserer Seelen über dem Reichtum der Wohlstandsgesellschaft vergessen. Wenn heute dann hinsichtlich der Tragfähigkeit dieser Gesellschaft Zweifel hochkommen, so sollten wir hierfür dankbar sein[154]. Denn wenn wir in Zukunft etwas von unserer »Weltherrschaft« einbüßen, könnten wir dafür vielleicht etwas mehr Seelenreichtum eintauschen.

Jahrhunderte haben über die Worte meditiert, welche Gott zu den ersten Menschen sprach: Du, Adam, sollst im Schweiße deines Angesichts dein Brot essen, und du, Eva, sollst mit Schmerzen Kinder gebären!« Jahrhunderte hindurch zweifelte man nicht an der Gültigkeit dieser Worte, selbst wenn man noch so viele Schicksalsverbesserungen zu erreichen suchte. Ja, zuweilen sah das Christentum in den Verneinungen des irdischen Daseins ebenso viele Aufforderungen zur Entfaltung seelischer Vertiefung.

154 Vgl. hierzu das neue Buch von Erich Fromm, Haben oder Sein. Die seelischen Grundlagen einer neuen Gesellschaft, Stuttgart 1976.

Indem es alle Negationen des weltlichen Daseins im Symbol des Kreuzes zusammenfaßte, wurde dieses aus einem Symbol des Todes zu einem Symbol der Geisterweckung. Hat sich bis heute daran etwas geändert? Ist es etwa den modernen sozialen und medizinischen Fortschritten gelungen, das »Kreuz« aus der Welt ganz zu beseitigen?

Leicht ist es, das christliche Mittelalter wegen seiner grausamen Glaubenskämpfe zu verdammen. Leicht ist es auch darüber zu lachen, daß man damals den Menschen die »Ewige Seligkeit« in Aussicht stellte, um sie desto besser versklaven zu können. Man kann sich auch über die »Dummheit« der damaligen Menschen ärgern, die, statt die Verbesserung ihrer wirtschaftlichen Verhältnisse zu erstreben, die ungeheuren Mühen der Dombauten und der Kreuzzüge im Hinblick auf ihr Seelenheil auf sich nahmen. Man wird jedoch die Größe nicht bezweifeln wollen, die in der Verkündigung des Kreuzes Christi liegt; denn nicht nur das einfache Volk, auch mächtige Kaiser und Päpste beugten sich vor diesem Kreuz, weil sie in ihm das wirklichkeitsgemäße Symbol der menschlichen Existenz erblickten.

Dem heutigen Menschen sind leider diese Dimensionen weitgehend verschlossen. Er glaubt nicht mehr an die ihm durch das Kreuz eröffneten Erweckungs- und Auferstehungsmöglichkeiten, obgleich er in der Realität keineswegs weniger als der mittelalterliche Mensch mit dem »Kreuz« konfrontiert ist. Die wesentlichen Leiden wurden ja nicht geringer, sie haben sich nur verlagert. Man versucht spottend und gequält, das »Kreuz« zu vergessen.

Freilich hätte uns schon längst die Realität des Sterben-Müssens in unserem Diesseitsvertrauen verunsichern sollen. Aber es gelang der modernen Wohlstandsgesellschaft in erstaunlichem Maße, den Gedanken an den Tod zu verdrängen. Drohen nun aber statt Wohlstand und Genuß viele Beschränkungen und Verzichte und wird gar am Horizont die Ankündigung echter Notsituationen sichtbar, – dann erhebt auch das Sterben-Müssen wieder sein mahnendes Haupt. Die so lange vergessene »Ewigkeit« beginnt wieder zu sprechen, auch wenn man noch so sehr versucht, sich die Ohren zuzuhalten.

Kurzum: die moderne Industrie- und Wohlstandsgesellschaft ist in hohem Grade instabil, weil sie ohne alle metaphysisch-spirituellen Tiefendimensionen zu existieren versucht. Trotz ihrer gewaltigen materiellen Mittel ist sie im Vergleich zur christlich-mittelalterlichen oder auch zur antiken Gesellschaft »arm«, weil sie aller seelischen »Vitamine« ermangelt, die der Mensch als Bürger zweier Welten bedarf. Daher die Ängstlichkeit, mit denen man heute alle »Rezessionen« beobachtet und die zentrale Rolle, die heute der »Wachstumsbegriff« spielt. Denn nur stetes Wachstum an irdisch-materiellem Wohlstand scheint uns über die Sinn-, Grund- und Bodenlosigkeit unserer Existenz einigermaßen hinwegtäuschen zu können.

Der naturwissenschaftlich, zumal der biologisch geschulte Mensch wundert sich über die Kritiklosigkeit, mit der heute von »Wirtschaftswachstum« gesprochen wird. Er weiß, daß alle Wachstumsprozesse dann zu ihrem Ende kommen, wenn sie das ihrem Wesen immanente Ziel erreicht haben. In diesem Sinne gelangen chemische Reaktionen an ihr Ende, wenn die entsprechenden Reaktionsprodukte als immanentes Ziel der betreffenden Stoff- und Energieumlagerungen vorliegen. Im selben Sinne kommen auch Bergbäche und Ströme zur Ruhe, wenn sie die Niveaufläche der Ozeane erreicht haben. Die moderne Biologie spricht von einem »Entwicklungsgefälle«, das mit Samen, Eiern und Keimen von Pflanzen, Tieren und Menschen beginnt und mit dem jeweils vollerwachsenen Lebewesen endet. Der Wachstumsprozeß schlägt dann in den Schrumpfungs- und Vernichtungsprozeß um, der in den verwesenden Leichnam einmündet.

Was für den einzelnen Organismus gilt, ist aber auch belangvoll für ganze Floren und Faunen: Auf die riesenhaften Wachstumsprozesse hinsichtlich des Artenreichtums und der Individualgröße von Bäumen der Steinkohlenzeit (Karbon), der Tintenfische und Reptilien der Saurierepoche (Trias, Jura, Kreide) erfolgte ein totaler Zusammenbruch mit dem nahezu vollständigen Verschwinden dieser Pflanzen- und Tierformen. Im selben Sinne beobachteten wir in der Menschheitsgeschichte das Entstehen, Wachsen und Hinschwinden großer Kulturen und Völker. Auch unser industrielles Zeitalter muß früher oder später an sein Ende kommen, – und das zwar nicht in erster Linie aus äußeren Gründen wie dem Rohstoff- und Energiemangel, sondern aus inneren, im Wesen dieser Epoche selbst liegenden Gründen.

Vielleicht beginnen wir uns schon heute den Grenzen zu nähern, welche der modernen Physik und Chemie sowie der Perfektion der Technik und schließlich der Medizin unübersteigbar gezogen sind. Im Zusammenhang mit den Grenzen dieser Wachstumsprozesse und ihrem Umschlag in Vernichtungsprozesse könnte dann auch die Anzahl der auf Erden gleichzeitig lebenden Menschen eine radikale Reduktion erfahren, indem die Geburtenraten weiter absinken und die Sterberaten im Rahmen der Entwicklung der Weltbevölkerung anschwellen.

Schließlich aber muß man sich doch als naturwissenschaftlich gebildeter Mensch sagen, daß in vielleicht gar nicht so ferner Zeit die Erde nicht mehr die nötigen Bedingungen für die leibliche Existenz von Menschen abgeben kann. Dann wird, gemäß dem materialistischen Weltbild, dasjenige, was wir stolz »Menschheit« nannten, wieder in dasselbe »Nichts« einmünden, woraus es einst entstanden ist: in die Protonen, Neutronen und Elektronen des unermeßlichen Weltraums.

Wozu also der viele Lärm um den »Fortbestand der Menschheit« und um ein »menschenwürdiges Leben«, wenn es, nach der Meinung maßgebender Naturforscher, z. B. des kürzlich verstorbenen Nobelpreisträgers Jaques Monod, im Weltall keinen Gottes-Geist, sondern nur Materie gibt und der Mensch das ungeplante, zufällige Produkt molekularer Vorgänge darstellt.

Pflanzen und Tieren genügt es zu »sein«. Sie fragen nicht nach dem Warum und Wozu, Woher und Wohin des Weltalls im ganzen und ihrer Existenz im besonderen. So bleibt ihnen der Abgrund des Nichts erspart, in den der Mensch von dem Augenblick an schauen muß, als er zur Frage »Warum und Wozu« erwacht. Mit dieser Frage tritt der Mensch aus der Geborgenheit des Seins heraus in den Zweifel, in die Gespaltenheit. Und alle weiteren Bemühungen seines weltanschaulichen Denkens haben dann die zentrale Aufgabe, diese Gespaltenheit zu überwinden, aus dem Zweifel zur Gewißheit zu gelangen. Besonders ist es die Frage nach »dem Sinn des Lebens«, die uns beunruhigt, sobald wir zur Reflexion über unser Leben aufwachen.

Heute verkünden Menschen, die sich für ultramodern halten: Die Lust, ein möglichst großes Quantum Lust, bilde den Sinn des Lebens. Alles was die Trieberfüllung erschwere, sei als »gesellschaftliche Repression« zu beseitigen. Im besonderen sei es heute unsere Aufgabe, sich als »lustsuchendes Sexualwesen« zu entdekken und zu bestätigen[155].

Da dachte wohl die Antike noch menschenwürdiger. Deshalb ist bei Aristoteles zu lesen: »Alle Menschen erstreben von Natur aus die Erkenntnis« und Pythagoras meinte: »Wir sind dazu geboren, das Himmelsgebäude zu betrachten.« Das Weisheitsstreben und die mit seiner Erfüllung möglichen Glücksgefühle bildeten den höchsten Lebenssinn des antiken Menschen.

Aber: Erkenntnis im antiken Sinne war weitaus mehr als das, was wir heute »Wissenschaft« nennen. Sie bedeutet die Verähnlichung der menschlichen Gedanken zu den überall im Kosmos sichtbaren Gottes-Gedanken und schließlich die Erweckung des unsterblichen Menschenwesens selbst.

Dennoch können auch gegenüber diesen höchsten Glückszielen der antiken Philosophen einige Einwände vorgebracht werden. Gewiß, der Mensch kann sich als denkendes Wesen über alles Irdisch-Materielle und auch über sich selbst erheben und insofern glauben, eine Gottähnlichkeit zu erlangen. Aber entzieht er sich dabei nicht der vollen Schwere des irdischen Daseins? Könnte er nicht gerade in der schonungslosen Konfrontation mit den Nöten menschlichen Daseins die Seelenkräfte entwickeln, die weit hinausgehen über eine bloße gnostische Geist-Erleuchtung? Hierin liegt wohl der Sinn der christlichen Verkündigung vom »Kreuz«, insofern als die Konfrontation mit dem Kreuz jene Herzenskräfte erweckt, die schließlich zur »Liebe« führen.

Diese christliche Liebe hat nichts mit gefühlhafter Sentimentalität und noch weniger mit einem Begehren zu tun. Sie beinhaltet ein großes Ja-Sagen zum Sinn der Erde[156].

In letzter Hinsicht steht hinter dem Symbol des Kreuzes der Opfergedanke – und damit entfernen wir uns wohl am weitesten von allen Meinungen, die in »Lust« oder »Glück« den Sinn des menschlichen Daseins erblicken möchten. Wer nämlich nach Lust,

155 H. Kentler, Sexualerziehung, rosex 8034; D. Haensch, Repressive Familienpolitik, Sexualunterdrückung als Mittel der Politik, rosex 8023. Reinbek 1969.

156 Vgl. O. J. Hartmann, Der Mensch im Abgrund seiner Freiheit. Christliche Existenz, 4. Aufl., Ffm. 1969.

Glück und auch nach sogenannter Selbstentfaltung strebt, bleibt doch noch den engen Grenzen seines Egoismus verhaftet. Er glaubt, sich selbst und seiner Entwicklung zu dienen, wirkt aber doch seiner wahren Selbstverwirklichung entgegen. Hierauf macht uns der geheimnisvolle Spruch der Evangelien aufmerksam: »Wer sein Selbst zu bewahren sucht, der wird es verlieren. Wer es aber hingibt, der wird es gewinnen.« – Vom Gesichtspunkt der üblichen Logik ist dies ein Widerspruch, ein Unsinn.

Aber unsere gewöhnliche Logik ist auch nur eine Logik des Toten. In diesem Sinne bleibt ein Stein am Wege der, der er ist, wenn er nicht durch äußere Ursachen bewegt oder verändert wird. Hingegen bewegt sich Lebendiges aus und durch sich selbst, mehr: es greift über sich selbst hinaus in Wachstum, Fortpflanzung, Vermehrung, es transzendiert hinaus zur Welt, gibt sich ihr hin und gewinnt sich eben dadurch auf immer neuen und höheren Stufen.

Heute ist man bestrebt, die Menschen tunlichst von allen beruflichen und familiären Belastungen zu entlasten, damit sie sich um so mehr der »Selbstverwirklichung« widmen können. Die Frage ist freilich: haben sich in früheren Zeiten die Soldaten, die sich für ihre Heimat opferten, Bauersfrauen, die bis ins hohe Alter im Betrieb tätig waren, Ärzte, die durch lebensgefährliche Selbstversuche um neue Heilmethoden bemüht waren – haben diese Menschen nicht mehr für ihre Selbstverwirklichung getan als moderne Menschen, die bei vermehrter Freizeit sich ihren Hobbys widmen? Ist nicht vielmehr die egozentrische Beschäftigung mit sich selbst und die angebliche »Selbstverwirklichung« unserem wahren menschlichen Wesen abträglich? Das wird freilich nur zugeben können, wer sich von der Unsterblichkeit des Menschenwesens überzeugt hält und gerade auch in einem kurzen opfervollen Leben Früchte für die Ewigkeit erwartet.

Im Blick auf die Diktaturen des Ostens und in der Sorge, auch bei uns könnte es zur Beseitigung der liberal-demokratischen Systeme kommen, erlangt für viele Menschen die Idee der Freiheit eine gesteigerte Bewertung: Nach Ableistung seiner 40stündigen Arbeitswoche denken und tun zu können, was immer beliebt und hierzu über eine unbeschränkte Meinungsvielfalt in Presse und Sachbüchern und über ebenso unbeschränkte Reisemöglichkeiten zu verfügen, gilt mit Recht als unschätzbarer Vorteil der westlichen Demokratien.

Freiheit des Beliebens im Denken und Tun erscheint allerdings nur im Kontrast zu Meinungsterror, Konsum- und Reisebeschränkungen als hoher Wert. An sich betrachtet erhebt sich jedoch die Frage: Frei wozu? Bloße Freiheit kann infolge ihrer Inhaltslosigkeit als sinnlos, schließlich als unerträglich empfunden werden. Mit der Freiheit von allen äußeren Zwängen findet sich nämlich der Mensch auf sich selbst zurückgeworfen mit der Frage: »Was fängst Du mit Dir selbst an? Ist Dir Dein »freies Ich« zum Segen oder zum Fluche überantwortet?«

Daß die Menschen, zum Unterschied von den Tieren, ein personhaft-individuelles Geistwesen besitzen, demgemäß sie sich selbst als Ich und den Mitmenschen als »Du« ansprechen können, ist ebenso hohe Auszeichnung wie eine große Belastung. Denn dieses Ich ist zwar in jedem Menschen von der Konzeption an vorhanden, bedarf jedoch der mitmenschlichen Hilfe, um wieder zum vollen Wissen und Verfügen über sich selbst zu gelangen. Diese Ich-Findung vollzieht sich zunächst in der Seelen- und Liebes-Wärme einer funktionierenden Familie, besonders einer in den ersten drei Lebensjahren ganz dem Kinde sich widmenden Mutter oder auch mütterlichen Pflegefrau. Geborgenheit ist überhaupt der höchste Erziehungswert, aus dem die Entfaltung der menschlichen Person hervorgeht.

Mißlingt das, geschieht statt einer Ich-Erwärmung eine Ich-Unterkühlung, so versucht später der Jugendliche diese Entwurzelung durch Ersatzhandlungen auszugleichen. Wie der Psychotherapeut Rudolf Affemann kürzlich zeigte, sind solche Ersatzbefriedigungen auf gesteigerten Besitz- und Genuß-Drang zurückzuführen, der sich zunächst in Warenhausdiebstählen, später in Gewaltverbrechen äußert, weiterhin dem Bedürfnis, die innere Leere durch die Zugehörigkeit zu einer »Gruppe« und schließlich durch Rauschgiftgenuß auszugleichen. Mit Recht betont Affemann auch die besondere Ideologiegefährdung einer solchen Jugend. Kurzum: Freiheit wird zum Fluch, dem man baldmöglichst zu entfliehen sucht[157].

157 Vgl. auch E. Hoffer, Die Angst vor dem Neuen, Freiheit als Herausforderung und Aufgabe, rde 288.

Im Zustand menschlicher Desintegration verliert die Freiheit sogleich den Stellenwert Nr. 1 in unserem Leben. Denn mit der Frage frei »wozu« werden wir auf Ziele verwiesen, denen wir mit unserer Freiheit *dienen* können. Daß sich solche Ziele in der westlichen Konsumgesellschaft kaum zeigen (hingegen in den östlichen Diktaturen als »Dienst am Staat, am Volk, dem Weltkommunismus« stark herausgestellt werden) ist eine Schwäche des Westens. Die Freizeit als Freiheit in östlichen Diktaturen wird, ähnlich wie im Nationalsozialismus und Faschismus, durch Gemeinschaftsveranstaltungen wie Aufmärsche, Schulungslager durch etwas erfüllt, was man »Staats- oder Partei-Dienst« nennen könnte. In allen alten Kulturen jedoch und noch im christlichen Abendland gehörte die Freizeit solchen Veranstaltungen, die im weitesten Sinne ein »Gottes-Dienst« waren. Die totale Profanierung der Freizeit ist zugleich ein Verlust an Freiheit geworden.

»Gottes-Dienste« scheinen heute den meisten Menschen sinnlos, weil im modernen Weltbild der Bezug zu Gott keinen Platz mehr haben soll. Diktatorische »Staats- oder Partei-Dienste« werden im Westen aus dem Bewußtsein individueller Freiheit gleichfalls abgelehnt. Dadurch entsteht für den »liberalen« Westen ein beträchtliche Angst einflößendes Vakuum. Denn bloße »Geburtstagsfeiern«, wobei man sich mit Freuden trifft, oder »Vereinsveranstaltungen« von Briefmarkensammlern oder die dumpfen Gemeinschaftserlebnisse bei Beatmusik bilden keinen Ersatz. Wir reden heute daher wohl sehr viel von »Gesellschaft« und werden im Namen der Gesellschaft vom Fiskus auch sehr hart herangezogen, leben aber wohl mehr als jemals früher, und sogar in den Familien, asozial, weil auch gemeinsames Fernsehen den einzelnen sich selbst überläßt. Daher sind viele von uns doch auch dafür dankbar, wenn die »Feiertage« vorüber sind und die Arbeitswoche wieder beginnt.

Nun wird wohl für den modernen Menschen ein plötzliches Wiederanknüpfen an die religiöse Sphäre zunächst nicht gangbar sein. Aber eine Wiederentdeckung des Mitmenschen wäre möglich. Denn, so paradox es inmitten des Geredes vom »Sozialen« erscheinen mag: Der wirkliche konkrete Mensch, der Menschen-Bruder, ist uns doch weitgehend verlorengegangen. Das in unseren

Seelen normalerweise vorhandene »Kapital« an Mitleid, Hilfsbereitschaft, Brüderlichkeit und Liebe gegenüber unserem »Nächsten« ist durch die auferlegten Steuerleistungen total verbraucht. Zurück bleiben kalte Gleichgültigkeit, Abneigung, wenn nicht gar Haß. Sie beherrschen weitgehend eine Situation, die sich stolz »Sozialstaat« nennt[158]. Sogar die Fürsorge für alte Eltern und Großeltern möchte man am liebsten diesem Staat überlassen, um nur ja für sich selbst recht a-sozial leben zu können.

An diesem Punkte kann die Umkehr nun einsetzen, wenn wir den Menschenbruder und in ihm uns selbst finden und zugleich die Urväterlichkeit wiederentdecken, deren Kinder alle Menschenbrüder letztlich doch sind. Hierzu braucht man keine großen Worte und auch keine »Sozialisierungen«, sondern nur eine Respektierung der unerläßlichen Bedingungen humanen Zusammenlebens.

Denn Staat und Gesellschaft können auf den Wegen gutdotierter Funktionäre für die Alten, Kranken, Einsamen und Sterbenden zwar vieles, aber nicht alles tun. Vor allem können sie sich nicht in menschlicher Weise um jeden einzelnen Menschen wirklich kümmern. Hier ist nun der Zuruf der »Bürgerinitiative« in jedem einzelnen Bürger aufzuwecken, sich um seinen »Nächsten« zu kümmern, damit Alte, Kranke, Einsame, Sterbende – trotz staatlich-finanzieller Fürsorge – nicht in ihren Wohnungen verkommen und in ihren Betten verfaulen. Natürlich kann man diese Bürgerinitiativen nicht staatlich honorieren – und sollte es auch nicht. Es müßten echte Liebestaten des »Nächsten« am »Nächsten« sein, – um »Gottes-Lohn«, wie man es in früheren Zeiten nannte, wobei zugleich die Probleme ungenützter, sinnloser, quälender »Freizeit« sofort gelöst wären.

Blickt man über mögliche Bürgerinitiativen als Betätigungen wahrer, d. h. zwischen Menschen gelebter, Demokratie hinweg und vor allem über kommunistisch geleitete und mißbrauchte Bürgerinitiativen nun noch weiter in die Zukunft, so wird es wohl dereinst wieder neuartige, große sakral-religiöse Feiern geben, welche die Menschen zugleich vereinen und über sich hin-

158 Über die Bedenklichkeit der Auswüchse des Sozialstaats siehe Anton Rauscher, Hrsg., Krise des Sozialstaats?, Köln 1977.

ausheben. Hierdurch wird die »Industriegesellschaft« durch eine »Geistes- und Sakral-Gesellschaft« ergänzt und überhöht, wie es für uns Menschen als »Bürger zweier Welten« wesensgemäß ist. Die Neuerweckung liturgischer Bedürfnisse – ein überkonfessionell feststellbares Phänomen – rechtfertigt vollends eine solche Mutmaßung.

Den Anfang dieses Buches und den sich stets durchziehenden roten Faden aller seiner Bemühungen bildet das Bedürfnis eines Mannes, nach einer erfüllenden industriellen Karriere zu sagen, daß das höchst-persönliche menschliche Geistzentrum, das »Ich«, in seinen vielfachen Möglichkeiten, Bedürfnissen und Gefährdungen vor den Bedrängnissen unserer Zeit unversehrt bewahrt bleiben muß. Denn dieses »Ich« ist keine philosophische Abstraktion, sondern eine Realität, um deren Entdeckung wir uns alle bemühen sollten.

Das mag fast unübertroffen ein Bekenntnis des großen Pädagogen Jean Paul Richter beweisen. Dieser erzählt in seiner Lebensbeschreibung: »Nie vergeß ich die noch keinem Menschen erzählte Erscheinung in mir, wo ich bei der Geburt meines Selbstbewußtseins stand. An einem Vormittag stand ich, als ein sehr junges Kind, unter der Haustür und sah links nach der Holzlege, als auf einmal das innere Gesicht, ich bin eine Ich, wie ein Blitzstrahl vom Himmel auf mich fuhr und seitdem leuchtend stehenblieb: Da hatte mein Ich zum ersten Mal sich selber gesehen und auf ewig.« Jean Paul meint, und sicher zu recht, dies sei eine Begebenheit im verhangenen Allerheiligsten des Menschen gewesen.

Wer es wagt, solche Gesichtspunkte zu entwickeln, steht heute keineswegs mehr allein. Er repräsentiert vielmehr die wahre Aufklärung, weil er sich gegen weltanschauliche und gesellschaftspolitische Phrasen wendet, deren Wurzeln im nichtproletarischen, sondern bourgeoisen Materialismus des 19. Jahrhunderts liegen. Je Ungewöhnlicheres wir heute auszusprechen wagen, desto mehr dürften wir den wahren Anforderungen unserer Geschichtsepoche entsprechen und uns gegen den kurzsichtigen Zeitgeist wenden. Dem Politiker oder besser dem wahren *Staatsmann* sollte die Aufgabe zufallen, Erkenntnisse von dieser Entschiedenheit seinem Handeln zugrunde zu legen. Nicht zuletzt aber werden wir dadurch dem russischen Menschen zu Hilfe kommen, der hoffentlich in vielleicht gar nicht so ferner Zeit dem wesensfremden Albtraum des marxistisch-leninistischen Weltbildes auch die strukturelle Absage erteilen kann.

Kapitel 29

Vom europäischen Erbe

Rußland und der Westen

Durch die Selbstzerfleischung seiner Völker während des ersten Weltkrieges bereits hochgradig geschwächt, hat Europa infolge des zweiten Weltkrieges endgültig seine politische und weithin auch geistige Vormachtstellung eingebüßt. Der mehr oder weniger würdelose, freiwillige oder erzwungene Rückzug der Kolonialherren, sowie die vielfachen Demütigungen, die sich seither Europäer in ihren ehemaligen Herrschaftsbereichen gefallen lassen, sind nur die äußeren Symptome einer »Europäischen Wandlung«, die viel tiefer greift und letztlich die geistig-kulturelle Wesenssubstanz dieses einzigartigen Gebildes in Frage stellt, das wir »Europa« nennen. Denn trotz aller wirtschaftlichen, staatlichen und nationalen Gegensätze, welche die Geschichte Europas kennzeichnen, bildet doch die *»Abendländische Kultur«* eine grandiose und gerade deshalb pluralistische Einheit. Geographisch genommen ein winziges Gebilde zwischen den kontinentalen Blöcken Amerika – Afrika – Asien und jederzeit in Gefahr, zwischen diesen Massen zerdrückt zu werden, wurzelt doch alles, was jene drei Riesen heute groß macht, in den geistigen Schöpfungen der Einwohner dieses winzigen Gebietes: »Europa«.

Was war der Grund für diese impulsierende Größe abendländischer Kultur?

Im Gegensatz zu den heute herrschenden Bestrebungen, das gesamte wirtschaftliche und kulturelle Leben eines Volkes oder gar eines Kontinents nach vorgefaßten Prinzipien zentralistisch zu steuern, muß ich immer wieder auf die Bedeutung einer pluralistischen Gesellschaftsordnung verweisen, weil diese die Voraussetzung für die schöpferische Betätigung der einzelmenschlichen Persönlichkeit, als dem einzig wahren Fortschritts-Faktor, bildet.

In diesem Sinne liegen die Wurzeln für die geistige Weltbedeutung Europas gerade in dessen Pluralismus und Personalismus.

Das begann schon bei Europas Vätern, den alten Griechen, und hatte sowohl bei ihnen als bei den späteren Europäern nicht zuletzt auch geographische Gründe. Schon in den großen kontinentalen Gliederungen unserer Erdoberfläche scheinen nämlich die späteren geistig-kulturellen Entwicklungsmöglichkeiten der Menschheit vorprogrammiert zu sein. Bereits durch die geographischen Verhältnisse ist darüber entschieden worden, in welchen Gebieten der Erde sich pluralistische, auf der freien Initiative einzelner Persönlichkeiten beruhende Kulturen oder andere Strukturen entwickeln konnten, in denen die Prinzipien von Kollektivität, Massenhaftigkeit und Diktatur leider bestimmend wurden.

In dieser Hinsicht hat die reichgegliederte griechische Küsten- und Inselwelt einzigartige Möglichkeiten für die Entwicklung selbständiger Stadtstaaten eröffnet, wobei von Einzelpersonen getragene wirtschaftliche Initiativen eine große Rolle spielten. Nicht zu vergessen: Die »Vorsokratiker« als Begründer europäischen Denkens und Forschens waren freie Bürger griechischer Städte an den Küsten Kleinasiens, Siziliens, Süditaliens! Hier, wie in Athen, wehrte man sich gegen alle diktatorisch-monopolitischen Bestrebungen, weil man den Wert der eben erst entdeckten selbständig denkenden und wirtschaftlich handelnden Persönlichkeit über alles schätzte.

Derselbe Pluralismus bestimmte später das christliche Abendland. US-Amerikaner wundern sich heute über diese Vielheit von Nationen, Staaten, Gebräuchen und Sprachen und finden es sehr »unpraktisch«, daß dieses im Vergleich zu den Riesenflächen der USA winzige Europa nicht schon längst zu einem einzigen Staatsverband zusammengefunden hat. Sie würden sich noch mehr wundern, wenn sie die politischen Karten Italiens und Mitteleuropas in früheren Jahrhunderten in Betracht nehmen würden. Da hatten weder Italien noch Deutschland eine Hauptstadt, sondern waren von kleinen und kleinsten Fürstentümern beherrscht, wovon jedes einen besonderen geistig-kulturellen Mittelpunkt darstellte. Kann man sich die italienische Renaissance ohne ein unabhängiges Florenz, Ferrara, Modena, Venedig, kann man sich den Reichtum deutschen Geisteslebens ohne die Vielzahl kleiner Fürstenhöfe, z. B. Goethes Weimar oder Lessings Wolfenbüttel, vorstellen?

Demgegenüber sind und waren seit jeher die riesenhaften, ungegliederten Ebenen Rußlands der Entwicklung freier Persönlichkeiten feindlich. Der »Wasser-Ozean« erzeugt Beweglichkeit, Initiative und die Entfaltung der freien Persönlichkeit. Hingegen stellt sich der »Land-Ozean« wie Rußland, Sibirien, allen diesen Freiheitstendenzen feindlich gegenüber. Die »Befreiung der Persönlichkeit« wird daher in solchen Gebieten besondere Mühe kosten.

In weltgeschichtlicher Sicht liegt freilich das *europäische* Zeitalter bereits hinter uns, so bitter uns dieses Eingeständnis auch sein mag. Aber auch das *amerikanische* Zeitalter scheint seinen Höhepunkt erreicht, wenn nicht längst überschritten zu haben[159]. Langsam und scheinbar unaufhaltsam schiebt sich nun das *russische* Zeitalter in die Geschicke der Menschheit hinein. Denn der russische Boden, zumal in Sibirien, ist jung, unverbraucht und verfügt noch über riesenhafte Bodenschätze. Aber auch der russische Mensch ist jung. Er hat nicht nur die Bewußtseinsentwicklung Westeuropas, besonders das Zeitalter der Renaissance, das Erwachen des »Ich«, verschlafen, er ist auch durch die moderne Industrialisierung sowie durch den Marxismus-Leninismus in seiner Substanz nur oberflächlich berührt worden. Sein wahres Wesen scheint erst allmählich dem Erwachen zuzustreben.

Zwar sucht heute der russische Imperialismus den ganzen Erdplaneten in seine Einflußsphäre einzubeziehen: Zur russischen Landmacht hat er eine russische Seemacht entwickelt, die sich überall Stützpunkte schafft. In allen Ländern stehen ihm auf dem Wege über die sich national gliedernden kommunistischen Guerillas und strategischen Leisetreter infiltrative Einflußmöglichkeiten von einmalig-unverfrorenem Ausmaß zur Verfügung. Trotzdem ist das wahre russische Wesen heute weiter von sich entfernt als jemals. Denn noch immer sind die Hoffnungen seiner größten Denker und Dichter wie Solowjew, Dostojewski, Sol-

159 Vgl. dazu Herbert von Borch, Amerika – Die unfertige Gesellschaft, München 1961.

schenizyn unerfüllt, die vom Russentum die Überwindung des Materialismus und die Verwirklichung eines esoterischen Christentums als Basis eines wahren Humanismus erwarteten.

»Menschlichkeit« war und bleibt das zentrale Thema nachdenklicher Russen, wie es uns in nachahmenswerter Würde Pasternak, Solschenizyn, Sacharow zeigen. Aber wie un-menschlich, von leeren Schlagworten und tiefem Mißtrauen erfüllt, muß die Atmosphäre des Landes, in dem sie leben und lebten, sein, wenn z. B. Sacharow das bißchen »Menschlichkeit« bei uns im Westen schon so befreiend erleben kann! In seinem Buch: »Unser Land und die Welt« schreibt er: »In jüngster Zeit war es mir vergönnt, zum ersten Mal mit Leuten aus dem Westen zusammenzutreffen und durch persönliche Eindrücke meine Vorstellungen von dieser Welt zu überprüfen, einer Welt, die vielfach zu der unsrigen in Gegensatz steht, hauptsächlich in ihrer Tiefe und ihrer menschlichen Verbindlichkeit. Ich empfand tiefe Sympathie, Hoffnung, Hochachtung, die fast an Neid grenzt, für die Intellektuellen des Auslandes. Ich sehe und schätze an den besten Vertretern des Westens ihre innere Freiheit, ihre Bereitschaft zu diskutieren bei völligem Respekt für die Meinung des Gesprächspartners.«[160]

Aber die westlichen »Intelligenzler« beunruhigen ihn doch sehr. Er will zwar nicht an der humanitären Haltung der »Linken« zweifeln, möchte aber doch als erfahrener Russe vor den Folgen einer solchen Haltung warnen, zumal er glaubt, daß diese Folgen von den westlichen »Linken« gar nicht genügend erkannt werden. »Der Westen darf unter keinen Umständen eine Schwächung seiner Positionen zulassen. Für jedes Land besteht eine innere Gefahr, in den staatskapitalistischen, totalitären Sozialismus abzurutschen.« Denn, meint Sacharow, »Der Sozialismus ist eine Sache, die man zwar leicht kosten, aber schwer ausspucken kann«. – »In der Tat ist der totalitäre Sozialismus – nach Wunsch kann man ihn auch Pseudosozialismus nennen – aufgrund der ihm innewohnenden absolut stabilen Eigenschaften der Trägheit, der Angst und der Passivität eine Art historische Sackgasse, aus der man schwer herauskommt.«

160 Andrej Sacharow, Unser Land und die Welt, Wien 1975.

Das sind erschütternde Worte, die zeigen, daß wir durch die gesellschaftspolitischen Entscheidungen, die wir für uns selbst als Westeuropäer treffen, zugleich über das zukünftige Schicksal des russischen Sowjetimperiums mitentscheiden; denn ersichtlich erhofft sich Sacharow späterhin die Hilfe des europäischen Geistes, wenn sich dereinst sein Land vom totalitären Marxismus lossagen und Ausschau nach neuen Lebensformen halten wird.

Dieser »Geist Europas« wäre zu solchen Starthilfen um so fähiger, als er im Laufe seiner 2500jährigen Geschichte selbst immer wieder den Versuchungen von Diktaturen unterlag, welche alle »Abweichler« grausam verfolgten. Man denke an »Ketzer«, »Heiden«, »Häretiker«, »Ungläubige«. Die psychologischen Voraussetzungen, die einst wie heute solche Diktaturen ermöglichten, hat Manés Sperber[161] an Hand des Hitler- und Stalin-Regimes untersucht: Eine der gefährlichsten Mechanismen der Diktatur ist die Erzeugung eines allumfassenden Unsicherheitsgefühles, das jeden Bürger zum Denunzianten machen kann, wenn die Staatsgewalt den Verrat als Treuebekenntnis zur Sache fordert. Das Regime erzwingt, daß man ihm Treue durch Verrat beweist, Verrat, den man gerade an jenen üben soll, denen man sich persönlich am engsten verbunden fühlt.

Man weiß, wie man einst in Europa in Gefahr war, selbst als Ketzer oder Hexe verbrannt zu werden, wenn man nicht engste Familienangehörige und Freunde dieser »Verbrechen« bezichtigte, um sich selbst dadurch als »treu« zu erweisen. Gleiche Forderungen zum Verrat stellten später moderne Diktaturen an Ehepaare, Eltern und Kinder, Schüler und Lehrer, um nur ja aller »Volksfeinde«, »Saboteure«, »Abweichler« habhaft zu werden. Hierdurch wurde vernichtet, was als das einzig-wahre Fundament jeder menschlichen Gemeinschaft gelten muß: Das zwischenmenschliche Vertrauen, das sich schon darin bekundet, daß Menschen unbeschwert und heiter miteinander reden oder sich zu gemeinsamen Aufgaben verbinden wie Unternehmer-Angestellter, Eltern- Kinder, Lehrer-Schüler, Ärzte-Patienten, Produzenten-Konsumenten.

161 Manés Sperber, Leben in unserer Zeit. Sieben Fragen zur Gewalt, Wien 1972.

Hierbei bestimmt das Mit- und nicht das Gegeneinander den Erfolg. In der Welt des Totalitarismus aber versucht eine Diktatur gegenseitiges Mißtrauen und, gegenüber dem Diktator, »schlechtes Gewissen« zu erzeugen.

Dadurch reißt der Strom des Gebens und Nehmens zwischen dem Ich und Du ab. Niemand wagt mehr ein unbefangenes Wort. So erstirbt nicht nur die unbefangene soziale Kommunizierbarkeit, es erstirbt mit den Beziehungen zwischen Ich und Du auch das Ich selbst: Die seelische Qualität verkümmert und wird zu einem willen-, gedanken- und verantwortungslosen Sozial-Atom des Diktators, – der keineswegs ein Einzelmensch zu sein braucht, sondern auch eine ganze Funktionärsschicht sein kann. Aber die Angst ist gegenseitig: Je mehr der Diktator die Angst erzeugt, desto mehr wächst seine Angst vor denen, die Angst haben, – weil man auf Angst doch nicht wirklich wie auf Vertrauen »bauen« kann und jederzeit den Aufstand oder den Meuchelmord fürchten muß.

Hier nun gilt das Gesetz: Wer sich selbst und anderen zur Erweckung, Entwicklung und Verwirklichung des wahren Wesens verhilft, der wird vielleicht zunächst auf Trägheitswiderstände stoßen, auf die Dauer aber doch Lebensbejahung und Freude bewirken, weil er die Schaffens- und Verantwortungskräfte in sich selbst und seinen Mitmenschen freisetzt. Wer jedoch diese Kräfte unterdrückt, indem er sich selbst und andere in menschenfeindliche, ideologisch vorgefaßte Lebens-, Wirkens- und Denkens-Formen hineinpreßt, wirkt nicht nur lähmend, er schafft vor allem eine Atmosphäre der Unaufrichtigkeit und Lüge.

Daher beobachten wir in allen gewesenen oder gegenwärtigen Diktaturen, daß die Menschen Zufriedenheit, Glück, Begeisterung heucheln, während ihre Seele von ganz anderen Stimmungen erfüllt ist. Man greift ja auch, um die verschiedenen Plan-Solls zu erfüllen, zu raffinierten Täuschungs- und Ausweichmanövern. Im Grenzfall glaubt man vielleicht sogar selber, was man anderen »weismachen« will.

Weil jeder dem anderen mißtraut und vor sich und anderen die von den »Gesellschaftsplanern« gewünschte Rolle spielt, sind solche Systeme, wie die Geschichte lehrt, von ungeheurer Stabilität. Werden sie nicht durch äußere Katastrophen, wie z. B. das

»Dritte Reich«, vernichtet, so scheinen sie fast unzerstörbar, weil sich die Prinzipien der Lüge und Heuchelei so tief in die Menschen hineinpressen, daß sie schließlich zur »zweiten Natur« zu werden drohen. Nur wer, wenn er es kann, in die äußere oder innere Emigration flieht, entgeht dieser Gefahr. Denn nicht die physische Ausbeutung, sondern der Denk- und Gewissens-Zwang ist das Menschen-Bedrohliche an solchen Systemen.

Die Perversion des Ichs hat schon vor vielen Jahren Eugen Diesel, der Sohn des berühmten Erfinders, in seinem Buch: »Die Macht des Vertrauens« so gekennzeichnet: »Ich als Beisitzer und Beherrscher meiner Innenwelt habe entdeckt, daß ich die Zentrale meines Geistes so richten kann, daß sie mit Macht auf meine Mitmenschen zu wirken beginnt. Die falschen Bilder der Lüge, die Hypnosen der Machtausübung springen mittels des Wortes in die Seelen der anderen Menschen über und werden dort geglaubt und befolgt. Die Lüge und die Hypnose der geistigen Machtausübung ist der böseste Angriff auf das Vertrauen. Durch dieses Element der Täuschung wird die ganze Menschenwelt ins Wanken gebracht und Haß, Mißtrauen, Charakterverderbnis beginnen die Gefilde der Seelen zu verwüsten.«

Ist es auf diesem Weg erst einmal gelungen, die primäre Wahrheits- und Vertrauensbasis zwischen Ich-Du-Wir zu zerstören und dort Mißtrauen zu säen, wo Brüderlichkeit herrschen sollte, – dann ist die Bahn für jegliche Diktatur frei. Denn die isolierten Menschen können nicht erfolgreich widerstehen, sich aber auch nicht, gehemmt durch die Angst vor Spitzeln und Verrätern, zu gemeinsamen Aktionen entschließen. Geben wir uns keinen Täuschungen hinsichtlich der Festigkeit unserer Demokratie hin: Eine kleine Gruppe absolut Entschlossener könnte, indem sie sich der Nachrichtenzentren bemächtigt, sogleich jenes Maß von Verunsicherung erzeugen, das zur Eroberung der Macht im Staate genügt. Darüber entscheiden, nach dem Lawinenprinzip, vielleicht nur Stunden. Wie gering die Zivilcourage ist, kann man schon heute bei kleinen Straßenüberfällen bemerken: Jeder eilt so rasch wie möglich vorbei und niemand will etwas gesehen haben, um sich nicht Ungelegenheiten zu bereiten.

Bei unserem Bestreben, Europa als die Keim- und Pflegestätte der freien Individualität mit allen ihren positiven und negativen

Möglichkeiten zu kennzeichnen, kommt uns nun unerwartete Hilfe aus dem Fernen Osten. In seinem Buch »Über Wesen und Ursprung des Menschen« beurteilt der japanische Arzt Shoseki Kaneko folgendermaßen Europa: Immer habe der Ferne Osten den Menschen als Glied des Kosmos gesehen. Ausdruck dessen seien z. B. die Landschaftsbilder, in welchen Menschen, Häuser, Brücken immer winzig klein in die Übergewalt von Erde und Himmel hineingestellt seien. Demgemäß sei auch in Porträts immer der ganze Mensch mit seinem Schwerpunkt im Unterleib dargestellt. Denn dort, im Unterleib, im »Tanden«, sei der Mensch gänzlich dem Kosmos (Tao) hingegeben. Europa hingegen betone seit der Zeit der Griechen, besonders aber seit der Zeit der Renaissance den Kopf, und oft sei in Plastik und Malerei der Kopf sogar das einzige in der Darstellung, das Würde ausstrahlt. Im Kopfe aber sei das Persönlichkeits- und Ichbewußtsein verankert. Mit diesem gliedere sich der Mensch jedoch nicht bescheiden dem Weltall ein, sondern stelle sich ihm gegenüber, ja entgegen. Für den ichbetonten, selbstherrlichen, machtbewußten Ich-Menschen werde die Welt zum Objekt intellektueller Herrschaft und materieller Ausbeutung. Schließlich betrachte der Ich- und Herrschaftswillen Europas die ganze Erde als Kolonialgebiet, wobei die Mitmenschen selbst zum Objekt herabgedrückt werden. – So lauten die Anschuldigungen des Asiaten gegen den europäischen Ich-Menschen.

Was sollen wir nun machen? Für Platon war das »hocherhobene Haupt mit den strahlenden Augen« das Organ, um mit menschlichen Gedanken die Weltenweisheit zu erforschen. Seither ist das Abendland diesen Weg gegangen: Man wollte nicht, einer Pflanze vergleichbar, in der Region des Unterleibes im träumerischen Einklang mit der Natur leben, sondern ihr ich-bewußt entgegentreten, um sie zu erforschen und zu gebrauchen. Hierin liegen freilich alle Gefahren des Mensch-seins, die uns heute, z. B. bei den Problemen des Rohstoffraubbaus sowie in der Umweltverschmutzung, entgegentreten. Nach der ungeheuren faustischen Leistungsanspannung, die es Europa ermöglichte, die Zerstörungen des zweiten Weltkrieges nicht nur auszuheilen, sondern aus Ruinen einen niegekannten Wohlstandsstatus zu erringen, scheint heute das Pendel in die umgekehrte Richtung auszuschlagen. Man ist sowohl konsum- als auch leistungsmüde und spricht von den »Qualitäten wahren Lebens«, ohne dieses »Leben« näher formulieren zu können. –

Trotz aller Einwände, die man gegen den Ich-Menschen, man kann ihn durchaus auch den faustischen Menschen nennen – seitens fernöstlicher Weisheiten oder marxistischer Kollektive erheben kann, ist dieser Menschentypus aber eben doch die bisher höchste Offenbarung der Evolution unseres Planeten. Er könnte, verstände er seine globale Verantwortung richtig, auch noch heute seine Pflanzstätte in Europa haben und von dort anderen Völkern als Leitbild dienen. Darf man den Ergebnissen von Meinungsforschern trauen, so wünschen sich unsere Arbeiter und Angestellten, vom Blick nach Osten belehrt, keineswegs marxistische Experimente. Sie wünschen sich heute auch nicht mehr im Hinblick auf den erreichten Wohlstand in erster Linie weitere materielle Vorteile. Was sie bedrückt, ist die mangelnde Arbeitsfreude. Nachdenkliche geben als Grund hierfür den mangelnden Freiheitsraum innerhalb ihrer beruflichen Tätigkeit an. Es scheint ein ungeheurer Unterschied im Lebensgefühl zwischen den Arbeitern und den »Selbständigen« zu bestehen, aber dieser Unterschied verwischt sich in dem Grade, als Arbeiter in den Kreis der »Selbständigen« aufrücken.

Mit »Selbständigkeit« ist hier freilich nicht der »Unternehmer« oder der kleine Handwerker, Kaufmann, Händler gemeint, sondern die Möglichkeit, über einen beruflichen Freiraum zu verfügen, innerhalb dessen eigenes Denken, Planen, Entscheiden, Verantworten stattfinden kann. In diesem Sinne entscheidet also über Lebensglück und Arbeitszufriedenheit in letzter Hinsicht die Möglichkeit, die höchste Blüte der Erdenevolution: das personhafte Ich-bin zu betätigen. Jeder physische Notstand mag uns unerträglich scheinen, je nachdem, ob die Betätigung des Ich-bin ermöglicht oder verhindert wird. Auch für solche Anregungen werden die Russen dankbar sein, wenn sie, aus ihrem heutigen Zustand erwachend, fragend nach dem Westen blicken werden.

Dies hat jedoch nichts mit der gegenwärtigen »Ost-West-Entspannung« zu tun, vor deren wahren Hintergründen uns erfahrene Russen wie Solschenizyn und Sacharow eindringlich warnen.

Was nun unsere Zukunft betrifft, so braucht es gar nicht zu einem dramatischen gesellschaftlichen Umsturz innerhalb Westeuropas und auch nicht zu einer atomaren Auseinandersetzung zwischen den USA und der UdSSR zu kommen. Viel wirksamer und risikoloser sind die Prinzipien der »kleinen Schritte«, des »Marsches durch die Institutionen«, der »allmählichen Einkreisung«. Wenn es der Sowjetunion weiterhin gelingt, ihre Flotte zu verstärken und sich überall an den Küsten der Weltmeere, besonders in West- und Ostafrika, am Persischen Golf, im indonesischen Inselgebiet, Stützpunkte zu schaffen und überdies den kommunistischen Parteien in Italien, Frankreich, Portugal zum »demokratischen Sieg« zu verhelfen. Es mag die Zeit nicht mehr fern und die Möglichkeit nicht auszuschließen sein, daß die Sowjets es wagen können – gerufen von ihren Parteifreunden –, also auf »demokratischem Wege«, Westeuropa in dieser oder jener Form zu beherrschen. Dann hat die UdSSR, ohne erst in einem Weltkrieg den westeuropäischen Kontinent zerstören zu müssen, sich dessen unermeßliche wirtschaftliche und vor allem geistig-intellektuelle Potentiale angeeignet, die USA an den Rand gespielt, das amerikanische Zeitalter beendet und das russische heraufgeführt.

Alles aber wird nun davon abhängen, ob bis dahin der russische Mensch die ihm durch den Marxismus-Leninismus auferlegte Selbstentfremdung überwunden und sich auf sein wahres, tief dem Spirituellen und Humanen zugeneigtes Wesen zurückbesonnen haben wird. Dann könnten die russischen Menschen, auf der Suche nach neuen geistigen Inhalten, sich an uns Westeuropäer mit der Frage wenden: »Ihr wart doch frei! Ihr konntet Euch doch ungestört den geistig-religiösen Belangen zuwenden! Helft uns doch jetzt, ein neues geistgemäßes und menschenwürdiges Leben zu beginnen!«[160a]

160a Eine vorzügliche Zusammenfassung dessen, was Europa dem Christentum verdankt, gibt Bischof Dr. Rudolf Graber: Die christlichen Grundlagen Europas, Verlag Schnell u. Steiner, München 1978.

Kapitel 30

Wert und Gewissen

Selbstvergessen und Selbsterinnern

Auf der Suche nach zentralen Begriffen, die es ermöglichen, das Wesen des Menschseins so zu bestimmen, daß Denken und Handeln wertgebunden zu sehen sind, begegnet uns vor allem der Begriff des »Gewissens«. In der Philosophie des deutschen Idealismus erscheint das Gewissen als notwendige Korrektur zur Freiheit. Goethe nennt es »die Sonne unseres Sitten-Tages«. In der Zeit nach Goethe ging diese »Sonne« insofern unter, als weder physiologische Psychologie noch biologische Verhaltensforschung mit dem Begriff »Gewissen« viel anzufangen vermochten. Erst von Beginn unseres Jahrhunderts hat dann wieder Martin Heidegger als Vorkämpfer des personhaften »Ich-bin« entscheidende Gedanken über das Gewissen vorgelegt. Und andere Denker folgten ihm in der Erspürung eines modernen Gewissensbegriffes.

Nach Heidegger gehört das Gewissen zum Wesen der menschlichen Existenz, und zwar gerade auch dann, wenn wir uns zunächst der Selbstvergessenheit und Gewissenlosigkeit hingeben, also auf die persönliche Verantwortlichkeit des Ich-bin zugunsten der Anonymität des »man« verzichten. Heidegger sagt: »Das Gewissen ruft das Selbst auf aus der Verlorenheit in das »man«. Das Dasein (Selbst) ruft im Gewissen sich selbst. Der Ruf kommt aus mir und doch über mich. Er reißt mich heraus aus der Selbstvergessenheit, die im gewissen Sinne die Urschuld darstellt, deren sich unser Selbst schuldig macht.«[161a]

In grandioser Weise finden sich diese Urschuld und Urvergessenheit etwa 2000 Jahre vor Heidegger dargestellt in einem dem

161a Vgl. M. Heidegger, Sein und Zeit, 1. Aufl. 1927.

Gnostiker Bardesanes zugeschriebenen antiken »Märchen von der Seele«[162]. Darin wird geschildert, wie die menschliche Seele, Geistbereichen entstammend, das »Vaterhaus« verläßt, um sich auf den Weg in die Welt, also in die irdische Verkörperung zu begeben. Dadurch verfällt ihr wahres Wesen in schlafhafte Benommenheit und Selbstvergessenheit. Aber ein Anruf von oben, der aus dem Vaterhaus kommt und einem fliegenden Adler gleicht, will sie erwecken: Gedenke, daß du ein Königssohn bist, dich aber jetzt in der Versklavung des Irdisch-Materiellen befindest! Wache auf und erhebe dich! – Von diesem Anruf getroffen, besinnt sich die Seele auf sich selbst und gewinnt erneut Anschluß an das »Vaterhaus«. – Dieses Märchen ist zwar ein Mythos, ereignet sich aber eben deshalb immer wieder im menschlichen Dasein.

Um in dieser Weise oder wie Martin Heidegger das Gewissen erleben zu können, war eine lange Bewußtseinsentwicklung der Menschheit notwendig. In alter Zeit wurde den Menschen aus mythischem Weltverständnis angeboten, was zu tun sei. Ein Beispiel aus Homers Ilias: Als Achilleus im Streitgespräch mit Agamemnon schon zum Schwerte greift – was für die griechischen Kämpfer vor Troja vernichtende Folgen gehabt hätte –, da naht sich, ihm allein sichtbar, die Göttin Athene und gebietet ihm Gehorsam und Gelassenheit. Auch die Helden des Alten Testaments und der Tragödien des Aeschylos handeln im Auftrag der Götter. Das Verbrechen des Muttermordes, das Orestes an Klytämnestra beging, wird ihm nicht durch sein eigenes Gewissen, sondern von außen durch die Schreckgestalten der Erinnyen vor Augen geführt. Genauso werden den alten Israeliten ihre Übeltaten nicht durch Gewissenspein, sondern erst durch Jahwes Strafgerichte offenbar.

Die ersten Anzeichen einer im Menschen selbst wirkenden Gewissens-Instanz, die ihn selbst zum Richter seiner Taten macht, finden wir in den Dramen von Euripides und später in den moralischen Schriften des Stoikers Seneca sowie des Kaisers Marc Aurel. Hier begann der abendländische Mensch, sich von der Außenwelt ab- und seiner Innenwelt zuzuwenden. Das setzt sich

162 Vgl. E. Hennecke, Neutestamentliche Apokryphen, 2. Aufl., 1924, Seite 277 ff.

fort im Werk des Kirchenvaters Aurelius Augustinus, der, wie er selbst sagt, die »weiten Räume seines Gedächtnisses betritt und darin sich selbst begegnet«, – also Gewissenserforschung bis in seine geheimsten Gedanken betreibt.

In diesem Sinne hat die christliche Beichtpraxis ein unermeßliches Erziehungs- und Vermenschlichungswerk zunächst an den wilden Seelen der Völkerwanderungszeit und weiter in der Entwicklung abendländischer Kultur und Gesittung geleistet. Sie hat die Menschen dazu angehalten, sich ihr Tun und Denken stets zu vergegenwärtigen, um Rechenschaft ablegen zu können. Gewissenserforschung ist zugleich Rückerinnerung, muß aber erst gelernt und sollte mit eiserner Energie durchgehalten werden. Dem weicht der Mensch nur allzu gern aus, weil nichts peinlicher ist, als sich selbst im Spiegel der Wahrheit zu sehen.

Solche Selbstbegegnungen sind aber schon die ersten Schritte zur Selbstverwandlung. Denn ganz roh und unmenschlich ist nur, wer sich selbst niemals im Spiegel sah. Statt vielen Scheltens und Strafens würde es folglich in der Pädagogik genügen, die heranwachsenden Menschen dazu zu bringen, daß sie sich selbst sehen lernen. Sie würden dann bemerken, was man einst die »Häßlichkeit der Sünde« nannte.

Früher haben Beichtväter für dieses Werk der Selbsterkenntnis und Selbstverwandlung gesorgt. Heute werden, nolens-volens, Ärzte und Rechtsanwälte in die Rolle von Beichtvätern gedrängt, weil die Menschen mit sich selbst nicht fertig werden, die innere Einsamkeit nicht aushalten und sich aussprechen müssen. Explosive Selbstbekenntnise entlasten und sind dann oft schon heilsam, wenn nur jemand zuhört. Glaubt man daran, daß ein hohes urväterlich-göttliches Du immer bereit ist zuzuhören, dann bedarf es zu solchen Beichten gar keines Menschen. Hierin liegt der tiefere Sinn des Betens, wenn es mehr sein will als egoistisches Bitten.

All diese Bekenntnisse und Aussprachen gegenüber einem Du tragen dazu bei, über sich selbst klar zu werden und die untrügliche »Stimme des Gewissens« besser zu vernehmen. Im Idealfall könnte man sich sogar vorstellen, daß ein Richter dem Täter das Frevelhafte seiner Tat zum Bewußtsein bringt und ihn dann dem Richterspruch seines eigenen Gewissens überantwortet, um ihn zu bohrender Reue und zu vollziehender Sühne gelangen zu lassen.

Unter den heutigen Umständen ist dies sicherlich eine Utopie. Wenn wir jedoch bedenken, daß der Kriminalpsychologie die Begriffe »Bekenntniszwang« und »Strafbedürfnis«, also die unmittelbaren Manifestationen des Gewissens, gerade auch bei vielen Verbrechern vertraut sind, ergeben sich doch Denkanstöße für ein zukünftiges Strafrecht. Einsicht in die Strafwürdigkeit und Bereitschaft zur Sühne wäre allerdings zunächst nur bei Leidenschaftsverbrechern, nicht jedoch bei Verbrechern aus »Ideologie« zu erwarten. Denn bei ideologischen Verbrechern ist das persönliche Gewissen so tief verschüttet, daß sie von der Richtigkeit ihres unmenschlichen Verhaltens unkorrigierbar überzeugt sind. Ändern wird sich dies wohl erst nach dem Tode, wenn wir – mit Immanuel Kant – glauben, die Menschenseele werde dann, ohne sich verbergen zu können, mit ihren Taten konfrontiert und dem Richterspruch des Weltgewissens überantwortet.

Man hat das Gewissen die »Stimme Gottes in uns« genannt. Diese Stimme ist uns nicht fremd, sie vergewaltigt uns nicht, weil sie zugleich Ausdruck unseres inneren wahren Wesens ist. Sie ruft uns auf zu unserem eigensten Seinkönnen. Naturgebilde, Pflanzen und Tiere benötigen kein Gewissen. Sie sind in ihrer Art vollendet und verfügen über ihr ganzes Sein. Hier ist kein Raum für Gebote, Verbote, Gewissen. Es gibt nur ein Sein, kein Sollen.

Wir Menschen jedoch sind »Freigelassene der Schöpfung«. Wir sind nicht schon »Wirklichkeiten«, sondern nur erst »Möglichkeiten«, also die Keime desjenigen, was wir werden oder, besser, wozu wir uns selbst heranbilden sollen. Der Satz: »Werde, der du bist« ist zwar ein logischer Widerspruch, umschließt aber eben deshalb das Mysterium der Freiheit. Freiheit aber bedarf des Leitfadens, des Gewissens, des Vorbildes, der Werte, denn sie lebt nicht im »luftleeren Raum« der Willkür, sondern in der Verwirklichung des im Menschen Veranlagten[163].

Weil Pflanzen und Tiere schon von der Schöpfung her das volle Sein besitzen, benötigen sie weder Freiheit noch Gewissen. Aber die Genauigkeit und Hingabe, mit der z. B. Vögel ihre

163 Vgl. O. J. Hartmann, Der Mensch im Abgrund seiner Freiheit, christliche Existenz, 4. Aufl., Frankfurt/Main 1969, sowie ders., Frei. Wodurch? Wovon? Wozu? Schaffhausen 1977.

Nester bauen und ihre Brut pflegen, kann uns ein Aufruf zur Exaktheit und Gewissenhaftigkeit in allen unseren beruflichen Aufgaben sein. Der Begriff »Gewissen« übersteigt nämlich bei weitem den Begriff dessen, was wir zunächst Sittlichkeit nennen. Denn Ethik manifestiert sich nicht zuletzt auch in der strengen Sachgemäßheit und peinlichen Gewissenhaftigkeit aller unserer beruflichen Verrichtungen. Auch diese gehören zur vollen Verwirklichung unseres Menschseins. Fahrlässiges berufliches Handeln ist nicht weniger unsittlich als das eigentliche Böse. Es ist durchaus ein Verbrechen gegen die Wertordnungen, über die unser Bewußtsein wachen sollte[164].

Spricht man von »Werten«, so taucht sogleich die Frage nach ihrem Wesen und ihrer Legitimation auf. Im physikalisch-chemischen Weltall scheint es auf den ersten Blick und isoliert gesehen, keine Werte, kein Sollen, nur »Tatsachen« zu geben. Betrachtet man allerdings dieses Weltall im Hinblick auf seine Eignung für die Entstehung und Entwicklung von Lebewesen, so kommt z. B. dem Wasser ein ausgezeichneter Wert zu. Besteht doch das Zellprotoplasma aller Lebewesen zu etwa 90 Prozent aus Wasser, und man begreift, daß die Reinerhaltung der Gewässer im Hinblick auf die Existenz von Lebewesen einen hohen sittlichen Wert darstellt.

Ein Wert im engeren Sinne ist jedoch jedes Lebewesen, denn es ist ein in sich geschlossenes, sich selbst erhaltendes Gebilde. Existenz und Wert sind hier unmittelbar ein und dasselbe, denn nur, da ein Lebewesen »Wert« hat, kann es »sein«. Das meinte auch Thomas von Aquin, wenn er alle Naturgebilde »gut« nannte, weil das Un-Gute gar nicht erst zu »sein« vermag. Der moderne Biologe kann das in Kenntnis der großen Vollkommenheit aller Lebewesen in Bau und Funktion nur bestätigen.

Im Menschen jedoch, und das je mehr er seine stolze, freie Willkür ergreift, klaffen Sein und Sollen, Sein und Wert weit auseinander. Dafür, daß dieses Auseinanderklaffen nicht allzu weit geht und nicht allzu lange dauert, sorgt das Gewissen, sorgen vor allem diejenigen begnadeten Menschen, die unser Gewissen zu entwickeln und zu schärfen versuchen.

164 Vgl. H. Kessler, Der Wille zum Wert, Meisenheim 1975.

Als Synthese aller Naturbereiche, als Mikrokosmos, als Träger eines personhaften Geistes repräsentiert der Mensch seinem Ideal gemäß den höchsten Wert innerhalb des uns zugänglichen Weltalls. Diesen Wert, der er ist, soll er aber doch erst verwirklichen, und dazu dienen ihm alle sinnvollen Gebote, Gesetze, Verordnungen, Gebräuche innerhalb der menschlichen Gemeinschaft. In ihrer Gesamtheit bilden sie gleichsam ein Gerüst oder auch eine Gehschule für unsere Freiheit, damit wir nicht gänzlich der chaotischen Willkür verfallen. Je weiter ein Mensch sich vermenschlicht, desto mehr wird er auf äußere Gebote und Verordnungen verzichten können, weil er aus der inneren Sicherheit seines Gewissens den unmittelbaren, gleichsam königlichen Weg dessen beschreiten kann, den einst Weise oder Heilige gingen.

Es gibt naturwissenschaftliche Genies, die z. B. die chemische Konstitution der Erbsubstanz aufhellen; es gibt technisch-organisatorische Genies, welche die produktiven Grundlagen unserer Industriegesellschaft entwickeln; es gibt schließlich sittlich-religiöse Genies, die uns auf den Weg zur vollen Menschwerdung verweisen; z. B. hat im Gleichnis vom »Barmherzigen Samariter« ein übermenschlicher sittlicher Genius die egoistischen Bluts- und Sippenbande durchbrochen und für uns die allmenschliche Brüderlichkeit entdeckt. Seither gehört dieser Wert zum vornehmsten Bestand unseres Gewissens.

Nun ist aber die Idee des Menschseins keine bloße philosophische Abstraktion. Sie wird vielmehr für uns anschaubar in der menschlichen Gestalt, besonders im vollkommenen menschlichen Antlitz. Vom Gesichtspunkt Darwinscher Nützlichkeiten im »Kampf ums Dasein« ist dieses Antlitz unbegreiflich. Seine einzigartige Ausdruckskraft, Transparenz und Schönheit verweist uns weit hinweg über alle triebbestimmten Tiergestalten hinaus in die Ganzheit des geordneten Weltalls. Dem von Weisheit und Güte durchleuchteten, urbildlichen Antlitz entspricht das von göttlicher Güte und Weisheit kündende Weltall. Beide spiegeln sich und verstehen sich im Zusammenklang des Ineinander. Dies meint die Bibel, wenn sie den Menschen nach dem Bilde der Gottheit geschaffen sein läßt. Indem die abendländische Malerei um die Gestaltung von Jesus- und Madonnen-Bildnissen rang, versuchte sie, dieses Gott-Menschliche uns zur Anschauung zu bringen.

Fragt uns also ein Mensch, wie er sich verhalten soll, um den höchsten Werten seines Gewissens zu entsprechen, so kann man ihm sagen: Verhalte dich so, daß du vor der Größe, Güte und Schönheit der idealen menschlichen Gestalt, insbesondere des urbildlichen Menschenantlitzes, wie es die hohe Kunst zu gestalten vermag, bestehen kannst.

Im Gewissen wacht der Mensch über sich selbst und kann sich zum vollen Menschsein entwickeln. Die Veranlagung hierzu bringt jeder Mensch bei der Geburt mit – aber eben nur – wie auch zum Sprechen und Denken – die Veranlagung. Die Erweckung dieser Veranlagung geschieht auf dem Wege von Beispiel und Unterweisung in Kindheit, Jugend und noch beim erwachsenen Menschen.

Gewissenserziehung, Erziehung zur Gewissenhaftigkeit in jeder Hinsicht ist also pädagogisch vordringlich. Was hilft z. B. Feinmechanikern oder Neurochirurgen ihr umfassendes Wissen und Können, wenn diese nicht von peinlicher Gewissenhaftigkeit gesteuert werden? Nur so wird etwas nicht des persönlichen Vorteils wegen, sondern allein um der Sache willen getan. Die Menschen kulturell rückständiger Länder erwerben sich heute zwar erstaunlich schnell physikalisches Denken und technisches Handeln, aber oft fehlt, weil es als pädagogisches Hauptziel gar nicht in den Blick kommt, das Gewissen, die Gewissenhaftigkeit in Verbindung mit Fleiß und Ausdauer, also mit sittlichen Werten, ohne die ein wirtschaftlicher und kultureller Aufschwung unmöglich ist.

Bei Marx und seinen Nachfolgern ist von Gewissenserziehung nicht die Rede, weil hier einfach das wahre Menschsein verleugnet wird. Daher müssen in allen Staaten, in denen diese Ideologie herrscht, die Menschen durch Gewaltmaßnahmen zu Leistungen gezwungen werden, die unter menschengemäßen Verhältnissen aus innerer Freude sowie aus Gewissenhaftigkeit der Sache selbst wegen erbracht würden. Angst und Gewalt können nie Freude und Gewissen ersetzen, wie die wirtschaftlichen Mißerfolge jener Länder beweisen.

Wenn in sozialistischen Staaten das persönliche Gewissen nicht gefragt ist, weil alles durch Ideologie oder Gewalt erzwungen werden soll, so wird das Gewissen der Versorgungs- und Kon-

sumgesellschaft in anderer Hinsicht in Versuchung geführt, indem in gewissenloser oder zumindest gedankenloser Weise die Vorteile einer solchen Wohlfahrtsgesellschaft für sich egoistisch mißbraucht und untergraben werden. Untergraben wird sie aber auch durch Fehlplanungen, die gegenwärtig unsere Krankenhäuser, Rentenversorgung und Bildungsanstalten bedrohen[165].
In neuester Zeit beschäftigen Fragen der Ethik, der Moral, des Gewissens in steigendem Grade die Wirtschaftsführer. Um hier klarer zu sehen, sind strenge Unterscheidungen nötig: Naturgesetze »gelten«, Maschinen »funktionieren«, beides vollzieht sich in einem außerethischen Bereich, jenseits von Gut und Böse. Je mehr daher angewandte Naturwissenschaft, Physik und Chemie in die moderne Wirtschaft eindringen, desto mehr scheint diese einem außerethischen Bereich anzugehören, in welchem allein die Ratio des Fachmannes zu herrschen hat.

Dies ändert sich jedoch sogleich, wenn wir die Rolle des Menschen bedenken, *wodurch* und *für den* Wirtschaft überhaupt erst *ist.* Denn mit dem Menschen zieht der Bereich der Ethik in die Sachhaltigkeiten der Wirtschaft ein. In dieser Hinsicht sind nun drei Ebenen zu unterscheiden:

Zunächst: Sowohl zum Erdenken als zum Erzeugen und Inbetriebnehmen maschineller Fertigungsanlagen ist ein hohes Maß von Fleiß, Aufmerksamkeit und Gewissenhaftigkeit, also von Ethik, nötig. Hierbei müssen wir die in uns zunächst waltenden Neigungen zu Trägheit, Fahrlässigkeit, Egoismus überwinden und ein hohes Maß an Selbstlosigkeit, Dienstbereitschaft und Treue realisieren. Echte Leistung ist immer selbstlos. Insofern ist ein hohes Maß von Ethik, vom Facharbeiter angefangen bis hinauf zum Chefkonstrukteur und Top-Manager, ein Grundbestandteil unserer Wirtschaft. Erlahmt dieser Wille zu sachlicher Leistung und Dienstbereitschaft, so ist die Axt an die Wurzel unserer Wohlstandsgesellschaft gelegt. In diese Richtung weist die vielfach steigende Arbeitsunlust unter den Empfängern von Arbeitslosenunterstützungsgeldern sowie die gedanken- und verantwor-

165 Zur weiteren Abrundung der Thematik sei hier noch auf das Buch »Das Gewissen in der Politik« von Lothar Bossle, Texte und Thesen, Osnabrück 1974, hingewiesen.

tungslose Weise, womit vielfach Steuergelder von der Öffentlichen Hand verschwendet werden.

Weiterhin erhebt sich die Frage: ist alles, was wir an Waren oder Dienstleistungen den Menschen zur Verfügung stellen oder von diesen erstrebt wird, auch gesund, heilsam und innerhalb der Möglichkeiten der Volkswirtschaft gelegen? Die Tatsache nämlich, daß die Beteiligten, Konsumenten, Produzenten und Fiskus, auf ihre Rechnung kommen, genügt unter weitsichtiger und höherer Verantwortung keineswegs zur Rechtfertigung. Auch Mehrheitsbeschlüsse (sog. Demokratie) würden hier keine Garantie für richtige Entscheidungen sein, wie sicherlich auch aus den Erfahrungen der Vergangenheit zu ersehen ist. Die Menschen bedürfen erst eines höheren Maßes an Verantworung, als es vielfach der Fall ist, bedürfen also auch einer gründlicheren Aufklärung und Belehrung. Bei tieferer Selbstbesinnung wird dies auch von den Menschen in viel größerem Umfang als angenommen durchaus erwünscht.

Schließlich ragt das Gebiet der Ethik besonders in den Bereich der Wirtschaftsführer hinein, nicht nur unter der Sicht sozialer Probleme, sondern auch der Problemkreise, die sich aus dem nationalen und übernationalen Wettbewerb in ständiger Verschärfung ergeben. Eine systematische Befragung von Wirtschaftsführern ergab, daß vielfach der Wunsch nach einem Verhaltenskodex für das Management besteht, der allerdings, um nicht in Nachteil gegenüber der Konkurrenz zu kommen, allmählich weltweit anerkannt werden sollte. Solche Fragen würden sich also mit der Lauterkeit im wirtschaftlichen Verhalten zu befassen haben. Einige multinationale Gesellschaften haben bereits strenge Verhaltenslinien für ihre Vertreter und Verkäufer ausgearbeitet.

Aber nicht nur Wirtschaftsführer, sondern alle mit hoher Verantwortung betrauten Menschen hätten heute einen Verhaltenskodex nötig, da und nachdem der Einbruch des naturwissenschaftlich-technischen Weltbildes die altüberlieferten moralischen Ordnungen zerstörte und uns alle in tiefgreifender Verunsicherung zurückließ.

Bis wir begreifen: Den Maßstab wahrer Sittlichkeit tragen wir letztlich in uns selbst. Es können die Formen zwischenmenschlicher Beziehungen nicht reglementiert werden – auch nicht durch Funktionäre oder Bürokraten –, sie müssen den Menschen selbst überlassen werden[165a].

Hierbei bedenke man, der Mensch ist vielschichtig. Er umfaßt »Engelgleiches und Teuflisches«. Wie wir einem Mitmenschen im beruflichen oder persönlichen Verkehr entgegentreten, so wird er zumeist auch uns begegnen. Verhalten wir uns gemäß dem wahren Menschsein, so geben wir auch unseren Mitmenschen eine Chance, ihr Bestes und Menschlichstes zu mobilisieren. Dadurch wird jeder von uns für das sittliche Durchschnittsniveau in unserer Sozietät mitverantwortlich.

165a Vgl. dazu: R. Fiedler-Winter, Die Moral der Manager, Dokumentation und Analyse, Stuttgart 1977; G. Mayer: Effektivität und Menschlichkeit, Management aus Vertrauen, in: Die Industrie, Wien, 3. Juni 1977; K. Herberts, Verantwortung in der industriellen Gesellschaft, Düsseldorf 1971.

Kapitel 31

Wahrheit und Denken

Von der Menschwerdung des Logos

Die Fragen nach Gewissen, Wert, Wahrheit verweisen uns letztlich auf das Denken. Der Mensch ist ein denkendes Wesen. Denken ist eine unmittelbare Tätigkeit unseres Wesens-Zentrums, die durch keine apparativen Hilfsmittel ersetzt werden kann. Denken ist weder »Sinneswahrnehmung« noch »Hörensagen«, noch »Auswendiglernen«. Es kann am besten durch die Anforderungen verstanden werden, die Astronomie, Physik, Maschinenbau an uns stellen.

Den Menschen zur Selbstbesinnung, zur Gedankenkontrolle anzuregen, war die weltgeschichtliche Tat des Sokrates[166]. Sein Schüler Platon formulierte das Denken als Selbstgespräch der Seele mit sich selbst, worin sie sich Rechenschaft über sich und alles Seiende gibt, um wahrhaft mündig zu werden. Auch heute noch gibt es keinen besseren Weg, um Menschen die Größe, aber auch die Verantwortung ihres Geistwesens zum Erlebnis zu bringen, als die Denkbemühung. Schon frühzeitig könnte man unseren Kindern durch einen entsprechend gestalteten Unterricht das königliche Erlebnis zuteil werden lassen, ein denkendes Wesen zu sein.

Ob Menschen dieser oder jener Rasse, Volkheit, Gesellschaftsschicht angehören, ob sie krank oder gesund, hungrig oder satt, arm oder reich sind – die Wahrheit, die sie aus der Kraft ihres denkenden Ichs zu gewinnen vermögen, ist allen gemeinsam. Der Sklave, der seine Ketten zerbricht, ist nicht frei. Die wahre Freiheit gewährt ihm erst die denkende Gewissenskontrolle seines Tuns und Lassens. Sonst bleibt er weiterhin seinen Interessen und

166 Herbert Kessler, Sokrates als Esoteriker, Mannheim 1962.

Bedürfnissen, also einer vergleichsweise animalischen Sphäre verhaftet. Hieraus ergibt sich: den Arbeitern in Produktion, Verkehr, Verwaltung sollten durchaus die Möglichkeiten des Eigendenkens und Eigenverantwortens an ihren Arbeitsplätzen in sinnvoller Weise eingeräumt werden. Das königliche Gefühl, ein eigen-verantwortliches und eigen-denkendes Ich zu sein, könnte ihnen über viele Bedrückungen der modernen Industrie-Gesellschaft hinweghelfen.

Denk-Verbote werden überall dort erlassen, wo Menschen über Menschen herrschen und ihre Überlegenheit selbstsüchtig genießen wollen. Dementsprechend sind Diktatoren von Angst erfüllt, ihre Untertanen könnten zu denken, d. h. ihre Iche zu ergreifen beginnen. Bewaffnete Aufstände sind unschwer mit Waffengewalt niederzuschlagen. Hingegen trifft das freie, scheinbar ohnmächtige Denken jede Gewaltherrschaft an der Wurzel, weil sie diese der Lächerlichkeit preisgibt.

Vor solchen Problemen standen schon die »Weißen Zaren«. Erst nach langem Zögern entschlossen sich die russischen Herrscher, Mathematik an den Volksschulen zuzulassen. Als dies schließlich Zar Nikolaus I. (1825–1855) doch tat, fügte er hinzu: »Ja – aber ohne Beweise.« Das zeugt von hoher staatsmännischer »Weisheit«, denn der Zar ahnte wohl: wenn erst einmal die Menschen ihr denkendes Geistwesen auch nur auf einem scheinbar politisch bedeutungslosen Gebiet zu betätigen anfangen, werde ein lawinenartiges Geschehen in Gang gebracht[167].

Vom beginnenden Eigendenken zur vollverantwortlichen Reife ist freilich noch ein weiter Weg. Das bezeugen heute viele Bürgerinitiativen, die wohl kritisieren, protestieren oder gar verhindern können, aber positive, weitschauende Gesamtplanungen nicht zu entwickeln vermögen. Das gibt dann wiederum der Obrigkeit Chancen, autoritär durchzugreifen. Solchem Willen der Herrschenden kommt nun aber doch eine beachtliche Neigung der Beherrschten entgegen: Lieber zu glauben als zu denken, lieber Befehle auszuführen als eigenes Risiko zu tragen. Denn denken ist mühevoll. Zwar macht Wahrheit frei, aber nicht alle wollen die Freiheit. In seinem sensationellen Buch »Die totalitäre Ver-

167 D. Tschizewskij, Russische Geistesgeschichte, Bd. 2, Reinbek.

suchung« kann daher Jean François Revel[168] im Hinblick auf die »Intelligentia« Frankreichs schreiben: Die totalitäre Versuchung sei »das uneingestandene Verlangen einer bedeutenden westlichen Minderheit, in einem stalinistischen System zu leben, nicht trotz, sondern wegen dessen, was es ist. Die einen, um die Neigung zu befriedigen, Gewaltherrschaft auszuüben, von der keiner von uns frei ist, die anderen aus dem Bedürfnis, sich der Knechtschaft zu unterwerfen«. – Man kann auch sagen: Es ist leichter, Phrasen herzubeten als in innerer Einsamkeit selbst zu denken. Und doch ist der eigene Gedanke und die selbst gefundene Wahrheit ein Sieg unseres geistigen Wesens-Zentrums.

Wenn in früheren Zeiten einfache Bauern und Handwerker den sonntäglichen Gottesdienst besuchten, fanden sie einen Ausgleich für ihre privaten Verhältnisse in der erbaulichen Schönheit der Kirchen sowie in den Wahrheitsgehalten des ihnen vermittelten spirituellen Weltbildes. Dadurch über sich hinausgehoben und vermenschlicht, konnten sie die bisweilen unmenschlichen Verhältnisse ihres Alltagslebens ertragen. Obgleich wir heute in einer Wohlstandsgesellschaft leben, ist die Seelennot noch größer geworden: Nicht die freie, bäuerliche Natur, sondern Gebilde aus Metall, Glas, Beton, Kunststoff umgeben uns mit den entsprechenden Leistungsanforderungen. Diesem tiefen Hinabstieg ins Irdisch-Materielle müßte eine ebenso große Erhebung zum Geiste entsprechen.

Aber das naturwissenschaftliche Weltbild ist materialistisch, und so umgibt uns heute tote Materie nicht nur in unseren Lebens- und Arbeitsräumen, sondern ihre Gesetzmäßigkeiten beherrschen auch unser Weltbild. Man weiß, wie groß das Bedürfnis der Industrie-Arbeiterschaft im 19. Jahrhundert war, ihr proletarisches Schicksal durch wissenschaftliche Bildung auszugleichen. Aber die damaligen Arbeiterbildungs-Vereine vermochten ihren Mitgliedern nur Steine statt Brot, d. h. lediglich ein von der damaligen bürgerlichen Wissenschaft entwickeltes materialistisches Weltbild zu vermitteln. Obgleich inzwischen der einstige Proletarier zum Wohlstandsbürger avancierte, hat sich an diesem Mißverhältnis nichts geändert.

168 J. Fr. Revel, Die totalitäre Versuchung, Berlin 1976.

Aber es kam noch schlimmer: Im Banne darwinistischen Bedürfnis- und Nützlichkeits-Denkens erklärte F. Nietzsche: Es gibt keine Wahrheit als solche! Was wir Wahrheit nennen, ist Ideologie, die uns das Überleben sichern soll. Zumal das christliche Weltbild sei lediglich eine Wunschdichtung, womit wir uns über die Sinnlosigkeit unseres Daseins hinwegzutäuschen versuchen. Über Wahr und Falsch entscheide nur der praktische Nutzen. Wahr sei, was uns stark mache im Kampf ums Dasein, zumal im Kampf der Gesunden und Kräftigen gegen die Schwachen und Kranken.

Im Nationalsozialismus trat dann an die Stelle der biologischen Überlegenheit der Einzelperson (Nietzsches »Blonde Bestie«) das Gedeihen des »Volkes«. Die Herrschaft eines bestimmten Volkes über andere minderwertige Völker war nur der Maßstab der »Wahrheit«. Der Kampf galt besonders den Universitäten. Der akademische Wahrheitsbegriff wurde als professoral beschimpft und durch einen »volksverbundenen« Wahrheitsbegriff ersetzt. Die Folgen waren: »Deutsche« Physik, »Deutsches« Christentum, »Deutsche« Rassenlehre.

Parallel zu dieser biologisch-naturwissenschaftlichen Degradierung des Menschen lief eine zweite mit soziologisch-wirtschaftlichen Gesichtspunkten. Nunmehr galt es eine »bürgerliche« von einer »proletarischen« Wissenschaft zu unterscheiden. Nicht weil Einstein Jude war, sondern weil er »bourgeoises« Denken pflegte, wurde seine Physik von den Bolschewisten abgelehnt. Ähnliches widerfuhr der europäisch-amerikanischen Vererbungslehre zugunsten einer von Lenin und Stalin akkreditierten kommunistischen Wissenschaft. Vom Gesichtspunkt einer proletarischen Weltauffassung hatte schon Marx die große abendländische Philosophie (zumal den Geistbegriff) als Produkt »bourgeoisen« Denkens verurteilt, Lenin und Stalin folgten seinem Beispiel[169].

Man erkennt: Trotz ihrer Verschiedenheiten entspringen Nationalsozialismus, Faschismus und Kommunismus einer gemeinsamen Wurzel. Sie negieren die Wahrheit und setzen an ihre Stelle »Interessen« und »Bedürfnisse«, also biologische und soziologi-

169 G. A. Wetter, Philosophie und Naturwissenschaften in der Sowjetunion, Reinbek.

sche Kategorien. Das kommt einer Ausschaltung des Wahrhaft-Menschlichen gleich, denn dieses beginnt exakt dort, wo sowohl Biologie als Soziologie, sowohl die Kategorie des »Volkes« als die der gesellschaftlichen »Klasse« aufhören.

Alles kommt heute darauf an, daß wir unsere Schulen sowohl vom Rassen- als vom Klassenwahn freihalten. Im leiblich-seelischen Leben, also in der Sphäre der biologisch-animalischen »Interessen« und »Bedürfnisse«, mögen weiterhin Begriffe wie Volk, Rasse, Klasse sowie die Ideen sozialer Ungerechtigkeit und wirtschaftlicher Umverteilung Bedeutung besitzen. Im Reiche des Denkens, der Wahrheit, des Gewissens haben sie jedoch nichts mehr zu suchen. Denn hier beginnt das Reich unserer personhaften Geistwesenheit (»Iche«), die im Laufe ihrer wiederholten Erdenleben bald diesen und jenen Rassen und Völkern, bald diesen und jenen sozialen Schichten angehörten und angehören.

Was wir hier personhaftes Geistwesen nennen, entspricht der »unsterblichen Seele« der christlichen Überlieferung. Von dieser Seele sagt Aristoteles, sie sei im gewissen Sinne »alles«. Das bedeutet natürlich nicht, daß sie eine Summe aller Dinge, wohl aber, daß in ihr die Kraft eines universalen Denkens wirksam ist. Dieses Denken vermag sowohl Astronomie, Physik und Biologie wie Geschichte und Soziologie zu treiben, d. h. die hier wirksamen verschiedenartigen Gesetzmäßigkeiten (Logoi) zu begreifen und insofern (zwar nicht im materiellen, aber im ideellen Sinne) »alles« zu sein.

Diese weltweite Denkkraft sollten wir frühzeitig in unserer Jugend erwecken, denn dadurch überwinden wir alle durch Rasse, Volkstum, Klasse, Umwelt gegebenen Bedingtheiten und erheben uns zu einem Kosmisch-Universalen, darin allein wahre Freiheit und Selbstbestimmung möglich werden.

Damit sind wir beim Begriff des »Logos« angelangt, der seit Heraklit das abendländische Denken begleitet und schließlich zu einem Zentralbegriff des Christentums wurde. Bei Platon lebt dieser Logos dann in der menschlichen Seele, wenn diese sich über alle Triebgebundenheiten erhebt und zum reinen Selbstgespräch mit sich selbst gelangt. Dieses Selbstgespräch ist sowohl die Wurzel des moralischen Gewissens als die Grundlage eines sauberen wissenschaftlichen Denkens. An dieses Selbstgespräch der Menschenseele mit sich selbst hätte sich auch ein echter, von Dogmen freier Religionsunterricht zu wenden, der dann wohl in der Logoslehre des Johannesevangeliums gipfeln könnte. Wenn wir nämlich unter »Logos« das Wirken denkend-planender Weisheit verstehen, dann sind ersichtlich unsere Geräte und Maschinen Ausdruck des *menschlichen* Logos, wie Bau, Gestalt und Verhalten der Naturgebilde, der Pflanzen und Tiere Offenbarungen eines *übermenschlich-göttlichen* Logos darstellen. Zu solcher Einsicht erhob sich menschliches Denken schon bei den Griechen und Römern. Dann aber kam das Neue, für Griechen und Römer zunächst Undenkbare und Unlogische: Daß der göttliche Logos sich nicht nur im irdisch-materiellen Bereich der geschaffenen Pflanzen, Tiere, Menschen ausdrückt und spiegelt, sondern als personhafte Wesenheit diesen Erdbereich selbst betritt, also in einer biologisch-menschlichen Leiblichkeit sich inkarniert[169a].

Aber schon einzelne frühchristliche Kirchenväter fanden diese Tatsache keineswegs paradox, sondern dem Logos durchaus gemäß – die Tatsache nämlich, daß als krönende Sinngebung der vom göttlichen Logos geführten Erdenevolution dieser Logos nun selbst in den von ihm geschaffenen Erden-Menschenbereich sich einsenkte. Mit anderen Worten, man begriff: Die Vollendung der Menschwerdung bildet die Menschwerdung einer Gottheit. Solches bedenkend, konnte man das Christentum als durchaus der Vernunft entsprechend ansehen und behaupten, jede »Menschenseele sei ihrem Wesen nach Christin« (Anima humana naturaliter christiana). Ein großartiger Gedanke, würdig menschlicher Geisterkenntnis, menschlicher Gnosis. Sollte es nicht möglich sein, einer modernen, denkenden Jugend diese Wahrheiten im Sinne einer »Mathesis höherer Ordnung« nahezubringen? Vielleicht warten heute schon viele auf solche anspruchsvollen Denkanstöße?

169a O. J. Hartmann, Der Kampf um den Menschen in Natur, Mythos, Geschichte. 2. Aufl., Freiburg 1969.

Kapitel 32

Krank an sich selbst

Ist »sein« unzumutbar?

»Unheile Welt«, »krank an der Gesellschaft« ... das sind moderne Schlagworte, womit wir (immer die *anderen*) belasten und (immer uns *selbst*) entlasten wollen. Auch die mittelalterlichen Christen wußten, daß die »Welt im argen liegt«. Sie führten diese Tatsache jedoch auf ein Urböses, auf den Egoismus in jeder einzelmenschlichen Seele zurück, demgemäß sich der paradiesische Urzustand in eine Welt voller »Disteln und Dornen«, belastet vom Brudermord, gewandelt habe. Je weiter unsere medizinischen und psychologischen Erkenntnisse fortschreiten, desto realistischer erscheint uns der Biblische »Mythos«. Zugleich aber wird die Frage aktuell: Was ist Krankheit? Wann, in welcher Hinsicht und in welcher Absicht sprechen wir von Krankheit und erklären uns selbst oder andere für »krank«?

Gehen wir schrittweise vor: Ein Bergkristall, dessen Kristallgitter durch Leerstellen mit eingelagerten Fremdatomen gestört ist, entspricht zwar nicht mehr der »reinen Idee«; wir werden ihn aber doch ebensowenig krank nennen wie einen Motor, dessen Kolben durch langen Gebrauch schadhaft wurden. Erst im Bereich der Lebewesen tritt uns der Krankheitsbegriff im engeren Sinne entgegen: Wir sprechen von Pflanzen- und Tierkrankheiten und stellen fest, daß diese um so zahlreicher in Erscheinung treten, je mehr wir von den Natur-Pflanzen und Natur-Tieren zu Kultur-Pflanzen und Haus-Tieren, beziehungsweise von der Natur-Landschaft zur Kultur- und Zivilisations-Landschaft übergehen. Die positiven Entwicklungsfaktoren, die das Erscheinen und die Wirksamkeit des Menschen auf unserer Erde erzeugen (z. B. die Zucht von Edelgetreide und Edelobst aus Wildformen), scheinen unauflöslich mit negativen Störungs- und Vernichtungsfaktoren gekoppelt, weil mit dem Menschen ein neuer, nicht mehr ganz der Natur angehörender Faktor in die Erdgeschichte eintritt.

Das gilt auch für den Menschen in Beziehung zu sich selbst. Gleich Pflanzen und Tieren tragen wir einen Naturanteil an uns. Es ist dies unsere anatomisch-physiologische Organisation, die (gleich der von Tieren und Pflanzen) größte Vollkommenheit als Ausdruck höchster Weisheit zeigt. Ob es möglich ist, diese Vollkommenheit durch den Darwinschen Kampf ums Dasein zu erklären, oder ob man hierzu ein Gottheitswirken heranziehen muß – mag offen bleiben. Genug: Vollkommenheit als Ausdruck alles Naturhaften ist auch dem Menschen zunächst verliehen.

Pflanzen und Tiere verbleiben in dieser Vollkommenheit. Wenn sie erkranken, verkrüppeln, entarten, so ist dies auf äußere Faktoren (Klima, Witterung, Parasiten, Bakterien, Viren, Chemikalien etc.) zurückzuführen. Dies gilt auch vom Menschen, sofern er ein naturhaftes Art- und Gattungswesen ist. Das eigentlich Menschliche im Menschen ist jedoch die individuelle Seele, kurz das »Ich«, das sich von Geburt an in die naturhafte anatomisch-physiologische Leiblichkeit einpflanzt und diese sowohl zu gebrauchen als zu mißbrauchen, sowohl sinngemäß zu fördern als sinnwidrig zu zerstören vermag. Daß der Mensch nicht mehr ganz der Natur angehört, nicht mehr nur von ihr getragen wird, sondern sich von ihr distanzieren, ja sich gegen sie wenden kann, wird am sichtbarsten im Selbstmord. Pflanzen und Tieren mangelt ein solches »Selbst« und eine »Hand« als dessen Werkzeug, das sich gegen die biologische Leiblichkeit wenden, diese bezweifeln, entwerten und vernichten könnte (dazu Jean Améry, Hand an sich legen. Diskurs über den Freitod, Klett-Verlag 1977).

Der Selbstmord ist jedoch nur die banalste Form, womit sich die Bezweifelungs- und Vernichtungskräfte der persönlichen Seele, des Ich (oder wie man diesen Faktor nennen mag) gegen die biologisch-naturhaften Grundlagen der menschlichen Existenz wenden können. Denn fast alle Krankheiten wurzeln in diesem Faktor und können insofern als partielle Selbstmorde (Selbstzerstörungen) gedeutet werden. Man denke an Alkohol-, Zigaretten- und Drogenmißbrauch. Aber der Mensch kann die Störungs- und Zerstörungskräfte seines Ich nicht nur gegen sich selbst, er kann sie ebenso auch gegen seine Mitmenschen wenden und wird so nicht nur zu einem Selbstkränker und Selbsttöter, sondern auch zu einem Nächsten-Kränker und Nächsten-Töter.

In diesem strengen Sinne leidet, krankt, stirbt der Mensch letztlich an und durch sich selbst. Als Kain seinen Bruder Abel erschlug, hat er nicht nur einen anderen, er hat durch seinen Zorn auch an und in sich selbst etwas getötet.

Weil Wildheit, Aggressivität, Zerstörungsgelüste bei Raubtieren, Raubspinnen, Schlangen, Skorpionen im Bauplan der betreffenden Lebewesen verankert, also »naturhaft« sind, wirken sich diese Verhaltensweisen für die betreffenden Lebewesen keineswegs schädigend (»kränkend«) aus.

Das geschieht erst beim Menschen, wenn solche Affekte sich des menschlichen Wesenszentrums, des Ich bemächtigen. Dann beginnt das Reich der Sittlichkeit, des Guten und Bösen. Dann hören aber auch sittliche Qualifikationen wie z. B. Geduld, Hilfsbereitschaft, Liebe, beziehungsweise antisittliche Qualifikationen wie z. B. Haß, Neid, Grausamkeit, Geiz auf, lediglich dem Bereiche der Moral bzw. Religion anzugehören. Sie wirken vielmehr auf dem Wege über das vegetative Nervensystem auf Herz, Kreislauf, Atmung, Magendarmkanal, Niere, innersekretorische Drüsen jeweils im gesundenden, heilenden, harmonisierenden bzw. im störenden, kränkenden, vernichtenden Sinne ein. Sogar die Bereitschaft zu bakteriellen oder viralen Infektionen wird auf diesem Wege gesteuert. Der Zusammenhang von »Sünde und Krankheit« wird uns zunehmend deutlicher, je mehr psychosomatische und soziosomatische Medizin fortschreiten[169b].

Wer in den gesellschaftlichen Verhältnissen, zumal in der privatkapitalistischen Marktwirtschaft, die Ursachen allen Mißbehagens, allen Krankseins erblickt, müßte beweisen, daß in staatskapitalistischen Diktaturen Wohlbefinden und Gesundheit deutlich gesteigert sind. Das ist zwar nicht der Fall, wohl aber gibt es Menschen, die sich in dem bis aufs letzte autoritativ geregelten Leben des Ostblocks wohlfühlen und durch die plötzliche Verpflanzung in den liberalen Westen oft schwer verun-

169b M. Boss, Psychosomatische Medizin, 1954; A. Jores, Vom Sinn der Krankheit, 1950; Th. von Uexküll, Psychosomatische Medizin rde 179/180.

sichert werden. Selbständigkeit und Eigeninitiative müssen eben erst (möglichst von Jugend an) geübt werden.

Die äußerste Zuspitzung dieser Problematik des Menschseins ergibt sich schließlich mit dem Bewußtwerden der Tatsache: Wir sind nicht gefragt worden, ob wir als geistige Wesenheiten »sein« oder nicht lieber »nicht-sein« wollen. Wir sind weiterhin nicht gefragt worden, ob wir als geistige Wesenheiten in ein Erden-Leibesdasein eintreten oder uns davon lieber freihalten wollen. (Beides haben Buddha und sein Nachfolger Schopenhauer bejaht.) Wir sind also ohne, vielleicht sogar wider unseren Willen ins Dasein »geworfen« (Heidegger), ohne zu wissen, ob wir die Kraft haben, dieses Dasein auch zu ertragen. Vielleicht ist das Dasein für uns unerträglich und folglich unzumutbar, also krankmachend? Aber vielleicht scheint es uns bloß so, weil wir die dazu nötigen Kräfte verdrängt und vergessen haben?

Jedenfalls führen erst solche ungewöhnlichen Erwägungen zum vollen Verständnis dessen, was man heute die »Unzumutbarkeit der gesellschaftlichen Verhältnisse« und die Notwendigkeit, sie zu verändern nennt. Gewiß: An der Oberfläche kann man manches erträglicher und lebenswerter gestalten. Aber kann man dadurch die Tatsache beseitigen, daß vielen Menschen das »Sein« selbst unerträglich und unzumutbar erscheint? Dann könnte offenbar diese existenzielle Unerträglichkeit auch durch noch so ideale äußere Lebensverhältnisse nicht beseitigt werden, weil der »Wurm« im Zentrum unseres Seins, im Ich-bin-Ich säße.

Warum verherrlichen die Menschen, seit Rousseau, die Natur? Warum beneiden sie das Dasein der Pflanzen und Tiere und möchten selbst in dieses naturhafte Sein hinabsteigen, um sich darin wie in einem Nirwana aufzulösen? Warum heißt es am Schluß von Richard Wagners »Tristan«: »versinken, ertrinken, unbewußt, höchste Lust«? Warum hat das »Nichts« oft gerade die edelsten Menschen der neueren Zeit so geheimnisvoll angezogen? Dieser Protest gegen das »Sein«, dieses zentrale »Leiden am Sein« könnte begreiflicherweise durch noch so ideale »Gesellschaftliche Verhältnisse« nicht aufgehoben werden. Im Gegenteil: Daß vielen Menschen heute die »Gesellschaftlichen Verhältnisse« untragbar scheinen und sie dagegen revoltieren, liegt gar nicht an diesen Verhältnissen allein, sondern im Gefühl der

Untragbarkeit und Unzumutbarkeit des »Seins« selbst, die wir dann in die »Gesellschaftlichen Verhältnisse« hinausprojizieren.

Letztlich erscheint uns die ganze Welt unerträglich und das Leben unzumutbar, weil wir uns selbst unerträglich und unzumutbar scheinen. Das ist dann das Maximum von Selbstentfremdung.

Unbewußt beneiden wir Pflanzen und Tiere, weil diese das Risiko des Selbst-Seins nicht zu tragen brauchen. Denn sie besitzen kein »Ich«. Die Art- oder Gattungsweisheit lebt, handelt, wirkt in ihnen. Zwar sind sie denselben Lebensschwierigkeiten, Bedrohungen, Leiden ausgesetzt wie wir. Aber sie reflektieren nicht darüber, sorgen sich nicht, protestieren nicht, und so bleiben ihnen alle die seelischen Überlagerungen erspart, an denen wir Menschen leiden und die zusätzliche Krankheitsursachen bilden. Man denke nur, wie sehr den modernen Berufsmenschen Ehrgeiz, Konkurrenzneid, Minderwertigkeitsgefühle, Zeitdruck, Leistungs-, Lebens- und Todesangst bedrängen und über das vegetative Nervensystem die verschiedenen Krankheitsdispositionen schaffen. Sogar bösartige Tumore wollen manche Ärzte auf die »Krebs-Psyche« als Zeitsymptom zurückführen. Wenn Angehörige von Natur- oder ursprungsnahen Kulturvölkern in den Strom der modernen Industriegesellschaft eintreten (wobei auch die veränderten Eß-, Schlaf- und Wohngewohnheiten wichtig werden), steigt sogleich die Bereitschaft für viele Krankheiten sowie die Neigung zu Verzweiflungsausbrüchen, Gewalttaten und Selbstmorden.

Das sind die Schattenseiten der Lichtseite, die darin besteht, daß diese Menschen (alten Lebensordnungen entrissen) nun stärker als »Ich« gefordert werden. Begreiflich, daß sie zunächst versagen, also erkranken bzw. kriminell werden. Ein Grundgesetz der psychosomatischen bzw. soziosomatischen Medizin lautet nämlich: Berufliche und private, familiäre und persönliche Lebensschwierigkeiten, die wir aus der Kraft der Besonnenheit, Sittlichkeit, Vernunft nicht zu bewältigen vermögen, so daß sie in uns Ärger, Angst, Zorn, Depression erzeugen – solche Lebensschwierigkeiten entziehen sich schließlich der Ebene des Bewußtseins, sie sinken herab ins Halb- oder Unbewußte, wirken aber nun störend und zerstörend im Leibesbereich. Sie erzeugen vorübergehende oder dauernde funktionelle Störungen in Kreislauf, Atmung, Verdauung, Se- und Exkretion, die schließlich ins Organisch-Anatomische (z. B. Magengeschwür, Gallen- und Nierensteine, Herzinfarkt) übergehen. Kurz: Viele, wenn nicht alle Erkrankungen wurzeln bei uns Menschen im sittlich-charakterlichen Versagen gegenüber den Anforderungen unseres Schicksals – in diesem oder schon in früheren Erdenleben.

Aber die seelischen Verursachungen oder Überlagerungen von Krankheiten gehen noch weiter! Ob jemand krank oder gesund »ist«, wird nämlich entscheidend dadurch mitbestimmt, ob er sich krank oder gesund »fühlt«. Es gibt Menschen, die trotz objektivierbarer Krankheit sich durchaus gesund und leistungfähig fühlen, und solche, bei denen schon ein kleiner Schnupfen oder etwas Kopfweh genügen, um sich krank zu melden und krank zu feiern. Im Grenzfall können leibliche Symptome sogar ganz fehlen: Es genügt die Mißstimmung infolge familiärer oder beruflicher Zustände, um sich krank und leistungsunfähig zu fühlen. Über »krank« und »gesund«, arbeitsfähig und arbeitsunfähig entscheidet aber auch die allgemeine soziale Meinung. Heroische Zeiten urteilen hierüber anders als wehleidige Zeiten, die Selbstbemitleidung pflegen und den »Menschen in Watte« proklamieren. Die Weltgesundheitsorganisation (WHO) erklärt: »Gesund sei ein Zustand vollkommenen körperlichen, geistigen und sozialen Wohlbefindens und keineswegs allein das Fehlen von Krankheiten und Gebrechen.« Dann sind wir freilich alle unheilbar krank!

Der mittelalterliche Christ würde die Proklamation der WHO eine Definition des »Paradieses« oder der »Ewigen Seligkeit« nennen, also verneinen, ein solcher Zustand sei auf Erden zu verwirklichen, wobei der wahre Grund hierfür letztlich in der chaotischen, von Egoismen, Leidenschaften und Irrtümern zerrissenen, also unglücklichen und deshalb krankhaften Beschaffenheit der menschlichen Seele liege. »Die Leidenschaft bringt Leiden«, meinte Goethe und traf damit ins Zentrum unserer Existenz.

Schließlich geschieht heute eine totale Perversion des Sinnes von Krankheit und Leiden, wenn diese im Hinblick auf die Vorteile, die sie in der modernen Versorgungsgesellschaft dem Kranken und Leidenden bringen können (Befreiung von Arbeit, lebenslange Versorgung, Frühpension, Kuraufenthalt etc.), nicht mehr negativ, sondern positiv bewertet und bisweilen sogar erstrebt werden. Es gibt nämlich im Menschen nicht nur den (biologisch begreiflichen) Gesundungs- und Heilungswillen, sondern auch das pervertierte Gegenteil, wenn man sich davon Vorteile verspricht. Diese Vorteile sind jedoch keineswegs nur-wirtschaftlicher, sondern auch psychologischer Natur: Der Kranke wird umsorgt und bemitleidet, während man vom Gesunden Mühe und Leistung fordert – ein Grund mehr, in die Krankheit zu fliehen. Dann können banale Defekte absolut therapieresistent sein, während der Wille zu Gesundheit und Leistung allein schon ein zentraler Heilungsfaktor ist (vgl. zu diesen Problemen: O. J. Hartmann, Schicksal, Krankheit, Heilung, 3. Aufl. Novalis-Verlag, Schaffhausen, sowie H. Schaefer, Die Medizin heute, München 1965).

Unbeschadet der Tatsache, ob wir sie selbst verursachen oder ob sie uns (aus irgendwelchen Gründen) vom Schicksal oder von der Vorsehung zugeteilt wurden: Krankheiten, Leiden, Gebrechen können zu bedeutsamen Faktoren geistiger Erweckungen und genialer Produktivitäten werden. Goethe erschlossen sich neue Dimensionen des Erlebens, als er in Leipzig einen lebensbedrohenden Blutsturz erlitt und dann lange Zeit im elterlichen Hause zu Frankfurt krank darniederlag. Der junge Freiherr von Hardenberg (später Novalis genannt) schien zunächst ein unbedeutender Knabe, bis ihn eine hochfiebrige Infektionskrankheit ergriff, nach deren Ausheilung die volle Genialität seines Wesens hervortrat. Diese verließ ihn nun nicht mehr, zumal ihn eine Lungen-Tuberkulose, an der er schließlich 29jährig starb, lebenslang an die Schwelle des Todes, also an die Schwelle der Geisterwelt heranführte. Dostojewskis dichterische Inspirationen entstammen, wie er selbst bekannte, den seelischen Ausnahmezuständen, die seine epileptischen Anfälle ihm bescherten. Die kurzen, von fieberhafter Krankheit überschatteten, zugleich aber ungeheuer produktiven Lebensläufe von Raffael, Mozart, Christian Morgenstern wären gleichfalls hier zu nennen. Sogar subakute Geisteskrankheiten können Antriebe zu großer Produktivität sein, wie Nietzsche, Strindberg, Kafka, van Gogh, Munch beweisen.

Offenbar wurden in allen diesen Fällen durch die Erschütterungen des Biologisch-Leiblichen, in letzter Hinsicht sogar durch die ständige Todesnähe, die Kräfte des »Ewigen im Menschen« freigesetzt, die sonst zumeist verborgen bleiben. Bei Pflanzen und Tieren sind Schicksalsschläge, Krankheiten, Leiden deshalb nicht geisterweckend, weil sie kein personhaftes, sondern nur ein kollektiv-gattungshaftes Geistwesen besitzen. Daher leiden und kranken sie letztlich sinnlos, während der Mensch höchste Geistesfrüchte daraus zu gewinnen vermag. Die Frage ist also durchaus berechtigt: *Was verdanken wir unseren Krankheiten, Leiden, Schicksalsschlägen* – allerdings nur dann, wenn wir ihnen todesmutig begegnen, wofür uns das Kreuz auf Golgatha Vorbild sein könnte.

»Leib-Ersterben – Geist-Erwachen« nannte das Rudolf Steiner, obgleich zum Leib-Ersterben keineswegs nur der Tod am Lebensende, sondern auch die vielen Tode gehören, die wir zeitlebens in Form von Enttäuschungen durchzustehen haben. Friedrich Nietzsche meinte: »Was die Krankheit angeht: Würden wir nicht versucht sein zu fragen, ob sie uns überhaupt entbehrlich ist? Erst der große Schmerz ist der letzte Befreier des Geistes. Solchen Menschen, welche mich etwas angehen, wünsche ich Leiden, Verlassenheit, Krankheit, Entwürdigung, weil ich ihnen das einzige wünsche, was heute bewiesen werden kann, ob einer Wert hat oder nicht: daß er standhält.« – Das sind Worte aus der edelsten Substanz des Abendlandes, zugleich zeigend, wie weit wir uns ihnen entfremdet haben.

Denn vom Gesichtspunkt des Materialismus und Biologismus ist unser biologisches Leibesleben unser »Ein- und alles«, jenseits dessen nur das Nichts droht. »Eßt, trinkt und seid fröhlich« ist hier der einzig vernünftige Rat. Vom Sinn der Leiden, Krankheiten und Entwürdigungen zu sprechen, klingt wie Hohn. Wenn es dennoch anders ist, dann erfordert dies ein grundsätzliches Umdenken.

Es ist gewiß richtig, Kranke zu heilen, unschuldig Gefangene zu befreien, Entwürdigten ihre Menschenrechte wiederzugeben – jedoch was machen wir dann mit der wiedergewonnenen Gesundheit, Freiheit, Menschenwürde? Sollten wir also nicht zusätzlich die Menschen dahin führen, gerade auch Krankheiten,

Gefangenschaften, Entwürdigungen zur Entwicklung ihres Ewigen zu verwenden, d. h. sie als Schicksalsprüfungen zu ertragen?

Gut! Aber woher die Kräfte nehmen, um nicht nur das Sein, sondern zusätzlich auch noch seine Bedrohungen und Entwürdigungen gelassen, ja freudig zu ertragen? In früheren Zeiten gab diese Kraft der »Glaube«. Aber was ist Glaube? Sicherlich kein kraftloses Für-wahr-Halten von Lehrsätzen. In altindischen Texten (P. Deussen, Upanischad des Veda, Neuaufl.) bedeutet »glauben«, mit dem tragenden Seinsgrund verbunden und in ihm verwurzelt sein. In diesem Sinne »glaubt« die Pflanze an die Erde, wenn sie vertrauensvoll in ihr wurzelt. Der glaubenslose Mensch wäre also der entwurzelte, seiner Seinsgrundlage verlustig gegangene Mensch. Was kann er unternehmen, um sich wieder einzuwurzeln und dadurch die Kräfte zu erlangen, den Stürmen des Lebens standzuhalten, ja an ihren Widerständen zu wachsen und für die Ewigkeit zu reifen?

Denn heute ist es doch wohl so: Obgleich die äußeren Lebensverhältnisse weitgehend gesichert sind und eine breite Oberschicht zusamt ihrer Jugend über einen nie geahnten Lebensluxus verfügt, läßt uns doch der *innere Unfriede* nicht zu Zufriedenheit oder gar zu Glück gelangen. Terroranschläge aus »Politischem Engagement« dienen dann dazu, den Haß gegen uns selbst und alles Sein vorübergehend abzureagieren. Wenn die Evangelien vom »Frieden« (griechisch Eirene) sprechen, meinen sie keineswegs banale »Internationale Verständigung«, wovon unsere »Friedensforscher« (J. Galtung: Strukturelle Gewalt. Beiträge zur Friedensforschung, rororo 1975) träumen, sondern den Frieden eines Herzens, das mit sich selbst und seinem Urgrund einig ist, also auch zu den schwersten äußeren Schicksalen: »Ja, ich bin bereit« sagen kann. Ohne diesen inneren Herzens- und Gottes-Frieden würde das bloße Wegfallen aller äußeren Streitigkeiten und Kämpfe uns lediglich unerträgliche Langeweile bescheren.

»Krank an der Gesellschaft« (Rudolf Affemann) – gewiß. Aber wir können nicht jedem Menschen einen Psychiater zur Seite geben, der ihm hilft, seine familiären und beruflichen Schwierigkeiten zu bewältigen und den »Frieden des Herzens« zu erlangen. Das wird jeder selbst vollbringen müssen – so wie jeder die mehr oder weniger schwerverdaulichen Speisen wird aus eigener

Kraft sich zueignen müssen. Niemand kann für einen andern »leben«. Leben aber ist wesentlich Mühe, Risiko, vielleicht sogar Schmerz. Wir können es auf die Dauer nur meistern, wenn wir die reale Verbundenheit mit unserem »Seinsgrund« bewahren, das heißt wortlos »beten«. Wann werden wir wieder in richtiger Weise »beten« lernen und diese menschlichste Fähigkeit schon von Kindheit an üben?

Denn »beten« ist keineswegs Seelensentimentalität, die dem rationalen Denken des modernen Menschen »unzumutbar« wäre. Im Gegenteil: Wahres Beten setzt die klare Erkenntnis der unermeßlichen göttlichen Weisheit voraus, die den Gestalten der Pflanzen, Tiere und Menschen – also der Natur – zugrunde liegt. In diesem Sinne vermag nur der wahrhaft Weise auch wirklich zu beten. Ein moderner Computerfachmann soll einmal gesagt haben: »Hätten unsere Maschinen und Geräte Bewußtsein, so würden sie uns als ihre Schöpfer, also als ihre Gottheiten verehren und in diesem Sinne zu uns beten.« Nun übertreffen aber schon Bau und Leistungen der Lebewesen, wie uns Molekularbiologie und Elektronenmikroskopie lehren, um Größenordnungen den Bau und die Leistungen unserer kompliziertesten Maschinen. Folglich müßten die in der lebendigen Natur planend wirkenden Geistwesenheiten, die wir kurz »Gott« nennen, um ebensoviel an Weisheit unsere Techniker übertreffen. Sich zu ihnen als unseren Schöpfern dankbar anbetend zu erheben, wäre folglich für uns Menschen wohl durchaus »vernünftig«. In diesem Sinne hat auch »Religion« seit den Urbeginnen zu den Grundbestandteilen der menschlichen Kultur gehört, weil wir ohne diese »Tiefendimension« existenzunfähig sind.

Was jedoch für uns heute leicht zu bezweifelnder »Glaube«, das war in früheren Zeiten gewisses »Schauen«, das durch die sogenannten Mysterienweihen der griechisch-römischen und hellenistischen Kultur vermittelt wurde. Darüber Ungeweihten Mitteilungen zu machen, war streng verpönt. Dennoch berichtet uns Apuleius (125–180) einiges über seine Erlebnisse anläßlich seiner Einweihung in die Isis-Mysterien: Lange mußte er sich hierzu durch strenge Seelenübungen vorbereiten, bis er endlich, ins Innere des Tempels zugelassen, dort mit Hilfe eines »Vergessenheitstrankes« in einen dreitägigen todesähnlichen Tiefschlaf versetzt wurde, wobei es ihm schien, seinen Leib zu verlassen, in ein Lichtreich einzutreten und dort erhabenen Geistwesenheiten zu begegnen. Dann wurde er unter priesterlicher Hilfe in seinen materiellen Leib zurückgeholt und mittels eines »Erinnerungstrankes« in die Möglichkeit versetzt, sich an das Geschaute zu erinnern. Nun hatte er zu seinem sterblichen Bewußtsein ein Unsterblichkeitsbewußtsein hinzugewonnen.

In abgeschwächter Form kann sich Vergleichbares auch noch heute ereignen, wenn Menschen (anläßlich schwerer Schockwirkungen, Unfällen, Operationen etc.) einen sogenannten »Austritt« erleben, den amerikanische Psychologen »Astral-Excursion« nennen. Da werden zwar keine Geisteswelten erlebt, wohl aber wird der eigene Leib wie ein fremdes Ding von außen angeschaut und der Wiedererwachende hat die Gewißheit: »Ich war bereits abgeschieden, ich kenne das Sterben und habe jede Angst vor dem Tode verloren, weil ich mein Unsterbliches erfahren habe.« Unter den Qualen der Folter haben bisweilen mittelalterliche Heilige solche »Austritte« mit dem Gefühl unbeschreiblicher Seligkeit erlebt, während ihr Leib auf das Furchtbarste mißhandelt wurde.[169c]

Mit solchen Erlebnissen ist nun allerdings noch keine Gottes-Gewißheit, immerhin aber eine Geist-Gewißheit gewonnen, die zur Gottes-Gewißheit ausgeweitet werden kann, wenn wir die überall in der Natur beobachtbare übermenschliche Weisheit (die jeder Darwinistischen Deutung spottet) zusätzlich in Betracht ziehen.

Wollen wir uns also hinfort unsere Maschinen als Beispiel nehmen, die keineswegs glauben, durch den bloßen Zufall und nach rein physikalisch-chemischen Gesetzen, sondern durch hohe Weisheit entstanden zu sein und dann die Quelle dieser Weisheit als ihre »Gottheit« verehren? Würden wir dies beherzigen, so

169c Dazu J. Görres, Christliche Mystik, 5 Bde, Regensburg 1833/42 (Standardwerk!) Zum Problem der Austritte und Mysterienweihen mit vielen Beispielen: O. J. Hartmann, Medizinisch-pastorale Psychologie, Ausnahmezustände des Seelenlebens, Frankfurt/M. 1952, sowie: F. Mattiesen, Das persönliche Überleben des Todes, Darstellung und Erfahrungsbeweise, 3 Bde, Berlin 1936/39 (Neuauflage).

könnten in Zukunft unsere Naturwissenschaftler, insbesondere die Biologen zu Gotteskündern, also zu »Theologen« werden und an die Stelle dessen treten, was sich gegenwärtig »Theologie« nennt, aber oftmals »Atheologie« ist.
Die Substanz des christlichen Abendlandes wird aber keineswegs nur von seiten des europäischen Materialismus, sondern auch von seiten des asiatischen Okkultismus in Frage gestellt. Dieser entstammt ganz anderen sozialen, psychologischen und philosophischen Wurzeln, die als uns wesensfremd bezeichnet werden müssen, ohne damit ein Werturteil verbinden zu wollen. Über den Unterschied östlicher und westlicher Bewußtseinsart besitzen wir eine Reihe vorzüglicher Sachbücher.[169d]

Das für uns hier Wesentliche der asiatischen Geistesart kann am Unterschied von »Zen« oder »Joga« und »Gebet« verdeutlicht werden. Im Gebet, dessen früheste Stufen in den Hymnen des Rig-Veda sowie in den Hymnen des Avesta vorzuliegen scheinen, wendet sich der sich selbst als Persönlichkeit, als Ich-bin begreifende Mensch an den gleichfalls als Persönlichkeit begriffenen Schöpfer, Lenker und Erhalter des Weltalls. Das Personenhafte im Menschen begreift sich als Kind der überpersonhaften Gottheit. Diese gibt sich im Alten Testament selbst den Namen »Ich-bin« und ruft dadurch auch das Ich-bin in jedem einzelnen Menschen als Quelle persönlichen Schaffens wach. Wir befinden uns in einer Sphäre geistiger Personen von allerdings sehr unterschiedlicher Schaffens- und Ranghöhe, wozu auch die dienenden Gottesgeister gehören, die man einst Angeloi und Archangeloi nannte. Das Gefühl des schöpferischen Ich-bin ist uns bis heute geblieben und bildet die Grundlage abendländischer Wissenschaft, Technik und Wirtschaft, wenngleich wir das Bewußtsein der Existenz außer- und übermenschlicher personhafter Wesenheiten in Natur und Kosmos eingebüßt und dadurch den Sinn

169d Zunächst aus dem Fernen Osten das Buch des japanischen Arztes Shosheko Kaneko, »Das Wesen des Menschen« (Kaibundo-Verlag, Osaka, Japan 1934), dann die »Asienfibel« von Jean Gebser (Ullstein 1962), William S. Haas »Östliches und westliches Denken (rororo 1967), Eugen Herrigel »Der Zen-Weg«, München-Planegg 1958, schließlich als frühestes Zeugnis: »Lao-Tse und der Taoismus« von Richard Wilhelm, Stuttgart 1948.

des Betens, als Versuch einer Kontaktnahme mit ihnen, verloren haben.

In dieses kulturelle Vacuum strömt heute östliche Zen- und Jogapraxis hinein. In Verbindung mit »Autogenem Training« und »Psychoanalyse« vermag Joga durch Körperberuhigung und Seelenverinnerlichung ein gewisses Gegengewicht zur Bewußtseinsveräußerlichung des modernen Europäers herzustellen und wird daher vielfach auch von Managern als zusätzliches Fitnesstraining verwendet. Aber die großen Wegbereiter des Yoga, der Chinese Lao-Tse und der Inder Buddha, verneinen die Realität des einzel-persönlichen Ich. Sie versuchen dieses als bloßen Schein in die allgemeine Weltengeistigkeit aufzulösen, wobei diese Weltengeistigkeit selbst durchaus apersonalen Charakter (Nirvana, Tao) trägt. Atemübungen sollen alle leiblich-seelischen Spannungen lösen und die »Meeresstille« des Bewußtseins erzeugen, wobei dieses Bewußtsein vom menschlichen Haupte weg nach abwärts in den Unterleib verlagert werden soll (»Nabelbeschauung«). Hier, etwa in der Gegend des Nabels, befindet sich das »Tanden« (ein ostasiatischer Ausdruck), wo selbst der Mensch den Einklang mit dem Leben des Weltalls (Tao) zu erreichen hofft. Die Polarität von Ich und Welt (woran das Abendland, wie uns Shosheki Kaneko versichert, krankt) wird aufgelöst.[169e]

Sofern die östlichen Jogapraktiken die leiblich-seelische Harmonie erstreben und Weltabkehr praktizieren, wird man ihnen ein erhebliches Maß von Egoismus nicht absprechen können. Den östlichen Kulturkreisen gehören doch auch die verschiedenen Rauschgifte an, durch deren Gebrauch sich der Mensch der Welt und ihren sozialen Aufgaben entzieht und (mehr oder weniger) lustvoll in sein leiblich-seelisches Innenleben sich verstrickt.

Der Gegensatz zu den Werten des christlichen Abendlandes ist klar: Hier versucht man nicht in eine allgemeine Weltengeistigkeit unterzutauchen und den Nöten des Erdendaseins tunlichst zu entfliehen, sondern als »Ich-bin« das Kreuz mutig auf sich zu nehmen und aus tiefer Einsicht in die Weisheit göttlicher

169e Vgl. Auch R. Schinzinger in Philosophische Anthropologie Bd I, herausgeg. v. H. G. Gadamer, Stuttgart 1975.

Weltenlenkung zu beten: »Vater – Dein Wille geschehe.« Vielleicht nähern wir uns schon wieder Zeiten, in denen solche Worte (ohne sich lächerlich zu machen) als Ausdruck hoher Lebensweisheit gesprochen werden können. Der das »Ich-bin« auflösende Weg des Ostens wäre jedenfalls für uns Abendländer ein »Rückschritt«.

Kapitel 33

Geborenwerden und Sterben

Erlebnisse an der »Schwelle«

Der Autor steht hier vor einer besonderen subtilen Aufgabe, will er nicht als Schwärmer verdächtigt, sondern als Wissenschaftler ernstgenommen werden. Was ihm Mut gibt, ist die Fülle gutbeglaubigter Tatsachen, welche die Probleme von Leben, Sterben und Schicksalsführung in neuem und zugleich vertrautem Licht zu sehen gestatten.

Zunächst die eindeutige Sprache der Biologie.

Die einzelnen Tiere und Pflanzen erfüllen den Sinn ihres Daseins in der Fortpflanzung. Mehr wird von ihnen nicht verlangt. Daher können sie sterben, wenn sie diese Pflicht erfüllt haben. An einer Weiterexistenz des einzelnen Tier- oder Pflanzenexemplars ist die Natur nicht interessiert. Das Schicksal der Art, nicht das Schicksal des Einzelgebildes ist das Wesentliche. Am deutlichsten ist dies bei den einjährigen Pflanzen: sie sterben, nachdem sie in der Samenbildung für das Weiterleben der Art gesorgt haben. Auch viele höhere Tiere (z. B. Lachse und Aale) sterben unmittelbar nach der Erzeugung ihrer Nachkommen. Daher haben Tiere keine eigentliche »Geschichte«. Denn was wir beim Menschen Geschichte, zumal Wirtschafts- und Kulturgeschichte nennen, ist nicht in der Erbmasse der Gattung vorgebildet, sondern ist die Leistung einzelner schöpferischer Menschen. Was einzelne Genien erfunden, vorgedacht und vorgemacht haben, das wird dann von den übrigen Menschen nachgedacht und nachgemacht. So entstand durch allmähliche Anreicherung auch die Kultur und Zivilisation des Abendlandes.

Auch unsere nächsten Verwandten, die Schimpansen, vollziehen nur, was gattungsmäßig in ihrer Erbmasse veranlagt ist. Heute wie vor Jahrtausenden bauen sie allabendlich ihre Laubnester in den Baumkronen, zeugen und pflegen ihre Jungen und sterben. Vom einzelnen Schimpansen wird keine schöpferische Leistung, kein neuer Gedanke erwartet. Daher treiben selbst diese höchstentwickelten Tiere keinerlei Welterkenntnis: Die Banane genügt zum Fressen – an einer botanischen Erforschung des Pflanzenreiches ist man nicht interessiert. Wenn demnach Menschen aus Schimpansen-ähnlichen Tieren sich einst stammesgeschichtlich entwickelt haben sollten, so muß in einem zusätzlichen Schaffensakt ein personhaftes Geisteswesen (wir nennen es »Ich«) in diese eingepflanzt worden sein, um aus gattungshaften Affen personhafte Menschen zu machen.

Das führt uns zur Betrachtung des menschlichen Lebenslaufes zwischen Empfangenwerden und Sterben, dessen Eigentümlichkeiten uns erst so recht deutlich machen, was ein personhaftes Geistwesen, ein Ich ist. Weil wir nämlich noch andere Aufgaben haben als uns fortzupflanzen, sind bei uns sowohl Kindheit und Jugend (also die Zeit *vor* der Geschlechtsreife) als auch das Alter (also die Zeit *nach* dem Verlust der Fortpflanzungsfähigkeit) weitaus verlängert. Zahnwechsel, Geschlechtsreife, endgültige Körpergröße werden hinausgeschoben, um einen Zeitraum für Bildung, Wissensanreicherung und Persönlichkeitsreife des »Ich« zu gewinnen. Der Tod aber ist hinausgeschoben und ein langes Alter gewonnen, um gereifte geistig-kulturelle Leistungen zu erbringen. Viele der größten Werke unserer Genien wurden in der Altersphase, ja sogar im Greisentum, also gerade dann erbracht, wenn das Biologisch-Leibliche sich bereits im Verfall befand.

Aber nur der Leib vergreist und stirbt, der Geist bleibt – wenn wir ihn nur entsprechend ergreifen und uns vom Leibesverfall zu distanzieren wissen – ewig jung. Ja, er tritt oftmals desto mehr hervor, je mehr der Leib altert. Den Wahrheitsbeweis liefert der Tod, also das Leib-Ersterben, wenn wir in dem damit verbundenen Geist-Erwachen ein leibfreies Bewußtsein erlangen und mit ihm die Schwelle zu anderen Welten überschreiten.

Wenn wir geschichtlichen Berichten glauben dürfen, haben in früheren Zeiten alternde oder sterbende Menschen gewisse Grade von Hellsichtigkeit oder gar von Prophetie erlangt. Heute ist das selten, weil wir viel zu sehr dem Irdisch-Materiellen verhaftet sind, um das Licht« oder die »Stimmen« von jenseits der Schwelle wahrzunehmen. Auch die Träume bewegen sich heute zumeist lediglich im Bereiche verdrängter Triebe (Freud) oder unausgelebter Machtwünsche (Adler), während in früheren Zeiten »Wahrträume« (im weitesten Sinne) häufig gewesen zu sein scheinen. Warnungen vor kommenden Gefahren bzw. Hinweise auf den baldigen Tod sind aber auch heute keineswegs selten und haben sich in den beiden Weltkriegen gehäuft.

Aber nicht nur der Tod, auch die Empfängnis hat zwei, eine materielle und eine übermaterielle Seite. Das Märchen vom »Storch« (bei den Völkern des nördlichen Asien ist es entsprechend der Specht) ist keineswegs eine Geschichte für sexuell unaufgeklärte Kinder. Vielmehr sind »Storch« und »Specht« symbolische Wahrbilder für diejenigen Schicksalsmächte, die eine Menschenseele ins neue Erdendasein hereinführen. Die Zeugung durch den Mann ist also nur die eine Seite. Die andere Seite ist die Zeugung durch den Geist, und wir belügen unsere Kinder, wenn wir ihnen nur die eine Seite (verschämt) enthüllen, die andere Seite jedoch im Dienste des Materialismus (feige) verschweigen. Auch gibt es tatsächlich Frauen, die gelegentlich neben der Empfängnis des männlichen Samens noch zusätzlich eine Empfängnis ganz anderer Art erleben.

Berichte aus alten Zeiten gibt es viele. Es sind die sogenannten Empfängnis- und Generationsträume. Einen Wahrtraum besonderer Art scheint die Mutter Alexanders des Großen, die Königin Olympias, gehabt zu haben. In der Nacht, bevor sie mit Philipp von Makedonien die Brautkammer betrat, träumte sie von einem Gewitter, wobei ein Blitz in ihren Leib einschlug, woraus ein heftiges Feuer sich entzündete, das sich nach allen Seiten ausbreitete, dann aber plötzlich erlosch. In der Tat: wenn es nicht nur eine nachtodliche Postexistenz, sondern auch eine vorgeburtliche Präexistenz des Menschen gibt, dann werden die nach einem Erdendasein »verlangenden« Menschenseelen auch an der Zusammenführung der Liebes- und Elternpaare mitbeteiligt sein. Die Sehnsucht nach einem Kinde, das Gefühl, von einer Kinderseele gleichsam überschattet zu werden, wird von nachdenklichen Frauen auch heute noch durchaus ernst genommen[169f].

Empfängnisträume der Mutter sind heute zwar selten, man ist jedoch durch sensationelle Berichte darauf aufmerksam geworden, daß sich Menschen an ihre Geburt sowie an das vorgeburtliche Dasein mehr oder weniger fragmentarisch erinnern können. Ian Stevenson, Professor für Parapsychologie an der Universität Virginia (USA), soll es sogar gelungen sein, zu therapeutischen Zwecken Menschen in ihre früheren Erdenleben zurückzurufen, um ihnen Ängste zu nehmen, die scheinbar mit früheren Erdenschicksalen zusammenhingen. Schon vor vielen Jahren hat Morey Bernstein das ausführliche »Protokoll einer Wiedergeburt« (Scherz-Verlag 1973) vorgelegt. Schließlich sind in letzter Zeit Berichte erschienen, die das Überleben des Todes über alle Zweifel erheben. Wir glauben, dadurch auch die Berechtigung zu haben, über die damit zusammenhängenden Probleme des Vorherwissens, der Vorherwarnung und der gnadenvollen Rettung (Probleme des »Schutzengels«) einiges mitzuteilen, wobei wir die Beispiele den Büchern von Hartmann, Jezower, Hinz u. a. entnehmen[169f,g].

In Amsterdam wurde ein Uhrmacher überfallen, an Händen und Füßen gefesselt und in einen Kanal geworfen. Unter den Papieren des Verstorbenen fand man folgendes Billett: »Diese Nacht habe ich zum viertenmale einen schrecklichen Traum gehabt: Zwei Männer faßten mich, banden mich und warfen mich ins Wasser.«

Wir fragen im Hinblick auf diesen und die folgenden Berichte: Was wollen solche Wahrträume? Wollen sie lediglich unabänderlich Feststehendes verkünden? Oder wollen sie zur Vorsicht mahnen? Wie verhält sich überhaupt das (ganz oder teilweise) vorbestimmte Schicksal zur menschlichen Freiheit?

Im Frühling 1886, als noch niemand die bayrische Königskatastrophe ahnen konnte, erzählte der Geheime Medizinalrat

169f Vgl. dazu die umfassende Tatsachensammlung von Ignaz Jezower: Das Buch der Träume, 720 Seiten, Rowohlt-Verlag Berlin, 1928.

169g R. A. Moody, Leben nach dem Tod, Rowohlt 1977; W. Hinz, Geborgenheit, Zürich 1971; St. Baum, Der verborgene Tod, Auskünfte über ein Tabu, Fischer-Verlag 1976. Einen Überblick über das Gebiet gibt O. J. Hartmann, Die Geisterwelt ist nicht verschlossen, Schaffhausen 1975, ders Medizinische-pastorale Psychologie: Ausnahmezustände des Seelenlebens, Frankfurt/M. 1952; A. Ford, Bericht vom Leben nach dem Tode, Scherz, Bern, München, Wien; J. Hemleben, Jenseits, Rowohlt-Verlag 1975.

Gudden in München einen schrecklichen Traum, wie er im Wasser stehend mit einem Manne um sein Leben rang. Bald darauf wurde Gudden als Arzt dem geisteskranken König Ludwig II. beigeordnet, und beide fanden den Tod im Starnberger See, als der König, in der Absicht, sich selbst zu töten, seinen Arzt mit ins Verderben riß.

Am 24. März erzählte der Baron Engelhofen seiner Frau einen merkwürdigen Traum, den er sich nicht zu deuten wußte. Er ist in einer fremden Landschaft, ein breiter, heller Strom in der Mitte, jenseits Nebel. Ein Schiffer steht am Strom. Als er sich ihm nähert und ihm Geld fürs Überfahren bietet, weist der Mann ihn finster zurück. In der neunten Nacht aber wird er freundlich, läßt ihn in seinen Nachen steigen und fährt ihn blitzschnell ans andere Ufer. Hier wird alles hell, ein stattlicher Palast erhebt sich, aus dem sein verstorbener Vater hervortritt und ihn freundlich willkommen heißt. – Der Baron deutet diesen Traum auf eine Reise, zu der ihn der Kaiser kommandieren werde. Aber am neunten Tag erkrankt er und stirbt im Verlauf einer Woche.

Wohl der großartigste Wahrtraum bezieht sich auf die Ermordung des österreichischen Erzherzogs Franz Ferdinand in Sarajevo. Am frühen Morgen des 28. Juni 1914 hatte der Beichtvater des Erzherzogs, Bischof Lanyi, eine bis in alle Einzelheiten der Örtlichkeit genaue Vorschau auf die Ereignisse, die dann wenige Stunden nachher tatsächlich eintrafen. Der Bischof hat seinen Traum sofort niedergeschrieben und von Zeugen beglaubigen lassen. Diese Ermordung hat den ersten und indirekt auch den zweiten Weltkrieg ausgelöst und den Untergang des alten Europa eingeleitet (vgl. dazu Jezower, S. 615ff).

War es ein letzter Versuch der Vorsehung, diesen Mord vielleicht doch noch zu verhindern? Warum wurde der Erzherzog nicht gewarnt?

Die Wege der Vorsehung sind jedenfalls widersprüchlich und schwer durchschaubar. Vor diesem Problem stehen auch nachdenkliche Ärzte. Denn da gibt es Patienten, deren scheinbar leichte Erkrankung trotz aller Bemühungen zum Tode führt, während andere Patienten in scheinbar aussichtslosen Situationen gesunden. In seltenen Fällen wird dann ein Durchblick zu den hier wirkenden Mächten gestattet. Eine Krankenschwester berichtet aus ihrer Jugend, als sie an allgemeiner schwerer Sepsis erkrankt war: »In der Nacht der Auflösung bemerkte ich die Hoffnungslosigkeit meiner Umgebung, die ich zu trösten suchte. Danach hatte ich folgenden Traum, oder was es gewesen sein mag: Ich war in einem winzigen Kahn, einer Nußschale gleich, auf blauer, sturmbrandender See, die mich haushoch und abgrundtief hin und her schleuderte. Entsetzen und Todesangst erfaßten mich. Da sah ich eine helle Gestalt mit ausgebreiteten Armen auf mich zuschreiten. Sie drückte mich an sich und sagte: Fürchte dich nicht, ich werde dich retten! Dann schlief ich traumlos tief. Am anderen Morgen befand ich mich zum Erstaunen der Ärzte auf dem Wege der Genesung.« – Vielleicht erfolgen viele Genesungen, die wir bloßen Naturgesetzen zuschreiben, auf diese Weise?

Nach allem Vorstehenden sind wir also wohl zur Ansicht berechtigt: Wir sind im Weltall nicht verlassen und auch nicht den physikalisch-chemischen Gesetzmäßigkeiten allein ausgeliefert. Wir sind vielmehr in eine höhere Welt eingebettet, die uns, je nachdem es für uns richtig ist, bald in einen frühzeitigen Tod hineinführt, bald uns vor ihm zu retten sucht. Unser Leben gehört demnach nicht uns allein, es ist in den Dienst höherer Welten gestellt. Schon Platon betrachtete daher den Selbstmord als ein Vergehen gegen diese höhere Welt. Der amerikanische Arzt Carl Wickland hat eindrucksvolle Berichte verstorbener Selbstmörder gesammelt, die sich (über seine medial begabte Frau) aussprechen und dabei die furchtbare Reue über ihre Tat kundgeben konnten (C. Wickland, 30 Jahre unter den Toten, Leuchter-Verlag, Remagen).

Der folgende seltene Fall muß daher unsere besondere Beachtung finden. Eine Frau berichtet: »Mit 18 Jahren wollte ich, aus Verzweiflung über meine häuslichen Verhältnisse, meinem Leben ein Ende machen und von einer Brücke ins Wasser springen. Als ich schon an der Außenseite des Geländers stand, sah ich plötzlich vor mir im Dunkel über dem Wasser eine helle Gestalt erscheinen, selbst weißbläulich und von ebensolchem mandelförmigen Licht umgeben. Diese Gestalt sprach, nicht etwa so, daß ich sie mit meinen Ohren hätte laut sprechen hören, und doch habe ich vernommen, daß diese Gestalt mir bedeutete, ich müsse weiterleben.

Dabei waren ihre Arme so gegen mich erhoben, als wenn sie mich liebevoll, aber bestimmt, zurückweisen wollte. Dadurch wurde ich tatsächlich von meinem Vorhaben abgehalten.« – Früheren Zeiten waren solche Begegnungen vertraut. Vielleicht werden wir sie auch wieder ernstnehmen müssen, statt sie durch die Behauptung »Halluzination« wegzuerklären.

»Geburtshilfe« ist uns vertraut, denn wir Erdenmenschen müssen einem neuen Erdenbürger beim Betreten dieser Welt behilflich sein. »Sterbehilfe« (einst von Priestern mit Sakramenten vollzogen) ist uns heute nurmehr als medizinische Hilfe (z. B. als Morphiumspritze) geläufig. Denn wir wissen nichts mehr von jener Welt, in welche der Sterbende übertritt, wobei der Sterbevorgang durchaus einem Geburtsvorgang ähnlich ist. Wir sollten daher den Mut aufbringen, auch den folgenden Bericht (einen unter vielen) ernsthaft zu bedenken. Am Sterbebett seiner Frau stehend, gerät ein Herr in einen »gelockerten« Bewußtseinszustand, der es ihm ermöglicht, die »andere« Seite eines Sterbevorgangs zu erschauen: »Allmählich gewahrte ich zu Häupten meiner Frau eine weibliche Gestalt, durchsichtig, wie heller Goldschein leuchtend, und so erhaben, daß mir die Worte fehlen. Die Gestalt ist in ein griechisches Gewand gehüllt und steht unbewegt, die Hände über meine Frau erhoben. Zwei weitere, weniger deutliche Gestalten stehen zu beiden Seiten meiner Frau. Über meiner Frau, aber durch ein kabelähnliches Band mit ihrer Stirn verbunden, schwebte eine unbekleidete, weiße Gestalt hervor, bald sich ausdehnend, bald zusammenschrumpfend, je nach dem sie sich vom materiellen Körper meiner Frau mehr befreien konnte oder wieder mehr in ihn zurückgeholt wurde. Dieser Vorgang (der Mediziner würde ihn »Todeskampf«, »Agonie« nennen) dauerte etwa fünf Stunden. Endlich trat der Tod ein. Hierbei zerriß das Band, das die Gestalt mit dem materiellen Körper meiner Frau verband, und die Gestalt samt den anderen Gestalten verschwanden. Zugleich wich der ungeheure Druck von meiner Seele, der während des ganzen Todesvorganges auf mir gelastet hatte.« – Ähnliche Fälle gibt es viele. – Wann werden unsere Medizinstudenten von solchen Möglichkeiten und damit von der anderen Seite des Sterbens etwas zu hören bekommen?

Bei einer Umfrage in weiteren Kreisen wird man leicht auf Menschen treffen, die zwar einen sogenannten »Austritt« erlebten, bisher aber sich scheuten, davon zu sprechen, um nicht als »geisteskrank« in Verruf zu geraten. Ein Herr berichtet: »Ich schlief in einem Londoner Hotel, erwachte gegen Morgen wegen Herzbeschwerden und wurde kurz darauf ohnmächtig. Zu meinem Erstaunen befand ich mich bald in der Höhe des Zimmers, von wo aus ich meinen Körper leblos und mit geschlossenen Augen im Bett liegen sah. Ich versuchte ohne Erfolg in meinen Körper zurückzukehren und schloß daraus, daß ich gestorben sei. Sicher ist, daß ich weder Gedächtnis noch Bewußtsein verloren hatte. Ich sah meinen leblosen Körper wie einen fremden Gegenstand, indessen konnte ich nicht das Zimmer verlassen. (In anderen Fällen ist dies möglich, H.) Nach einigen Stunden hörte ich ein Klopfen an der Tür, ohne daß es mir möglich war, ein Lebenszeichen zu geben. Dann erschien der Hotelportier auf dem Balkon, zu dem eine Feuerleiter emporführte. Ich sah ihn den Kopf schütteln, dann einen Löffel zwischen meine Lippen zwängen. Ich verlor das Bewußtsein und erwachte im Bett.«

Diese und ähnliche Fälle scheinen zu beweisen, daß es zwei Arten von Bewußtsein gibt: ein gehirngebundenes, alltägliches und ein besonderes, gehirn- und leibfreies, wie wir es wohl auch nach dem Tode besitzen. Oft scheint das leibfreie wesentlich heller und umfassender als das leibgebundene zu sein, und eine Rückschau auf das ganze durchlebte Leben zu bieten (sog. »Erinnerungstableau«).

»Austritte« scheinen bisweilen auch christliche Märtyrer gehabt zu haben, wenn sie, mit ihrer Seele dem Leibe entrückt, himmlische Musik zu hören glaubten, während ihre Leiber den furchtbarsten Mißhandlungen ausgeliefert waren. Eindrucksvolle Berichte finden sich bei Josef Görres, Christliche Mystik, 5 Bde.

Bekannt ist das sog. »Anzeigen« Verstorbener, wobei diese ihren Bekannten Nachricht von ihrem Tode geben möchten. Dieser Drang verstärkt sich, wenn es sich um Ermordete handelt, die ein unbekannt gebliebenes Verbrechen aufklären wollen. Ein Beispiel für viele: Ein Gutsbesitzer hatte unterwegs einen größeren Geldbetrag verloren und beklagte seinen Verlust in einer Gastwirtschaft. In einer Ecke saß ein armer Handelsmann, der dem Gespräch interessiert lauschte, schließlich aufstand und mit vielen Bücklingen dem Gutsbesitzer die verlorene Brieftasche überreichte, die er im Straßengraben gefunden hatte. Der Gutsbesitzer schenkte ihm darauf die Hälfte des Geldes. Die Freude des armen Handelsmannes war unbeschreiblich. Mit tausend Segenswünschen für den hochherzigen Spender entfernte er sich. Nach etwa zwei Wochen erschien der Handelsmann dem Gutsbesitzer im Traum und klagte ihm, daß der unverhoffte Reichtum die Ursache seines Todes geworden sei. Als sich der Traum wiederholte, ließ der Gutsbesitzer den Gastwirt kommen und befragte ihn nach dem Verbleiben des Handelsmannes. Die Betroffenheit des Wirtes und seine Anstrengungen, den Weggang des Handelsmannes zu beteuern, fielen dem Gutsbesitzer zwar auf, es kam ihm aber doch nicht in den Sinn, den Gastwirt eines Verbrechens zu verdächtigen. In der folgenden Nacht aber träumte er: Der Handelsmann kam wieder, nahm ihn bei der Hand und führte ihn zum Gasthaus. Dort deutete er im Hof auf eine große Mistgrube und verschwand in derselben. Nun erstattete der Gutsbesitzer Anzeige, und man fand die Leiche des Handelsmannes in der Mistgrube« (nach von Gagern, aus Hartmann).

Hält man es für möglich, daß Abgeschiedene über die Erlebnisse ihres Abscheidens an hierzu befähigte, sensible Menschen (wir nennen sie bekanntlich »Medien«) Mitteilungen machen, dann wird man folgenden Bericht (einen von vielen) ernst nehmen und daraus die nötigen Folgerungen für sein eigenes Leben und Sterben ziehen müssen.

Das Sterben ist kein augenblicklicher, sondern ein oft recht langwieriger Prozeß der »Lösung«. Dadurch wird klar, daß der Sterbende bald mehr die Vorgänge seiner physischen Umgebung und die Gespräche seiner Freunde vernimmt, bald wieder Gestalten, Ereignisse, Worte von »jenseits der Schwelle« sich in sein Bewußtsein hineindrängen: »Ich war sehr schwach, aß nicht mehr und konnte nicht mehr sprechen. Ich hörte noch die Leute um mich reden, wie von weither, doch meine Aufmerksamkeit konnte ich ihnen nicht mehr geben. Ich sah ganz andere Dinge. Ist es Traum? Ist es Wirklichkeit? Denn ich sah von weitem meine verstorbenen Eltern, die mir entgegenkamen. Aber gleich vernahm ich wieder das Geflüster meiner Angehörigen, die mich umstanden. So konnte ich meine Aufmerksamkeit weder dem einen noch dem anderen ganz schenken. Was ich aber im Folgenden immer mehr wahrgenommen habe, das war ein *Wesen*. Es schwebte über meinem Bett und machte sich an mir zu schaffen. Es strich mit den Händen über meinen Kopf und über die Decke hin und her. Ich hätte ihm gerne die Hände gereicht, aber ich hatte dazu nicht die Kraft. Nun aber kamen meine Eltern immer mehr auf mich zu, und jetzt sah ich sie ganz deutlich vor mir stehen, während die Gestalt noch immer über mir schwebte. Bald sah ich noch ein zweites Wesen, das sich an mir zu schaffen machte. Sie strichen so lange mit ihren Händen über mich hin, bis ich ihnen meine Hände reichen konnte und mich geteilt hatte. Man machte mich auch gleich darauf aufmerksam: Jetzt bis du gestorben, und da liegt dein irdischer Körper! Schau hin! – Da hörte ich die Menschen um mich sagen: Jetzt ist sie verschieden! Noch schwebte ich mit den beiden Gestalten etwas im Zimmer hin und her, und dann zogen sie mich fort. Wie von einem Windstoß wurde ich aus meinem Sterbezimmer hinweggeführt« (nach Hinz/Hartmann).

Im allgemeinen erfolgt das Sterben (wie schon Platon anläßlich des Todes von Sokrates in seinem Dialog »Phädon« mitteilt) von den Beinen aufwärts, so daß der Sterbende oft noch zu sehen und vor allem zu hören vermag, wenn sein übriger Körper bereits bewegungs- und empfindungslos ist. Das Hören erlischt dann zuletzt, was die Umstehenden berücksichtigen sollten, um den Sterbenden nicht durch unbesonnene Äußerungen (z. B. hinsichtlich der Erbschaft) zu irritieren.

Aber auch heute kann es geschehen, daß heftige Schmerzen in dem Grade nachlassen und endlich ganz schwinden, wenn die Seele im Sterben dem Leibe sich zu entziehen beginnt. Der Sterbende versichert dann auf Befragen, es gehe ihm jetzt viel besser, und er hoffe bald ganz zu genesen. – Im tieferen Sinne ist dies sogar richtig, wenn man, mit Sokrates, im Sterben einen Heilungsprozeß von der »Krankheit« des Erdendaseins erblickt.

Besteht schon bei den gewöhnlichen »Austritten« zwischen dem leibgebundenen, innerleiblichen Bewußtsein und dem leibfreien, außerleiblichen Bewußtsein ein deutlicher Einschnitt, der durch eine vorübergehende Bewußtlosigkeit markiert ist, so ist naturgemäß dieser Einschnitt beim »Sterben« weitaus tiefgreifender. In den Berichten, die wir darüber haben (z. B. bei R. A. Moody) wird oft von einer großen »Bedrückung« oder angsterregenden »Finsternis« gesprochen, die so lange erlebt wird, als die geistig-seelische Wesenheit des Menschen noch soweit mit dem physisch-materiellen Leibe verbunden ist, um dessen »Todeskampf« (das heißt das allmähliche Erlöschen der Atmungs-, Kreislauf- und Stoffwechselprozesse miterleben zu können und zu müssen. Das ist die bekannte »Todesangst«, von der uns bisweilen Soldaten, aber auch Menschen berichten, die zur Hinrichtung geführt, dann aber begnadigt wurden.

Plötzlich jedoch, eben als Folge der endgültigen Leib-Befreiung, erfolgt dann der Eintritt in einen Bereich, der bald als unendliches Licht, bald als vollkommene Gesundheit, bald als Glück und Freiheit geschildert wird. Das Schicksal des Leibes, dessen Organe vielleicht noch im Todeskampf befindlich sind, interessiert dann nicht mehr. In ihn zurückzukehren, wird als unzumutbar empfunden, weil der Sterbende nunmehr die »andere« Seite der Welt betreten hat und in ihr heimisch zu werden beginnt. Aus dieser anderen Welt plötzlich wieder (z. B. durch einen radikalen ärztlichen Eingriff) zurückgerissen und erneut mit dem Erdenleibe verbunden zu werden, wird dann als unerträglich empfunden: »Warum habt ihr mich zurückgeholt« – ist ein Vorwurf, den sich die Anwesenden gefallen lassen müssen. Nur weil uns die Erinnerung an Geburt und Empfängnis, also an den Eintritt ins Diesseits mangelt, empfinden wir den damit verbundenen Abschied aus dem Jenseits nicht auch als ein angsterfülltes Sterben.

Wie immer aber auch das Abscheiden aus dem Erdendasein im einzelnen erlebt wird, gemeinsam ist allen diesen Erlebnissen die grandiose, mit nichts zu vergleichende Feierlichkeit des Todesgeschehens. Hier haucht uns der Atem der Ewigkeit an! Daher sind zu allen Zeiten auch alle großen, uns im Innersten erschütternden Erlebnisse (z. B. anläßlich wahrer Liebe, hoher Dichtung und Musik) als dem Sterben verwandt empfunden worden. Wo immer wir von Erhabenem angerührt werden, steht der Tod als »Mysterienführer« neben uns. Im Erdenleben mögen uns die materiellen Genüsse der Konsum- und Wohlstandsgesellschaft Befriedigung gewähren. Aber alles Wahrhaft-Feierliche entsteht allein dann, wenn sich die menschliche Seele über das Diesseits erhebt und von den Geheimnissen des Jenseits berührt, »inspiriert« wird. Darin wurzeln wohl letztlich alle großen Kunstwerke.

Ist allerdings der Sterbende durch den anfänglichen Bereich des Lichtes und Glückes hindurchgeschritten, dann scheint er in eine Sphäre großen Ernstes einzutreten, weil dann die sittlichen Qualifikationen seines Erdendaseins offengelegt und beurteilt werden. Es ist der Bereich des »Totengerichtes«, von dem uns Bilder aus dem alten Ägypten und Ertrurien erzählen, von dem die Inder als »Kama-lika«, die Christen als »Fegefeuer« berichten. Materielle Feuer sind hierzu unnötig, die Vorwürfe und Qualen unseres Gewissens, die Reue über Getanes oder Nichtgetanes genügen vollends zur Selbstreinigung.

Nun können allerdings die Beweise, die wir in diesem sowie in früheren Kapiteln für die Unsterblichkeit beizubringen versuchten, die Angst vor dem Sterben nicht gänzlich überwinden. Denn der Tod ist eben doch eine ungeheuer einschneidende Realität. Er nimmt uns nicht nur unser äußeres, materielles Eigentum, sondern auch alles, was wir in diesem Leben an sozialer Position, an Ansehen und Ehren besaßen. Das, was wir zunächst als unser »Ego« während des Erdenlebens liebten, – das vernichtet er unwiederbringlich. Die Wurzel unserer Todesangst ist also unser Egoismus, womit wir mit tausend Fasern unserem Erden-Leibes-Dasein verhaftet und verwurzelt sind und uns, eben aus Egoismus, nicht dazu entschließen können »loszulassen«.

In früheren Zeiten scheint das anders gewesen zu sein. Da freuten sich alte Menschen, bald dieses Erdendasein verlassen und »zu Gott heimkehren« zu dürfen. Der »Hingang« (das Sterben) wurde inmitten der versammelten Familie und unter priesterlichem Beistand feierlich vollzogen. Warum sollte man, wie die Geburtsstunde (»Geburtstag«) nicht auch die Sterbestunde (»Todestag«) – und vielleicht mit mehr Berechtigung – feiern? Offenbar war man damals weniger stark mit seinem materiellen Körper und dadurch mit der materiellen Welt verbunden, also für die geistige Welt offener, so daß sich vielleicht auch die Loslösung vom Leibe, also das Sterben, leichter vollzog, zumal, wenn man im Sterben die Hilfen zu erleben vermochte, die von

»Jenseits« der Schwelle der Menschenseele entgegenkamen, um ihr beim Abscheiden beizustehen. Wir nennen das heute »Phantasie« oder »Glaube« – aber es ist Wirklichkeit. Unsere moderne Wirklichkeit ist hingegen der Abstellraum in den Kliniken, wohin man Sterbende befördert, damit die übrigen Patienten, aber auch die Angehörigen, nicht durch ein so »unangenehmes« Ding wie es das Sterben ist, beunruhigt werden. Denn der Tod, einst die große Hoffnung der frühen Christen und Märtyrer, aber auch todesbereiter Offiziere und Soldaten, ist heute »tabu«.

Das alles hat sehr wohl und wesentlich mit der Selbstentfremdung des Abendlandes zu tun, weil es die Entfremdung des Menschen von sich selbst und seinen wahren großen Möglichkeiten bedeutet.

Kapitel 34

Rückschau und Einkehr

Die Selbstentfremdung des Abendlandes (wozu wir unter dem Aspekt dieses Buches auch die USA rechnen müssen), ist weit mehr als ein lokales Schicksal. Als existentielle Krise des bisher fortschrittlichsten Teiles der Menschheit wird diese Selbstentfremdung die ganze Erdenmenschheit in ihren Bann ziehen. Aber diese Selbstentfremdung ist, das darf nicht vergessen werden, lediglich die Schattenseite der schöpferischen Größe eben dieses abendländischen Menschen, die heute in Gestalt der technischen Industriegesellschaft sowie der sozialen Anspruchs- und Wohlstandsgesellschaft die ganze Erde zu ergreifen strebt. Existentielle Selbstentfremdung und schöpferische Größe bilden zusammengehörige Symptome einer bestimmten Entwicklungsstufe des menschlichen Selbst- und Weltbewußtseins. Umgehen läßt sich diese Entwicklungsstufe nicht. Wir müssen durch sie hindurch und leisten (wenn dies gelingt) zugleich einen Beitrag für die gesamte Erdenmenschheit, also auch für die »Entwicklungsländer«, die heute noch kaum ahnen, was durch die moderne Industrie- und Anspruchsgesellschaft auf sie zukommt.

Das Schlüsselproblem ist offenbar die Denkmethodik der modernen Naturwissenschaft mit ihren Konsequenzen für Welt-Bild und Mensch-Sein. Diese Naturwissenschaft wurzelt nämlich in einem intellektuellen Denken, das sich zugleich destruktiv und konstruktiv betätigt. Destruktiv ist es hinsichtlich Natur und Kosmos, deren lebens-, seelen- und geisterfüllte Gestalten, Formen und Sinnbezüge es zerstört, um daraus das »Material« für eigene konstruktive Zielsetzungen in der Technik zu gewinnen. Man kann auch sagen: Die Gottheit wird aus Natur und Weltall vertrieben, um Platz zu bekommen für die schöpferische Betätigung des Menschen. In diesem Sinne sprengen, zerteilen und brennen wir den gewachsenen Fels, um daraus Zement und Kalk zu gewinnen. In diesem Sinne fällen, zerkleinern und verkochen wir gewachsene Bäume, um daraus Papier für unsere Zeitungen zu fertigen. Im selben Sinne zerlegt der analytische Chemiker Pflanzen, Tiere und Menschen, bis er schließlich zu Kohlenstoff, Sauerstoff, Wasserstoff und Stickstoff als den »Grundbestandteilen« aller Lebewesen gelangt.

Dieses Vorgehen haben wir zunächst bejubelt und als »naturwissenschaftliche Wahrheit« in Kontrast zum »mittelalterlichen Aberglauben« gefeiert. Wir verfielen dem Irrtum, zu vermeinen, die letzten Grundbestandteile, in die sich alles Seiende auflösen lasse und aus denen es auch zu bestehen scheine, könnten uns auch Aufschluß über das Wesen dieses Seienden geben, ja, darüber hinaus zeigen, wie aus diesen Grundbestandteilen (»Elementen«) die Gestalten- und Wesensfülle der Naturreiche einst entstanden sei. Wir vergaßen hierbei nur, daß dasjenige, was wir elementare Materie (z. B. chemische Elemente) nennen, wohl als analytisches Endprodukt eines Zerlegungs- und Tötungsprozesses zu gewinnen ist, daß wir aber außerstande sind, diesen »Leichnam der Natur« wieder zum Leben zu erwecken.

Daher sind wir heute weiter als jemals davon entfernt, aus den Prinzipien der Physik und Chemie den Formen- und Lebensreichtum der Pflanzen, Tiere und Menschen zu erklären. Denn die Darwinschen Erklärungsversuche sind über bloße Behauptungen nicht hinausgelangt.[170]

Kurz: die moderne Naturwissenschaft hat uns von der Wahrheit der Natur immer weiter entfernt, dafür aber immer mehr Macht über die Natur – oder besser – über ihre materiell-energetischen Komponenten gegeben.

Damit hängt zusammen, daß wir zwar Werkzeuge, Maschinen, Industrieanlagen, also die Produkte unserer eigenen Intelligenz durchaus verstehen, von der wirklichen Erkenntnis dessen, was Pflanzen, Tiere und auch wir selbst dem Wesen nach sind, zunächst aber ausgeschlossen scheinen. Denn wir erkennen zu-

170 Vgl. A. Portmann, Aufbruch der Lebensforschung, Zürich, 1965, sowie O. J. Hartmann, Vom Sinn der Weltentwicklung, Frankfurt/M. 1971.

nächst nur, was wir auch machen können. Daher versuchen wir auch den »Menschen« in unsere Machbarkeit einzubeziehen.

Die Manipulierung des Menschen durch die Politiker unserer Versorgungs- und Wohlstandsgesellschaft geht durchaus parallel der Manipulierung der Naturmaterien und Naturgesetze durch unsere Techniker. In diesem Sinne sind Mechanismus und Sozialismus einander wesensverwandt. Sie wurzeln im selben intellektuellen Herrschaftswillen des »homo faber« mit dem Glauben an die universelle *Machbarkeit* auch der zwischenmenschlichen Verhältnisse.

Denkt man das hier Angedeutete zu Ende, so erheben sich zwei Fragen: Wie retten wir die lebendige Natur vor der modernen Naturwissenschaft? Wie retten wir den lebendigen Menschen mit seinem höchstpersönlichen Schicksal vor dem modernen Versorgungsstaat? – obgleich wir auch weiterhin in einer Versorgungs- und Industriegesellschaft leben werden. Mit den Schlagworten »Natur-Schutz« und »Schutz der Menschenrechte« ist es nicht getan. Derartige Bestrebungen verbleiben an der Oberfläche, solange wir nicht wissen, was Pflanzen als Lebensträger, Tiere als Seelenträger, Menschen als Geistträger eigentlich sind. Das analytische Denken, das die Natur in Moleküle und Atome (Biologie) beziehungsweise das Menschsein in kollektive Triebe und Bedürfnisse (Neomarxismus) auflöst, kann das nicht leisten. Nur dem erweckten Geistig-Seelischen in uns werden sich die geistig-seelischen Tiefendimensionen des Kosmos, die sich in Pflanzen, Tieren, Mitmenschen uns offenbaren möchten, erschließen. Gelänge es uns, Pflanzen, Tiere, Mitmenschen in diesem Sinne anzuschauen, so wären damit die Grundlagen einer Ehrfurcht gegeben, woraus sich Natur- und Menschenschutz von selbst ergeben könnten. Denn »Menschen-Schutz« ist heute vordringlich gerade auch im Hinblick auf die gesellschaftlichen Kollektive.

Man wird es einem Kenner der modernen Naturwissenschaft, der lebenslang auf physikalisch-chemischen Gebieten schöpferisch arbeitete, zugestehen müssen, wenn er sagt: Die moderne Naturwissenschaft und die ihr geistig verwandte neomarxistische Soziologie haben einen zutiefst lebens- und menschenfeindlichen Charakter. Wohl helfen sie scheinbar mit den Mitteln des modernen

Industrie- und Wohlfahrtstaates dem physischen Wohlergehen der Menschen, indem sie jedoch das Ewige im Menschen ausklammern, sind in ihnen menschenvernichtende Tendenzen wirksam.[171]

Der Einsatz von Rechengeräten wirft heute erneut die Frage nach den Grenzen der Meß- und Berechenbarkeit und damit die Frage nach den Grenzen derjenigen Wissenschaft auf, die nach Kant allein »exakte Wissenschaft« genannt werden kann. In dieser Hinsicht scheinen nun Kristalle die äußersten Grenzen exakter Wissenschaft darzustellen (man denke an die Gesetzmäßigkeiten der Kristallgitter!). Aber schon das kleinste keimende Pflänzchen entzieht sich solchen Kalkülen, und schließlich ist – gegenüber dem Reichtum tierischer Köpfe und menschlicher Antlitze – alles Messen, Wägen und Berechnen aussichtslos. Je stärker aber so in der Stufenfolge der Naturreiche das Reich der Mathematik und damit die Möglichkeit zu technischen Konstruktionen hinschwindet, desto mehr könnten (wenn wir nur wollten) Erkenntnisse hervortreten, die nur mehr mit dem Einsatz unseres eigenen Seelenwesens zu meistern wären. Denn überall aus den Gestalten und Verhaltensweisen der Pflanzen, Tiere und Mitmenschen könnten nunmehr Weltenseele und Weltengeistigkeit zu unserer eigenen Seele, zu unserem eigenen Geiste sprechen. Denn hingebend-einfühlsames Erleben bildet doch auch die Erkenntnisbrücke, wenn Mensch und Mensch, die Antlitze einander zugekehrt, sich offen in die Augen schauen und dadurch alles Körperlich-Materielle geistig-seelisch durchsichtig wird.

Damit wären die wahren Fundamente unseres Menschseins gefunden, wodurch sowohl Industrie- als Wohlfahrtsgesellschaft auf die Dauer erst gedeihen könnten. Aber diese Fundamente werden wohl erst kommende Generationen würdigen. Bis dahin werden die Großtaten des abendländischen Menschen (Industrie- und Wohlstandsgesellschaft) vom dunklen Schatten der Selbstentfremdung und Geistesverleugnung des abendländischen Menschen begleitet sein und beides, Licht und Schatten, werden – vom Abendland ausstrahlend – die ganze Erde in ihren Bann ziehen.

171 Vgl. zum Antihumanen der modernen Soziologie: Horst Baier, Herausg., Freiheit und Sachzwang, Festschrift für H. Schelsky, Opladen 1977.

In unserer Welt gibt es weltanschauliche und politische Strömungen, die sich offen zu ihren wahren Zielen bekennen, und andere, die es nicht wagen zu können glauben aus Sorge, sich dadurch den Weg zur Macht endgültig zu versperren. Zum Wesen solcher Strömungen gehören daher unvermeidlich die Tarnung, die Verschleierung und die Unaufrichtigkeit – unbeschadet, ob es den Mitläufern bewußt oder unbewußt bleibt. Im Falle des Sozialismus hat dies der Soziologe Lothar Bossle klar nachgewiesen. Da mein Hauptanliegen die tiefenpsychologische Durchleuchtung der gegenwärtigen weltanschaulichen Strömungen ist, sei kurz auf Bossles Ergebnisse eingegangen. Bossle meint, schon durch seine Abkehr von Hegel und durch den Entschluß, die Wahrheit der »Aktion« zu opfern, habe Marx den Boden der Redlichkeit verlassen und den Weg zu einer Benennungs- und Vernebelungstaktik eingeschlagen. Als Marx mit der Chefredaktion der »Rheinischen Zeitung« beauftragt wurde, war dies nur durch eine Verleugnung des »Kommunistischen Manifestes« von 1848 möglich, das erst vor kurzem von ihm und Engels verkündet worden war. Engels sprach es offen aus, daß ihre eigentlichen Ziele verborgen bleiben müßten. Golo Mann urteilt hart, jedoch zutreffend, wenn er für diese Methode der instrumentalprogrammierten Täuschung im Marxismus das harte Wort findet: »Diesen Fluch der Falschheit haben Marx und Engels in die Welt gebracht.« (Bossle)[171a]

Nun kann man natürlich für dieses Täuschungsmanöver der Begründer des Sozialismus nicht deren spätere Nachfolger verantwortlich machen. Dennoch scheint es auch weiterhin für den Sozialismus charakteristisch zu sein, daß er, wie Bossle dokumentarisch belegt, anläßlich seiner verschiedenen »Grundsatzprogramme« seine wahren Endziele verschleiert und dadurch auch die Zustimmung derer gewinnt, die bei voller Kenntnis des wahren Endzieles zurückschrecken würden.[171b]

171a Lothar Bossle, Soziologie des Sozialismus, Köln 1976.

171b K. Motschmann, Sozialismus. Das Geschäft mit der Lüge, München 1978. Unter dem Eindruck der Mitteilungen Solschenizyns haben sich heute sogar Pariser Ultralinke vom Marxismus abgewandt. Die Parole lautet »Marx ist tot«. Dazu: A. Glucksmann, »Köchin und Menschenfresser –

Menschliches Denken ist eben doch ambivalent. Es kann ebenso zur Erhellung wie zur Verdunkelung eines Tatbestandes dienen, wodurch, als Gegenpol zur Wahrheit, die Lüge in die Welt eintritt. Wohl versuchen manche Tiere, ihre Feinde zu täuschen: Vögel hüpfen scheinbar mit gebrochenen Flügeln umher, um Katzen von ihren Nestern abzulenken, genießbare Insekten imitieren giftige oder schlechtschmeckende, um sich vor Feinden zu retten. Überall in der Natur ist also zwar »Täuschung« und »Tarnung« am Werke, aber es fehlt ein »Jemand«, der täuscht, weil hier »Niemand« über Wahrheit verfügt.

Die Lüge zieht zugleich mit der Wahrheit durch uns Menschen in das Weltall ebenso ein, wie die Lebensverneinung zum Gegenspieler der opfer- und leidensbereiten Lebensbejahung wird. Ehe der Mensch allerdings andere täuscht und belügt, täuscht und belügt er sich selbst – insofern als er, von Selbstliebe erfüllt, die vielfachen Negativitäten seines Charakters nicht sieht und nicht sehen will. Der christlichen Beichtpraxis war das seit jeher vertraut. Wiederentdeckt wurden diese Seelenzustände durch die moderne Psychoanalyse. Sie hat uns darauf aufmerksam gemacht, daß in der fehlenden Aufrichtigkeit der Menschen gegen sich und andere die Hauptursache der Depressionen und Bedrückungen sowie wichtige Nebenursachen für fast alle Krankheiten liegen.[172]

Daß der Mensch ein »Wesen der Wahrheit« ist und eben deshalb auch ein »Wesen der Lüge« sein kann, wird sogar in Körperbau und Körperhaltung sichtbar. Es ist keineswegs zufällig, wenn wir von einem »aufrichtigen« Menschen oder einem »aufrechten« Charakter sprechen und meinen, ein Kind nicht nur im anatomischen, sondern auch im sittlichen Sinne zu einer aufrechten Haltung hinführen zu müssen. Im Gegensatz hierzu steht die gebückte Haltung, der scheue, abgewandte Blick sowie der unsichere Gang desjenigen, der mit sich und der Welt nicht im reinen ist, also letztlich aus der Lüge lebt. Lüge ist mit Gewissenlosigkeit ver-

über die Beziehung zwischen Staat, Marxismus und Konzentrationslager«, Wagenbach-Verlag, Berlin 1977.

172 Vgl. H. M. Müller-Eckhard, Die Krankheit nicht krank sein zu können, Stuttgart 1964; O. J. Hartmann, Schicksal, Krankheit und Heilung, 3. Aufl., Freiburg 1966.

wandt, und beide brechen uns recht eigentlich das moralische Rückgrat. Sogar Atmung, Herzschlag und Hautdurchblutung sind bei demjenigen verändert, der wissentlich lügt (Lügendetektoren!).

Zwischen Wahrheit und Lüge liegt der Zweifel; dessen Gegenspieler ist das Vertrauen. Allerdings ist nicht alles vertrauenswürdig und sind überall – sowohl gegen uns selbst wie gegen unsere Mitmenschen – durchaus Zweifel berechtigt. Ohne ein Mindestmaß an Vertrauensvorschuß gegen uns selbst sowie gegen unsere Mitmenschen müßten wir aber verzweifeln. Ur-Vertrauen weil Ur-Wahrhaftigkeit versucht schon der Säugling aus den liebevollen Blicken der Mutter zu gewinnen. Wird er hier enttäuscht, weil ihn nur die sachlichen oder gar verärgerten Blicke eines überlasteten Pflegepersonals treffen, so wird ihn ein Gefühl der Entfremdung lebenslang begleiten, wofür er sich an der Gesellschaft zu rächen versuchen wird. Der Keim zum Asozialen ist damit gelegt.

Hieraus ersieht man das Verbrecherische gewisser Erziehungsmethoden, die unter dem Vorwand »kritischen Denkens« in den Kindern nur Mißtrauen gegenüber Eltern und Lehrern erwecken. Mag sich nämlich im späteren Leben manches sehr wenig vertrauenswürdig herausstellen, dem wir anfangs vertrauten, so gehört doch Vertrauen, der Wahrheit zugewandt, zu den wichtigsten Bedingungen für die Entwicklung starker, innerlich freier Persönlichkeiten. Allem voran steht das Gottvertrauen, das uns niemals enttäuschen kann. Ein unkonventioneller und unkonfessioneller Religionsunterricht könnte – und wird wohl auch in ferner Zukunft – die Achse unseres Erziehungssystems bilden. Er wird die Güte und Weisheit in der Naturordnung sowie in unserer Schicksalsführung zum Inhalt haben. Im Lichte solcher Wahrheit könnten wir uns dann wohl niemals ganz unglücklich und verlassen fühlen.

Politisch-weltanschauliche Strömungen scheinen, trotz gegenteiliger Bemühungen und Versicherungen, den »Charakter« nicht ablegen zu können, mit dem sie einst begründet wurden und in die Geschichte eintraten. Das ist ein eigenartiges Verhältnis, das psychologisch ungeschulten Menschen nicht leicht zu verdeutlichen ist, obgleich es heute im »Marsch durch die Begriffe« oder in der »Sprachregelung« der Sozialisten nur zu deutlich erkannt werden kann.[173]

Es muß ein im tiefsten Sinne und schon in Marx selbst wirkendes Menschen-Feindliches, Menschen-Verachtendes, Herrschsüchtiges gewesen sein, das immer wieder Tarnungen notwendig machte, um die Menschen zur Zustimmung, ja oftmals zur Begeisterung für die humanen Ziele des Marxismus zu gewinnen. Denn wer möchte nicht den Armen, Notleidenden, Unterdrückten beistehen?

Um so mehr ist die Frage zu stellen: Warum wächst sich in allen Staaten, in denen der Sozialismus zur Alleinherrschaft gelangte, die Parteihierarchie zu einer alle menschlichen Belange kontrollierenden Macht aus? Warum ist Albanien stolz darauf, der erste rein atheistische Staat zu sein? Warum wird in allen sozialistischen Staaten die Religion bekämpft – es sei denn, man findet sich aus praktischen Erwägungen veranlaßt, eine vorübergehende Toleranz zu üben? Warum legt man so großen Wert auf den Unterschied zwischen Sozialismus und Kommunismus, wo doch an allen Orten, an denen dieser Entwicklungsweg beschritten wurde, der Kommunismus marxistisch-leninistischer Prägung das unvermeidliche Endziel war?

Wenn man aber heute den Gefahren der Diktatur mit Schlagworten wie »Demokratie« oder gar »Demokratischer Sozialismus« entgegentreten will, unterliegt man einem schweren Irrtum, denn Demokratie kann, unkritisch gehandhabt, sehr wohl zum Gegenteil dessen führen, was man anfänglich erstrebte oder zu erstreben vorgab. Daher sollte man diese Worte heute strikt vermeiden und durch neue und bessere Begriffsbilder ersetzen.

Schon um 1840 hat Alexis de Tocqueville in seiner berühmten Studie erkannt, daß gerade Demokratien ungewöhnliche Chancen dafür bieten, das Volk im Namen des Volkes unmerklich in die Knechtschaft hineinzuführen: »Ich bin der Ansicht, die Art der Unterdrückung, die den demokratischen Völkern droht, wird mit nichts, was ihr in der Welt voraufging, zu vergleichen sein. Über diesen Bürgern erhebt sich eine gewaltige Vormundschafts-

173 Vgl. H. Schelsky, Der selbständige und der betreute Mensch, Kap. Herrschaft durch die Sprache, Stuttgart 1976.

macht, die es allein übernimmt, ihr Behagen sicherzustellen und über ihr Schicksal zu wachen. Sie ist absolut, ins einzelne gehend, pünktlich vorausschauend und milde. Sie würde der väterlichen Gewalt gleichen, hätte sie – wie diese – die Vorbereitung des Menschen auf das Mannesalter zum Ziel. Sie sucht aber, im Gegenteil, die Menschen unwiderruflich in der Kindheit festzuhalten.«[174]

Kinder sind der Außenwelt und ihren Versprechungen zugewandt. Heute mehr als in früheren Epochen. David Riesman hat in seinem Buch »Die einsame Masse« folgerichtig die Außensteuerung des Menschen als die große Belastung in unserer Zeit hervorgehoben. Wer über Menschen herrschen will, muß also verhindern, daß der Mensch erwachsen wird, in sich selbst einkehrt und die Kraft seiner Seele entwickelt. Mit infantilen Maßnahmen wie »panem et circenses« wußten einst die spätrömischen Machthaber das Volk zu beherrschen, indem sie zugleich dessen angeblicher »Souveränität« schmeichelten.

Im Gegensatz dazu versuchte das Christentum die menschliche Innerlichkeit zu stärken, diese auf das Transzendente, also auf die geistige Welt, hinzuwenden und dadurch die wahre Freiheit und Menschenwürde zu begründen. Der Kirchenvater Aurelius Augustinus war wohl der erste, der dieser Richtung einen auch noch heute gültigen sprachlichen Ausdruck verlieh. In seinen »Bekenntnissen« erzählt er, wie er, durch schwere Schicksalsschläge veranlaßt, erstmals zu sich selbst einkehrt, die weiten Landschaften einer seelischen Innerlichkeit, seines Gedächtnisses, betritt und dort erst in Wahrheit sich selbst begegnet, während er sich bisher im Zustande der Selbstvergessenheit und Selbstverlorenheit befunden hat. Auch die von ihm entdeckten seelischen Innenwelten seien, so meint er, überleuchtet von einer Sonne, aber es sei eine geistige Sonne, die Sonne Gottes und nicht Satans, welche die Landschaft der menschlichen Seele überstrahlt und dem menschlichen Ich das Dasein und die Wahrheit erst zu geben vermag.

174 Vgl. Alexis de Tocqueville, Die Demokratie in Amerika, Frankfurt 1956.

Alle großen kulturellen Leistungen des Abendlandes, von der Parzivaldichtung Wolfram von Eschenbachs über die farbenprächtigen Goldgrundbilder der Gotik bis zu der Musik Anton Bruckners entspringen letztlich einer solchen »Innerlichkeit«. Wer sich in ihr verwurzelt, wer sein Ich von jener geistigen Sonne überleuchtet, getragen, behütet weiß, der steht äußeren Schicksalsschlägen, körperlichen Krankheiten, gesellschaftlichen Belastungen souveräner gegenüber als der nur mit der Außenwelt verbundene Mensch. Die Dimension seiner seelischen Innerlichkeit gibt ihm auch dann Freiheit, wenn er äußerlich, wie Schiller meinte, in Ketten geboren wurde, oder, um mit Luther zu reden: »Ein Christenmensch ist ein Knecht und jedermann Untertan, aber zugleich ein Herr und niemandem Untertan.« – Viele uns heute unlösbar scheinende Bedrückungen verschwinden, wenn man so empfinden kann.

Heute hat sich uns diese Seelenwelt mit der sie überleuchtenden inneren Sonne verborgen, denn seit Beginn des Zeitalters der Erfindungen und der Entdeckungen haben wir uns von uns weg, nämlich allein oberflächlich der Außenwelt zugewandt. Die Verheißungen des Sozialismus sind an die Stelle der Ehrfurcht vor Gott getreten. Uns ist, wie es Alfred Weber ausgedrückt hat, »die Transzendenz« verlorengegangen.

Die Landschaft unserer Seele ist heute von der Finsternis der Selbstvergessenheit bedeckt, dank jener Mächte, die den Menschen auf einen anonymen Teil der Masse, auf nicht formierte »Gesellschaft« reduzieren möchten. Die »Gleichgewichtsverhältnisse« sind, um ein Wort Friedrich Meineckes hier in Erinnerung zu rufen, durch die sozialistischen Systeme unserer Tage erheblich gestört, ja zerstört worden.

Nun ist sonnenklar: Wer sich an die Stelle Gottes setzen, wer den Menschen die alleinige Heimat in der Außenwelt geben will und sie in immer größere Abhängigkeit von staatlichen Einrichtungen bringt – der hat nur einen einzigen wahren Gegner: Das, was Augustinus die von der Geistessonne der Gottheit überleuchtete Innerlichkeit nennt. Wer über Menschen herrschen will, muß demzufolge vor allem die Religion bekämpfen. Denn diese verleiht den Menschen innere Unabhängigkeit gegenüber der Gesellschaft.

Religion läßt den Menschen auch dann niemals einsam sein, wenn ihn alle Mitmenschen verlassen und vergessen. Auch im Gefängnis ist *ein* »Du« immer bereit, ihn anzuhören: Gott-Vater. Seine Macht versucht nicht, ihn zu ent-ichen, im Gegenteil, sie stärkt das menschliche Ich, weil diese Macht die Liebe ist. Liebe freut sich an der freien Entfaltung der menschlichen Persönlichkeit, während der kalte Herrschaftswille der Kollektive unter dem Schlagwort »Gerechtigkeit« die Menschen nivellieren möchte.

Die von wahrer Religion erfüllte menschliche Innerlichkeit bietet allen Menschen ein unbesiegbares Refugium. Dorthin kann ihnen keine äußere Macht folgen, die nur die menschlichen Leiber, aber nicht die Seelen erreichen kann – obgleich auch dies durch die raffinierten Methoden der »Gehirnwäsche« versucht wird. Durch solche Verfahren wird nämlich das menschliche Gehirn in so verhängnisvoller Weise präpariert und geprägt, daß es diesen Menschen kaum mehr möglich ist, andere Gedanken aufzunehmen und sich den emotionalen Fesseln der Indoktrination zu entziehen. Nur der Tod kann diese menschlichen Seelen von solchen Umklammerungen befreien und ihnen in jenseitigen Geistbereichen die Wahrheit wieder erschließen. Unter dieser Sicht wird der Seelenmord durch Gehirnwäsche schwerer wiegen als der Mord, der sich lediglich auf die menschlichen Leiber bezieht. Die Romane Dostojewskis kreisen um dieses zentrale Geschehen, und moderne Russen beginnen es am eigenen Schicksal zu empfinden[175].

Der Sozialismus erklärt, sich der Armen, Kranken, Benachteiligten annehmen zu wollen. Gut! Aber was haben diese Ziele mit dem Kampf gegen Religion, Familie, Privatbesitz – nicht nur an materiellen, sondern auch an geistigen Gütern – zu tun? Warum versucht man sich der Kinder zu bemächtigen, sie ihren Eltern zu entfremden und sie ideologisch zu indoktrinieren, wobei der Haß gegen alles, was Menschen bisher verehrten, das Wesentliche zu sein scheint?

Wenn man die Menschen, wie man allzu gern versichert, wirklich liebt, warum hilft man ihnen nicht, damit sie in erster Linie sich selbst, ihre eigene Innerlichkeit, letztlich Gott, finden, ein

175 Vgl. A. Solschenizyn, Stimmen aus dem Untergrund, Darmstadt 1976.

persönliches Gewissen entwickeln und zu selbständig denkenden und verantwortenden Persönlichkeiten werden? Man will Krankheit und Not bekämpfen und verhindert zugleich, daß Menschen ihr unsterbliches Wesen ergreifen, das ihnen allein den wahren inneren Frieden geben könnte. Wohl leitet man schon die Kinder dazu an, die »bestehenden gesellschaftlichen Verhältnisse« kritisch zu durchleuchten, vom kritischen Durchleuchten der eigenen chaotischen Triebe und Leidenschaften, allen voran Haß, Neid, Mißwollen, Schadenfreude, also von Charakterveredelung, ist jedoch nicht die Rede.

Überall dort, wo der Sozialismus durchdrang, finden sich die Menschen von hohen Verbotsmauern umgeben: nicht ins Ausland reisen, nicht den Arbeitsplatz wechseln, nicht mit Fremden sprechen, keine privaten Zusammenkünfte veranstalten, nur staatlich zugelassene Rundfunksender hören und nur approbierte Bücher lesen, möglichst kein Privatleben führen, damit sogar die Freizeit ausschließlich der Staats- und Einheitspartei zur Verfügung steht. Die materiellen Stacheldrahtzäune sind noch das Geringste. Viel dichter sind jene Mauern, von denen sich jede einzelne Seele umgeben findet, was man dann »Gleichheit« nennt.

Warum macht man das eigentlich, wenn man angeblich die Menschen liebt und um ihr Wohlergehen besorgt ist? Warum haßt man, unter dem Vorwand falschverstandener »Gerechtigkeit«, die Vielgestaltigkeit menschlicher Begabungen und Fähigkeiten und möchte die »Uniformität«?

Warum verhindert man in den total-sozialistischen Ländern mit allen Mitteln die Entfaltung der menschlichen Persönlichkeit? Warum sperrt man die Menschen nicht nur körperlich, sondern auch seelisch in Stacheldrahtverhaue? Man weiß sehr wohl, daß man dadurch die Lebens- und Schaffensfreude lähmt, Lüge und Verstellung fördert, den wirtschaftlichen Aufbau verzögert. Warum will man trotzdem nicht von der Idee des ent-ichten, entwürdigten, zentralgesteuerten »gleichen« Menschen ablassen?

Antwort: Weil es letztlich nicht um den wirtschaftlichen Aufstieg, um den Kampf gegen Not und Armut, sondern darum geht, sich der menschlichen Seelen zu bemächtigen. Zu diesem Zwecke muß man schon mit der Indoktrinierung der Kinder beginnen. Wenn es nämlich (wie auch Materialisten dunkel ahnen) eine

»Seele« und eine »Gottheit« geben sollte, dann muß man dafür Sorge tragen, daß dies den Menschen verborgen bleibt. Zu diesem Zwecke muß man die Kinder aus ihren Familien herauslösen und ihnen statt ihrer Seele die »Gesellschaft«, statt der Gottheit die »Einheitspartei« durch »Gehirnwäsche« indoktrinieren. Denn die Gewalt der psychologisch geschulten »Meinungsmacher« ist unabsehbar groß.

Wenn man sich heute mit erneutem Interesse den russischen Denkern zuwendet, so erscheint es aus zwei Gründen berechtigt: Sie haben hinreichend Gelegenheit, die volle Wirklichkeit des Marxismus-Leninismus an sich selbst zu erfahren, verfügen aber auch über den philosophischen Tiefblick, die dahinterstehenden metaphysischen Mächte beim Namen zu nennen. Daher sind sie weit davon entfernt, im Sozialismus nur eines unter vielen möglichen gesellschaftlichen Systemen zu sehen. Sie erkennen vielmehr in ihm die radikale Bedrohung der Substanz des Menschseins.

In vollendeter Form finden sich solche Analysen bereits in den Romanen Dostojewskis. Dort wird die menschliche Persönlichkeit als intimste Form des »Privateigentums« dargestellt, das es im Sinne der radikalen Aufklärer zu »enteignen« gelte. Schon Marx äußerte sich ähnlich in den Vorarbeiten zur »Heiligen Familie«. Wenn das Christentum in jedem Menschen ein Kind Gottes achtet, so wird, nach alter Tradition, diejenige Macht, die diese Einzigartigkeit vernichten möchte, »Antichrist« genannt. Natürlich weist der radikale Aufklärer eine derartige Entblößung entrüstet zurück, weil er sowohl »Christ« als »Antichrist« für rückständigen Aberglauben hält.

Gut! Die radikalen Linken müssen Gegner der freien Persönlichkeit und ihrer Verwurzelung in der religiösen Sphäre sein. Aber sind Freiheit, Gottgläubigkeit, Christentum, wie es die »Rechten« verkünden, nicht vielfach auch nur Tarnungen für massive egoistische Macht- und Wirtschaftsinteressen gewesen? Hat das Großbürgertum in der zweiten Hälfte des 19. Jahrhunderts sich der wirtschaftlichen und menschlichen Nöte der aufkommenden industriellen Arbeiterschaft angenommen? Waren die christlichen Missionare in den Kolonialländern nicht oftmals nur die Wegbereiter der politischen Unterdrückung und der wirtschaftlichen Ausbeutung? War die Ausrottung ehrwürdiger religiös-kultischer Traditionen unter den Naturvölkern zugunsten des »Bibelglaubens« von echter Frömmigkeit und nicht vielmehr oftmals von der Anmaßung der »Weißen« gegenüber den »Farbigen« getragen? Ist nicht die enorme Ausbreitung des Materialismus und des Marxismus über die ganze Erde mit eine Folge des materialistischen und egoistischen Wirtschaftsimperialismus, der seine Heimat im bürgerlichen Europa der Nachgoethezeit hatte?

Der berühmte »Staat der Bauern und Arbeiter« im Osten ist ja nicht von Arbeitern selbst, sondern von bürgerlichen, ja aristokratischen Intellektuellen wie Lenin eingerichtet worden. Die Bauern, und zumal die russischen, waren seit je erbitterte Gegner des Atheismus und Materialismus. Sie versuchten bis zuletzt, ihre Kirchen vor der Zerstörung durch die Bolschewisten zu retten. Die russischen Arbeiter freilich waren religiös entwurzelt. Aber auch sie wären dafür dankbar gewesen, wenn man ihnen ein neues spirituelles Weltbild gezeigt und ihnen zur Verinnerlichung ihrer Seelen verholfen hätte. Stattdessen entfachte man in ihnen Haß und Vernichtungslust und indoktrinierte sie mit den Plattheiten einer bürgerlich-materialistischen Aufklärung, die aus Westeuropa importiert war und jegliche transzendente Bezogenheit bei dem an sich tiefgläubigen russischen Volk unterdrückte.

Nun üben freilich die Entdeckungen der modernen Naturwissenschaft eine große Faszination auf das menschliche Denken aus. Angesichts der Ergebnisse der Molekularbiologie und Genforschung kann sich der durchschnittlich gebildete Mensch nur schwer dem Eindruck entziehen: Hier wird der Materialismus endgültig zum Siege geführt, weil sich das Geheimnis des Lebens und der Seele letztlich auf ein kompliziertes Gefüge von Doppelwendeln der Nukleinsäuren zurückführen läßt. In solchen Urteilen äußert sich ein verhängnisvolles Versagen des abendländischen Bürgertums, wodurch letztlich dem sozialistischen Totalitarismus Vorschub geleistet wird.

Aber auch fehlerhafte Ideensysteme pflegen wertvolle Einsichten zu enthalten. Das gilt beispielsweise von der Idee der »klassenlossen Gesellschaft«, die von Karl Marx und seinen Nachfolgern entwickelt wurde. Man meint: Ebenso wie das Bürgertum die Stände-Ordnungen im Feudalismus einst beseitigt habe, so müsse jetzt das Proletariat die privatkapitalistische Wirtschaftsordnung des Bürgertums und damit alle Klassengegensätze überwinden.

Sieht man von den unausgereiften Ansichten der radikalen Linken ab, so erweist sich der Begriff »klassenlose Gesellschaft«, richtig verstanden, von großer Zukunftsbedeutung. Er besagt nämlich: Alle vererbten Standesordnungen mit den entsprechenden Vorrechten und Würden müssen – nachdem sie ihre erzieherischen Aufgaben gegenüber einer unmündigen Menschheit erfüllten – heute verschwinden. Die einzelne menschliche Persönlichkeit hat – sofern sie zu eigenem Denken und eigener Verantwortung herangereift ist – hinfort als Geschichtsträger zu gelten. Trotz aller durch Vererbung, Milieu, Erziehung und Begabung gegebenen Verschiedenheiten können heute alle Menschen doch insofern »gleich« sein, als sie ihre Aufgaben mit einem Höchstmaß von Sorgfalt, Sachkenntnis und Pflichtbewußtsein erfüllen können.

Dadurch verschwinden die Untertänigkeitsverhältnisse, die einst in der Feudalgesellschaft durch die Unterschiede der Geburt, hernach durch die Unterschiede in den Besitzverhältnissen durchaus gegeben waren. Der autoritativ außengesteuerte Mensch wird allmählich durch den Menschen ersetzt, der sich – wo immer er steht – in eigener Verantwortung selbst zu steuern vermag. Dies setzt allerdings die Überwindung erheblicher Grade von Denk-, Willens- und Verantwortungsscheu bzw. einer Trägheit voraus, die uns auch noch heute gerne »Obrigkeiten« hinnehmen lassen, wenn unsere Arbeit nur genügend bezahlt wird. Das einstige Herr-Knecht-Verhältnis bedarf eben von beiden Seiten her einer Verwandlung, bis wahrhaft mündige Menschen sich zu gemeinsamer Tätigkeit zusammenschließen. In dieser Hinsicht hat sich ja seit den Zeiten des Frühindustrialismus im Hinblick auf die wirtschaftliche Vernunft und den sittlichen Gemeinsinn schon Entscheidendes geändert.

Denn die Grundlage unseres Wohlstandes ist der »Betrieb«, das »Unternehmen«, wozu sich Kapital und Arbeit, Arbeitnehmer und Arbeitgeber in gemeinsamer Initiative und Verantwortung zusammengeschlossen haben. Kapital und Arbeit, Unternehmer und Angestellte sind für sich allein gar nicht existenzfähige Abstraktionen. Ihr beiderseitiges Gedeihen hängt ab vom

Gedeihen des Betriebes. In diesem Sinne ist der Betrieb als »Wirtschaftsorganismus«, gleichsam als Lebewesen, die Existenzgrundlage aller in diesem Betrieb tätigen Menschen. Mag es immerhin in der Vergangenheit Gegensätze zwischen Kapital und Arbeit, Unternehmer und Angestellten gegeben haben, so ist heute auf beiden Seiten eine bessere Einsicht im Werden. Daher stellen sich die Gewerkschaften gegen den Zeitgeist, wenn sie (aus Gründen der Selbsterhaltung und Eigenmacht) die Angestellten und Arbeiter ihren Betrieben zu entfremden und dort Mißtrauen zu säen suchen, wo die ersten schwachen Pflänzchen wirtschaftlicher Vernunft und zwischenmenschlichen Vertrauens zu keimen versuchen.

Die Probleme zwischen Funktionärshierarchie und der Basis zeigen sich in diesem Zusammenhang auf[175a]. Kapital aus physischer oder geistiger Arbeit entstanden, dient der Verbesserung der weiteren Arbeit, weil auch umgekehrt durch Arbeit mit den Mitteln des Kapitals es selbst erst seine Bedeutung erhält. Die Darstellung des Gegensatzes zwischen Kapital und Arbeit entlarvt sich damit als eine demagogische Verfälschung, worauf hinzuweisen Walter Thoms nicht müde wird[176].

Unsere Verfassung verkündet die »unantastbare Würde des Menschen« – verständlich, wenn man die Entwürdigungen des Menschen in den Konzentrations- und Massenvernichtungslagern bedenkt. Wenn jedoch der naturwissenschaftlich Gebildete heute kaum mehr wagt, die Worte Seele, Geist, ewiges Leben in den Mund zu nehmen, weil er glaubt, daß in unserem Weltall letztlich doch nur physikalisch-chemische Prinzipien gelten – dann steht es doch wohl um die tatsächliche Würde des Menschen schlecht. Man könnte nämlich sehr wohl Konzentrations- und Massenvernichtungslager vom Gesichtspunkt einer materialistischen Weltauffassung durchaus billigen.

Von Würde sollten wir also erst wieder reden, wenn wir uns als Kinder des Weltgeistes und als unvernichtbare, sittlich ver-

175a Dazu Ernst Günther Vetter: Weil sie nicht wissen, was sie wollen sollen. Die verhängnisvolle Orientierungslosigkeit der deutschen Gewerkschaften. FAZ 6. Mai 1978.

176 Vgl. Walter Thoms, Kapital und Arbeit. Vortrag vom September 1976. Erschienen in Bd. IV der Abhandlungen der Humboldt-Gesellschaft ..., Thema: Führung und Gestaltung in Politik, Wirtschaft und Kultur.

antwortliche Wesenheiten nicht nur begreifen, sondern auch dementsprechend benehmen. Kurz: »Würde« ist eine schwere Aufgabe, nicht banaler Besitz. Wir müssen demnach zuallererst weltanschaulich würde-bewußt denken.

Zum Unterschied von Pflanzen und Tieren kann der Mensch auf die Dauer ohne Antwort nach dem Sinn des Lebens nicht existieren. In dieser Hinsicht sind innerhalb der Menschheitsgeschichte zwei grundsätzlich verschiedene Antworten erfolgt. Angesichts der Leiden, Krankheiten und Enttäuschungen, die uns das Erdendasein bringt und die auch durch noch so aufwendige soziale Leistungen nicht gänzlich zum Verschwinden gebracht werden können, kamen bereits der große Buddha sowie seine philosophischen Nachfolger, zum Beispiel Arthur Schopenhauer und Eduard von Hartmann, zum Ergebnis: Das Erdenleben sei zu verneinen und es sei besser, nicht geboren zu werden. Radikale Christen sahen im diesseitigen Dasein sogar eine Strafe für die Schuld des menschlichen Egoismus. In Wahrheit jedoch macht uns gerade das Symbol des christlichen Kreuzes auf den positiven Sinn des Leidens aufmerksam: in der Auseinandersetzung mit den Verneinungen des Erdendaseins seinen Willen zu stärken, seinen Charakter zu läutern und zum Bewußtsein seines unsterblichen Geistwesens zu erwachen. Novalis hat dies, wie schon an anderer Stelle dieses Buches erwähnt, so ausgedrückt: »Das Sterbliche erdröhnt in den Grundfesten, aber das Unsterbliche fängt heller zu leuchten an und erkennt sich selbst.« – Der Selbstmörder verkennt diese Möglichkeiten und wird sein Versäumnis erst nach dem Tod erleben können.

Denn das menschliche Erdendasein ist für die Entwicklung unseres Geistwesens (Ich) von einzigartiger Bedeutung. Aber ein einmaliges Erdenleben (wie es das übliche Christentum formuliert, obgleich sich in der Bibel deutliche Hinweise auf wiederholte Erdenleben finden!) genügt nicht. Denn erst in vielen (keineswegs unendlich vielen) Erdenleben können sich die zwischenmenschlichen Beziehungen voll und nach allen Richtungen entfalten. Was zwischen Ich und Du in einem Erdenleben an Positivem oder Negativem geschah, das bildet ein Band, das ins kommende Erdenleben hinüberweist.

Auf die Frage: Warum traten wir durch das Tor der Empfängnis in dieses Erden-Dasein hinein, kann man also sagen: um wiederum denjenigen Menschen zu begegnen, mit denen wir in langvergangenen Erdenleben, sei es im positiven oder negativen Sinne, verbunden waren, und um nun im gegenwärtigen Erden-Dasein das Negative auszugleichen, das Positive weiterzuentwickeln. Geführt von dieser Ursehnsucht scheinen schon die Kinder zueinander hinzustreben und bedeutsame Freundschaften anzuknüpfen. Die späteren Ehe- und Berufsbeziehungen könnten gleichfalls ihre Wurzeln in früheren Erdenleben haben. Viele solcher Menschenbegegnungen scheinen vorher gewußt oder geahnt zu sein, lang ehe sie sich physisch verwirklichen. In neuester Zeit hat man versucht, auf hypnotischem Wege Menschen zur Erinnerung an ihre früheren Erdenleben zu bringen. Es mehren sich jedoch die Fälle, in denen Menschen zur Gewißheit früherer Erdenleben aus sich selbst gelangen, auch wenn es ihnen kaum möglich ist, sich an Einzelheiten zu erinnern[177].

Gelingt es einem Menschen, sein wahres »Ich« zu ergreifen, so werden sich seine Beziehungen zur »Zeit« grundlegend verändern: Solange man sich mit seinem Leibe verwechselt, fühlt man sich in der Jugend »jung« und blickt erwartungsvoll in die Zukunft, man fühlt im Alter sich »alt« und blickt wehmütig in die Vergangenheit. Erwacht jedoch unser wahres Ich unabhängig vom Leibe zur Geistbewußtheit, so kehren sich die Erlebnisweisen um: Man fühlt sich in der Jugend (im Nachklang früherer Erdenleben) ur-alt und im Alter in der Vorschau auf ein Leben nach dem Tode und weiterhin in zukünftige Erdenleben jugendlich-jung.

Die qualvolle Unsicherheit unserer Gegenwart aber beruht darauf: In der Jugend nicht zu wissen, woher man kommt und im Alter nicht zu wissen, wohin man geht. Dies braucht dem Einzelnen zwar keineswegs bewußt zu sein, bestimmt aber um so mehr sein Daseins-Gefühl.

177 Vgl. E. Bock, Wiederholte Erdenleben. Die Wiederverkörperungsidee in der deutschen Geistesgeschichte; R. Steiner, Reinkarnation und Karma, Dornach 1960; O. J. Hartmann, Geheimnisse der Menschenbegegnungen und sozialen Schicksale, Feldkirchen vor München 1949; M. Bernstein, Protokoll einer Wiedergeburt, Bern/Ulm/Wien 1976.

Zum Schluß sei es mir erlaubt, das Welt- und Menschenbild, das mich bei der Abfassung dieses Buches leitete, in Form der Schemas einer Doppelpyramide zusammenzufassen. Dieses Schema bringt zum Ausdruck, was seit Platon und Aristoteles über Thomas von Aquin bis zu Fichte, Nikolai Hartmann, Scheler, R. Steiner und Heidegger im Mittelpunkt der abendländischen Gedankenentwicklung steht. Es erläutert die Doppelstellung des Menschen als eines »Freigelassenen der Schöpfung«, womit ebenso die großen Schwierigkeiten wie die einzigartigen Chancen des Menschseins gegeben sind.

Der Mensch befindet sich nämlich exakt an der Stelle, wo die von unten aufragende »Naturpyramide« mit der von oben sich herabsenkenden »Geistespyramide« in einem Punkt sich begegnet. Als personhafte Individualität ist er nämlich einerseits die Spitze der Naturpyramide, deren Seinsschichten er in sich zusammenfaßt, integriert, überformt. Dadurch ist er zwar in der Natur tief verwurzelt, ohne ihr jedoch in der Ganzheit anzugehören. Denn er ist andererseits als sittliche Person unterstes Glied einer Geistes- und Geisterwelt, der sein Wesen entstammt, in die er im Sterben zurückkehrt, von der er sich gnadenvoll geführt fühlt und der er sich sittlich verantwortlich weiß.

Hieraus ergeben sich die berühmten »Drei Ehrfurchten« Goethes: Die Ehrfurcht vor dem, was *unter* uns ist (Mineral-, Pflanzen-, Tierreich), das wir zwar nutzen dürfen, aber nicht mißbrauchen sollten. Die Ehrfurcht vor dem, was *über* uns ist: die göttlich geistigen Welten, die wir nicht vergessen sollten. Die Ehrfurcht schließlich vor unseren Mitmenschen, mit denen wir (wenn's glückt) brüderlich zusammenwirken können.

Vielleicht darf man auch noch heute – ohne antiquiert zu sein – es wagen, an den Schluß von Goethes Faust zu erinnern, wo sich dem stolzen Jenseitsleugner und Erdbeherrscher Faust in seiner Sterbestunde die Geisterwelt gnadenvoll naht, um ihn aus den Fangarmen finsterer Mächte zu retten, die – nicht ganz zu Unrecht – Anspruch auf seine Seele erheben.

Wenn man die Zugehörigkeit des Menschen zu den genannten Seinsbereichen und die Drei Ehrfurchten Goethes nicht vergißt, so wird man wohl richtige Entscheidungen in den vielschichtigen Fragen unseres praktischen Alltags treffen können.

In genialer Weise fügt nun aber Goethe den genannten drei Ehrfurchten noch eine vierte, sie alle umfassende, hinzu; die Ehrfurcht vor sich selbst. Diese Ehrfurcht richtet sich auf das gottmenschliche Urbild in uns allen, als Quelle unseres Gewissens und aller sittlichen Werte. Im technisch-naturwissenschaftlichen Bereiche haben wir Erstaunliches erreicht – aber sittliches Gewissen und Bewußtsein der Menschenwürde kamen hierbei zu kurz. Dieses Generationenschicksal könnte sich rascher ändern als wir denken, wenn künftige, dem Geistig-Kosmischen wiederum aufgeschlossene Generationen das Erdendasein betreten.

Zum Unterschied von Pflanzen und Tieren ist das Dasein der Menschen voller Abgründe, die um so breiter werden, je mehr wir uns der göttlichen Führung alter Zeiten entziehen und die Möglichkeiten unserer menschlichen Freiheit durchprobieren. Dennoch können wir letztlich vertrauensvoll in die Zukunft blikken. Wenn es nämlich zutrifft, daß die Entstehung des Lebens und die Entwicklung des Menschen weisheitsvoller Planung zu verdanken ist, dann wird diese Planung, zugleich mit dem Urbeginnen, wohl auch das Erden- und Menschheitsziel, wenigstens in den Hauptlinien, vorgesehen haben. In unserer Freiheit liegt es dann wohl, Ab- und Um-Wege zu beschreiten, um an Katastrophen zu leiden und zu lernen, nicht aber dieses Ziel selbst zu verhindern. Denn dieses Ziel entspricht unserem wahren Wesen, so daß das Weltenziel zugleich Selbst-Verwirklichung bedeutet. Das ist unsere große »Geborgenheit«, die wir zwar vorübergehend vergessen, aber nicht verlieren können. Darauf gründet sich, trotz aller Tagesproblematik, die Zuversicht des Autors.

Der Verfasser möchte dieses Buch mit den Worten des Renaissance-Philosophen Pico della Mirandola schließen, der die Vatergottheit zum Menschen also sprechen läßt: »Mitten in die Welt habe ich dich gestellt, damit du um so leichter um dich schauest und sehest, was drinnen ist. Ich schuf dich als ein Wesen weder himmlisch noch irdisch, weder sterblich noch unsterblich allein, damit du dein eigener freier Bildner und Überwinder seiest. Du kannst zum Tier entarten und zum gottähnlichen Wesen dich wiedergebären. Die Tiere bringen aus dem Mutterleibe mit, was sie haben sollen. Die höheren Geister sind von Anfang an, was sie in Ewigkeit bleiben werden. Du allein hast eine Entwicklung, ein Wachstum nach freiem Willen, du hast Keime eines weltweiten Lebens in dir.«[178]

Solche Gedankengänge sind gewiß eine Zumutung für den modernen, sich aufgeklärt wähnenden Menschen. Aber wir sollten mit allen Kräften die verengten Perspektiven des heute üblichen Denkens über Mensch und Welt überwinden, um zu Gesichtspunkten zu gelangen, die weite Ausblicke für unser pädagogisches, soziales und wirtschaftliches Handeln eröffnen. Ein radikales Umdenken erscheint nötig – denn das »Irdische Paradies«, das uns der moderne Konsum-, Anspruchs- und Versorgungsstaat als Illusion verheißt, läßt doch (selbst wenn es perfekt zu realisieren wäre) weite Bereiche unseres Mensch-Seins leer und unbefriedigt. Je mehr wir vom Sozialismus reden, desto mehr scheint asozialer Egoismus sich auszubreiten und die sozialen Errungenschaften zu untergraben.

Ein Appell an das Gewissen ist daher heute nötig, der allerdings nur soweit erfolgreich sein könnte, als wir zugleich das »Ewige« in jedem Menschen ansprechen und zum Erwachen bringen.

Der Verfasser ist sich bewußt, wie viele entscheidende Belehrungen und Anregungen er anderen noch lebenden oder bereits verstorbenen Menschen verdankt. Insofern fühlt er sich in Bescheidenheit einer Kulturströmung verbunden, deren Stimme auch weiterhin in Europa nicht verstummen sollte, damit sie auch noch von kommenden Generationen, also vermutlich auch von uns selbst in künftigen Erdenleben, gehört werden kann.

178 A. Liebert, Ausgewählte Schriften von Pico della Mirandola, Rede über die Würde des Menschen, Jena 1905. Ernst Cassirer, Individuum und Kosmos in der Philosophie der Renaissance.

Literaturverzeichnis

Abs, H. J., in: Die Industrie. Wien 1976, Nr. 48 und 49.
Adams, J. T.: Der Aufstieg Amerikas vom Land der Indianer zum Weltreich. Wien 1931.
Affemann, R.: Krank an der Gesellschaft. Stuttgart 1973.
Andreae, C. A.: Ökonomie der Freizeit, rde 330/1. Reinbek 1970.
Baeyer-Katte, W. v.: Möglichkeiten gewaltsamer Meinungsänderung? In: Studium generale, Nr. 6/69.
Baumgart, J., in: »Jahrbuch für Wirtschafts- und Sozialpädagogik«. Heidelberg 1967.
Bell, D., und J. Kristol: Kapitalismus heute. Freiburg 1975.
Benedict, R.: Urformen der Kultur, rde 7. Reinbek 1955.
Berdiajew, N.: Die Weltanschauung Dostojewskijs. München 1925.
Bernstein, M.: Protokoll einer Wiedergeburt. Bern/München/Wien 1976.
Biedenkopf, K. H.: Fortschritt in Freiheit. Umrisse einer politischen Strategie. München 1974.
Bloch, E.: Das Prinzip Hoffnung. Frankfurt 1968.
– Karl Marx und die Menschlichkeit, rde 317. Reinbek.
Bock, E.: Wiederholte Erdenleben. Die Wiederverkörperungsidee in der deutschen Geistesgeschichte. Stuttgart 1952.
Bon, Fr./Burnier, M. A.: Die neuen Intellektuellen. Wien 1974.
Borch, H. V.: Amerika – die unfertige Gesellschaft. München 1961.
Borgstrom, G.: Der hungrige Planet. 1965.
Bossle, L.: Das Gewissen in der Politik. Osnabrück 1974.
– Allende und der europäische Sozialismus. Stuttgart 1975.
– Sorge um das Gleichgewicht. Würzburg 1976.
– Soziologie und Psychologie des Radikalismusphänomens, in: Politische Studien.
– Soziologie des Sozialismus. Köln 1976.
– Auf der Suche nach der Seele Europas. Würzburg 1977.
Bozzano, E.: Übersinnliche Erscheinungen bei den Naturvölkern. Bern 1948.
Buytendijk, F. J.: Mensch und Tier, rde 74. Vergleichende Psychologie. 1974.
Cassirer, E.: Individuum und Kosmos in der Philosophie der Renaissance.
Dierksen, M.: Sozialbilanz. Freiburg 1974.
Dietz, H.: Schule und Subkultur. Stuttgart 1975.

Eick, J.: Wie man eine Volkswirtschaft ruinieren kann. Frankfurt 1974.
Eisler, R.: Weltmantel und Himmelszelt. München 1910.
Eysenck, H. J.: Die Ungleichheit der Menschen. München 1910.
Fiedler-Winter, R.: Die Moral der Manager, Dokumentation und Analyse, Stuttg. 1977.
Fischer, A.: Die Entfremdung des Menschen in einer heilen Gesellschaft. München 1970.
Fischer, E.: Das Ende einer Illusion. Erinnerungen 1945–1955. Wien 1973.
Frankl, V. E.: Das neue Menschenbild. Hrsg. v. A. Koestler. Wien 1970.
– Der unbewußte Gott. München 1974.
– Ärztliche Seelsorge. Grundlagen der Logotherapie und Existenzanalyse. Neuaufl. München 1975.
Franzel, E.: Der Donauraum im Zeitalter des Nationalitätenprinzips. München 1958.
Fromm, E.: Haben oder Sein. Die seelischen Grundlagen einer neuen Gesellschaft. Stuttgart 1976.
Garaudy, R.: Marxismus im 20. Jahrhundert. rororo 1148. Reinbek.
Gehlen, A.: Einblicke. Frankfurt 1975.
Gespräch, Das, aus der Ferne. Hrsg. v. H. Dahmen. März–April 1976, S. 2.
Habe, H.: Begeht der Westen Selbstmord? In: Die Welt, 9. 11. 1974.
Haensch, D.: Repressive Familienpolitik. Sexualunterdrückung als Mittel der Politik. rosex 8023. Reinbek 1969.
Hankel, W.: Heldensagen der Wirtschaft. Schöne heile Wirtschaftswelt. Düsseldorf 1975.
Hansen, H. Chr., in: Deutsche Zeitung, 31. 1. 1975.
Hartmann, O. J.: Frei. Wodurch? Wovon? Wozu? Schaffhausen 1977.
– Geheimnisse der Menschenbegegnungen und sozialen Schicksale. 2. Aufl. München 1949.
– Die Geisterwelt ist nicht verschlossen. Schaffhausen 1975.
– Der Kampf um den Menschen in Natur, Mythos, Geschichte. Freiburg 1969.
– Der Mensch im Abgrund seiner Freiheit. Christliche Existenz. 4. Aufl. Frankfurt/M. 1969.
– Der Mensch als Selbstgestalter seines Schicksals. 5. Aufl. Frankfurt/M. 1946.
– Schicksal, Krankheit, Heilung. Freiburg 1966.
– Vom Sinn der Weltentwicklung, Sein und Wissen. Ffm. 1971.
Hauser, R.: Verantwortung – Betrachtungen über das Wesen des Menschen. Wien.
Hayek, F. A. v.: Der Weg zur Knechtschaft. 3. Aufl. München 1971.
Hegel, G. W. F.: Vorlesungen über die Philosophie der Geschichte. Sämtliche Werke XI. Stuttgart 1949, S. 557.
Heidegger, M.: Sein und Zeit, 1. Aufl. 1927.
Heisenberg, W.: Das Naturbild der heutigen Physik, rde 8, Reinbek 1955.
Hennecke, E.: Neutestamentliche Apokryphen. 2. Aufl. 1924.
Hennis, W., in: Deutsche Zeitung, 26. 9. 1975.
Hentig, H. v.: Terror. Zur Psychologie der Machtergreifung. Ffm. 1970.

Herberts, K.: Menschenbildung und ihre Bewährung in der Berufsausbildung. In: »Jahrbuch für Wirtschafts- und Sozialpädagogik«. Heidelberg 1968.
Hitpass, J.: Schulreform. Schülerauslese und Hochschulzulassung. Stuttgart 1977.
Hoffer, E.: Die Angst vor dem Neuen. Freiheit als Herausforderung und Aufgabe, rde 288, Reinbek 1968.
– Der Fanatiker, rde 220, Reinbek 1965.
Horkheimer, M.: Traditionelle und kritische Theorie. Fischer-Bücherei 6015, S. 7 ff. Frankfurt/M. 1974.
Huntford, R.: Wohlfahrtsdiktatur. Das schwedische Modell. Frankfurt/Berlin/Wien 1974.
Huxley, A.: Ziele, Wege, Ausgangspunkt. 1937.
Illies, J.: Das Geheimnis des Lebendigen. München 1976.
Itard, J.: Victor, das Wildkind. Zürich/Stuttgart 1965.
Jungk, R.: Der Jahrtausendmensch. Berichte aus den Werkstätten einer neuen Gesellschaft. Gütersloh 1973.
Kahl, J.: Das Elend des Christentums oder Plädoyer für eine Humanität ohne Gott. rororo 1093. Reinbek.
Kaltenbrunner, G. K., in: Sprache und Herrschaft. Herder-Bücherei 9505/ Initiative 5. Freiburg 1975.
– in: Die Gehäuse des Menschen. Herder-Bücherei 9509/Initiative 9. Freiburg.
– in: Die Industrie. Wien, 20. 6. 1975.
– Selbstzerstörung als Geschäft. Zur Standortbestimmung des Kapitalismus, Deutsche Zeitung. 4. 7. 1975.
Kant, I.: Grundlegung zur Metaphysik der Sitten. 1785.
Kanthack, K.: Max Scheler. Neuß 1948.
Kentler, H.: Sexualerziehung. rosex 8034/35. Reinbek 1970.
Kessler, H.: Sokrates als Esoteriker. Mannh. 1962.
– Die Sokratik als Leitstern Europas, 2. Aufl., Mannh. 1977.
– Der Wille zum Wert. Meisenheim 1975.
Kiehn, L.: Der Bildungsauftrag im sozialen Wirkraum, in: »Jahrbuch für Wirtschafts- und Sozialpädagogik«. Heidelberg 1966.
Klassenkampf und Bildungsreform. Die neue Konfessionsschule. Hrsg. v. G. K. Kaltenbrunner, Herder-Bücherei 9502/Initiative 2. München 1974.
Klose, A.: Warum Eigentumspolitik?
Kostler, A.: Die Wurzeln des Zufalls. Bern/München/Berlin 1972.
Kronseder, H., in: Industriemagazin, München, 1. 12. 1975.
Kühn, H.: Erwachen und Aufstieg der Menschheit. Fischer-Bücherei 717.
Künzli, A.: Karl Marx – eine Psychographie. Zürich/Wien 1966. Frankfurt/M.
Lenin, W. I.: Über die Religion. Slg. Ausgew. Aufsätze und Reden. Berlin 1965.
Lessing, G. E.: Die Erziehung des Menschengeschlechts, §§ 93–100.
Liebert, A.: Ausgewählte Schriften von Pico della Mirandola. Rede über die Würde des Menschen, Jena 1905.

Lindbeck, A.: Die politische Ökonomie der neuen Linken. Kl. Vandenhoeck-Reihe 1383. Göttingen 1959.
Lindemann, P.: Die Arbeitswelt von morgen. Stuttgart 1975.
Löbl, E.: Geistige Arbeit – die wahre Quelle des Reichtums. Düsseldorf 1968.
Macht und Verantwortung der Gewerkschaften. Köln 1974.
Madariaga y Rojo, S. d.: Zuerst die Freiheit. Ludwigsburg.
Man and his Future. Ciba-Found. Deutsch: Das umstrittene Experiment: Der Mensch. Hrsg. v. R. Jungk u. H. J. Mundt. München 1966.
Marcuse, H.: Eros und Kultur. Stuttgart 1957.
– Der eindimensionale Mensch. Slg. Luchterhand, Bd. 4. Darmstadt,
Marxismus ernst genommen. Hrsg. v. G. Szczesny, rororo 6933. Reinbek 1975.
Mayer, G.: Effektivität und Menschlichkeit. Management aus Vertrauen, in: Die Industrie, Wien, 3. 6. 1977.
Mead, M.: Mann und Weib, rde 69/70. Reinbek 1958.
Mehnert, K.: Moskau und die neue Linke. Stuttgart 1973.
Meves, Chr.: Manipulierte Maßlosigkeit. Herder-Bücherei 401. Freiburg 1973.
Mill, J. St.: Über die Freiheit. 1948.
Müller-Eckhard, H.: Die Krankheit, nicht krank sein zu können. Stuttgart 1964.
Nahr, H.: Mehrwert heute – Leistung und Verteilung in der Industriegesellschaft. Ffm. 1977.
Niedenhoff, H.-K., in: Die Industrie. Wien, 19. 4. 1971.
Nietzsche, R.: Eigentum zwischen Individualismus und Kollektivismus, in: Die Industrie. Wien, 7. 3. 1975.
Nipperdey, Th.: Marxismus und Geschichtswissenschaft, in: »Marxismus ernst genommen«, hrsg. v. G. Szczesny, rororo 6933. Reinbek 1975.
Noack, P.: Die Intellektuellen. München 1961.
Ortega y Gasset, J.: Der Aufstand der Massen, rde 10. Reinbek.
Philippovich v. Philippsberg, E. v.: Grundriß der Politischen Ökonomie. 1893–1907.
Pinder, W.: Das Problem der Generation in der Kunstgeschichte Europas. 4. Aufl. Köln 1949.
Plesser, E. H.: Was machen die Unternehmer?
Portisch, H.: So sah ich Sibirien. Wien 1967.
Portmann, A.: Biologie und Geist. Zürich 1956.
– An den Grenzen des Wissens. Düsseldorf 1974.
– Die Tiergestalt. 1960.
Raddatz, F. J.: Karl Marx. Hamburg 1975.
Rauscher, A., Hrsg.: Krise des Sozialstaats? Köln 1977.
Reichhold, L.: Abschied von der proletarischen Illusion. Frankfurt/M. 1972.
Revel, J. F.: Die totalitäre Versuchung. Berlin 1976.
Röglin, Chr.: Unternehmer in Deutschland. Vivisektion einer Elite. Düsseldorf 1974.
Röpke, W.: Jenseits von Angebot und Nachfrage. 4. Aufl. Zürich 1966.

Rohrmoser, G.: Revolution – unser Schicksal? Stuttgart 1975.
– Die metaphysische Situation der Zeit. Stuttgart 1975.
Roth, H.: Kind und Geschichte. München 1968.
Rotthaus, E.: Der Prozeß der Wandlung in der Psychotherapie. Dortm. 1973.
Sacharow, A.: Unser Land und die Welt. Wien 1975.
Sargant, W.: Der Kampf um die Seele. München 1958.
Schaefer, H.: Die Medizin heute. München 1963.
Schaff, A.: Marxismus und das menschliche Individuum, rde 332. Reinbek.
Schatz, O.: Auf dem Weg zur hörigen Gesellschaft. Graz.
Scheler, M.: Die Wissensformen und die Gesellschaft. 1926.
Schelsky, H.: Die Arbeit tun die anderen. Klassenkampf und Priesterherrschaft der Intellektuellen. Opladen 1975.
– Der selbständige und der betreute Mensch. Stuttgart 1976.
– Systemüberwindung, Demokratisierung und Gewaltenteilung. Beck'sche Schwarze Reihe, Bd. 105. München.
Schleyer, H. M.: Zur Gewerkschaftsfrage in: Die Industrie, Nr. 23. Wien 1974.
Schoeck, H.: Ist Leistung unanständig? Osnabrück 1971.
– Die Lust am schlechten Gewissen. Freiburg 1973.
– Der Neid. Eine Theorie der Gesellschaft. 2. Aufl. Freiburg 1968.
– Umverteilung als Klassenkampf? 2. Aufl. Osnabrück 1974.
Schrenck-Notzing, C.: Honoratiorendämmerung, das Versagen der Mitte. Stuttgart 1973.
Schultz, U., Hrsg.: Toleranz, die Krise der demokratischen Tugend. Hamburg 1974.
Semjonoff, J.: Sibirien – Schatzkammer des Ostens. Düsseldorf 1975.
Solschenizyn, A.: Stimmen aus dem Untergrund. Darmstadt 1975.
Sopp, H.: Was der Mensch braucht. Tiefenpsychologischer Exkurs über Erfüllung und Versagen im Beruf. Düsseldorf 1958.
Sperber, M.: Leben in unserer Zeit. Sieben Fragen zur Gewalt. Wien 1972.
Spitz, R., in: »Der Kranke in der modernen Gesellschaft«. Hrsg. v. A. und M. Mitscherlich. Köln/Berlin 1967.
Steiner, R.: Mein Lebensgang. Dornach 1932.
– Reinkarnation und Karma, in: Luzifer-Gnosis. Dornach 1960.
Thoms, W.: Kapital und Arbeit. Vortrag 1976. Wird erscheinen in Bd. VI der Abhandl. der Humboldt-Gesellschaft. Thema: Führung und Gestaltung in Politik, Wirtschaft und Kultur.
– Die sokratische Lebensordnung. Vortrag Mannh. 1977.
– Ein polares Menschenbild als Leitbild, in: Der Convent, 1/77.
– Die dritte Ordnung, in: Der Convent, 1/75.
– Die Überwindung des Kapitalismus in der industriellen Arbeitswelt, in: Polarität als Weltgesetz und Lebensprinzip. Mannheim 1974.
– Die Zukunft der Unternehmung. Stuttgart 1975.
Tibetanisches Totenbuch. Zürich 1935.
Tocqueville, A. d.: Die Demokratie in Amerika. Frankfurt/M. 1956.

Topitsch, E.: Gottwerdung und Religion. UTB/Uni-Taschenbuch, 288. Stuttgart.
- Plädoyer für die Vernunft. Herder-Bücherei 9501/Initiative 1. Freiburg 1958.
- Wie links steht der Geist? Revolte der Halbgebildeten. In: Die Herausforderung der Konservativen. Herder-Bücherei 9503/Initiative 3. Freiburg. In: Deutsche Zeitung v. 4. 7. 1975.

Tschizewskij, D.: Russische Geistesgeschichte. Bd 2. Reinbek.

Upanischaden, übers. durch P. Deussen. 1921.

Vickers, G.: Der Preis der Institutionen. Frankfurt/M. 1975.

Was sollen die Schüler lernen? Hrsg. v. G. Köhler und E. Reute. Fischer-Bücherei 1460. Frankfurt/M. 1974.

Weizsäcker, C. F. v.: Grenzen des Wachstums. »Die Naturwissenschaften«. 1973.

Wetter, G. A.: Philosophie und Naturwissenschaften in der Sowjetunion. Reinbek.

Wirsing, G.: Der abwendbare Untergang. Düsseldorf 1975.

Ergänzende Literaturübersicht zur 2. Auflage

Améry, J.: Hand an sich legen, Diskurs über den Freitod, Klett-Verlag, 1977.

Baier, H.: Freiheit und Sachzwang. Festschrift für Schelsky 1977.

Baum, St.: Der verborgene Tod, Fischer-Verlag, 1976.

Behrendt, R. F.: Es ist höchste Zeit, daß wir uns um das Selbstbewußtsein des Westens kümmern. Zürich 1971.

Besters, H.: Macht und Verantwortung der Gewerkschaften, Köln 1974.

Boss, M.: Psychosomatische Medizin, 1954.

Eckes, L.: Festschrift für. Hrsg. v. L. Bossle und K. Bonkosch. Kreativität des Handelns. Vom Ingenium des Unternehmers, Würzburg 1978.

Ford, A.: Bericht vom Leben nach dem Tode, Bern/München/Wien.

Gagern, Fr. v.: Geister, Gänger, Gesichter, Leipzig 1932.

Galtung, J.: Strukturelle Gewalt, Beiträge zur Friedensforschung, rororo 1975.

Gebser, J.: Asienfibel, 1962.

Glucksmann, A.: Köchin und Menschenfresser, Über die Beziehung zwischen Staat, Marxismus und Konzentrationslager, Berlin 1977.

Görres, J.: Christliche Mystik, 5 Bde., Regensburg 1833/42 (Standardwerk!).

Graber, Bischof Dr. R.: Die christlichen Grundlagen Europas, München 1978.

Haas, W. S.: Östliches und westliches Denken, 1967.

Hartmann, O. J.: Medizinisch-pastorale Psychologie. Ausnahmezustände des Seelenlebens, Frankf./M. 1951.
- Wege und Irrwege des Menschseins, Freiburg/Br. 1972.
- Die geistigen Hintergründe der Musikdramen Richard Wagners, 2. Aufl. Schaffhausen 1976.

Hemleben, J.: Jenseits, Rohwohlt 1975.
Henneke, E.: Neutestamentliche Apokalypsen (Mysterientexte) 1904.
Herberts, K.: Verantwortung in der industriellen Gesellschaft, Düsseldorf 1971
Herrigl, E.: Der Zen-Weg, 1958.
Hinz, W.: Geborgenheit, Zürich 1971.
Jezower, I.: Das Buch der Träume, Berlin 1928.
Jores, A.: Vom Sinn der Krankheit, 1950.
Kaneko, Shosheki: Das Wesen des Menschen, Osaka 1934.
Mattiesen, F.: Das persönliche Überleben des Todes, Darstellung und Erfahrungsbeweise, 3. Bde., Berlin 1936/39 Neuaufl.
Moody, R. A.: Leben nach dem Tod, 1977.
Monod, J.: Zufall und Notwendigkeit, München 1971.
Motschmann, K. N.: Sozialismus. Das Geschäft mit der Lüge, München 1978.
Nielsen, E.: Das Unerkannte auf dem Weg durch die Jahrtausende, München 1922.
– Das große Geheimnis, München 1923.
Portmann, A.: Aufbruch der Lebensforschung, 1965.
– Zoologie und das neue Bild vom Menschen, 1956.
Reitzenstein, R.: Die hellenistischen Mysterienreligionen, Neuaufl.
Rohde, E.: Psyche, Neuaufl.
Schinzinger, R.: In: »Philosophische Anthropologie«. Hrsg. v. Gedamer, 1975.
Uexküll, Th. v.: Psychosomatische Medizin, rde 179/180.
Vetter, E. G.: Weil sie nicht wissen, was sie wollen sollen. Orientierungslosigkeit der Gewerkschaften, FAZ vom 6. 5. 1978.
Wickland, C.: 30 Jahre unter den Toten, Remagen.
Wilhelm, R.: Lao-Tse und der Taoismus, 1948.

Zur Person des Autors

Kurt Herberts, geboren 1901 in Wuppertal-Barmen; Chemiestudium an der TH Stuttgart, Dipl.-Ing. 1922, Dr.-Ing. 1923. Praktische Ausbildung in Bank und Industrie sowie im Familienunternehmen Otto Louis Herberts, Gründung einer eigenen Firma 1924 und deren Vereinigung mit dem Familienunternehmen 1927.

Zur Ergänzung der vielseitigen unternehmerischen Aufgaben in der Entwicklung eines industriellen Werkes trat eine Vielzahl von leitenden Funktionen in Wirtschaft und Industrie. Einen besonderen Rang nahmen Studium und Ausübung der Wirtschafts- und Sozialpädagogik ein. Einrichtung einer betriebseigenen Schule (Dr.-Kurt-Herberts-Schule) für eine zeitgemäße Berufsausbildung, Gründung der »Dr.-Kurt-Herberts-Stiftung« zur Förderung von Forschung und Lehre für Wirtschafts- und Sozialpädagogik e. V. und der »Professor-Dr.-Kurt-Herberts-Stiftung« für die Förderung Industriellen Nachwuchses e. V. sowie schließlich durch die Herausgabe und Mitarbeit an den »Jahrbüchern für Wirtschafts- und Sozialpädagogik«.

Maßgebliche Mitwirkung beim Aufbau einer Waldorf-Schule (Rudolf-Steiner-Schule) in Wuppertal, die bis zum Abitur führt und im Jahr 1952 bereits von etwa 600 Schülern besucht wurde. Einrichtung einer Waldorfschule für seelenpflegebedürftige Kinder, die nicht in normalen Schulen unterkommen können, 1958 feierliche Eröffnung dieser Christian-Morgenstern-Schule. Hierin sind heute etwa 200 Kinder in Klassen von je zehn bis fünfzehn Schülern untergebracht.

Öffentliche Ehrungen und Anerkennungen:

1961 Ehrenpromotion zum Dr. rer. nat. h. c. an der Rheinisch-Westfälischen Technischen Hochschule Aachen,

1963 Ernennung zum Senator E. h. an der Technischen Hochschule Stuttgart,

1965 Verleihung des Titels »Professor« durch die Landesregierung Nordrhein-Westfalen,
1966 Verleihung des Großen Verdienstkreuzes des Verdienstordens der Bundesrepublik Deutschland vom Bundespräsidenten,
1969 Ehrenring der Stadt Wuppertal,
1971 Verleihung des »Megalos-Stavros« (Großes Kreuz für Verdienste) durch die Heilige Metropole von Deutschland und das Exarchat Mitteleuropa – zugleich Ernennung zum Ehrenvorsitzenden der griechisch-orthodoxen Gemeinde Wuppertals.

Publikationen:

1938	10 000 Jahre Malerei und ihre Werkstoffe (2. verb. Auflage 1939)	Wuppertal
1940	Dokumente zur Malstoffgeschichte	Wuppertal
	Lackierkunst im technischen Zeitalter	Wuppertal
1941	Untersuchungen über die Anwendbarkeit historischer Malverfahren	Wuppertal
	Anfänge der Malerei	Wuppertal
1942	Aus der Maltechnik geboren	Wuppertal
1953	Wände und Wandbild	Stuttgart
1957	Die Maltechniken. Mittler zwischen Idee und Gestaltung	Düsseldorf
	The complete book of artists' techniques	London
	L'arte pittorica nelle sue diverse techniche	Mailand
	Les instruments de la crêation, outils et techniques des maîtres	Paris
1959	Das Buch der ostasiatischen Lackkunst	Düsseldorf
	Oriental lacquer art and technique	London
1966	Offenbarungen in der Malerei des 20. Jahrhunderts	Düsseldorf
1971	Verantwortung in der industriellen Gesellschaft	Düsseldorf

Veröffentlichungen im Jahrbuch für Wirtschafts- und Sozialpädagogik:

1964	Wirtschaftliche Wirklichkeit und gefährdete Menschlichkeit – Wissenschaftliche Erkenntnis und betriebliche Praxis. Zugleich ein Geleitwort	Heidelberg
1965	Der Mensch im Industriebetrieb als Ausgangspunkt pädagogischer Erkenntnisse und als Ziel erzieherischer Hilfe	Heidelberg
1966	Pädagogische Gedanken und Methoden zur Einstellung industrieller Lehrlinge	Heidelberg

1967	Betrieb und Schule als polare Faktoren eines zeitgemäßen Ausbildungssystems	Heidelberg
1968	Menschenbildung und ihre Bewährung in der Berufsausbildung	Heidelberg
1969	Das wirtschaftliche Denken unserer Berufsanfänger	Freiburg/Br.
1970	Berufserwartungen und Weiterbildungspläne von Lehranfängern	Freiburg/Br.

Veröffentlichungen in Zeitschriften:

1949	Goethes Lebenswerk als Weg zu einer geistgemäßen Naturwissenschaft in: Chemische Industrie, Jg. 1, Nr. 4	Düsseldorf
1950	Das Problem der Mitbestimmung in seinen lebensrealen Zusammenhängen in: Chemische Industrie, Jg. 2, Nr. 6	Düsseldorf